博士后视野下的中国经济

THE CHINESE ECONOMY FROM THE POSTDOCTORAL PERSPECTIVE

史　丹◎主编

经济管理出版社
ECONOMY & MANAGEMENT PUBLISHING HOUSE

图书在版编目（CIP）数据

博士后视野下的中国经济/史丹主编．—北京：经济管理出版社，2018. 3
ISBN 978 - 7 - 5096 - 5675 - 4

Ⅰ. ①博…　Ⅱ. ①史…　Ⅲ. ①中国经济—文集　Ⅳ. ①F12. 53

中国版本图书馆 CIP 数据核字(2018)第 038093 号

组稿编辑：杜　菲
责任编辑：杜　菲
责任印制：黄章平
责任校对：王纪慧

出版发行：经济管理出版社
（北京市海淀区北蜂窝 8 号中雅大厦 A 座 11 层　100038）
网　　址：www. E - mp. com. cn
电　　话：(010) 51915602
印　　刷：三河市延风印刷有限公司
经　　销：新华书店
开　　本：880mm × 1230mm/16
印　　张：20. 25
字　　数：453 千字
版　　次：2018 年 3 月第 1 版　　2018 年 3 月第 1 次印刷
书　　号：ISBN 978 - 7 - 5096 - 5675 - 4
定　　价：98. 00 元

编委会名单

□ 序

中国社会科学院工业经济研究所（以下简称中国社科院工经所）博士后流动站成立于1995年，分为应用经济学和工商管理学两大学科。截至2017年，累计有190名博士后在中国社科院工经所流动站工作，目前在站49人。从2015年起，中国社科院工经所博士后流动站开始举办全国性博士后论坛，并得到全国博士后管理委员会、中国博士后科学基金会、中国社会科学院博士后管理委员会和有关院校的大力支持与协助。论坛吸引了众多博士后关注，每届与会人数100多人，会议论文80篇左右。本论文集是从三届全国博士后论坛近200篇会议论文中选出来的部分论文，故本论文集以"博士后视野下的中国经济"为题展开。

2015年，工经所博士后流动站以"中国产业发展的理论与实践"为主题在北京举办了全国第一届产业经济学博士后论坛。本论文集收集了本届论坛7篇会议论文，研究内容主要集中在产业效率、效益与产业结构等方面，这也是产业经济学的热点问题。《全球价值链分工演进与中国外贸失速之"谜"》一文研究了近年来外贸减速的原因，作者通过研究全球价值链分工变化，发现中国外贸减速更可能是中国全球价值链升级的结果，是价值链升级后贸易统计"虚高"弱化的结果。《服务业外资自由化与中国制造业企业出口绩效——基于上下游投入产出关系的分析》则通过分析产业之间的关系，发现服务业开放对促进制造业出口具有正向效应，其作用机理主要是生产能力效应、质量升级效应与产品种类效应等。《外资进入如何影响了中国国内价值链分工？——兼议中国利用外资政策的转型》通过实证分析发现，随着中国利用外资规模的扩大，市场导向型外资相对于成本导向型外资，其替代效应大于溢出效应。品牌研发、营销渠道等价值链环节往往成为外资与内资激烈争夺的主战场，外资进入与兼并行为"扼杀"了一批中国的民族品牌及领军型企业，导致其原本构建的国内生产配套体系瓦解。中国应采取更加公平的市场竞争政策，取消市场导向型外资的优惠政策，适当鼓励成本导向型的外资进入，加强反垄断，限制外资在中国的市场扩张及技术兼并行为。《建议零售价、消费者偏好偏离与转售价格控制》一文从消费者品牌偏好分析了国内外产品定价差异的市场因素，研究发现，相对于本土零售商，在华跨国制造商习惯性运用建议零售价增强不当偏好，采用尚未被中国规制当局纳入规制范围的建议零售价等信息发布机制，增强消费者的不当偏好，直至以"不当偏好"实现其预设目标。该文建议不仅需要规制在华跨国制造商的RPM行为，而且需要规范跨国制造商产品信息发布机制，如禁止在华跨国制造商在产品尚未实际销售前，发布产品的相关信息。《货物贸易、服务贸易与二三产业间劳动生产率差异——基于平滑转换回归模型（STR的实证分析）》从产业的贸易程度分析了我国第二产业、第三产业劳动生产率差异的原因，指出提高第三产业可贸易程度、改善服务贸易长期逆差的状态有利于服务业劳动生产率的改善。《中国工业企业迁移：现象、动机与效应》研究了配置效率对企业迁移的诱惑，同时发现影响配置效率的因素并不是企业迁移，而是迁出地与迁入地影响效率因素差异。《基于生态足迹的中国生态环境与资源利用效果评价》主要从可持续发展的角度，利用生态足迹方法研究资源利用效率问题，研究发现，经济发达地区常常面临着较大的生态压力，但通常都较好地利用了当地的生态资源，经济欠发达地区尽管生态压力较小，但资源利用效率也较低。

2016 年，与安徽大学合肥区域经济与城市发展研究院在合肥以“新发展理念下中国区域经济”为主题共同举办第一届区域经济学博士后论坛。本论文集收集了本届论坛 5 篇会议论文。其中，有 2 篇探讨京津冀协调发展问题，2 篇探讨公共政策对工业集聚的影响与作用，1 篇研究人口迁移趋势与空间分布。这些论文研究的问题可以归纳为以下两方面：一是影响生产力布局的主体是政府还是企业，二是影响地区产业结构优化的因素是什么。《京津冀产业结构调整与区域协同发展》一文认为，企业集团功能单元布局对区域的生产力发展和产业结构具有重要影响，并以京津冀为例进行了实证检验，得出了企业集团的形成及功能单元布局对区域产业结构优势具有重要影响，这一结论的政策含义是明显的。《公共政策影响中国地区工业集聚了吗？——来自省级数据的证据》研究发现，政府经济政策对工业空间集聚具有不同作用，对外开放政策、产业政策、公共服务政策促进了工业集聚，财税政策对区域工业集聚作用则是负向的。《京津冀绿色协同发展进程研究：基于空间环境库兹涅茨曲线的再检验》发现，区域产业结构的变化对本地区的环境改善是不确定的，因为污染存在较大的溢出效应，环境的改善需要区域内各地区协调进行，在污染治理上，需要地区合作，实施一体化的政策措施。人口迁移也是区域经济学的重要研究内容。《中国人口迁移的变化趋势及空间格局》发现，中国人口迁移由过去的乡—城迁移为主，向乡—城与城—城迁移等并存，新生代农民工是乡—城迁移人口的主力。流向主要集中在地级及以上城市，并有向大城市及特大城市集聚的倾向。中西部地区的地级城市一般是净迁出人口，人口净迁入的地区以东南沿海为主，人口迁移的活跃程度与经济发展水平、行政等级具有密切关系。为了促进中小城市发展，政府需要发挥“逆向”调节作用。《经济集聚、税收竞争与中国地方政府的税收努力程度》则探讨了地区政府税收竞争与税收努力程度的影响因素、经济集聚的相对水平，即影响地区排名的因素是地方政府采取税收竞争手段的重要因素。

2017 年，与海南大学经济与管理学院在海口以“新经济与管理理论创新”为主题联合举办了全国首届工商管理学博士后论坛。本论文集收集了本届论坛 5 篇会议论文。这 5 篇论文主要研究企业管理人才、制度变迁及公司治理效率、企业家精神和创新创业问题。《企业并购中的管理者过度自信效应：一个文献综述》一文，通过对企业并购中的管理者过度自信效应的现有文献分析，发现企业投资决策不仅取决于项目盈利能力、内部现金流以及资本结构，还与管理者决策心理以及资本市场现状密切相关，揭示了主体心理特征对企业投资行为的影响，解释了某些经典理论无法回答的问题。这一研究的重要意义是给出纠正投资扭曲的途径，如加强投资者理性教育，加强外部监督，优化投资者结构等。《制度环境与“大众创业、万众创新”：来自跨国经验证据》一文，通过对全球 191 个国家的数据分析，发现法律制度完善程度、社会包容性以及公平政策和民主自由权利、政府工作效能提升对企业创新活动起到积极作用，无论是政府效能、法律对投资者保护以及腐败监管等正式制度环境，还是社会文化等非正式制度环境，成功跨越“中等收入陷阱”的高收入国家环境质量明显高于中等收入国家。中国在创新创业的制度环境上仍低于发达国家水平。《中美产业人才开发组织模式的比较与借鉴》一文指出，人才结构优化与产业转型升级是一种协同演化发展的关系，并借鉴美国模式，提出完善中国产业人才开发组织模式的建议，其中重要的一条是完善各类组织建设，增强组织之间的交流与平等关系，形成人才自组织的框架与运行模式。《制度变迁、企业家精神与民营经济发展》一文以江苏苏南为例，分析了民营经济演变、发展的内在机理，实证研究发现，制度质量的提高、市场化进程的推进对于企业家创新精神、创业精神以及企业家精神向生产性领域的配置程度具有显著的作用，尽管该文的实证指标的设计可能会有异议，但是其研究结论还是有意义的。《集团控制特征、董事会治理与管理层代理成本》一文研究发现，国有控股上市公司的董事会治理水平显著高于非国有控股上市公司，但国有控股上市公司的代理成本却高于非国有控股上市公司，其原因可能与公司两权分离有关。

三次论坛的成功举办，得益于工经所有关部门的相互配合，在此要特别感谢《中国工业经济》、《经济管理》、《中国经济学人》三个编辑部为论坛评选优秀论文所做的工作。工经所博士后流动站杨宏静、赵静怡为论文集出版做了许多联络工作，李海舰副所长协助我做了许多工作，工经所办公室的其他人员积极配合，在此一并表示感谢。特别鸣谢安徽大学、海南大学对工经所工作的大力支持。

史丹

2018 年 1 月于北京

□目　　录

产业经济篇

区域经济篇

企业管理篇

产业经济篇

□ 中国工业企业迁移：现象、动机与效应

郭晓丹　张　良

摘　要：本文应用1998~2007年中国工业企业数据库对企业迁移的现象、动机及迁移后的影响进行了研究。以区域和行政级别作为企业迁移划分标准，对10年间工业企业迁移现象进行了微观刻画，利用DOP方法进行生产率分解以解释企业迁移的动机，并采用PSM-DID方法对迁移行为的净效应进行了考察。研究表明，企业迁移的动机源于对资源配置效率的追求，而企业迁移的净效应显著为负，迁移企业在样本期间生产率的绝对增长由迁移行为以外的其他因素所决定。基于研究结论，探讨了企业迁移未来的发展趋势。

关键词：企业迁移；生产率分解；准自然实验

一、引言

企业空间动态研究是从微观视角研究区域产业活动的空间分布及其变化，从企业进入、退出和迁移等空间动态出发，分析空间经济的结构及其变化（Van Dijk & Pellenbarg，1999）。企业进入和退出是企业空间动态研究的关键事件，通过研究企业更替、成长和衰退的进程来探讨产业的演化。与企业进入退出不同，企业迁移并非企业周期循环的一部分，从空间视角上迁移意味着经济活动的再分配，企业的迁移能够带动资源的重新配置，推动区域内、区域间生产要素的自由流动，同时也促进了产业结构的调整。因此，企业迁移成为产业动态的重要环节。

企业迁移主要指企业从一个地域向另一个地域转移，包括区域内迁移、跨区域迁移和国际迁移等迁移路径（Pellenbarg，2002；Mariotti，2002），本文对于企业迁移的研究主要指企业的跨区域迁移，不考虑市区内和市内区县间的区域内迁移以及跨国公司的国际投资活动，本文基于行

基金项目：国家自然科学青年基金项目（71203233）、国家自然科学基金青年项目（71203023）。

作者简介：郭晓丹，博士，东北财经大学产业组织与企业组织研究中心研究员，主要研究方向为市场结构、产业动态、产业政策。张良，硕士研究生，东北财经大学产业组织与企业组织研究中心，主要研究方向为产业动态。

政级别对工业企业数据库中的跨区域迁移企业进行识别。迁移的方式一般分为整体迁移和部分迁移（魏后凯，2009）。整体迁移指整个企业的所有生产经营活动从某个区域迁移到其他区域；而部分迁移主要指企业活动的一部分从某个区域迁移到其他区域，而其他活动仍保留在原来区域，如企业总部迁移、生产部门迁移等，本文只对整体迁移的企业进行研究。

企业迁移的理论框架经历了从新古典理论、行为理论到制度理论的演进过程（史进，2014）。一般认为企业迁移决策主要由企业的内部因素和外部因素共同决定。新古典理论认为企业迁移的目的是利润最大化，强调了企业对最优区位的选择，虽然制度理论强调了制度因素对于企业迁移的影响，不过企业始终以追逐利润为目的，经济因素依旧占有主要地位，而行为理论强调内部因素（企业规模、企业年龄等）占主导地位。现有文献对于企业迁移绩效的评价相对较少，Bhabra 等（2002）利用微观数据对企业迁移后股票价格进行了实证分析，指出迁移的动机是迁移效果的最重要的决定因素。他们运用中国工业企业数据库尝试从宏观角度解释企业迁移的动机，并对企业迁移前后的绩效差异进行考察。在进行相关数据处理之后，得到迁移企业共包含 1998 ~2007 年统一口径年销售收入 500 万元以上的数据样本企业 304 家、样本观测值 1847 个；利用 DOP 法对迁移企业进行生产率分解，发现企业在迁移前的生产率变化主要源于企业自身成长，而在迁移后生产率变化主要源于资源配置效率的提高，我们认为追求企业间资源配置效率的提高是推动企业实施迁移决策的主要原因。为考察企业迁移前后的差异，本文对企业迁移建立准自然实验，应用PSM - DID 方法分析企业迁移行为的净效应，结果显示，企业的迁移行为并未实现生产率和利润率的显著提高。

随着中国城市化水平的提高，大城市的数量在不断增加，而大城市给企业带来的资源也更加丰富，企业更倾向于迁往大城市发展。本文利用工业企业数据库发现大多数迁移企业的迁移方向为由低到高，即由小城市迁往大城市或由低行政级别城市迁往高行政级别城市，通过生产率分解发现造成这种现象的主要原因是企业追求资源配置效率而集中于大城市或高行政级别城市。对于企业的迁移行为并未实现生产率和利润率的提高，即企业迁移的净效应为负，原因或许并不单一，企业迁移以后需要适应新的市场环境或产业政策，因此企业迁移对于企业自身的增长作用可能需要随着时间的推移而逐渐显现。

二、文献综述

企业迁移研究出现在 20 世纪 50 年代，研究范围主要在于寻找推动企业迁移的原因，在企业迁移理论发展的过程中，诞生了几种重要的企业迁移理论流派，如新古典区位理论、行为理论、制度理论等（Hayter，1997）。这些理论均建立在不同假设条件下以探讨对企业迁移决策的影响因素。新古典理论建立在“经济人”假设上，企业家是完全理性的，并以利润最大化为目标，更多地关注最优区位的选择，认为促使企业迁移的主要因素是运输成本和劳动力成本。行为理论认为企业家是在有限理性和有限信息条件下决策的“满意人”，对于企业迁移的决策，管理者不能把所有的途径和结果都考虑到，该理论强调“合适行为”而非“最优行为”，更多地强调了企业内部因素（企业规模、企业年龄等）对于企业迁移决策的影响。制度理论认为企业迁移不仅要考虑决策行为本身，还要考虑社会和文化内涵，并加入了工会、政策等因素对企业迁移的影响。

关于企业迁移影响因素及动机的经验证据方面，从数据来源看，国内外学者通过对迁移企业的案例进行分析或者采用理论分析框架的同时以问卷调查或访谈的数据作为支持，研究企业内部因素和外部因素以及政策制度等对于企业迁移的影响。部分学者利用微观企业数据库研究不同因素对于迁移行为的影响。Pen（2000）基于1100份企业问卷调查和50次企业访谈研究了荷兰企业的迁移决策过程及其影响因素，发现企业迁移决策是企业内部因素和外部因素共同作用的结果。国内学者陈建军（2002）基于问卷调查形式以浙江省105家规模以上企业为样本指出企业内在发展的需要是企业迁移的主要原因。王思文和管新帅（2013）利用工业企业数据库实证检验了不同因素对企业迁移决策的影响程度，小企业具有较高的迁移倾向，企业年龄较大和较小的企业相对中间企业具有较高的迁移倾向，而处于较好的市场基础设施条件下的企业迁移动机较低。杨菊萍和贾生华（2011）利用2000~2009年中国重要报纸全文数据库中涉及的116次企业迁移的相关报道识别促使企业迁移的各种动因，结果表明政策动因最重要，然后是战略动因和经济动因。从研究方法看，应用计量方法研究企业迁移的影响因素成为主流，Van Dijk和Pellenbarg（2000）使用有序Logit和Probit模型对荷兰企业进行研究，指出企业迁移决策主要由企业的内部因素（经济部门、企业规模）决定。Brouwer等（2004）利用Logit模型对21个国家的企业迁移行为进行研究，指出企业的迁移意向随着企业的规模而减弱，随着企业的年龄而减弱。规模较大的企业具有较高的沉没成本，而年龄较大的企业则更深地融入当地的空间环境中。从研究结论看，对于企业迁移的影响因素和动机，国内外学者从不同角度进行了论证，研究结论呈现出一定的差异，Cohen（2005）强调了企业的外部因素对于迁移决策的影响，如政府决策、区域经济结构和技术进步等。而Lee（2008）则发现美国州政府的经济发展政策对制造业企业迁移的影响很弱。刘力（2008）认为生产成本和产业转移政策是影响企业迁移的重要原因。魏后凯（2009）指出了影响企业迁移的外部因素包括迁移目标当地的资源、产业升级以及政府政策的引导等。Cull等（2005）对中国18个城市约2400家制造业企业的调查显示企业倾向于选择合约履行过程中产生冲突时解决机制较优的城市作为迁移目标。Van Dijk和Pellenbarg（2000）认为企业的内部因素影响企业的迁移决策。王思文和管新帅（2013）则利用微观数据库强调了企业内部因素是影响企业迁移的主因。

关于企业迁移绩效的评价方面，现有文献对企业迁移的研究主要集中在企业迁移的影响因素和决定动机上，一般以迁移企业的案例进行分析或者采用理论分析框架的同时以问卷调查或访谈的数据作为支持进行研究。部分学者利用微观企业数据库对企业迁移决定因素进行研究，但缺乏对于企业迁移行为的效应方面的相关研究。Manning等（1999）、Bhabra等（2002）通过微观数据对企业迁移后股票价格的实证分析，指出迁移动机是迁移绩效的最重要的决定因素。

三、基本事实

（一）数据来源及处理

本文使用的数据库是国家统计局建立

的《中国工业企业数据库》，样本期间为1998~2007年。该数据库主要来自样本企业提交给当地统计局的季报和年报汇总。该数据库的全称为“全部国有及规模以上非国有工业企业数据库”，其样本范围为全部国有工业企业以及规模以上非国有工业企业，其统计单位为企业法人。这里的“工业”统计口径包括“国民经济行业分类”中的“采掘业”、“制造业”以及“电力、燃气及水的生产和供应业”三个门类，主要是制造业（占90%以上）。“规模以上”要求企业每年的主营业务收入在500万元以上，2011年该标准改为2000万元及以上。该数据库作为一个由中国国家统计局收集的数据库，它的优点是样本大、指标多、时间长，但同时存在样本错配、指标缺失、指标异常、样本选择和测度误差和变量定义模糊等诸多问题（聂辉华，2012）。Brandt等（2012）对该数据库做了详细的整理，他们的研究也成为处理该数据库的代表性成果，本文处理面板的基本思路是结合Brandt（2012）和杨汝岱（2015）的处理方法，并以此为基础计算全要素生产率（TFP）。

本文主要探讨基于城市行政级别的企业迁移的动机及其迁移前后绩效的变化，故分析样本为1998~2007年10年间发生迁移的全部国有及规模以上非国有企业。第一步，通过法人代码进行匹配；第二步，通过企业名称进行匹配；第三步，通过地址代码和电话号码进行匹配；第四步，通过法人代表名称、行业代码和成立年份进行匹配。匹配的原则是每一步一定存在可以唯一表示某家企业的标识。经过匹配后1998~2007年中国工业企业数据库共包括了50多万家企业200多万个观测值。文献中将迁移的方式分为整体迁移和部分迁移，部分迁移包括建立分厂、迁移总部及研发部门等（魏后凯，2009），也有将转包合同作为迁移方式的分类（Bianchi & Mariotti，2003）。由于企业扩张作出的部分迁移以及转包合同等迁移方式本身情况复杂，而工业企业数据库用于区分迁移方式的变量局限性较大，不能明确定位以部分迁移等方式进行迁移的企业，因此本文只对整体迁移的企业进行研究。

本文直接对数据库进行处理，筛选10年间进行了迁移的企业，通过企业在不同年份登记的地级市区域代码以及通过对全国287个地级市进行行政级别划分来确认企业是否进行了迁移。为考察企业选择迁往较高行政级别城市的动机及影响，因而筛选迁移企业只考虑跨级别迁移，不考虑市区内和市内区县间的区域内迁移以及跨国公司的国际投资活动。具体处理思路如下：首先对行政级别做分类变量赋值，正部级为1，副部级为2，正厅级为3，副厅级为4；其次对样本期间内每个企业相应的分类变量做算术平均处理，其值为小数时就可以认为该企业在样本期间内发生了跨级别迁移。

（二）迁移企业基本情况

经过上述处理后得到637家企业。对于在样本期间进行了多次迁移的企业，本文认为属于异常样本，经过剔除之后剩余551家企业，其中458家企业由低行政级别向高行政级别迁移，93家企业由高行政级别向低行政级别迁移。

从迁移企业的规模来看，按照我国在2003年制定的《大中小型企业划分办法》，本文将工业企业数据库规模以上企业划分为大、中、小型三种规模的企业，并且采用从业人数和资产总额两种指标作为划分标准，从业人数大于2000人且资产总额在4亿元以上的为大型企业，从业人数在300~2000人且资产总额在4000万元到4

亿元的为中型企业，其余的为小型企业。在458家由低行政级别到高行政级别迁移的企业中，包括7家大型企业、110家中型企业、341家小型企业，占比分别为1.53%、24.02%和74.45%；在93家由高行政级别向低行政级别迁移的企业中，包括8家大型企业、32家中型企业、53家小型企业，占比分别为8.60%、34.41%和56.99%。总体来看，迁移企业中大型企业占比2.72%、中型企业占比25.77%、小型企业占比71.51%，本文对工业企业数据库全部企业进行规模划分，得到大、中、小型企业比例分别为0.95%、10.55%和88.50%。由此可见，在迁移企业中大型和中型企业所占比例均高于全国相应比例，而小型企业所占比例低于全国比例，之所以出现这种情况，有可能是因为大型和中型企业能够承受更高的迁移成本，又或是大型和中型企业更倾向于响应国家的相关政策。

本文将迁移企业划分为国有企业和非国有企业两种，从企业的登记注册类型看，国有企业包括登记注册类型为110、141、143、151的企业，其余均为非国有企业。458家由低行政级别到高行政级别迁移的企业包括159家国有企业和299家非国有企业，占比分别为34.72%和65.28%；93家由高行政级别到低行政级别迁移的企业包括23家国有企业和70家非国有企业，占比分别为24.73%和75.27%（见表1）。

表1　迁移企业规模及注册类型

		企业规模			企业注册类型	
由低到高迁移企业	企业总数	大型企业	中型企业	小型企业	国有企业	非国有企业
企业数（家）	458	7	110	341	159	299
占比（%）	100	1.53	24.02	74.45	34.72	65.28
由高到低迁移企业	企业总数	大型企业	中型企业	小型企业	国有企业	非国有企业
企业数（家）	93	8	32	53	23	70
占比（%）	100	8.60	34.41	56.99	24.73	75.27

从行业的角度来看，纺织、服装皮革、食品饮料加工、家具、橡胶塑料、木制品、纸制品、冶炼产品等中低端产业的企业更多地进行整体迁移，其比重约占迁移企业总数的67%（见表2）。

表2　迁移企业行业分布　　单位：家

行业	企业数	行业	企业数
采矿业	7	非金属矿物制品业	13
食品加工与制造业	67	黑色金属冶炼和压延加工业	46
酒、饮料和精制茶制造业	18	有色金属冶炼和压延加工业	18
烟草制品业	2	金属制品业	19
纺织业与纺织服装业	38	通用设备制造业	23
皮革、毛皮、羽毛及其制品和制鞋业	15	专用设备制造业	20
木材加工和木、竹、藤、棕、草制品业	13	汽车制造业	29
家具制造业	4	铁路、船舶、航空航天和其他运输设备制造业	8
造纸和纸制品业	15	计算机、通信和其他电子设备制造业	22
印刷和记录媒介复制业	21	仪器仪表制造业	21
石油加工、炼焦和核燃料加工业	6	其他制造业	9

续表

行业	企业数	行业	企业数
医药制造业	29	废弃资源综合利用业	11
橡胶和塑料制品业	22	金属制品、机械和设备修理业	10
电力、热力、水的生产和供应业	2	化学制品与化学纤维制造业	43

对经过匹配后的数据库进行重新处理，目的在于筛选出合理的样本进行全要素生产率（TFP）的测算，针对工业企业数据库指标异常的问题，参考现有文献（聂辉华等，2012；Cai 和 Liu，2009），剔除工业总产值、中间投入、固定资产合计、固定资产净值、工业增加值等变量缺失、为负值、为零值的样本，剔除总资产小于固定资产净值的样本，剔除从业人数缺失和小于零的样本，剔除主营业务收入小于500万元的样本。本文研究的是制造业样本（国民经济行业分类13～43类），行业层面考虑两位数行业分类，按照两位数行业分类，矿产、石油等行业不适用于现有方法对TFP的分析，由于自然资源在生产过程中具有重要作用，这些行业的生产函数不能简单假设为C－D生产函数（杨汝岱，2015）。因此剔除矿产、石油等资源性行业和水电煤气生产供应等行业，只对30个制造业行业企业样本进行讨论（不含大类38）。经过上述处理后得到30个（两位数）行业制造业企业的有效观测值约187.89万个。相应地经过处理后得到迁移企业的有效数据样本企业共304家、样本观测值1847个。

四、企业迁移的动机——基于生产率分解的解释

（一）企业全要素生产率的测算与生产率分解的方法

1. 测算全要素生产率变量的选取

（1）工业增加值。采用以1998年为1的各地区工业品出厂价格指数进行平减的工业增加值作为各个企业实际的工业增加值。数据库没有报告2001年与2004年的工业增加值，对于工业增加值缺失值的处理，参照刘小玄和李双杰（2008）提出的处理方法，即工业增加值＝产品销售额－期初存货＋期末存货－中间投入＋增值税。

（2）企业的资本存量。采用永续盘存法计算的企业的资本存量作为OP法所用的实际资本存量，即实际投入生产的固定资本存量 K_{it} 的计算方式如下：

$$K_{it}=K_{it-1}+I_{it}-D_{it}$$

方程中各项处理方法如下：依据工业企业数据库提供的各个企业1998年的固定资产净值作为企业的初始资本存量；对数据库中各个企业各个年份的固定资产原值年平均额，采用相邻两年固定资产原值年平均额的差值计算得到每个企业各个年份的名义投资额，再利用以1998年为1的各地区固定资产投资价格指数对名义投资额进行折算得到实际值；折旧额则采用工业企业数据库中的各个企业的当年折旧额，按照各地区固定资产投资价格指数折算成1998年的实际值。通过以上处理方法可以得到方程中各项指标，从而得到每个企业在各年份的实际资本存量。

（3）劳动投入。将各个企业年平均就业人数作为企业的劳动投入。

（4）中间投入。采用以1998年为1的各地区工业品出厂价格指数进行平减的中间投入作为各个企业的实际中间投入。

2. 行政级别的划分

本文对于中国城市的研究范围为地级

市，对行政级别的划分按照级别的大小分为四种，即正部级、副部级、正厅级与副厅级及以下城市。正部级城市包括北京、天津、上海和重庆4个直辖市；副部级城市包括深圳、厦门、青岛、大连、宁波5个计划单列市和哈尔滨、长春、沈阳、济南、南京、杭州、西安、武汉、成都、广州10个省会城市；正厅级城市包括除上述10个省会城市以外的其他所有省会城市；副厅级及以下城市包括除上述3个级别以外的所有地级市。

3. 全要素生产率的测算

考虑内生性和选择性偏差问题，本文采用Olley和Pakes（1996）发展起来的半参数方法计算全要素生产率（TFP），该方法以投资作为TFP的代理变量，从而克服OLS估计的不一致问题。我们假定企业生产函数形式为Cobb－Douglas生产函数（即C－D生产函数）：

$$Y_{it}=A_{it}K_{it}^{\alpha}L_{it}^{\beta}$$

式中，Y_{it}、K_{it}、L_{it}分别表示企业i在t年的产出、资本和劳动；A_{it}表示企业层面的全要素生产率（TFP）；α和β分别表示资本和劳动的产出弹性。为估计全要素生产率（TFP），对C－D生产函数两边取对数：

$$\ln Y_{it}=a_{it}+\alpha\ln K_{it}+\beta\ln L_{it}$$

式中，a_{it}是A_{it}的对数。

4. 生产率分解的方法

本文采用吴利学（2015）的Dynamic Olley－Pakes方法（DOP）对生产率进行分解，将迁移企业的生产率变化的来源分解为四个部分：企业自身成长、资源配置效率提高、进入效应和退出效应。首先定义企业进入和退出状态，考虑进入、退出企业中存在暂时性的离开，而在低估存活企业的同时，高估进入和退出企业，这种定义改善了对存活企业的低估，使得对于进入、退出企业的界定更准确，本文即采用这种定义。首先要对样本企业进行分组，分为进入企业（E）、退出企业（X）与存活企业（S）。当$t-k$期未出现，t期出现且在［$t-k$，t］期成立的企业标记为进入企业。在$t-k$期出现，在（$t-k$，t）期及样本末期均未出现的企业标记为退出企业。存活企业的界定分为三种情况：$t-k$期出现，t期未出现，此后再次出现的企业标记为存活企业；$t-k$期之前成立，$t-k$期未出现，t期出现的企业标记为存活企业；$t-k$期和t期均出现的企业标记为存活企业。DOP分解中组内效应的贡献直接由存活企业（未加权）平均技术进步来衡量，组间效应由存活企业间资源配置效率变化（即Olley－Pakes协方差项变化）来刻画，企业进入效应采用观测末期存活企业加总生产率为参照系，企业退出效应采用样本初期存活企业加总生产率为参照系。

以下简述吴利学（2015）对于生产率分解方法的研究论述。

首先，给出了初始年份和结束年份的生产率结构方程，其中，初始年份的全要素生产率（TFP）包含存活企业和退出企业的生产率，结束年份的全要素生产率（TFP）包含存活企业和进入企业的生产率，如下：

$$\begin{aligned}\Phi_1&=s_{S1}\Phi_{S1}+s_{X1}\Phi_{X1}\\&=\Phi_{S1}+s_{X1}(\Phi_{X1}-\Phi_{S1})\end{aligned}\qquad(1)$$

$$\begin{aligned}\Phi_2&=s_{S2}\Phi_{S2}+s_{E2}\Phi_{E2}\\&=\Phi_{S2}+s_{E2}(\Phi_{E2}-\Phi_{S2})\end{aligned}\qquad(2)$$

式中，Φ_{it}为初始或结束时期各类企业根据销售额加权后的加总生产率水平，s_{it}为初始或结束时期各类企业的市场份额，$i=S$，E，X；$t=1$，2。

式（1）和式（2）只是给出了初始和结束年份的全要素生产率（TFP），二者相减即为全要素生产率（TFP）的总变化，经过变换即可得到各因素对于全要素生产率（TFP）变化的贡献分式，如下式：

$$\begin{aligned}\Delta\Phi &= (\Phi_{S2}-\Phi_{S1}) + s_{E2}(\Phi_{E2}-\Phi_{S2}) \\ &\quad + s_{X1}(\Phi_{S1}-\Phi_{X1}) \\ &= \Delta\bar{\varphi}_S + \Delta\mathrm{cov}_S + s_{E2}(\Phi_{E2}-\Phi_{S2}) \\ &\quad + s_{X1}(\Phi_{S1}-\Phi_{X1}) \qquad (3)\end{aligned}$$

式中，$\Delta\bar{\varphi}_S=\bar{\varphi}_{S2}-\bar{\varphi}_{S1}$，即为存活企业结束年份与初始年份全要素生产率算术平均的差，代表企业的自身成长效应，Δcov_S 为存活企业结束年份与初始年份协方差的差，代表企业之间的资源配置效率，$s_{E2}(\Phi_{E2}-\Phi_{S2})$ 代表企业的进入效应，$s_{X1}(\Phi_{S1}-\Phi_{X1})$ 代表企业的退出效应。

（二）迁移企业的生产率变化

通过前文的方法与数据，分别得到1998～2007年全国的全要素生产率（TFP）以及迁移企业的全要素生产率，本文企业平均TFP全部采用加权平均法所得，权重为企业销售额。结果如表3所示，从总体水平来看，加权平均计算的迁移企业的ln*TFP*从1998年的1.018上升到2007年的1.364，低于全国1998年的1.166到2007年的1.471，迁移企业TFP平均增速为3.84%，在个别年份为负，整体略高于全国TFP平均增速，综合来看处于上升趋势。同时从表3可以看到迁移企业的生产率水平相对全国平均水平而言并无明显提升，本文将通过生产率分解和PSM－DID方法进一步说明企业迁移的动机以及迁移决策对企业的影响。

表3　1998～2007年迁移企业生产率变化

年份	全国		迁移企业	
	ln*TFP*	TFP增速（%）	ln*TFP*	TFP增速（%）
1998	1.166		1.018	
1999	1.189	2.32	1.052	3.36
2000	1.229	3.93	1.107	5.53
2001	1.273	4.41	1.131	2.32
2002	1.309	3.62	1.194	6.38
2003	1.349	4.04	1.184	－1.03
2004	1.369	1.97	1.221	3.68
2005	1.407	3.76	1.306	8.52
2006	1.441	3.47	1.346	3.99
2007	1.471	2.99	1.364	1.84
平均		3.39		3.84

（三）资源配置效率变化分析

企业迁移的动机种类繁多，一般将迁移的动机分为内部因素（如企业规模、企业年龄、业务调整、组织结构变更等）和外部因素（如城市发展、交通与基础设施、优惠政策等）。杨菊萍和贾生华（2011）利用内容分析法对企业迁移进行了动因识别，包括政策动因、经济动因、战略动因与情感动因。由于工业企业数据库的局限性，很多细分的企业动机无法进行实证考察。本文从生产率分解的角度出发，从整体上把握企业迁移的动机，试图分析企业迁移的动机是否源于对于资源配置效率的追求，而对具体细分的企业动机不做解释。

基于上述讨论，首先采用 DOP 法对 1998～2007 年中国工业企业整体的 TFP 增长来源进行分解，TFP 采用 OP 法估计，加权权重为企业销售额。TFP 增长来源于四个部分：存活企业的自身成长（技术进步）、存活企业的资源配置效率、企业进入和企业退出。DOP 法分解显示，中国工业企业整体效率提升的主要来源为企业自身成长，贡献份额为 63.74%，而资源配置效应贡献份额为 30.18%，企业的净进入效应贡献份额为 6.08%（见表 4）。对迁移企业整体的 TFP 增长来源进行分解，结果显示，企业自身成长仍旧是迁移企业整体效率提升的主要来源，贡献份额为 71.06%，资源配置效应贡献份额为 34.07%（见表 5），这里可以看到，迁移企业由于样本选择问题，组内效应和组间效应均高于全国水平的生产率分解结果。而迁移企业的净进入效应为负，贡献份额为 -5.14%。

表 4　全国 TFP 增长率分解

单位:%

	总变化	组内效应	组间效应	进入效应	退出效应	净进入效应
水平值	1.175	0.749	0.355	-0.044	0.115	0.071
份额	100	63.74	30.18	-3.71	9.79	6.08

表 5　迁移企业 TFP 增长率分解

单位:%

	总变化	组内效应	组间效应	进入效应	退出效应	净进入效应
水平值	1.273	0.905	0.434	0.072	-0.137	-0.065
份额	100	71.06	34.07	5.64	-10.78	-5.14

为进一步分析企业迁移的动机，对企业迁移前后的 TFP 增长来源进行分解（见表 6），DOP 法分解结果显示，企业自身成长是迁移企业在迁移之前 TFP 增长的主要来源，贡献份额为 77.26%；企业资源配置效率提高对迁移企业 TFP 增长具有负效应，绝对值大小占迁移企业 TFP 增长的 3.45%；企业进入的值为正，其值占到迁移企业 TFP 增长的 37.19%，代表高生产率企业的进入；企业退出对迁移企业 TFP 增长同样有负效应，绝对值大小占迁移企业 TFP 增长的 11.00%，由于样本选择问题的存在，可以认为能够进行迁移决策的企业生产率相对较高，退出效应为负可以解释为这些生产率相对较高的企业退出市场对 TFP 增长的负效应。

当企业发生迁移以后，企业自身成长对企业迁移后 TFP 增长的贡献份额为 47.89%，显著低于迁移前企业自身成长的贡献；企业资源配置效应对迁移后 TFP 增长的贡献份额大幅上涨，占比 41.99%，表明在企业实行了迁移决策以后，资源配置效率的提高更大程度上推动了企业的成长；进入效应、退出效应贡献份额分别为 5.94%、4.18%，此处退出效应减少，代表迁移以后的企业随着时间的推移，生产率相对较低的企业退出市场。

总体来看，企业迁移前，企业自身成长对 TFP 增长占绝对优势；而在企业迁移后，企业自身成长显著低于迁移前企业自身成长的贡献，而资源配置效率的提高占比大幅提升，仅仅略低于企业自身的绝对技术进步。生产率分解的结果显示，如果从整体上看企业迁移的动机，企业选择迁往更高行政级别的城市并非是为了企业自身的绝对技术进步，更多的是追求企业间资源配置效率的提高。另外，无论企业迁移前后，进入和退出效应均占比较低，因此企业 TFP 增长的来源主要是企业自身成长和资源配置效率的提高。

表 6　企业迁移前后 TFP 增长率分解结果

	总变化	组内效应	组间效应	进入效应	退出效应	净进入效应
迁移前						
水平值	1.247	0.963	-0.043	0.464	-0.137	0.327
份额	100	77.26	-3.45	37.19	-11.00	26.19
迁移后						
水平值	1.209	0.579	0.508	0.072	0.051	0.123
份额	100	47.89	41.99	5.94	4.18	10.12

进一步来看，根据上述分析，企业在迁移前后的资源配置效率存在显著的差异，但生产率分解的结果只能够说明生产率增长的来源进而得到企业迁移的动机，而生产率增长本身是否仅仅由迁移行为决定还不得而知，究竟企业的迁移行为是否真正促进了企业生产率的增长还有待考察，接下来本文尝试通过双重差分倾向得分匹配法（Difference in Differences - Propensity Score Matching，PSM - DID）检验迁移行为本身对企业的净效应。

五、企业迁移的净效应——基于 PSM - DID 模型的估计

本文采用了双重差分法（DID）与倾向得分匹配法（PSM）相结合的计量方法，将迁移企业作为实验组，在除迁移企业以外的所有样本中匹配对照组，目的在于捕捉实验组和对照组在企业迁移前后的相对差异，这种相对差异即为企业迁移的实际效果。应用 DID 的前提条件是实验组和对照组必须满足共同趋势假设，即迁移企业如果没有采取迁移决策时与未迁移企业的变动趋势随时间变化并不存在系统性差异。而通过 Heckman 等提出的 PSM - DID 方法就可以使 DID 方法满足共同趋势假设。PSM 方法通过控制适当的协变量在未迁移企业中为实验组匹配对照组以保证两类企业除了在是否迁移这一项指标存在差异以外，在其他各项指标上尽可能保持一致，然后当通过 Logit 回归模型估计企业实行迁移决策的概率时就可以保证实验组和对照组实行迁移决策的概率相近以便能够相互比较。这样 PSM - DID 方法就解决了 DID 方法中实验组和对照组在受到迁移行为影响前不完全满足共同假设趋势所带来的问题。PSM - DID 方法不仅解决了样本匹配问题，还克服了企业迁移决策中人为因素所带来的选择性偏差。

（一）基于 PSM 模型的样本匹配

为了能够运用倾向得分匹配法（PSM）得到合理的对照组，首先关注影响企业迁移决策的因素，并将其作为匹配的协变量。Hayter（1997）对企业迁移理论研究进行梳理，通常将影响企业迁移的因素分为内部因素和外部因素，而不同流派对于研究影响企业迁移的因素侧重点也不尽相同。

本文选取企业规模、企业年龄、企业所有制类型、企业所在地城市规模以及行业集中度作为 PSM 方法匹配对照组的协变量，如表 7 所示。另外我们还以企业的全要素生产率（TFP）和销售利润率作为反映企业绩效的指标。

表 7　变量描述

结果变量	定义
全要素生产率	通过 OP 法计算所得全要素生产率，使用时取对数
销售利润率	利润总额/销售收入总额 ×100%
协变量	定义
企业规模	用资产总额表示，使用时将其对数化
企业年龄	用企业所在年份减去企业开业年份所得
企业所有制	哑变量，国有企业为 1，非国有企业为 0
城市规模	使用企业所在城市的人口数量作为城市规模指标
行业集中度	使用四位数行业的赫芬达尔指数表示

以协变量为基础计算实验组和除实验组外所有样本中（非实验组）每个企业的倾向得分。采用 Logistic 二元回归计算协变量的回归系数，计算公式如下：

$$Y_i = \alpha_1 x_{i1} + \alpha_2 x_{i2} + \cdots + \alpha_d x_{id} + \varepsilon_i$$

式中，Y_i 为处理变量，实验组的企业该值为 1，非实验组的企业该值为 0；x_j 为影响企业迁移的协变量；α_j 为相应的回归系数。

根据上述公式所得的回归系数，通过下述公式计算企业的倾向得分：

$$PS_i = \alpha_1 x_{i1} + \alpha_2 x_{i2} + \cdots + \alpha_d x_{id}$$

式中，PS_i 为企业 i 的倾向得分。

本文采用无放回一对一近邻匹配得到各个企业的倾向值后，利用倾向值在非实验组中匹配到了与实验组相似的对照组，共计 304 家企业、1847 个观测值，与实验组中的观测值一一对应。接下来进行平衡性检验，目的在于考察实验组和对照组的分布是否具有系统性的差异。换句话说，如果已经匹配的样本在不同协变量之间不存在显著差异，那么此时对照组与实验组在所控制的协变量条件下符合共同趋势假设，其中的企业具有大致相同的进行迁移的可能性，即可作为后文 DID 方法的研究样本。

使用全要素生产率（TFP）和销售利润率指标分别进行平衡性检验以后，发现匹配的所有协变量在两组企业之间的偏差程度都大幅降低，已匹配的样本 P 值变大，说明实验组和对照组的协变量在分布上是一致的，证明我们的匹配过程是有效的，从统计意义上可以认为两组企业是一致的。

（二）企业迁移的净效应

企业迁移在全国的地级市中表现出差异化特征，为我们提供了一个准自然实验，本文采用双重差分法（DID）来估计迁移行为对企业绩效的净效应，DID 在实验组和对照组处于相同的趋势下，有效去除不可观测因素的影响。与上文相同，这里绩效指标采用 TFP 和销售利润率。

DID 方法的回归模型设定如下：

$$Y_{it} = \beta_0 + \beta_1 treated_{it} + \beta_2 t_{it} + \beta_3 t \times treated + \mu_{it}$$

被解释变量 Y 具体指标包括 $\ln TFP$ 和销售利润率。*treated* 为分组虚拟变量，如果企业进行了迁移，则为实验组，$treated = 1$；否则为对照组，$treated = 0$。t 为时间虚拟变量，迁移当年及以后的年份 $t = 1$，其他年份 $t = 0$。μ 为随机误差项。对于实施迁移决策的企业（$treated = 1$），在迁移前后的绩效变化情况分别是 $\beta_0 + \beta_1$ 和 $\beta_0 + \beta_1 + \beta_2 + \beta_3$，发生迁移的企业在迁移前后绩效的变化程度是 $\phi_1 = \beta_2 + \beta_3$，其中包括了迁移行为以及其他因素的影响。类似地对于其他企业（$treated = 0$），迁移前后的绩效变化情况分别是 β_0 和 $\beta_0 + \beta_2$，也就是说，没有发生迁移的企业在迁移前后（与实验组相对应的时间，并非实际迁移）绩效的变化程度是 $\phi_2 = \beta_2$，这样就排除了迁移行为对企业绩效的影响。因此用实验组在迁移前后绩效的变化程度 ϕ_1 减去对照组在迁移前后绩效的变化程度 ϕ_2 就可以得到企业迁移行为对迁移企业绩效的净效应，β_3 即为企业的迁移行为对于被解释变量 Y_{it} 的净效应。表 8 列出了 DID 模型中各个参数的含义。

表 8　DID 模型中各个参数的含义

	企业迁移前（$t = 0$）	企业迁移后（$t = 1$）	Difference
迁移企业（实验组 $treated = 1$）	$\beta_0 + \beta_1$	$\beta_0 + \beta_1 + \beta_2 + \beta_3$	$\phi_1 = \beta_2 + \beta_3$
其他企业（对照组 $treated = 0$）	β_0	$\beta_0 + \beta_2$	$\phi_2 = \beta_2$
DID			$\Delta\phi = \beta_3$

首先构建混合面板数据模型和固定效应模型来实证分析企业迁移行为对于企业绩效的影响，模型的变量设置均为时间虚拟变量 t、分组虚拟变量 *treated* 以及二者的交叉项 $t \times treated$，所用数据均为经过 PSM 后的样本。混合面板数据模型为模型 1，固定效应模型为模型 2。

如表 9 所示，当以 $\ln TFP$ 作为被解释变量时，模型 1 的估计结果显示 DID 变量（$t \times treated$）未通过显著性检验，而基于固定效应的模型 2 的估计结果则显示，DID 变量通过了 1% 的显著性水平检验，企业的迁移行为使 TFP 降低了 11.4%。固定效应通过一阶差分法消除变量的时间变化因素，由于企业迁移的虚拟变量具有时间不变性，因此无法得到回归结果，在使用 Stata 做固定效应分析时，分组虚拟变量（*treated*）会被删去，但是并不会影响估计结果的有效性。当以销售利润率作为被解释变量时，DID 变量仍然通过了显著性检验，企业的迁移行为从平均意义上使利润率降低了 7 个百分点左右。

表 9　企业迁移的平均处理效应

变量	$\ln TFP$		销售利润率	
	模型 1	模型 2	模型 1	模型 2
$t \times treated$	−0.0343 (0.0420)	−0.1140*** (0.0401)	−0.0698* (0.0417)	−0.0720** (0.0340)

续表

变量	ln*TFP*		销售利润率	
	模型 1	模型 2	模型 1	模型 2
treated	−0.1021** (0.0402)		0.0451 (0.0478)	
t	0.0994*** (0.0280)	0.2183*** (0.0352)	0.0346*** (0.0112)	0.0364*** (0.0117)
常数项	0.9044*** (0.0211)	0.8149*** (0.0137)	−0.0109 (0.0097)	0.0152 (0.0118)
样本量	3694	3694	3694	3694

可以发现，无论以 ln*TFP* 作为被解释变量还是以销售利润率作为被解释变量，我们重点关注的 DID 变量（$t \times treated$）的回归系数均显著为负，表明企业的迁移行为对于企业的绩效具有负的净效应，而迁移企业在样本期间生产率是绝对增长的，也就是说迁移企业生产率的提高并非由迁移行为所致，而是由迁移行为以外的其他因素所决定的。我们认为，企业实行迁移决策的动机源于对资源配置效率的追求，资源配置效率的提高作为其经验证据，但迁移行为本身并未促进迁移企业生产率的增长，之所以出现这种情况，可能是因为企业迁移对于企业自身的增长作用需要随着时间推移而逐渐显现，而在样本期内企业由于需要适应新的市场环境或产业政策，又或者需要进行自身战略的调整或市场扩张导致并未显示出企业迁移的正向作用。

六、结论与研究展望

本文应用 1998～2007 年中国工业企业数据库对企业迁移的现象、动机以及迁移后的影响进行了研究，企业迁移的标准考虑基于行政级别层面的跨区域企业迁移，首先描述了迁移企业整体的基本情况，其次选取从较低行政级别迁往较高行政级别的研究样本，目的在于考察迁移方向为从低到高的企业进行迁移的动机以及企业迁往高行政级别城市后的变化。在进行相关数据处理后，得到迁移企业包含 1998～2007 年统一口径年销售收入 500 万元以上的数据样本企业共 304 家、样本观测值 1847 个，并进行实证分析，数据样本涵盖了国民经济行业分类 13～43（不包括 38）共 30 个行业。

与现有的企业迁移研究不同，本文对于企业迁移影响因素及动机的考察不考虑各种细分种类，而是从整体上把握企业迁移动机的角度出发，利用 DOP 法对全要素生产率进行分解，从生产率分解角度考察并解释了企业迁移的动机，并采用双重差分倾向得分匹配法（PSM－DID 方法）对企业迁移是否推动了企业自身生产率及利润率的提高进行了验证。研究结果表明，企业迁移从整体上看，其动机源于对高行政级别城市资源配置效率的追求，迁移后企业的资源配置效率显著高于迁移前的资源配置效率。而 PSM－DID 模型结果显示企业迁移的净效应表现出显著的负效应，但迁移企业在样本期间的生产率是绝对增长的，这表明迁移企业生产率的提高是由迁移行为以外的其他因素所决定。而对于迁移企业在迁移前后推动生产率提高的具体因素本文不做考察。

企业迁移未来的研究尚有许多值得拓展的空间。国内学者对于企业迁移的研究仍主要集中在企业迁移的影响因素和动机以及企业迁移的实证分析上，关于企业迁移对企业绩效影响的研究尚不够深入，特别是缺乏以微观数据库为支撑的相关研究。可以通过分析企业迁移前后绩效的差异探索这种现象的原因或决定因素，如迁入区域的市场环境、产业政策、迁入区域的城市特征与企业迁移的距离远近。此外，根据本文的研究结果，企业迁移的动机在于追求资源配置效率的提高，而在样本期内迁移行为本身并未促进迁移企业生产率的增长，可能是因为企业迁移对于企业自身的增长作用需要随着时间推移而逐渐显现。因而在企业迁往新的发展区域以后，通过研究企业在融入当地的社会中，与当地政府、企业及其他机构形成网络联系后如何影响企业的绩效也应当成为今后关注的重点。

参考文献

[1] Pellenbarg P H, van Wissen L J G, Van Dijk J. Firm Migration [M]//P. Mc Cann. Cheltenham. Industrial Location Economics Edward Elgar, 2002.

[2] Hayter R. The Dynamics of Industrial Location: The Factory, the Firm and the Production System [M]. New York: Wiley, 1997.

[3] Jouke van Dijk, Pellenbarg P H. Firm Relocation Decision in the Netherlands: An Ordered Logit Approach [J]. Papers in Regional Science, 2000 (79): 191 –291.

[4] Aleid E Brouwer, Ilaria Mariotti, Jos N van Ommeren. The Firm Relocation Decision: An Empirical Investigation [J]. The Annals of Regional Science, 2004 (2): 335 –347.

[5] Brandt L, J V Biesebroeck, Y Zhang. Creative Accounting or Creative Destruction? Firm –Level Productivity Growth in Chinese Manufacturing [J]. Journal of Development Economics, 2012, 97 (2): 339 –351.

[6] Melitz M, S Polanec, Dynamic Olley –Pakes Decomposition with Entry and Exit [R]. NBER Working Paper, No. 18182, 2012.

[7] Olley S, A Pakes. The Dynamics of Productivity in the Telecommunications Industry [J]. Econometrica, 1996, 64 (6): 1263 –1298.

[8] Pen C J. Actors, Causes, and Phases in the Decision –making Process of Relocated Firms in the Netherlands [R]. The 40th Congress of the European Regional Science Association. Barcelona, Spain: 2000, Aug 29 –Sept1.

[9] Lee Y. Geographic Redistribution of US Manufacturing and the Role of State Development Policy [J]. Journal of Urban Economics, 2008, 64 (2): 436 –450.

[10] Dahl M S, Sorenson O. Home Sweet Home: Entrepreneurs' Location Choices and the Performance of Their Ventures [J]. Management Science, 58 (6): 1059 –1071.

[11] Klaassen L H, Molle W. Industrial Mobility and Migration in the European Community [M]. Aldershot, UK: Gower, 1983.

[12] Mariotti I. Firm Relocation and Regional Policy: A Focus on Italy, the Netherlands and the United Kingdom [M]. Utrecht, The Netherlands: Royal Dutch Geographical Society, 2002.

[13] Stam E. Why Butterflies Don't Leave: Locational Behavior of Entrepreneurial Firms [J]. Economic Geography, 2007, 83 (1): 27 –50.

[14] Van Dijk J, Pellenbarg P H. Demography of Firms: Spatial Dynamics of Firm Behaviour [M]. Utrecht, the Netherlands: Royal Dutch Geographical Society, 1999.

[15] Van Wissen L, Schutjens V. Geographical Scale and the Role of Firm Migration in Spatial Economic Dynamics. The 45th Congress of European Regional Science Association [J]. Amsterdam, The Netherlands: August, 2005: 23 –27.

[16] Bhabra H S, Lel U, Tirtiroglu D. Stock Market's Reaction to Business Relocations: Canadian

Evidence [J]. Canadian Journal of Administrative Science, 2002, 19 (4): 346 - 358.

[17] 王思文，管新帅. 企业迁移决定：来自中国工业企业的经验证据 [J]. 现代财经（天津财经大学学报），2013 (4): 100 - 110.

[18] 魏后凯，白玫，王业强. 中国区域经济的微观透析：企业迁移的视角 [M]. 北京：经济管理出版社，2010.

[19] 魏后凯. 中国企业迁移的特征、决定因素及发展趋势 [J]. 发展研究，2009 (10): 9 - 18.

[20] 杨菊萍，贾生华. 企业迁移的动因识别：基于内容分析法的研究 [J]. 地理科学，2011, 31 (1): 15 - 21.

[21] 杨汝岱. 中国制造业企业全要素生产率研究 [J]. 经济研究，2015 (2): 61 - 74.

[22] Manning C, Rodriguez M, Ghosh C. Devising a Corporate Facility Location Strategy To Maximize Shareholder Wealth [J]. Journal of Real Estate Research, 1999, 17 (3): 321 - 340.

[23] Cai Hongbin, Liu Qiao. Competition and Corporate Tax Avoidance: Evidence from Chinese Industrial Firms [J]. Economic Journal, 2009 (119): 764 - 795.

[24] Cohen J. P, C. J Morrison Paul. Agglomeration Economies and In dustry Location Decisions: The Impacts of Spatial and Industrial Spillovers [J]. Regional Science and Urban Economics, 2005, 35 (3): 215 - 237.

[25] Cull R, Xu L C. Institutions, Ownership, and Finance: The determinants of Profit Reinvestment Among Chinese Firms [J]. Journal of Financial Economics, 2005, 77 (1): 117 - 146.

[26] Bianchi L, Mariotti I. The Relocation of Italian Firms to The Mezzogiorno and to The SEEC: Two Systems in Comparison [R]. Paper Presented at the Urban and Regional Studies Institute (URSI) Research Conference, the Netherlands, 2005.

[27] 刘力，张健. 珠三角企业迁移调查与区域产业转移效应分析 [J]. 国际经贸探索，2008 (10): 18 - 24.

[28] 吴利学，叶素云，傅晓霞. 中国制造业生产率提升的来源：企业成长还是市场更替 [J]. 管理世界，2016 (6): 22 - 39.

[29] 聂辉华，江艇，杨汝岱. 中国工业企业数据库的使用现状和潜在问题 [J]. 世界经济，2012, 35 (5): 142 - 158.

[30] 陈建军. 中国现阶段产业区域转移的实证研究——结合浙江 105 家企业的问卷调查报告的分析 [J]. 管理世界，2002 (6): 64 - 75.

□ The Relocation of Industrial Firm in China: Fact, Motivation and Effect

Guo Xiaodan　Zhang Liang

Abstract: This paper studies the phenomenon, motivation and impact of firm relocation in China's industrial enterprises database from 1998 to 2007. The definition of firm relocation is trans - regional firm relocation based on the administrative level. The paper tries to whole grasp the motivation of firm relocation from the perspective of DOP, and the net effect of relocation behavior was investigated by PSM – DID method. The research shows that the motivation of firm relocation stems from the pursuit of resource allocation efficiency, while the net effect of enterprise relocation is significantly negative. The absolute growth of firm relocation during the sample period is determined by factors other than migration. Finally, this paper explores the development trend of enterprise relocation in the future based on the conclusion of the article.

Key Words: Firm Relocation; Productivity Decomposition; Motivation; Quasi – natural Experiment

□ 建议零售价、消费者偏好偏离与转售价格控制

李世杰　蔡祖国

摘　要：中国市场上的本土消费者对国内外产品的品牌偏好存在极大差异，表现为习惯性地接受进口商品的高市场零售价。在华跨国制造商如何利用本土消费者偏好谋取高额边际利润回报及其对国内零售商边际利润和消费者福利水平的影响等问题，应当引起必要的研究关注。本文构造消费者偏好—市场结构—纵向合同（CMV）模型，分别考察在两部收费制和转售价格控制两类定价机制下的模型均衡，探究跨国制造商在东道国市场实施转售价格控制的内生机制。研究发现：跨国制造商通过发布建议零售价等产品信息，影响消费者参考依赖偏好，诱使消费者偏好偏离，抑制品牌间价格竞争，成功实施转售价格控制，形成价格上涨效应，损害本土消费者福利；借助转售价格控制策略，压缩本土零售商边际利润，加剧下游品牌间价格竞争；通过操纵品牌的消费者偏好，引发商业盗取效应或路径依赖效应。研究还表明，两部收费制策略引致的零售商利润率压缩效应，有利于跨国制造商和本土消费者的共赢。据此本文建议，规制当局在限制跨国制造商转售价格控制行为的同时，还要规范其产品信息发布机制，防范其过度影响乃至操纵本土消费者偏好。

关键词：跨国制造商；建议零售价；消费者偏好偏离；转售价格控制

一、问题的提出

建议零售价（Suggested Retail Price，SRP）是指由制造商制定并期望零售商在向第三方转售商品时与消费者达成的交易价格（Puppe & Rosenkranz，2011），其表现形式包括列表价格（List Price）、制造商推荐价（Manufacturer Recommended Price）、标价（Sticker Price）等（Lubensky，

基金项目：国家自然科学基金面上项目“跨国公司在华 RPM 策略实施动因、垄断势力纵向传导及规制路径研究”（批准号：71473066）、“政府行为作用下的我国制造业集聚空间演化与集聚效率研究”（批准号：41361029）；中国博士后基金面上项目“考虑政府行为的我国制造业集聚机制研究”（批准号：713176）。

作者简介：李世杰，江苏连云港人，海南大学经济与管理学院教授，海南大学经济与管理学院副院长、教授；蔡祖国，江西九江人，东北大学工商管理学院博士研究生。

2011）。转售价格控制（Resale Price Maintenance，RPM）是指制造商通过书面或口头协议，强制要求零售商在向第三方转售商品时执行制造商规定的价格，其表现形式通常有固定转售价格（Fixing Resale Price）、价格上限（Price Ceiling）、价格下限（Price Floor），其中价格下限尤为常见（李世杰和蔡祖国，2014）。在经济实践中，上游制造商惯常选择电视广告、产品外包装、互联网等信息传播渠道，公开发布 SRP（Fabrizi et al.，2012）。通常情况下，SRP 并不具有很强的约束力。学者对此的解释是：SRP 作为消费者价值损失与受益的分界点，如果真实零售价格高于 SRP，可能导致消费者在较强的损失厌恶效应作用下集体地选择不购买，致使零售商不能获得有效需求——从而阻止零售商偏离 SRP，而制造商则可以通过调整批发价实现预期利润（Puppe & Rosenkranz，2011；李剑，2012）。很长时间以来，纵向关系理论领域的研究文献习惯地将 SRP 视为 RPM 的表现形式之一，对二者并未加以细致区分和模型化讨论。

近年来，上游制造商对其产品发布 SRP 的行为变得日益频繁，涉及手表、眼镜片、数码相机、智能手机、日化用品等几乎消费者所能接触到的大部分终端消费品行业（Lubensky，2011）。但在产业规制实践中，日趋频繁的上游制造商发布 SRP 行为，却从未受到规制——包括加拿大竞争法案、美国高露洁条款、德国反对竞争约束法案等在内的经典反垄断法律条款都对其持豁免态度。故 Puppe 和 Rosenkranz（2011）指出，SRP 与 RPM 可能存在本质区别，应当给予必要的研究关注；并探讨了上游制造商 SRP 策略的反竞争效果和福利影响。此后，Fabrizi 等（2012）设置了一个上游垄断、下游竞争的市场结构，把因 SRP 而产生的参考依赖偏好[①]（Reference - Dependent Preference）纳入消费者购买决策函数，据此考察下游零售商偏离 SRP 时的消费者福利效应；其研究表明：随着参考依赖偏好增强，零售商向下偏离 SRP 造成消费者福利损失甚于 RPM 定价机制。本文拟在前述文献研究基础上，考察上游制造商利用消费者偏好（Consumers' Preference）偏离[②]实施 RPM 策略，及其对产业链利润和本土消费者福利的影响机制。

消费者偏好偏离源自参考依赖偏好，多用于刻画消费者行为。在现实生活中，拥有大量产品知识的部分消费者，通常还会向身边的亲朋好友咨询某品牌的社会评价和购买意见，往往得到夸张的知名品牌社会心理评价，由此逐渐形成以品牌形象（Brand Image）为核心内容的品牌期望（Brand Expectation），形成拥有该产品品牌以后的美好憧憬，并因此产生强烈的购买意愿。在强烈的偏好心理支配下，消费者即便面对真实零售价（市场交易价）高于建议零售价的不利情形，仍然选择购买以求获得心理满足。实践中的例子十分普遍。例如，iPhone 手机新款上市之初，不少“苹果控”为早日拿到新产品，宁愿花高价向“黄牛党”购买；再如，购买高档进口汽车的用户，大都选择接受 4S 店提出的“加价才能提现车”、“购买一定额度装饰才能提车”等看似不合理的要求。Willams

① 参考依赖偏好是指消费者在意识自身参考点的存在后，对偏离参考点的结果表现出不同偏好程度。如果以 SRP 为参考点，参考依赖偏好则表现为损失厌恶效应。

② 消费者对产品品牌偏好的研究由来已久。文中所涉及的消费者偏好偏离是指消费者不经过思考而直接由主观因素决定的、对一类品牌偏好的同时对另一类有强烈排斥感。例如，偏好 iPhone 手机的“苹果控”们对 iPhone 手机各款型号均保持深度痴迷，对其他品牌手机则往往不屑一顾。

和Slama（1995）、张剑渝和杜青龙（2009）、袁少锋（2014）等对此均有研究关注；而Hu等（2014）的研究明确支持了中国高档汽车消费者偏好偏离的普遍存在，他将消费者参考依赖偏好因素引入消费者购买决策环节，认为制造商利用SRP的价格信号作用，更易于观察零售商的RPM执行情况。不过，既有文献对消费者偏好的研究，多聚焦于横向关系下消费者偏好对企业行为的影响（金英和苏萌，2010），而较少将其引入纵向关系分析框架——尤其是没有注意到以SRP为基准的RPM价格下限策略对消费者偏好的滥用情形。本文尝试引入并改进Yang等（2010）与Fabrizi等（2012）的消费者购买决策函数，将零售商向上偏离SRP的行为与消费者偏好相结合，构造消费者偏好—市场结构—纵向合同（CMV）模型，并进一步考察两部收费制和RPM两种定价机制下①，消费者偏好偏离对制造商品牌间竞争及上下游产业链利润分配的影响。

二、相关文献回顾

已有相关研究文献通过设定上下游连续垄断（Puppe & Rosenkranz，2011；Yang et al.，2010；Huang et al.，2014），或上游垄断、下游竞争（Fabrizi et al.，2012）——即单一制造商品牌的市场结构，分析参考依赖偏好对制造商和零售商的生产、销售行为的影响，却没有将该模型拓展至两条独立销售链相互竞争的市场结构。例如，Huang等（2014）设置由垄断汽车制造商和垄断零售商构成的新能源汽车供应链，并加入消费者参考依赖偏好因素。其研究发现：在汽车以旧换新项目中，较高水平的SRP临界值能够激励汽车制造商的参与积极性，而零售商需要给予消费者更多优惠折扣才能完成预期销量。可见，研究者着重考虑的是消费者在参考依赖偏好下是否购买的决策。而在更多的情形下，消费者的决策不仅局限于权衡是否购买，同时还需要选择制造商的不同品牌（Hunold & Muthers，2011）。也有文献注意到一些经济现象：参考依赖偏好在参考群体增多和部分理解参考信息的情境下，将演变成以感知制造商品牌差异为主的强烈偏好（即偏好偏离）；受此影响，消费者可以在品牌商品的消费上顺利做出购买决策（张剑渝和杜青龙，2009；袁少锋，2014）。应当说，上述文献为后续研究工作做了必要的铺垫。

上游制造商受到消费者偏好影响，不断改进产品生产设计（马琳和顾海英，2011；尹世久等，2014）、选择销售方式和营销策略（张瑞雪等，2009；金英和苏萌，2010）等。在横向关系理论框架下，消费者偏好对企业决策的影响已被大量理论及实证研究所证实，而纵向关系下的消费者偏好影响机理则缺少研究关注。例如，关于家庭轿车市场存在消费者自述偏好和实际选择（即显示偏好）不一致问题，金英和苏萌（2010）运用分层Bayes模型实证检验导致自述偏好和实际选择不一致性的影响因素时发现，个体层面模型对消费者购车数据的拟合程度要优于常见的总体层次模型，而家庭收入和家庭人口等家庭

① 通常而言，至少存在四种形式的纵向合同，分别是线性价格、特许费、数量定额（Quantity Fixing，QF）及RPM。其中，RPM是一类明确规定零售价的纵向合同；特许费、批发价、销量设置都需引入特定行业背景（Allain & Chambolle，2011）。本文聚焦于进口品牌产品，通常而言具有固定批发价和定量特许费的行业特征；而两部收费制则是定额特许费和固定批发价，且零售商拥有零售价决定权的策略组合。显然，两部收费制与RPM定价策略的本质区别在于产品市场零售价的决定权归属。

特征对消费者购买决策发挥着间接的影响，表明汽车销售企业的一对一的营销模式将优于只做整体市场营销的结果。这种看似矛盾的研究结论，根源于既有研究文献在处理消费者偏好对制造商和零售商生产、销售的行为影响时，习惯性地把制造商和零售商视为一个整体（即销售特定制造商品牌的关联企业）。然而，上游制造商与下游零售商是两个独立的博弈主体，利益取向不一致，纵向关系研究基点之一就是上游厂商如何设计合同条款来激励下游厂商；在上下游厂商纵向合约博弈的过程中，上下游厂商的策略性行为经常发生偏差。例如，上游制造商的 RPM 行为偏差，便在一定程度上削弱了由零售商自由定价引起的双重加价（Rey & Tirole，1986）。而作为最具争议的纵向约束策略（Kucuk & Timmermans，2012），RPM 受到诸多学者的研究关注。有学者通过引入不对称信息（Martimort & Piccolo，2007）、零售商服务（Schulz，2007；李世杰和蔡祖国，2015）、双重共同代理（Rey & Vergé，2010）等外生变量，考察 RPM 行为对市场竞争、产业链利润分配及消费者福利的影响。但是，既有研究并未进一步讨论由于上游厂商品牌差异引起消费者偏好偏离等内生变量的作用机制。本文拟把消费者偏好偏离纳入研究视野，探究参考依赖偏好引致下的本土消费者在了解跨国公司发布 SRP 的前提下，为何仍然愿意接受高档进口产品的高市场零售价；并试图阐释消费者偏好偏离如何影响跨国制造商以价格下限为核心的 RPM 策略，以及上下游厂商之间的利润分配问题。

一般来说，价格下限形式的 RPM 协议（以下简称价格下限协议）对消费者福利最具危害性，因为它使得零售价保持上升的趋势（Collins et al.，2001）。现实生活中价格下限协议不在少数，禁止低于成本销售法案[①]（Resale Below Cost Laws，RBC）、最低销售价格列表等均属于此。弱势产业（如粮食、蔬果等种植行业）RBC 法案的价格上涨效应和消费者福利损害效应，一直是学界的研究热点（Allain & Chambolle，2005，2011；Biscourp et al.，2013），但针对最低销售价格列表的影响却少有关注。例如，Allain 和 Chambolle（2011）设置了双重共同代理的市场结构，考察全行业以制造商批发价为标准的价格下限对零售价的影响，研究表明：此类 RPM 协议能够协助制造商放松下游竞争而抑制上游竞争，致使消费者福利损害效应和价格上涨效应均甚于明确规定零售价的 RPM 协议。Biscourp 等（2013）运用法国 1994 ~ 1999 年 CPI 中粮食销售的原始数据，实证检验上述模型结论，发现在拉加兰德法案[②]（Loi – Galland Act）实施后，上游制造商生产集中度显著增加，而下游零售商尤其中小独立粮食零售商店竞争力遭到削弱（部分甚至已经倒闭）。O' Brien和 Shaffer（1992）则考察了上下游厂商秘密约定最低价的价格下限对市场竞争的影响，发现上下游秘密合同的价格下限极易促成垄断水平的零售价，具有较强的社会福利危害性后果。本文所探讨的上游制造商 SRP 与“秘密合同价格”的根本区别在于：SRP 通过信息传播渠道，可以被消费者所明确知晓；而后者具有隐蔽性（Bonnet & Dubois，2010）。

随着有限理性理论研究的不断深入（Simon，1955），作为经济学基础假设之

① 此类法案的核心内容是要求零售商顺向加价销售商品，或者要求零售商不得低于成本销售。

② 拉加兰德法案是由法国规制部门在粮食行业确立起的 RBC 法案。

一的消费者偏好假设，已经在学术界形成基本共识：消费者偏好表现源自其行为选择，植根于经济生活事实（Facts）的理性选择（Samuelson，1952）。心理学研究发现，人类从所学知识到所用知识，并不能实现完全转化，中间存在漏损。因而，包括经济组织和个人的“经济人”会受到所在环境的信息获取和自身计算能力的限制，做出有别于完全理性行为理论的最优理性行为，即有限理性行为（Simon，1955）。基于此，前景理论关于消费者行为的研究发现：风险决策过程中，消费者行为并非完全理性框架下的期望效用模式，而是损失厌恶型；在参考点情景下，消费者会表现出参考依赖偏好（Kahneman & Tversky，1979）。营销领域的研究文献也表明，当消费者做出效用非最大化购买行为（包括在参考点情景下）时，如果营销人员考虑到消费者之前的经验或受到来自其他人已被“污染”的信息，那么可以视消费者偏好为动态形式（Wertenbroch & Carmon，1997）；此时需要依据消费者的具体行为和情景，沿着消费者偏好变化路径，才能推断消费者参考依赖偏好的下一步趋势（Masatlioglu & Nakajima，2013）。当消费者受到经验干扰或“污染”信息（Wertenbroch & Carmon，1997）影响而做出非理性消费行为，消费者参考依赖偏好变化导致偏好偏离的演化路径便具备合理性①——在信息爆炸与信息“污染”叠加环境下，消费者很容易形成参考—购买行为偏离（Wertenbroch & Carmon，1997），使得下游零售商能够采取向上偏离 SRP 行为，从而侵害消费者福利。这在中国高档进口汽车市场表现突出，由近年来中国市场频发的汽车价格垄断案件材料中便可窥一斑。本文思路沿着理性选择—消费者有限理性—消费者经验干扰或“污染”信息影响—消费者参考依赖偏好—消费者偏好偏离的理论逻辑，在 Willams 和 Slama（1995）、张剑渝和杜青龙（2009）、袁少锋（2014）、Hu 等（2014）的研究基础上，尝试用消费者偏好偏离来刻画部分中国本土消费者对进口产品的强烈品牌偏好，讨论消费者偏好偏离对跨国品牌产品纵向产业链利润的影响。

既有研究成果为本文研究消费者偏好偏离问题留下重要线索，但也存在一些亟待解决的问题。例如，关于消费者偏好偏离对消费者决策的影响一直未模型化讨论，也鲜有从纵向关系角度出发探讨上游厂商的价格下限策略实施及作用机制等。Yang 等（2010）与 Fabrizi 等（2012）以前景理论中消费者价值函数的研究成果为理论基础，构造参考依赖偏好下，消费者在连续垄断市场结构中的购买决策函数，借此研究 SRP 对市场参与者各方利益影响；但该模型仅考虑消费者是否购买的决策函数，而现实中的消费者通常都是既可权衡购买又可选择制造商品牌。沿着这一研究思路，本文采用易于测度消费者偏好偏离形成的效用变量替代不易测度的保留效用变量，并设置了 2×2 纵向市场结构，构建消费者偏好—市场结构—纵向合同（Consumers’ Preference - Market Structure - Vertical Contract，CMV）模型，借此解析在华跨国制造商在 RPM 策略下借助发布 SRP，操纵中国本土市场消费者偏好，进而形成对自身的路径依赖效应，及对消费者的零售价上涨效应。

① 实际上，轻微偏离个体效用最大化理性决策的一个系列相互联系的经济模型或部分消费者行为，是不会影响经济的系统均衡的存在性和稳健性的（Akerlof & Yellen，1985）。本文在严格条件约束下局部地（局部是指消费者对部分品牌有偏好偏离现象）将参考依赖偏好导致消费者偏好偏离做了演变推定，进一步分析轻微偏离理性的偏好对厂商利润的影响，而不会改变关于消费者偏好的一般研究范式。

三、消费者偏好—市场结构—纵向合同（CMV）模型

过于复杂的市场结构（如双重共同代理），不利于模型化消费者偏好偏离影响其购买决策的作用机制。因此，本文设定了两个零售商分别销售不同品牌的市场结构。在销售模式安排方面，中国市场上的消费者对跨国制造商的品牌商品存在偏好偏离，而国外产品品牌销售模式相对固定，常见的做法是上游制造商向下游零售商收取固定特许费（Franchise Fee），并叠加使用价格条款。消费者偏好、市场结构与纵向合同安排存在内在关联。本文所构造的基础模型消费者偏好—市场结构—纵向合同（CMV）模型包含上述三要素。

（一）顾客购买决策

本文设定的消费者决策函数，是建立在消费者的损失厌恶效应和偏好偏离的基础上[①]。首先，拥有大量信息的消费者将制造商发布的SRP价作为市场参考价。由于制造商要求零售商执行价格下限形式的RPM协议，消费者从本土零售商那里得到价格信息：真实零售价（市场交易价）往往高于SRP（心理参考价），因而对产品价格表现出损失厌恶效应——损失厌恶效应最早由Kahneman和Tversky（1979）发现，并被大量实证研究证实存在于以SRP为参考价的消费者购买决策过程之中（Kalyanaram & Winer，1995）。心理参考价的作用机制是：当真实零售价高于SRP时，购买行为才会给消费者带来负效用。例如，定义 p_r、p_s 分别是真实零售价和SRP，若 $p_r > p_s$，则购买行为给消费者带来的效用为 $-\alpha(p_r - p_s)$，其中，$\alpha > 0$ 为常数。其次，消费者偏好偏离假设设定始于参考依赖偏好动态变化的理论逻辑（Masatlioglu & Nakajima，2013），结合Willams和Slama（1995）关于市场内行类消费者比普通一般消费者对偏好商品更高的研究评价，可推断：消费者偏好偏离使得购买行为给消费者带来正效用。如果消费者对某一品牌的偏好偏离度为 θ（$\theta > 0$），一旦购买该品牌将产生效用 $\beta\theta$（β 为大于0的常数）。本文设定这一决策函数，拓展了Yang等（2010）与Fabrizi等（2012）的消费者决策函数，并使决策函数能够允许消费者在两个甚至多个品牌之间做出购买选择；而去掉保留效用和真实零售价带来的负效用后，也有助于消费者决策函数更好地呈现偏好偏离的作用。关于消费者如何决策，后文中将予以细致讨论。

（二）市场结构设计

本文假定两个零售商各自分销所代理制造商的品牌产品，即两个不同的制造商 K 和 L，与两个不同零售商 i 和 j，分别配对构成两组独立销售不同品牌产品的产业链：K 和 i，L 和 j。既有的RPM研究文献，既有选择双重共同代理（Rey & Vergé，2010；Dobson & Waterson，2007；Miklós – Thal et al.，2010），也有采用两条销售链相互竞争的市场结构（Jullien & Rey，2007），相关研究结论都倾向于RPM可以削弱品牌间竞争，进而促成合谋。当然，关于RPM促成合谋的结论与市场结构选择并无太强关联，更多受前置假设影响——未考虑RPM全行业使用率；如果采用考虑RPM全行业使用率的前置假设，则RPM可以作为提升零售商销售努力程度而非零售商合谋的纵向约束策略（Overstreet，1985；Ippolito & Overstreet，1996）。无疑，较理想的模型

① 市场各主体行为在完全信息条件下进行。

设计方案是选择既能够匹配前置假设又具有竞争性解释的市场结构。本文的前置假设聚焦于制造商的品牌差异而非零售商。如果一个零售商可以销售两种制造商品牌，则消费者在不同零售商选择同一制造商品牌，就需要考虑零售商的品牌偏好，故与本文前置假设相矛盾。实际上，在中国市场的跨国品牌，很少出现国内共同代理的情况。因此，设定两条销售链相互竞争的市场结构既符合现实实践，又可满足本文理论探索之需。

（三）上下游厂商的纵向合同

国外品牌商品在中国市场的销售模式大多建立在特许授权基础上，本土零售商需要向跨国制造商缴纳特许费（本文定义为 F）。更为重要的是，上下游厂商之间会签署价格下限形式的 RPM 合同。本文假设上游制造商植入 RPM 协议存在两种情形：两个制造商同时使用和两个制造商均不使用，暂不涉及第三种可能情形：两个制造商的其中之一使用 RPM 协议。依据常见的两阶段博弈顺序——零售价博弈和批发价博弈（Winter，1993），本文还需对批发价博弈做更具体的假设。一般来说，制造商发布 SRP 的目的除了试图在消费者损失厌恶效应作用下操作其心理参考价之外（Puppe & Rosenkranz，2011），便是明确制造商自身的预期利润，常见做法是将批发价与 SRP 进行关联，也就是将批发价设置为 SRP 的折扣价：$w=\rho p_s$（w 是产品批发价，ρ 与零售商预期利润率 ρ_{markup} 的关系：$\rho_{markup}=1-\rho$，$0<\rho\leqslant 1$）。不仅如此，Huang 等（2014）还介绍了另一种 w 设定方式，将上述公式中 ρ 替换成 $1-\rho_{markup}$，即 $w=(1-\rho_{markup})\ p_s$。另外，本文沿袭文献研究中惯常采用的制造商生产成本的假设，将两个制造商的生产成本均标准化为零（即 $c=0$）。

本文选择上游制造商采用两部收费制策略，来替代无 RPM 协议植入的情形，并比较两部收费制和 RPM 协议的市场竞争效应差异。原因在于：首先，如前所述，RPM 合同与两部收费制的关键区别是制造商是否拥有零售价决定权，具备相互比较的基础，可以保证研究结构的有效性（Schulz，2007；Jullien & Rey，2007），有实证研究曾借助两者比较，来检验结果的稳健性（Bonnet & Dubois，2010）。其次，两部收费制的零售价竞争效应与数量定额、线性定价等零售商决定零售价的纵向合同相似，在企业纵向行为中具有代表性，从而可以不必将上游厂商 RPM 策略与其他纵向合同进行逐一比较（Rey & Tirole，1986；Jullien & Rey，2007）。最后，在实践中，司法部门和学术界也都比较认同，两部收费制是一种有利于提高消费者福利水平的纵向合同，能够作为市场效率的比较基准，用以判断其他纵向合同下损害或提高消费者福利的效果（谭国富，2004）。因此，承袭产业组织范式，本文以两部收费制的模型均衡为研究基准，讨论上游制造商 RPM 策略的实施效果。

四、上游制造商转售价格控制策略的实施效果

（一）CMV 模型推导

消费者做出购买决策，不仅考虑建议零售价 p_s 与真实零售价 p_r 差异所引致的损失厌恶效应，而且对品牌呈现一定的偏好偏离 θ，并由此带来正效用。因而，消费者在零售商店 i 购买制造商品牌 K 的一单位商品的效用函数：

$$U_K=-\alpha(p_{ri}-p_{sK})+\beta\theta_K \tag{1}$$

其中，$\alpha>0$，表示消费者损失厌恶的程度，$\beta>0$，表示消费者偏好偏离对效用的影响程度。无论购买哪一个品牌的

产品，消费者在决定购买时，其效用值均大于0：

$$U_K>0;\ U_L>0 \tag{2}$$

若消费者购买 K 品牌，则：$U_K>U_L$，即购买品牌 K 的消费者对两个品牌的特殊偏好差异应当满足：

$$\theta_K-\theta_L>\frac{\alpha}{\beta}[(p_{ri}-p_{sK})-(p_{rj}-p_{sL})] \tag{3}$$

面对品牌商品的消费，消费者通常首要考虑因素是商品的档次，换言之，由于收入的差异，消费者群体对同一档次的品牌商品的偏好呈现差异，这一点已在高档汽车市场得到验证（孙江永和王新华，2011）。本文假设消费者对制造商品牌的偏好偏离异质且服从均匀分布①，即 $\theta_K\sim U(0,\theta_1)$，$\theta_L\sim U(0,\theta_2)$，$\theta_K$、$\theta_L$ 相互独立，而且对全社会总体而言，不同品牌的偏好偏离呈现差异，也就是 $\theta_1\neq\theta_2$，并进一步假设偏好 $\theta_1>\theta_2$。因而，首先约定 K 品牌社会总体偏好强于 L 品牌。有了这些基础假设后，本文依据概率论的相关知识，分别求得两个异质性品牌的产品需求。由于 $\theta_K-\theta_L$ 所形成的分布是一个长方形区域，而三条与两个品牌产品的需求有关的直线，把这一长方形区域划分为几块，并形成不同形状的产品需求区域（见图1）。

图1中的五个区域划分是依据制造商（零售商）设置定价水平的变化关系而生成。首先，区分为合作定价和非合作定价。图1（c）中，表征两个异质性品牌定价水平的斜线，位于两个品牌消费者最大偏好差异的焦点（θ_1，θ_2）上；一旦两个品牌不合作，那么两条直线交点即发生偏转，斜线就会随之向左或右平移。显然，图1（c）是合作定价的结果；而图1（a）、1（b）、1（d）、1（e）中，定价水平斜线表示的是象征意思，并非准确的需求水平。其次，需要确定消费者偏好偏离于两个品牌之一，是否存在定价失误。不难判断，图1（b）、1（e）中表示偏好偏离两个品牌之一的产品需求为零，致使需求为零的原因便是定价失误，而图1（a）、1(d)表示两个品牌都拥有产品需求，且均未发生定价失误。综上判断，图1（a）、1(d)所示的产品需求区域便是该模型的均衡状态。本文后续内容将基于图1（a）和图1（d）求解模型均衡。

（二）两部收费制下的模型均衡

在图1（a）中，品牌 K 利用自身偏好强于品牌 L，选择非合作定价的方式，期望获取明显地超过品牌 L 的产品需求。相应地，图1（d）则是两个品牌非合作定价，且两个品牌均无定价失误的情形。由于两个品牌都能获取一定产品需求，规制部门会认为图1（a）和图1（d）所示的产品需求区域是市场良性均衡。接下来首先分析图1（a）在两部收费制策略下的模型均衡。

在图1（a）中，品牌 K 和品牌 L 的需求函数为：

$$D_{Ki}=\frac{1}{\theta_1\theta_2}\left(\theta_1\theta_2-\frac{1}{2}\left(\theta_2^2+\left(\frac{\alpha}{\beta}\Delta p_L\right)^2\right)-\frac{\alpha\theta_2}{\beta}(\Delta p_K-\Delta p_L)\right) \tag{4}$$

$$D_{Lj}=\frac{1}{2\theta_1\theta_2}\left(\theta_2-\frac{\alpha}{\beta}\Delta p_L\right)\left(\theta_2+\frac{\alpha}{\beta}\left(\Delta p_K-\Delta p_L\right)+\frac{\alpha}{\beta}\Delta p_K\right) \tag{5}$$

① 实际上，消费者的品牌偏好可能呈均匀分布，也有可能呈正态分布。但是，回顾改革开放以来的中国经济发展实践，跨国品牌产品在大多数情形下都是按时间顺序进入中国市场的，在政府审批严格的年代尤其如此。考虑到品牌影响力往往随着时间推移而逐渐积淀，本土消费者对国外品牌的偏好，更可能是均匀地散落在跨国品牌进入中国市场的时间轴上。

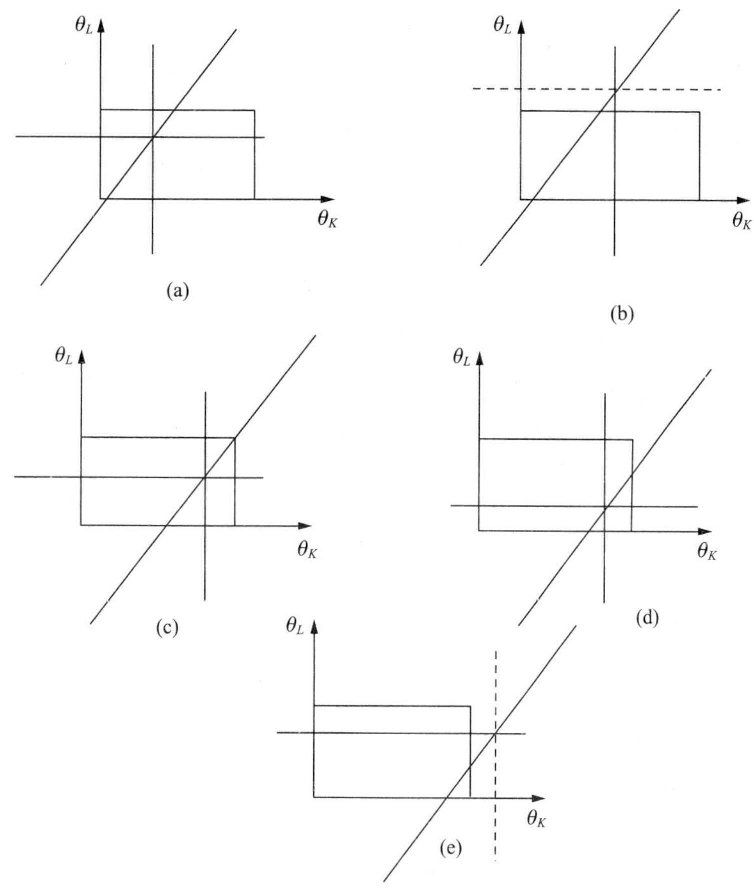

图1 产品需求区域的分类解构

令 $\Delta p_K = p_{ri} - p_{sK}$，$\Delta p_L = p_{rj} - p_{sL}$。在两部收费制下，两个品牌特许费分别设定为 F_i 和 F_j。由此，零售商利润函数为：$\pi_i = (p_{ri} - w_K)D_{Ki} - F_i$ 和 $\pi_j = (p_{rj} - w_L)D_{Lj} - F_j$。将 $w = \rho p_s$ 代入函数，并依据利润函数在 p_r 和 p_s 处一阶导数为零的条件，解得：

$$\Delta p_K = \frac{(1-2\rho_K)\beta}{(\rho_K-1)^2\alpha\theta_2}\left(\theta_1\theta_2 - \frac{1}{2}\left(\theta_2^2 + \left(\frac{\alpha}{\beta}\Delta p_L\right)^2\right) + \frac{\alpha}{\beta}\theta_2\Delta p_L\right) \tag{6}$$

令 $m_1 = (2\rho_K - 1)\beta/((\rho_K - 1)^2\alpha\theta_2)$，$n_1 = \theta_1\theta_2 - ({\theta_2}^2 + (\alpha\Delta p_L/\beta)^2)/2 + (\alpha\theta_2\Delta p_L/\beta)$。依据基本假设，若使模型均衡有效，那么 $\Delta p_K > 0$ 且 $\Delta p_L > 0$。不妨将 n_1 视为 Δp_L 的二次函数，则函数 $n_1 = \theta_1\theta_2 - ({\theta_2}^2 + (\alpha\Delta p_L/\beta)^2)/2 + (\alpha\theta_2\Delta p_L/\beta)$ 是一个开口向下的抛物线，在 $\Delta p_K < \beta(\theta_1 - \theta_2)/\alpha$ 且 $\Delta p_L > 0$ 的条件约束下，$n_1 < 0$。进一步分析，均衡解有效的约束条件为 $m_1 < 0$。通过简单推导可知，若要使 $m_1 < 0$，只需 $\rho_K > 1/2$ 即可。综上分析，模型均衡解有效的条件为 $\rho_K > 1/2$。因此，模型均衡时，图1（a）中的品牌 K 制造商通过压缩零售商的预期利润率，获取超过品牌 L 的产品需求。

与图1（a）相反，图1（d）中品牌 L 通过降低自身定价水平，选择非合作定价方式获取，超过品牌 K 的产品需求。为便于比较，本文进一步求解图1（d）在两部收费制策略下的模型均衡解。图1（d）所示的产品需求函数为：

$$D_{Ki} = \frac{1}{2\theta_1\theta_2}\left(\theta_1 - \frac{\alpha}{\beta}\Delta p_K\right)\left(\theta_1 - \frac{\alpha}{\beta}(\Delta p_K - \Delta p_L) + \frac{\alpha}{\beta}\Delta p_L\right)\left(\text{s.t.}: \Delta p_K > \frac{\beta}{\alpha}(\theta_1 - \theta_2)\right) \tag{7}$$

$$D_{Lj}=\frac{1}{\theta_1\theta_2}\left(\frac{1}{2}\left(\theta_1+\frac{\alpha}{\beta}\Delta p_K\right)\left(\theta_1-\frac{\alpha}{\beta}\Delta p_K\right)+\theta_1\left(\theta_2-\theta_1+\frac{\alpha}{\beta}(\Delta p_K-\Delta p_L)\right)\right) \tag{8}$$

采用与图 1（a）相同的解法，解出 Δp_L 对 Δp_K 的函数关系式：

$$\Delta p_L=\frac{(1+\rho_L)\beta}{(\rho_L-1)\alpha\theta_1}\left(\theta_1\theta_2-\frac{1}{2}\left(\theta_1^2+\left(\frac{\alpha}{\beta}\Delta p_K\right)^2\right)+\frac{\alpha}{\beta}\theta_1\Delta p_K\right) \tag{9}$$

令 $m_2=(\rho_L+1)\beta/((\rho_L-1)\alpha\theta_1)$，$n_2=\theta_1\theta_2-(\theta_2^2+(\alpha\Delta p_K/\beta)^2)/2+(\alpha\theta_1\Delta p_K/\beta)$。从多项式结构看，$n_1$ 和 n_2 是相同的，只是符号发生了改变：θ_2 变成 θ_1，Δp_L 变成 Δp_K。因而，多项式 n_2 拥有与 n_1 相似的性质，即：对于 $\beta(\theta_1-\theta_2)/\alpha<\Delta p_K<\beta\theta_1/\alpha$，则 $n_2>0$，那么均衡解有效的条件为 $m_2>0$。然而，依据基本假设 $0<\rho_L\leqslant 1$，m_2 恒小于零，不能满足均衡解条件。因此，图 1(d) 在两部收费制下无均衡解。

综合图 1（a）、图 1（d）的模型均衡结果，可得命题 1。

命题 1：当零售商非合作定价且不发生定价失误时，模型均衡时，零售商 i 的有效需求将超过零售商 j 的；均衡所需约束条件为：$\rho_K>1/2$。

命题 1 表明，两部收费制策略下，消费者品牌偏好偏离程度强的制造商通过降低零售商预期利润率，以获取有效需求，消费者品牌偏好偏离程度弱的制造商只能采取追随行动。

体现消费者偏好异质的两个品牌非合作定价情形的还有图 1（b）、1（e）。在这两种情形下，两个品牌之一由于不了解消费者对自身品牌的偏好偏离强度，从而发生定价失误。求解图 1（b）的模型均衡。图 1（b）中，品牌 L 发生定价失误，品牌 K 则保持正常水平。相应地，品牌 L 定价失误条件为 $\Delta p_L>(\beta\theta_2)/\alpha$，品牌 K 的需求函数为 $D_{Ki}=1-(\alpha\Delta p_K)/(\beta\theta_1)$。利用与公式(1)的相似解法，可以得到 p_{ri} 和 p_{sK} 的均衡解：

$$p_{ri}=\frac{\beta\rho_K\theta_1}{\alpha(1-\rho_K)^2}(2-\rho_K(1+\rho_K)) \tag{10}$$

$$p_{sK}=\frac{\beta\theta_1}{2\alpha}\left(\frac{(1+\rho_K)}{(1-\rho_K)^2}(2-\rho_K(1+\rho_K))-1\right) \tag{11}$$

$$\Delta p_K=p_{ri}-p_{sK}=\frac{\beta}{2\alpha}\theta_1+\frac{1}{2}(\rho_K-1)p_{sK} \tag{12}$$

式（10）显示，两部收费制下，图 1（b）中品牌 K 的均衡真实零售价是固定值；式（12）则进一步显示，模型均衡的定价水平小于消费者期望水平。均衡时，销售 K 品牌的零售商 i 的边际利润为 $\pi_{im}=p_{ri}-\rho_K p_{sK}=\beta\rho_K\theta_1(\rho_K^3-2\rho_K^2-5\rho_K+2)/(2\alpha(1-\rho_K)^2)$，若 $\pi_{im}>0$，则需 $\rho_K<0.85$。以均匀分布函数定义的消费者偏好偏离所带来的消费者期望定价水平，即为偏好强度为 $\theta_1/2$ 的消费者恰好购买 K 品牌时的定价水平：$(\Delta p_K)^{expect}=(\beta\theta_1)/(2\alpha)$。不难看出，式（12）所示的均衡定价水平，由于 $\rho_K\leqslant 1$，因此 $\Delta p_K\leqslant(\Delta p_K)^{expect}$，只在 $\rho_K=1$ 时，才能达到消费者期望水平。将 Δp_K 代入品牌 K 的需求函数，可知零售商 i 的有效需求不小于 1/2（即不小于一半的市场需求）。另外，$\rho_K=1$ 是一个较强的假设条件，这意味着零售商预期利润率为零；而特许费的固定成本效应会导致零售商的负利润，零售商因此会选择不合作，导致社会产品的销售为零。显然，$\rho_K=1$ 时的均衡不是一个理想结果。

与图 1（b）相似，图 1（e）显示的是偏好偏离强的品牌 K 发生定价失误，而品牌 L 定价水平正常。简单推导可知，品

牌 K 定价失误的约束条件为 $\Delta p_K > (\beta\theta_1)/\alpha$，品牌 L 的需求函数为 $D_{Lj}=1-(\alpha\Delta p_L)/(\beta\theta_2)$。利用图 1（e）和图 1（b）在符号上的对称性，可得出与图 1（b）相似的均衡结果，只是符号方向改变。均衡结果为：真实零售价：$p_{rj}=\beta\rho_L\theta_2(2-\rho_L(1+\rho_L))/(\alpha(1-\rho_L)^2)$，建议零售价：$p_{sL}=\beta\theta_2(1+\rho_L)((2-\rho_L)(1+\rho_L)-(1-\rho_L)^2)/(2\alpha(1-\rho_L)^2)$，均衡定价水平：$\Delta p_L=\beta\theta_2/(2\alpha)+(\rho_L-1)p_{sL}/2$。品牌 L 的均衡解拥有的特征与图 1（b）中品牌 K 的均衡解相同，此处不再赘述。综合上述模型均衡结果讨论，可得命题 2。

命题 2：当零售商 i、j 选择非合作定价，且其中之一发生定价失误时，未发生定价失误的零售商将设置低于消费者期望水平的定价水平，并获得不低于一半的有效市场需求；其中，模型均衡条件是：$\rho_K<0.85$（$\rho_L<0.85$）。

命题 2 表明，即便企业了解消费者对自身品牌偏好偏离的强度，但如果设置超出消费者承受能力的定价水平，将会自动退出该市场，而不需竞争对手通过掠夺性定价策略将其挤出市场。

与图 1（a）、1（b）、1（d）、1（e）均不同，图 1（c）涉及品牌偏好异质的零售商合作定价，合谋瓜分市场份额。两个品牌偏好异质的零售商，用协作形式使双方的定价水平围绕斜率为 1，且穿过两个品牌偏好偏离的最大值所组成的坐标点，从而使消费者可以在两个品牌间做出购买决策。依据前述分析逻辑推导，可知两个品牌的需求函数分别为：

$$D_{Ki}=\frac{1}{2\theta_1\theta_2}\left(\theta_1-\frac{\alpha}{\beta}\Delta p_K\right)\left(\frac{\alpha}{\beta}\Delta p_K-\theta_1+2\theta_2\right)\left(\text{s. t.}: \frac{\alpha}{\beta}\Delta p_L=\frac{\alpha}{\beta}\Delta p_K-\theta_1+\theta_2\right) \tag{13}$$

$$D_{Lj}=\frac{1}{2\theta_1\theta_2}\left(\theta_2-\frac{\alpha}{\beta}\Delta p_L\right)\left(\frac{\alpha}{\beta}\Delta p_L-\theta_2+2\theta_1\right) \tag{14}$$

考察上述需求函数的公式结构，可发现与图 1（a）与 1（b）的解法不同，图 1（c）需通过设置 $\rho_K=1$，才可解得有效的均衡定价水平：

$$\Delta p_K=\frac{\beta\left(2(\theta_1-\theta_2)+\sqrt{(\theta_1-\theta_2)^2+3\theta_2^2}\right)}{3\alpha} \tag{15}$$

$$\Delta p_L=\frac{\beta\left(\sqrt{(\theta_1-\theta_2)^2+3\theta_2^2}-(\theta_1-\theta_2)\right)}{3\alpha} \tag{16}$$

式（15）和式（16）中，定价水平只与品牌偏好偏离的整体强度 θ、具有常数性质的系数 α 和 β 相关。可知，模型均衡时的定价水平为固定值。不过，均衡结果并不稳定，因为 $\rho_K=1$ 通常被认为是“刀锋”约束条件，而零售商的预期利润率在“刀锋”条件下降为零，具备了非合作的强烈激励。而如果 $\rho_K\neq1$，则模型均衡解不存在。综上分析，可得引理 1。

引理 1：如果零售商采取合作定价策略，在“刀锋”条件 $\rho_K=1$ 时，零售商 i、j 均可获得有效需求，模型达到暂时均衡，但该均衡解极其不稳定。

引理 1 表明，面对制造商极为苛刻的批发价政策，零售商通过合作定价方式确保自身获取到有效边际利润与需求。从众多国内外规制案例以及当前中国产业竞争格局来看，鲜有反映引理 1 的产业实例，原因有两点：①以 SRP 作为批发价的定价形式不易被制造商采纳；②零售商合谋通过需要一个统筹协调机构，一般由行业销售协会担任，然而在中国，这些机构通常具有半官方色彩，较少干预企业经营活动，也就很难发挥实质性作用。

综上，通过分区域求解模型均衡，可

知两部收费制能够协助制造商通过向上偏离定价策略约束零售商，实现建议零售价初衷。下文将以两部收费制模型均衡为基准，比较 RPM 与两部收费制两种不同制造商定价策略，阐释 RPM 策略下，制造商定价水平将怎样变化，对品牌间竞争影响程度如何。研究过程中延续两部收费制下的均衡求解思路——先非合作定价情形，后合作定价情形。

（三）转售价格控制下的模型均衡

对于品牌商品制造商而言，维持一个稳定的高价格比获取销量稳定增长更重要，因为稳定价格有时是产品质量的一张隐形证书（Kucuk & Timmermans，2012）。RPM 策略通过约束零售商定价权，减少零售价因需求变化带来的波动，同时避免双重加价问题。本节将求解各区域在 RPM 策略下的均衡。先从非合作定价且未发生定价失误区域开始求解 RPM 策略下的模型均衡。

图 1（a）是产品需求区域上 RPM 定价策略情形。品牌 K 和品牌 L 的需求函数在自由定价机制下相同，本节采用上下游联合利润函数来求解 RPM 策略下的模型均衡，即品牌 K：$\pi_K^{joint}=\pi_K+\pi_i$，品牌 L：$\pi_L^{joint}=\pi_L+\pi_j$。图 1（a）所示的产品需求函数便是式（4）和式（5），它们都将在接下来的求解中被用到。在 p_{ri} 和 p_{sK} 的一阶导数为零的条件约束下，求图 1（a）的均衡解分布：①若 $(\theta_1/\theta_2)<(3/2)$，均衡时，$(\beta\theta_2/\alpha)(-1+(4-(2\theta_1/\theta_2))^{1/2})<\Delta p_L<(\beta\theta_2/\alpha)(1+(3-(2\theta_1/\theta_2))^{1/2}/2)$，$\Delta p_K=-(\beta/2\alpha\theta_2)(\theta_1\theta_2-(\theta_2^2+(\alpha\Delta p_L/\beta)^2)/2+\alpha\theta_2\Delta p_L/\beta)-p_{sK}/2$；②若 $(\theta_1/\theta_2)>(3/2)$，则 $\Delta p_K>(\beta\theta_1/\alpha)$，超出消费者最大承受能力，模型无均衡解。

与两部收费制下均衡求解过程相同，进一步求解图 1（d）在 RPM 定价策略下的模型均衡：$\Delta p_K=(\beta\theta_1)/\alpha+\Delta p_K/2$。显然，$\Delta p_K>(\beta\theta_1)/\alpha$，而 $(\beta\theta_1)/\alpha$ 便是消费者最大承受能力 $(\Delta p_K)^{max}$。因而，此时的均衡解无效，换言之，图 1（d）在 RPM 策略下无均衡解。这与图 1（d）在两部收费制下的结论一致。综合分析图1（a）、1（d）在 RPM 策略下的均衡结果可知：前者存在均衡，而后者无均衡，与命题 1 的结论相似。进一步分析图 1（a）的均衡定价水平 $(\Delta p_K)^{RPM-TT}=(5\rho_K-2)\beta n_1/(2\alpha\theta_2(\rho_K-2)^2)$，由前文分析可知，$n_1$ 在任意 Δp_L 时都小于零；若 $(\Delta p_K)^{RPM-TT}<0$，只需 $5\rho_K-2>0$ 即可，即约束条件为 $\rho_K>2/5$。显然，这一条件在产业实践中较容易满足。而当 $\rho_K<2/5$ 时，则 $(\Delta p_K)^{RPM-TT}>0$，表明上游制造商为维持高水平价格而主动降低自身利润率；这一情形在中国跨国公司经营实践中较少见。综上分析，可得命题3。

命题3：如果制造商非合作定价且均未发生定价失误，模型均衡时，RPM 策略下的定价水平低于两部收费制下的均衡定价水平，相较于两部收费制，RPM 策略抑制了品牌间竞争，所需条件为 $(\theta_1/\theta_2)<(3/2)$ 及 $\rho_K>2/5$。这意味着，RPM 策略的压缩零售商利润效应稍微弱于两部收费制。

需要指出的是，命题 3 的分析结果与 RPM 能够避免双重加价①无关，原因有两点：①本文所设置的定价水平是两类零售价之差，而非真实零售价的绝对水平，而既有文献中 RPM 避免双重加价的分析结论是指降低市场真实零售价的绝对水平；②RPM减少双重加价在模型设计上，要求需求函数是上下游采用线性定价方式，本文所采用的需求函数是基于品牌的消费者偏好偏离差异和品牌定价水平差异，不具备线性特征。事实上，RPM 策略下的均衡

① 包括 Mathewson 和 Winter（1984）、Rey 和 Tirole（1986）等文献认为 RPM 可避免双重加价。

定价水平小于两部收费制情形，更多是由于制造商期望减少两类零售价之差，削弱了品牌间的价格竞争。因为更低的定价水平将带来更多产品需求，SRP 下降后，真实零售价并未因定价水平下降而有所下降，因而总利润水平是上升的；于是既达到销量稳定增长又维持了稳定价格，从而成为上游制造商的优化选择。将命题 1 与命题 3 相比较，可得引理 2。

引理 2：无论是两部收费制还是 RPM 定价机制，若定价者选择非合作定价且不发生定价失误，消费者偏好偏离程度强的品牌市场有效需求超过相对较弱的品牌有效需求；从而表明，品牌商品的制造商培育消费者偏好的重要性。

引理 2 解释了上游制造商不断地增强品牌偏好的内在动机。进一步地，求解图 1（b）、1（e）显示产品需求区域中在制造商 RPM 策略下的模型均衡。图 1（b）所示产品需求区域对应的是 K 品牌的均衡真实零售价 $p_{ri}=(\beta\theta_1)/(2\alpha)+p_{sK}/2$，品牌 K 的均衡定价水平为 $\Delta p_K=(\beta\theta_1)/(2\alpha)-p_{sK}/2$。与两部收费制均衡结果对比，有：$(\Delta p_K)^{RPM-TT}=-\rho_K p_{sK}/2$。模型均衡时，销售 K 品牌的零售商 i 的边际利润：$\pi_{im}=p_{ri}-\rho_K p_{sK}=(\beta\theta_1)/(2\alpha)+(1-2\rho_K)/2p_{sK}$，而 $p_{sK}<\alpha/(\beta\theta_1)$，当 $\pi_{im}>0$ 时，只需 $\rho_K<1$ 即可。图 1（e）产品需求区域对应的是品牌 L 的均衡真实零售价 $p_{rj}=(\beta\theta_2)/(2\alpha)+p_{sL}/2$，品牌 L 的均衡定价水平为 $\Delta p_L=(\beta\theta_2)/(2\alpha)-p_{sL}/2$，与两部收费制均衡结果对比，有 $(\Delta p_L)^{RPM-TT}=-\rho_L p_{sL}/2$，且具有与图 1（b）中 K 品牌均衡解相同特征。不难看出，当制造商非合作定价且发生定价失误时，均衡定价水平均低于两部收费制下的均衡水平。这表明，相较于两部收费制，RPM 策略能更好地实现制造商期望真实零售价向上偏离建议零售价的初衷。不仅如此，均衡时，制造商可直接将 SRP 上涨效应传递到真实零售价，从而避免因自主改变市场零售价而遭到规制部门调查。综上分析，可得命题 4。

命题 4：当制造商非合作定价且其中之一发生定价失误时，未发生定价失误的制造商获取总体半数的产品需求，且 RPM 策略下的均衡定价水平低于两部收费制；不仅如此，制造商只需改变 SRP，便可促成产品的真实零售价上升，损害消费者福利，而无须将定价水平设置成超过消费者期望水平；模型均衡的约束条件为 $\rho_K<1$（$\rho_L<1$）。

命题 4 表明，制造商在发布 SRP 后，非但不会简单取消 RPM 协议期望零售商自觉实现 SRP，反而有激励以 SRP 为价格下限，向下游植入 RPM 协议。RPM 策略的定价水平低于两部收费制，表明 RPM 策略抑制了品牌间竞争；从对预期利润率的约束条件可知，RPM 策略压缩零售商利润效应明显强于两部收费制。

在进一步求解图 1（c）产品区域下 RPM 策略均衡之前，有一点需要说明：图 1（c）表明上游制造商采取合作定价策略，共同攫取消费者剩余；这与下游零售商单纯追求利润最大化的合谋目标不同，制造商合谋需要零售商配合，而零售商是否执行合谋约定的重要权衡在于：执行合谋契约所得收益能否超过因合谋而引起的价格刚性所导致的损失（Jullien & Rey, 2007）。制造商关于 ρp_s 批发价的弹性设置，可使得零售商合谋收益超过合谋损失，进而被迫执行合谋约定。关于合谋目标的设置，对于制造商而言，由于定价水平受到市场竞争约束，瓜分市场份额便成为其追求利润最大化的行动方式，于是有：

$$\Delta p_K \in \underset{\Delta p_K}{\operatorname{argmax}} D_{Ki} \text{且} \Delta p_L \in \underset{\Delta p_L}{\operatorname{argmax}} D_{Lj} \tag{17}$$

$$D_{Ki}/D_{Lj}=\theta_1/\theta_2 \tag{18}$$

结合前文式（13）和式（14）的需求函数及约束条件，代入式（17）和式（18）计算可知，模型无均衡解。这表明在RPM定价策略下，若消费者偏好偏离两个品牌的约定定价水平时，无法实现市场均衡。而制造商通过合作定价方式，未能达到预期合谋目标，其可能的原因是制造商不愿意牺牲消费者偏好偏离带来的丰厚收益。

（四）模型均衡的进一步探讨

从模型均衡的可实现性看：在两部收费制下，非合作定价情形的均衡优于合作定价情形，因为合作定价均衡实现的条件是$\rho_K=1$，是较难实现的“刀锋”条件。而在非合作定价下，较难判断发生定价失误策略时的均衡和未发生定价失误策略时的均衡，哪个是两部收费制下的模型一般性均衡。两种情形下，总是一方的有效需求超过另一方的，换句话说，有一方处于市场销量不振的境地。制造商品牌销量不振，较难被认定是零售商主动退出某一细分市场的缘故，还是该品牌整体消费者偏好偏弱所致。但从两个策略下均衡与消费者福利最大化追求偏差的程度出发，发生定价失误策略时模型均衡的可实现性优于未发生定价失误策略，因为前者均衡时的真实零售价和均衡时的SRP均为固定值，且定价水平处于消费者期望水平之下。总之，命题1、命题2都可以作为两部收费制下的一般性均衡解释。

关于RPM策略在各类区域均衡可实现性的排序，据前文分析可知，制造商非合作定价情形靠前，合作定价情形因均衡不稳定性而次之。而非合作定价情形下，发生定价失误策略要优于未发生定价失误策略。前者的均衡，上游制造商可以通过改变SRP，操纵消费者偏好，减弱退出某一细分市场的主动性，后者的均衡则需要强约束条件——双方不断拉近彼此的消费者偏好强度，以减小产品之间的差异性。当然，在经济实践中，也不能排除两类品牌的消费者偏好紧密追随、始终相差无几的情形（例如在中国市场中的可口可乐与百事可乐、肯德基与麦当劳）。一旦两个品牌的偏好差距增大，模型一般性均衡将倾向于发生定价失误策略的均衡情况。综合来看，命题3和命题4所示均衡，可以作为RPM策略下的一般性均衡解释。

五、结论与启示

（一）研究结论

本文把消费者参考依赖偏好作为研究切入点，将消费者偏好偏离变量引入经典的纵向关系理论框架，构建了2×2市场结构下的消费者偏好—市场结构—纵向合同（CMV）模型，分别考察了两部收费制和转售价格控制两类定价机制下的模型均衡，解析了在华跨国制造商借助双重零售价控制策略（SRP和RPM策略），提高产品零售价、转移产业链利润对本土整体社会福利的损害后果。

研究发现：在华跨国制造商通过熟练地操纵消费者参考依赖偏好，借助RPM策略，向本土零售商植入以SRP价格下限的纵向价格约束协议，压缩本土零售商边际利润空间，加剧下游品牌间价格竞争；并采用尚未被中国规制当局纳入规制范围的SRP等信息发布机制，影响中国消费者的参考依赖偏好，诱使消费者偏好偏离，引导其接受真实零售价高于SRP的事实，抑制上游品牌间的价格竞争，造成全行业的价格上涨效应，损害本土消费者福利。与RPM相比而言，两部收费制策略引致零售商利润率压缩效应，有利于跨国制造商和本土消费者的共赢；而去除 RPM 策略后的市场效果，使本土消费者福利水平从零售商价格竞争和跨国制造商产品差异化竞争中得到提高。

（二）政策建议

第一，中国规制当局应当建立一个品牌消费者偏好偏离的识别机制，以判断跨国制造商是否可能借助本土消费者偏好维持产品高价格。包括高档汽车、智能手机及婴幼儿奶粉在内的跨国制造商产品品牌在中国市场中的定价体系，与其在其他国家或地区执行的价格体系存在歧视性分化。例如，高档汽车行业的部分品牌，在华产品价格是其在美国或加拿大的 2 ~3 倍甚至数倍；并且这种价格差难以从中国关税税率、交通运输费等方面得到充分解释。屡次被本土消费者误读的国外大众化品牌，进入中国市场以后成为高端品牌，也显示出跨国制造商有意识地利用本土消费者偏好及品牌意识的差异，强调“高价格是供求关系的正常反应”。本研究发现，跨国制造商利用消费者偏好偏离，目的是维持产品高价格和转移产业链利润，损害本土消费者福利和本土零售商的利润。中国规制当局应当通过“国内外价格差对比”、“本土消费者问卷调查”等形式收集基础数据，基于数据分析是否存在品牌偏好偏离，并作为规制跨国制造商 RPM 行为的基本依据。

第二，中国规制当局在实施 RPM 策略反垄断调查时，不仅考虑消费者福利受损的状况，还应通过不予处罚等承诺，将本土零售商利润压缩程度纳入分析框架。跨国制造商利用 RPM 策略压缩本土零售商利润的案件时有发生，但本土零售商因自身市场势力弱，而无力同跨国制造商就产业链利润分配展开博弈。研究表明，跨国制造商压缩零售商利润，将加剧下游价格竞争，引发本土零售商的亏损甚至倒闭。如果放任这一现象继续，势必进一步削弱本土零售商的谈判势力，跨国制造商在华所获利润将更多转移至国外，那么中国本土消费者将成为进口商品跨国制造商的“提款机”。中国规制当局不妨给予本土零售商如不予处罚等利益激励，提高其配合调查的积极性，从而给予跨国制造商实施 RPM 策略以有效威慑。这一点，将改善针对 RPM 策略反垄断仅有明文规定而无操作实践的尴尬境地。

第三，中国规制当局应当对跨国制造商发布 SRP 的虚拟价格竞争行为，建立备案审查制度，并建立跟踪进口产品制造商 SRP 发布的预警机制。在产业实践中，SRP 是一种常见的企业产品信息发布机制，无法简单予以禁止；当所有厂商同时采用时，其形成的虚拟价格竞争，造成消费者信息接收的紊乱，反而不利于消费者决策及损害消费者福利。本文研究显示，两部收费制下，消费者受到偏好偏离的影响既有可能接受高于 SRP 的真实零售价，也有可能等待折扣再行购买，关键剔除非理性因素干扰。发生在 2014 年 8 月的奥迪价格垄断中，中国地方规制当局虽然要求跨国制造商调整营销策略，改变价格体系中 SRP 的计算法则，但并未就如何长期预防跨国制造商滥用 SRP 等信息发布机制做出规定。本研究认为，中国规制当局应当通过备案审查制度，对跨国制造商发布的众多 SRP 进行数据的整理和跟踪分析，进而构建市场指导价格追踪体系，据此对跨国制造商偏离合理价格范畴的歧视性定价行为，做出提醒、纠正甚至惩罚。

当然，本文研究还存在一定局限。首先，为简化数理推导过程，本文采用相对简单的分布函数（均匀分布形式）来显示消费者偏好的异质性，并未使用更为复杂的分布函数（如正态分布）。回顾中国经济发展实践，跨国品牌产品在大多数情形下是按时间顺序进入中国市场，在政府审批严格的年代尤其如此。因此，考虑到品牌影响力往往随着时间而逐渐积淀，本文倾向于认为消费者对进口品牌的偏好程度，均匀地散落在跨国品牌进入中国市场的时间轴上。但随着中国市场持续开放和经济不断全球化，跨国品牌的本土消费者偏好将逐步呈现正态分布特征。后续研究中，笔者将讨论消费者偏好的不同分布函数形式，考察分布函数形式是否影响研究结论。其次，囿于跨国制造商与本土零售商的商业机密保护等原因，本文未能通过调查问卷方式收集大样本数据，用以印证理论模型的推导结论。今后将继续设法采集一手数据，对模型研究结论予以统计检验。

参考文献

［1］李剑：《消费者价格决策方式与建议零售价的法律规制——行为经济学下的解释、验证及其启示》，《法商研究》2012 年第 1 期。

［2］李世杰、蔡祖国：《双因驱动下转售价格控制的规制机理研究》，《中国工业经济》2014 年第 7 期。

［3］李世杰、蔡祖国：《考虑零售商服务的上游制造商转售价格控制机理及规制探讨——兼论中国市场中的进口汽车高价格之谜》，《中国工业经济》2015 年第 3 期。

［4］金英、苏萌：《消费者自述偏好与实际选择的矛盾：中国汽车市场的实证研究》，《管理世界》2010 年第 10 期。

［5］马琳、顾海英：《转基因食品信息、标识政策对消费者偏好影响的实验研究》，《农业技术经济》2011 年第 9 期。

［6］孙江永、王新华：《产品异质与汽车行业跨国公司进入中国市场的方式选择——基于需求的视角》，《管理世界》2011 年第 5 期。

［7］谭国富：《纵向约束的经济理论》，《产业经济评论》2004 年第 2 期。

［8］尹世久、许佩佩、陈默、吴林海：《生态食品：消费者的偏好选择及影响因素》，《中国人口·资源与环境》2014 年第 4 期。

［9］袁少锋：《进化需求对消费者购买决策的影响研究书评与展望》，《外国经济与管理》2014 年第 1 期。

［10］张剑渝、杜青龙：《参考群体、认知风格与消费者购买决策——一个行为经济学视角的综述》，《经济学动态》2009 年第 11 期。

［11］张瑞雪、董大海、R. P. Leone、胡宁俊：《顾客绑定策略集的创建及其实证检验》，《南开管理评论》2009 年第 2 期。

［12］Akerlof G A, Yellen J., Can Small Deviations from Rationality Make Significant Differences to Economic Equilibria?［J］. American Economic Review, 1985 (75): 708 – 720.

［13］Allain M L, Chambolle C. Loss – leaders Banning Laws as Vertical Restraints［J］. Journal of Agricultural and Food Industrial Organization, 2005 (3): 1542 – 1548.

［14］Allain M L, Chambolle C. Anti – competitive Effects of Resale – Below – Cost Laws［J］. International Journal of Industrial Organization, 2011 (29): 373 – 385.

［15］Biscourp P, Xavier B, Vergé T. The Effects of Retail Regulations on Prices: Evidence From the Loi Galland［J］. Economic Journal, 2013 (123): 1279 – 1312.

［16］Bonnet C, Pierre D. Inference on Vertical Contracts Between Manufacturers and Retailers Allowing for Nonlinear Pricing and Resale Price Maintenance［J］. The RAND Journal of Economics, 2010 (41): 139 – 164.

［17］Collins A, Steve B, Kostas O. Below – cost Legislation and Retail Conduct: Evidence from the Republic of Ireland［J］. British Food Journal, 2011 (103): 607 – 622.

［18］Dobson Paul W, Michael W. The Competitive Effects of Industry – wide Vertical Price Fixing in Bilateral Oligopolies［J］. International Journal of Industrial Organization, 2007 (25): 935 -962.

[19] Fabrizi S, Steffen L, Clemens P, Stephanie R. Suggested Retail Price with Downstream Competition [J]. Utrecht School of Economics Tjalling C. Koopmans Research Institute, Discussion Paper Series, 2012: 12 -13.

[20] Hu W M, Xiao J, Zhou X. Collusion or Competition? Interfirm Relationship in the Chinese Auto Industry [J]. Journal of Industrial Economics, 2014 (62): 1 -40.

[21] Huang J, Leng M, Liang L, Luo C. Qualifying for a Government's Scrappage Program to Stimulate Consumers' Trade - in Transactions? Analysis of an Automobile Supply Chain Involving a Manufacturer and a Retailer [J]. European Journal of Operational Research, 2014 (239): 363 -376.

[22] Hunold M, Johannes M. Resale Price Maintenance: Hurting Competitors, Consumers and Yourself[J]. Bavarian Graduate Program in Economics (BGPE), Discussion Paper, 2011 (100): 1 -37.

[23] Ippolito P, Thomas R. Overstreet. Resale Price Maintenance: An Economic Assessment of the Federal Trade Commission's Case against the Corning Glass Works [J]. Journal of Law and Economics, 1986 (76): 921 -939.

[24] Jullien B, P Rey. Resale Price Maintenance and Collusion [J]. RAND Journal of Economics, 2007 (38): 983 -1001.

[25] Kahneman D, A Tversky. Prospect Theory: An Analysis of Decision under Risk [J]. Econometrica, 1979 (47): 263 -292.

[26] Kalyanaram G, Russell S Winer. Empirical Generalization from Reference Price Research [J]. Marketing Science, 1995 (14): 161 -169.

[27] Kucuk S U, Harry J P. Timmermans. Resale Price Maintenance (RPM): The U. S. and E. U. Perspectives [J]. Journal of Retailing and Consumer Services, 2012 (19): 537 -544.

[28] Lubensky D. A Model of Recommended Retail Price [A]. University of Michigan Working Paper, 2011.

[29] Masatlioglu Y, D Nakajima. Choice by Iterative Search [J]. Theoretical Economics, 2013 (8): 701 -728.

[30] Martimort D, S Piccolo. Resale Price Maintenance under Asymmetric Information [J]. International Journal of Industrial Organization, 2007 (25): 315 -339.

[31] Mathewson G F, R Winter. An Economic Theory of Vertical Restraints [J]. Rand Journal of Economics, 1984 (15): 27 -38.

[32] Miklós - Thal J, P Rey, T Vergé. Vertical Relations [J]. International Journal of Industrial Organization, 2010 (28): 345 -349.

[33] O' Brien Daniel P, G Shaffer. Vertical Control with Bilateral Contracts [J]. RAND Journal of Economics, 1992 (23): 299 -308.

[34] Overstreet Thomas R. Resale Price Maintenance: Economic Theories and Empirical Evidence [J]. The Journal of Consumer Affairs, 1985 (19): 190 -193.

[35] Puppe C, S Rosenkranz. Why Suggest Non - Binding Retail Prices [J]. Economica, 2011 (78): 317 -329.

[36] Rey P, T Vergé. Resale Price Maintenance and Interlocking Relationships [J]. Journal of Industrial Economics, 2010 (58): 928 -961.

[37] Samuelson Paul A. Probability, Utility, and the Independence Axiom [J]. Econometrica, 1952 (20): 670 -678.

[38] Schulz N. Does the Service Argument Justify Resale Price Maintenance [J]. Journal of Institutional and Theoretical Economics, 2001 (163): 236 -255.

[39] Simon H. A Behavioral Model of Rational Choice [J]. The Quarterly Journal of Economics, 1955 (69): 99 -118.

[40] Wertenbroch K C. Ziv. Dynamic Preference Maintenance [J]. Marketing Letters, 1997 (8): 145 -152.

[41] Willams Terrell G, Mark E. Slama. "Market Mavens" Purchase Decision Evaluative Cri-

teria: Implications for Brand and Store Promotion Efforts [J]. Journal of Consumer Marketing, 1995 (12): 4-21.

[42] Winter R. Vertical Control and Price versus Non-price Competition [J]. The Quarterly Journal of Economics, 1993 (108): 61-76.

[43] Yang S, Charles L, Munson B. Chen: Using MSRP to Enhance the Ability of Rebates to Control Distribution Channel [J]. European Journal of Operational Research, 2010 (205): 127-135.

□ Suggested Retail Price, Consumers' Preference Deviation and Resale Price Maintenance

Li Shijie Cai Zuguo

Abstract: Indigenous consumers show huge difference in preference between domestic brands and foreign brands in Chinese Market, what reflects this phenomenon is that they habitually respect the fact of high market retail price for imported products. These problems that how multi-national manufacturer want to get high profit return with consumer's preference, and then what influences retailer profit margin and consumer welfare, should be paid to enough research attentions. Based on the researching findings from previous literature we try to set a Consumer's Preference - Market Structure - Vertical Contract (CMV) model to examine the equilibrium under two pricing mechanisms: two-part tariff and resale-price-maintenance pricing, then present the internal mechanism that multi-national manufacturers abuse resale-price-maintenance strategy with consumers' preference. The research findings: multi-national manufacturer in China depress the inter-brand price competition by issuing suggested retail price and manipulating consumers' preference deviation, which forms the price rising effect that does harm for indigenous consumer welfare, and then reduce indigenous retailer marginal profit to make the downstream intra-brand price competition stronger under RPM strategy; this will cause business-stealing effect or path-dependent effect because of manipulating consumer improper preference that is multi-national manufacturer's behavior. However, retailer marginal profit depressing effect under two-part tariff pricing mechanism is beneficial for win-win between multi-national manufacturers and indigenous consumers. According to these results, we suggest that resale-price-maintenance behavior by multi - national manufacturer should be regulated, in the same time, the regulation authority should normalize the product information issuing mechanism and prevent multi - national manufacturer in China from influencing excessively and then manipulating consumers' preference.

Key Words: Multi - national Manufacturer; Suggested Retail Price; Consumers' Preference Deviation; Resale Price Maintenance

□ 基于生态足迹的中国生态环境与资源利用效果评价*

王俊杰

摘 要：生态足迹就是生产人类消耗的资源所需的土地面积与消化人类产生的废弃物所需的土地面积之和。而单位生态足迹下的 GDP 产出可以视为生态资源的利用效果。经测算，1991～2013 年，中国人均生态足迹提高了 144%。这表明，中国资源消耗的增长速度非常迅速，对土地的索取增长迅速。中国一直处于赤字状态，即我们对大自然的索取超出了大自然的潜在供给能力。而且，这个生态赤字还在持续增加。尽管中国生态足迹效率持续改善了，但国际比较显示，中国生态足迹效率低于“金砖五国”中的其他四国。这也表明，中国生态足迹效率并不高。此外，我们对省级生态环境和资源利用效果也进行了分析和评价。主要结果是：①人均生态足迹较低的地区既包含发达地区，也包含欠发达地区；人均生态足迹较高的地区也同样如此。②在利用效果方面，最高的 5 个地区分别是北京、上海、福建、浙江和广东，它们无一例外都是发达地区；最低的 5 个地区分别是贵州、内蒙古、新疆、山西和宁夏，它们无一例外都是欠发达地区。可见，尽管经济发达地区常常面临较大的生态压力，但是通常都较好地利用了当地的生态资源。而经济欠发达地区，尽管生态压力较小，但利用效果常常并不理想。

关键词：生态环境评价；资源利用效果；生态足迹

一、问题提出

资源是有限的，生态环境的承载能力是有限的，对资源和生态环境的过度利用将是不可能持续的。森林和耕地的减少、空气中 CO_2 浓度的增加等表明人类对大自然的利用很可能已经超过了它的承载力，这意味着大自然未来的供给资源的能力会减弱。因此，对人类对大自然的利用程度和大自然的承载力进行测算和预警就非常有必要了。

作者简介：王俊杰，湖北广水人，经济学博士，中国社会科学院工业经济研究所博士后，江西财经大学副教授，研究方向：资源与环境经济学。

* 本文曾刊登于《中国工业经济》2016 年第 5 期和《当代财经》2016 年第 8 期。

数十年前，人们就试图对生态环境的质量进行评价。但生态环境的定量评价一直是一个难题。生态足迹（Ecological Footprint）法是一个较新的得到许多应用的方法，这一概念最早由加拿大经济学家 Willian Rees 于 1992 年提出，他的学生 Wackernagel 等（1996）提出了计算模型，并将其推广应用。

人类必须从大自然获取资源才能生存，这些资源包括水和空气这样的物质资源，包括粮食、蔬菜、木材等植物资源，也包括肉类食物等动物资源，此外，还包括化石能源等矿产资源。这些资源并不是取之不尽的，但只要人类的索取是在大自然的承载范围之内，那么这种索取就应该是合理的，生态环境就是可持续的。这些资源都需要土地来供给，或者它们产生的废弃物需要土地来消化。生态足迹正是基于这种理念而产生的。简单地说，生态足迹就是生产人类消耗的资源所需的土地面积与消化人类产生的废弃物所需的土地面积之和。与生态足迹对应的概念是生态承载力（Ecological Capacity），它反映地球的资源供给能力。对全球而言，如果人类所需的土地面积（生态足迹）少于地球的土地供给，那么，意味着人类的索取是在地球的承载范围之内，不会破坏地球生态的可持续性。反之，如果生态足迹多于地球的土地供给，就意味着人类的索取超过了地球的承载力，必须消耗地球的资源存量（而不是流量）才能满足人类的需求，这就会破坏地球生态的可持续性。当生态足迹小于地球生态承载力时，称为生态盈余；当生态足迹大于地球生态承载力时，称为生态赤字。盈余越多，则生态环境越好；赤字越多，则生态环境越恶劣。生态足迹和生态承载力的概念也可以应用于一个国家或一国内的各地区的生态评价。

Wackernagel 等（1997，1999）最早对一些国家的生态足迹和生态承载力进行了测算。根据 Wackernagel 等（1999）的计算，1997 年，除澳大利亚、巴西、新西兰、芬兰等少数国家外，大部分国家都处于生态赤字状态，包括一些通常被认为是环境优美的欧洲发达国家，如英国、德国等。

全球生态足迹网络公司（Global Footprint Network，GFN）从 2003 年起，开始计算全球整体及各国的生态足迹和生态承载力，并联合世界自然基金会（World Wild Foundation，WWF）一起，每两年发布一次《地球生命力报告》（Planet Life Report，PLR）和《国家生态足迹账户》（National Footprint Accounts，NFA），报告会介绍他们计算的各国生态足迹和生态承载力。不过这两份报告都仅仅给出了示意图，并未给出详细的时间序列数据。最新版本的国家生态足迹账户于 2015 年发布，给出了基于各国 2011 年数据计算的生态足迹。国内一些学者，张志强等（2001）、徐忠明等（2003）对一些省份的几个年份的生态足迹进行过测算，但并没有进行持续的测算。他们未能持续测算主要出于两个原因：①生态足迹的测算涉及的数据庞大且分散，收集这些数据本身就费时费力，而且一些数据有时不能获取齐全。②尽管该方法经过诸多改进，但仍然有较多的缺陷和争议。例如，该方法只考虑了人类产生的一种废物，即 CO_2，忽略了其他废气，更忽略了其他废物。又如，该方法也忽略了人类消耗的非能源类矿产，如铁矿、铜矿等。此外，在将各种类型土地进行换算时用到的权重也存在一些争议。

尽管如此，该方法仍然具有应用价值。首先，随着统计技术的进步，数据的获取变得相对容易。其次，尽管我们忽略了一些重要的矿产资源和废弃物，但它们实际上与能源消费是互补的，因此，CO_2 排放量的相对多寡可以在很大程度上代表其他矿产的消耗多寡和其他废弃物排放的相对多寡。因此，忽略一些矿产和废弃物会系统地低估生态足迹，但对国家间、地区间生态足迹的相对大小影响不大。最后，要将各种各样形式差别极大的资源进行加总确实是一个难题，但生态足迹方法至少提供了一种加总思路。因此，生态足迹方法具有应用价值。

在生态足迹理论框架下，大部分国家特别是大国很难避免生态赤字。但是，提高资源的利用效果是可能降低生态赤字的。而且，在存在一定生态赤字的情况下，尽可能提高产出也是对资源利用效率的改进。因此，我们试图综合考虑产出指标和生态指标，来测度中国资源的利用效果。在消耗相同数量资源的条件下，产出越高，则利用效果越好；反之，则越差。

二、生态足迹和承载力计算方法简介

（一）生态足迹计算方法

生态足迹试图核算的是人类消耗的各种资源所需的土地面积，是对土地的需求。但由于数据收集方面的难题，Wackernagel 等（1999）及后续文献都只考虑 6 种类型的土地，即可耕地、林地、草地、水域、建筑用地和化石燃料土地。①耕地是人类需要的最基本的土地，它供给了最多的资源，包括人类生存所必需的粮食、蔬菜等农产品。由于耕地通常是最肥沃的土地，所以其生产能力最强。生产能力可用单位面积土地生产的卡路里数来表示。②草地为人类提供了大部分的肉类食物，主要为猪肉、牛肉和羊肉等。③林地主要为人类提供果实和木材，此外，它还是吸收 CO_2 的主要力量。④水域主要为人类提供水产品类的食物。⑤建筑用地的增加常常意味着耕地的减少，因为人们通常集聚在肥沃的平原地带，建成区的扩大通常需要占用耕地。⑥化石燃料用地是指化石燃料燃烧后排放的 CO_2 需要土地来吸收，吸收 CO_2 主要是林地和海洋。尽管人类并没有特意留出一块土地用于 CO_2 吸收，但一方面，化石燃料的消费是直接消耗大自然的存量资源，所以这种资源也必须计算在内；另一方面，森林的吸碳能力是有限的，若 CO_2 的排放量超过森林的吸收能力，大气中 CO_2 的浓度就会增加，这会破坏生态平衡，造成很多不利影响。而且，若林地用于生产木材，则在木材加工的过程中也会排放 CO_2，因此，将吸收 CO_2 所需的林地单独计算并不意味着重复。海洋吸收的 CO_2 约占 CO_2 排放总量的 30%，在不同年份略有不同。因此，为了简化，我们假设人类每年排放的 CO_2 的 30% 由海洋吸收，其余 70% 需要森林来吸收。

人类的生态足迹就是这六种类型土地面积的需求之和。显然，土地需求与人口有关，因此，人均土地需求才更有意义。全部的土地需求面积与人口数量之比就是人均生态足迹。

由于一公顷耕地与一公顷草地或者其他土地显然是不同的，因而不能将不同类型的土地面积简单地直接相加。Wackernagel 等（1997）使用土地的相对生产能力大小来对各种土地进行权重调整。例如，由于耕地是世界上最肥沃的土地，其生产能力最强，因而其权重最大。这个权重称为等价因子。为了便于计算，将全球土地的平均生物生产能力设定为 1。在《国家生态足迹账户》中，六种土地的权重如表 1 所示。

表 1　不同类型土地的等价因子

土地类型	耕地	林地	草地	水域	建设用地	吸收 CO_2 的林地
等价因子	2.21	1.34	0.49	0.2	2.21	1.34

由于建设用地要占用耕地，因而建设用地的等价因子与耕地一样。由于森林是吸收 CO_2 的主要力量，因此，吸收 CO_2 的林地的等价因子与森林一样。经过这样的权重调整之后，计算出的各种类型的土地面积以及全部土地面积的单位称为全球公顷（Global Hectare）。

根据以上介绍，一国人均生态足迹（EF）可写为：

$$EF = \sum \lambda_i EF_i / N \quad (1)$$

式中，λ_i 为对应的等价因子；EF_i 为第 i 种土地的需求面积；N 为该国总人口数。

$$EF_i = \sum_j P_{i,j} / Y_{i,j}^w \quad (2)$$

式中，$P_{i,j}$是第 i 种土地上第 j 种生物的总产量；$Y_{i,j}^w$表示第 j 种生物的全球平均单位面积产量。例如，谷物、油料作物、棉麻类农产品等都需要耕地这种土地，因此，土地的生态足迹就是这些生物的土地需求之和。

需要特别说明的是，生态足迹通常计算一国或一个地区消费的生态足迹，即考虑那些在本地区消费的产品，不管它是否在本地生产。因而消费的生态足迹需要考虑贸易量。本文做了一些调整，即不考虑产品是否在本地消费，只要它占用了本地的土地资源，那么就算在本地的生态足迹内。例如，山西省生产的粮食，尽管不一定全部被山西人消费了，但它占用的都是山西的耕地；山西生产的煤炭供很多省份使用，于是 CO_2 就被排放在这些省份，而不仅仅在山西。于是，在计算全国和各省生态足迹时，对于粮食、水果、肉类、经济类农作物，我们选择产量数据（而不是消费量）；对于能源，我们选取消费量数据（根据各类能源消费量数据计算 CO_2 排放量）。因此，本文计算的是基于土地占用的生态足迹，而不是基于消费的生态足迹。由于中国的粮食自给率一直在 99% 以上，所以，在全国层面，从产量和消费量分别计算出的生态足迹实际上相差很小。

（二）生态承载力计算方法

生态承载力简单地说就是各种类型土地供给的加权之和，是土地的供给。这个权重的大小取决于各类型土地的供给能力（或者说肥沃程度），但不是土地的实际供给，而是内在的可持续的供给能力。各国土地的肥沃程度又各不相同，单位土地面积的产出不同，因而在计算一国土地承载力时，又需要对权重进行调整，这个权重称为产量因子。一种类型土地的产量因子大小取决于该国这种土地的肥沃程度相对世界上这种土地的平均肥沃程度。例如，如果中国的耕地相对世界耕地的平均水平而言更肥沃，那么，一单位中国的耕地的生物供给能力就更高，生态承载力就更高，因而必须赋予一个大于 1 的权重。

根据《国家生态足迹账户》，我们计算出中国三种土地的产量因子如表 2 所示。表 2 表明，相对世界平均水平而言，中国的耕地和林地更加肥沃，而草地更加贫瘠。

表 2　中国不同类型土地的产量因子

土地类型	耕地	林地	草地	吸收 CO_2 的林地
产量因子	2.20	1.46	0.88	1.46

于是，生态承载力（EC）可以表示为：

$$EC = 0.88 \sum w_i \lambda_i L_i / N \qquad (3)$$

式中，w_i 为对应的产量因子；λ_i 为对应的等价因子；L_i 为第 i 种土地实际面积；N 为该国总人口数。公式中的数字 0.88 表示，我们不能把所有的土地都用于为人类提供资源或吸收 CO_2，还必须留出一定数量的土地用于生物多样性保护。用于生物多样性保护的土地比率被设定为 12%，因此只有 88% 的土地能用于为人类提供资源。

表 2 未给出建设用地的产量因子，是因为通常假设建设用地的生态足迹总等于其生态承载力。这样假设的原因在于：①建设用地不可以利用本地以外的土地，而其他土地可以。例如，本地消费的粮食可以是外地生产的，因而利用的是外地的土地。②并没有某块土地天然就是建设用地，因此，不存在建设用地的供给大于需求这种情况；建设用地也不会像耕地那样，可能会被过度利用，因此，不存在供给小于需求的情况。于是，建设用地的供给总是等于需求。

（三）生态利用效果评价方法

正如用单位能耗的 GDP 产出来测度能源的利用效果一样，我们也可以用单位生态足迹的 GDP 产出来测度资源的利用效果。生态足迹效率（EFE）可表示为：

$$EFE = 人均 GDP / 人均生态足迹 \qquad (4)$$

生态足迹效率越大，则生态利用效果越好；反之，则越差。

三、国家层面生态足迹测算

（一）资源的消耗量和世界平均产量

本文考虑三种类型的土地需求，即耕地、林地和草地。耕地既用于农作物的耕种，也用于建设住宅、工厂、工作场所等设施；林地用于供给木材和吸收 CO_2，此外，也提供水果、茶叶等产品；草地用于生产肉类食物。由于水产品数据和水域面积较难获取，这里计算生态足迹时直接忽略了水域需求。耕地提供的农产品数量众多，但大部分耕地用于种植粮食类作物，包括稻谷、小麦、玉米类主食以及豆类、薯类等辅食。另有很大一部分土地用于种植花生、油菜、芝麻、甘蔗、甜菜、棉花、烟叶等经济作物。除此之外，其他农作物的种植面积非常少，相对以上这些农作物而言都可忽略不计。故我们仅选择这些农作物的产量数据。森林提供木材和吸收 CO_2，故我们获取了木材消费量和 CO_2 排放量数据。林地提供的其他主要资源是水果，茶叶也需要林地资源。鉴于数据的可获得性，我们仅获取了这两种植物的消费数据。人类从陆地上获取的主要肉类是猪肉、牛肉、羊肉和家禽肉，故我们获取了这四类肉类的消费量数据。其中，家禽肉的消费量用禽蛋的消费量代替，因为禽蛋和家禽肉的消费是互补的。

由于土地的单位面积产量不仅取决于土地本身的肥沃程度，还取决于气候和人工施肥程度等，因而各年度单位面积产量波动较大。为了核算土地的持续生态供给能力，我们用 1991 ~ 2013 年各种资源的平均产量来表示土地对这种资源的持续供给能力。

（二）全国人均生态足迹计算

根据中国各种资源和消耗量与世界平均单位面积产量数据，可以计算出各年份各种类型土地的生态足迹。再根据表 1 中给出的权重，可以将不同类型的土地需求（生态足迹）进行加总，如图 1 所示。

从图 1 可见，中国的生态需求主要来自吸收 CO_2 所需的森林。1991 年，CO_2 足迹占总生态足迹的 50.7%；到 2013 年，这个比重已经提高到 65.3%。从绝对量来看，人均CO_2足迹增加了2倍多。从趋势看，CO_2足迹在2002年之后快速增加。这导致2002年之后总的人均生态足迹也增加较快。1991~2002年，人均生态足迹增长了36.1%；而2002~2013年，人均生态足迹增长了79.2%。

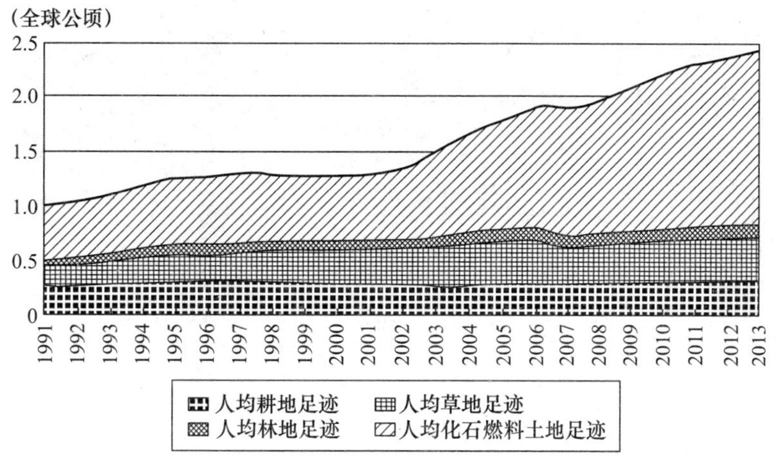

图1　人均生态足迹

生态足迹的另外两个重要方面来自耕地需求和草地需求，它们分别主要对应粮食资源需求和肉类需求。表3数据显示，中国对草地资源的人均需求增加速度较快，这期间增长了115%。

表3　人均生态赤字　　单位：全球公顷

年份	1991	1995	2000	2005	2010	2011	2012	2013
人均生态足迹	0.992	1.266	1.283	1.787	2.195	2.299	2.365	2.419
人均生态承载力	0.831	0.787	0.762	0.742	0.726	0.724	0.723	0.720
人均生态赤字	0.162	0.479	0.522	1.045	1.469	1.575	1.642	1.700

这可能与收入水平的提升密切相关。20多年来，中国人均收入水平大幅提高，对肉类产品的需求也随之迅速增加。人均耕地足迹呈现缓慢增长趋势，1991~2013年增长了21.6%。其增长相对缓慢的原因应该在于粮食的需求收入弹性较小。人均林地足迹和建设用地足迹相对较小，但都显示出较快的增长速度。

总体而言，数据显示，1991~2013年，中国人均生态足迹提高了144%。这表明，中国资源消耗的速度非常迅速，对土地的索取增长迅速。

（三）全国人均生态承载力计算

生态承载力的计算通过式（3）进行。各年份耕地、林地的面积数据来源于世界银行数据库；建设用地面积数据来源于《中国统计年鉴》等。图2是我们计算的人均生态承载力的结果。

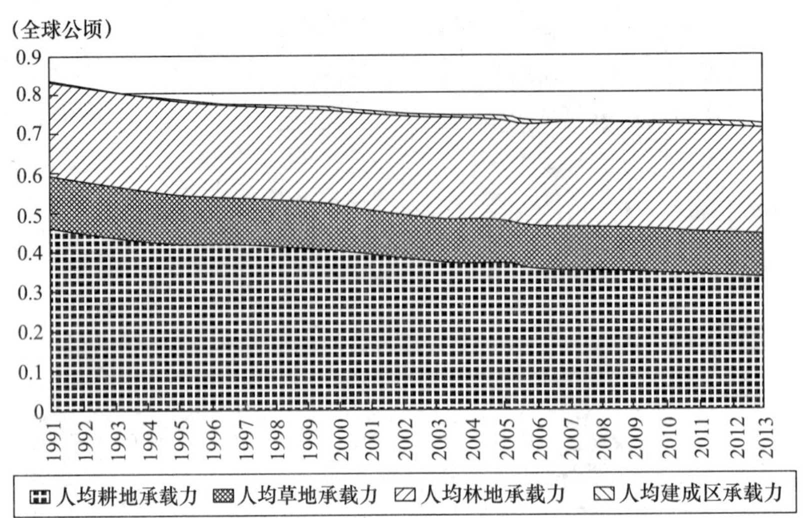

图2　生态承载力

图2显示，中国人均生态承载力呈下降趋势，1991～2013年，共下降了约12.8%。其中，下降最明显的是耕地。人均耕地承载力下降的主要原因是耕地面积的减少和人口增加。这期间，总人口增加了约18%，耕地面积减少了约15%。耕地面积与森林面积的此消彼长与1999年开始启动的退耕还林工程不无关联。截至2009年底，中国累计完成退耕还林9.06万平方千米，配套荒山荒地造林14.13万平方千米，新封山育林1.93万平方千米。不过，退耕还林工程并不是耕地面积减少的唯一原因，因为1991～2013年，耕地面积减少了约18.9万平方千米。因此，土地退化可能是另一个重要原因。

总之，人均耕地承载力的降低在很大程度上反映了我们对耕地的过度利用。

（四）国家层面生态质量及生态利用效果评价

1. 全国生态质量评价

正如前文所述，仅仅生态足迹（生态需求）或生态承载力（生态供给）都不足以反映生态环境的质量。因此，表3给出了生态足迹与生态承载力的对比。可见，1991年至今，中国一直处于生态赤字状态，即我们对生态的需求超过了自然生态的供给。截至2013年，我们对大自然的索取已经达到了大自然承载力的约3.4倍。图3显示了这23年的人均生态赤字变化趋势。可见，人均生态赤字在2002年后有加速增长的趋势。对比图1可知，这可能是由于2002年之后CO_2排放量激增导致的。最主要的生态赤字来源于林地方面。由图2可知，林地的生态承载力实际上是增加的，因此，生态赤字增加的原因全部在需求方面。对林地的需求主要源于CO_2排放，因此，可以断定，CO_2排放增加是林地生态赤字持续增加的首要原因，也是整体生态赤字增加的首要原因。

总体来看，1991～2013年，中国生态一直处于赤字状态，即我们对大自然的索取超出了大自然的潜在供给能力。而且，这个生态赤字处于持续增加状态。持续的生态赤字意味着我们在持续地消耗自然资源存量，意味着对大自然的过度利用和破坏。这意味着，中国的生态环境整体上处于持续恶化状态。

2. 全国生态利用效果

利用式（4），我们计算了中国1991～

2013 年的生态足迹效率。人均 GDP 使用的是以 1991 年价格计算的实际人均 GDP，单位是元。生态足迹的单位是全球公顷。于是，生态足迹效率的单位是元/全球公顷。结果如图 4 所示，1991～2013 年，中国生态足迹效率总体上是持续改善了，仅在 2002～2004 年出现短暂的恶化。对数据进行审核后我们发现，2002～2004 年是中国 CO_2 排放量激增的时期，如 2003 年增长了 22.5%。

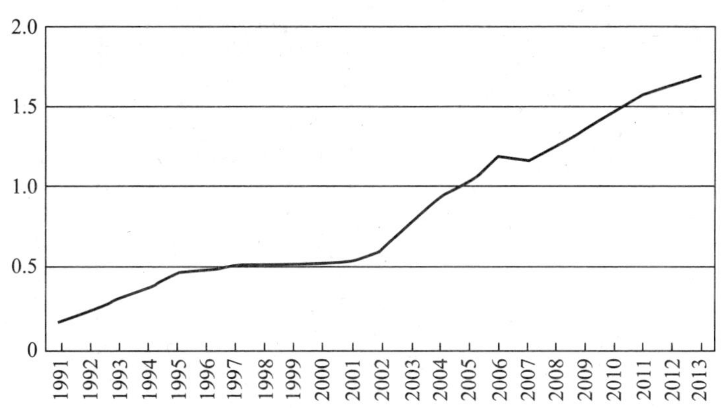

图 3 1991～2013 年人均生态赤字

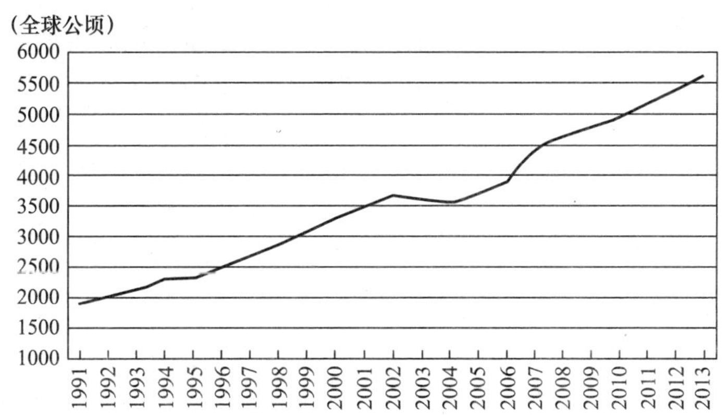

图 4 1991～2013 年生态足迹效率

3 生态足迹及效率的国际比较

表 4 对人均生态足迹及生态足迹效率进行了国际比较。该表选取的国家包括高收入国家和中等收入国家。从表 4 可知，人均收入水平相对较低的中国，在生态足迹效率方面也较低，特别是低于“金砖五国”中的其他四国。这也表明，中国生态足迹效率并不高。

欧洲国家普遍具有很高的生态效率和收入，发展中国家通常生态效率较低，“金砖五国”这五个最大的发展中国家生态效率都不高。具体而言，生态效率最高的三个国家是荷兰、德国和西班牙，最低的三个国家是土库曼斯坦、乌兹别克斯坦和巴拉圭。美国虽然人均收入最高，但生态效率仅排名第 9 位；巴基斯坦虽然人均收入最低，但生态效率相对较好，排名第 15 位。这些说明，人均生态足迹、生态足迹效率虽然与人均 GDP 正相关，但也不尽一致。收入水平较低的国家也可能表现出较高的生态足迹效率。这对我们的启示是，中国有机会提高生态利用效果。

表4 生态足迹及效率国际比较（2011年）

国家	人均GDP（美元）	人均生态足迹（全球公顷）	生态足迹效率（美元/全球公顷）	生态承载倍数	人均生态足迹排名	效率排名
荷兰	46309	4.45	10407	4.01	8	1
德国	41730	4.37	9549	2.12	9	2
西班牙	31736	3.41	9307	2.29	16	3
法国	38657	4.16	9293	2.41	11	4
日本	34295	3.80	9025	3.03	15	5
英国	34786	4.15	8382	5.51	13	6
意大利	34635	4.15	8346	3.84	14	7
阿根廷	21304	2.78	7663	0.4	20	8
美国	49746	6.76	7359	1.85	2	9
马来西亚	20876	2.94	7101	1.26	17	10
韩国	31327	4.48	6993	6.69	6	11
墨西哥	16392	2.39	6858	2.04	23	12
印度尼西亚	8535	1.33	6417	1.1	27	13
瑞典	41615	6.51	6392	0.62	4	14
巴基斯坦	4282	0.68	6297	1.79	29	15
加拿大	41291	6.57	6285	0.45	3	16
新西兰	31368	5.10	6151	0.57	5	17
埃及	10601	1.74	6093	3.22	25	18
印度	4924	0.91	5411	2.02	28	19
澳大利亚	42674	8.32	5129	0.52	1	20
俄罗斯	22564	4.46	5059	0.67	7	21
巴西	14267	2.85	5006	0.31	18	22
南非	11910	2.46	4841	2.22	22	23
中国	10006	2.49	4019	2.68	21	24
越南	4717	1.36	3468	1.42	26	25
乌克兰	8315	2.81	2959	1.16	19	26
土库曼斯坦	10498	4.18	2512	1.53	10	27
乌兹别克斯坦	4455	1.88	2370	2.14	24	28
巴拉圭	7198	4.16	1730	0.36	12	29

注：①本表数据来源于《国家生态足迹账户2015》，它仅提供了2011年的数据。其中，中国的生态足迹数值略大于我们计算的结果，因为我们忽略了水域生态足迹。②人均GDP的单位是美元，并以购买力平价方式计算。③人均GDP、人均生态足迹和生态足迹效率的排名方式均为按数值从高到低。④生态承载倍数＝人均生态足迹/人均生态承载力。倍数越大，则生态压力越大。

四、省级生态足迹测算

（一）省级人均生态足迹与生态承载力

利用与上文相同的方法，我们对各省（区、市，下同）的人均生态足迹和生态承载力进行了测算。由于数据获取方面的原因，我们只计算了1995～2013年各省的生态足迹。首先，为了便于看清，我们分成东、中、西部三个部分，各省生态足迹变化

趋势如图5、图6和图7所示。从这三个图可知，大部分省份的生态足迹是在2002年左右开始迅速增加的（如果是处于增加趋势的话）。这与全国层面的分析基本一致。

东部地区辽宁和山东增加最迅猛，中部地区内蒙古增加最迅猛，西部地区宁夏和新疆增加最迅猛。它们基本上都是从2002年开始迅猛增加的。

从图5、图6和图7可见，各省的生态足迹呈现明显的差异，不过这种差异并不是典型的东、中、西部差异。即在东、中、西部地区都同时存在人均生态足迹很高和很低的省市。这与人均收入分布等典型的东、中、西部差异明显不同。

图8给出了2013年各省生态足迹构成。由于各省生态足迹在绝大多数年份并未发生急剧变化，所以仅用2013年单年的生态足迹构成并不会造成较大误差。可见，在所有省市，CO_2足迹占总人均生态足迹均在50%以上。而且基本上，越是发达地区，CO_2足迹所占比重越高，如北京和上海。其中的原因在于，发达地区农业产值占GDP的比重很低，因此对耕地和林地的需求较少。

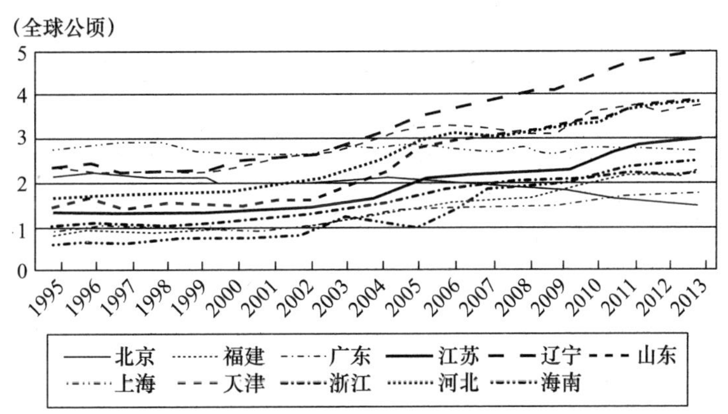

图5　东部地区人均生态足迹

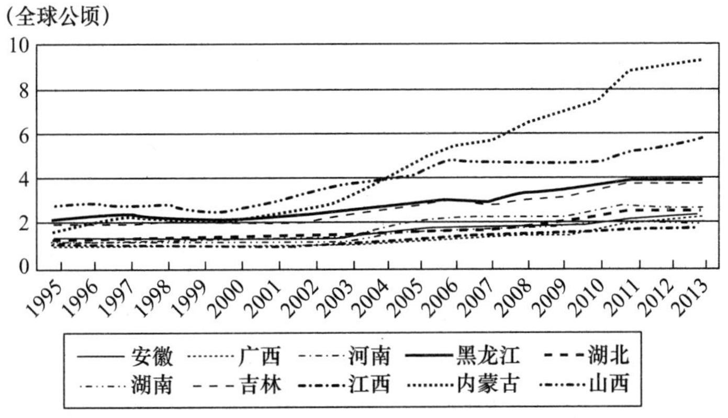

图6　中部地区人均生态足迹

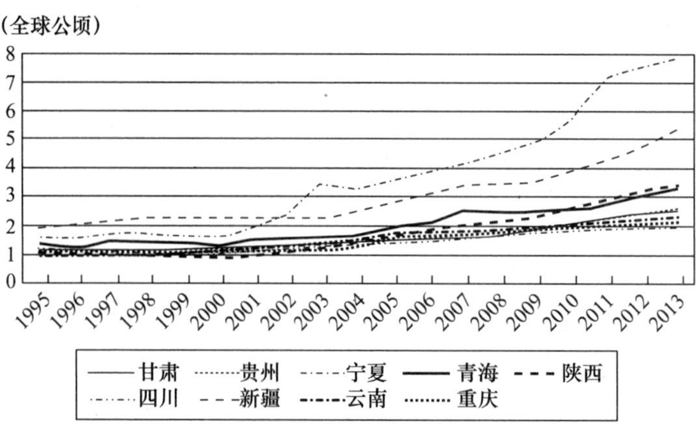

图7　西部地区人均生态足迹

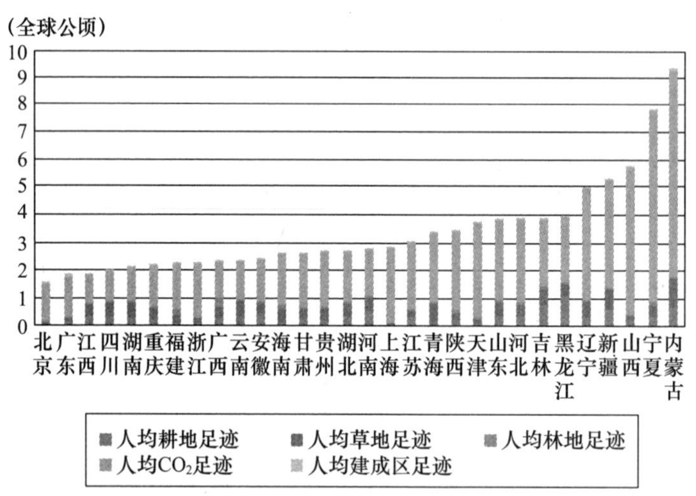

图8　2013年各省份生态足迹构成

部分年份的生态足迹的计算结果如表5所示。由表5可知，从人均生态足迹的绝对值来看，2013年，生态足迹最低的5个地区分别为北京、广东、江西、四川和湖南。这意味着这些省份对当地自然资源的索取量在人均意义上最小。与之相对应，生态足迹最高的5个地区分别为辽宁、新疆、山西、宁夏和内蒙古，即它们对当地自然资源的索取从人均意义上最大。这个结果令人意外，因为对大自然索取最少的竟然是两个经济最发达的地区，而对大自然索取最多的竟然包括几个欠发达的地区（新疆、山西和宁夏，特别是宁夏）。当然，这可能表明经济发达的地区更有效地利用了自然资源，而经济落后的地区未能有效地利用自然资源。自然资源的利用效果将在后文给出。

表5最后一列还给出了1995～2013年各省人均生态足迹增长幅度的排名。可见，除北京和上海以外，其他地区的人均生态足迹均出现了较大幅度的增长。北京大幅下降28.2%，上海略微下降0.9%。另外三个上升幅度最低的地区分别是天津、江西和湖南。不过，它们的增长幅度也不低，分别是61.9%、69.4%和78%。人均生态足迹增长幅度最大的5个地区分别为

表 5　各省人均生态足迹及排名

地区	1995 年	2000 年	2005 年	2010 年	2013 年	1995～2013 年增幅（%）	2013 年排名	1995～2013 年增幅排名
北京	2.124	2.019	2.091	1.798	1.526	－28.2	1	1
广东	0.953	0.989	1.346	1.616	1.784	87.2	2	8
江西	1.087	0.958	1.312	1.644	1.842	69.4	3	4
四川	1.072	1.063	1.475	1.837	1.962	83.0	4	7
湖南	1.155	1.115	1.706	1.908	2.055	78.0	5	5
重庆	1.035	1.173	1.560	1.928	2.165	109.2	6	12
福建	0.857	0.932	1.441	1.988	2.250	162.4	7	24
浙江	1.035	1.174	1.757	2.158	2.264	118.7	8	14
广西	0.905	0.923	1.195	1.746	2.286	152.7	9	21
云南	0.895	1.025	1.714	2.052	2.333	160.6	10	22
安徽	1.069	1.277	1.549	2.119	2.364	121.1	11	15
海南	0.626	0.748	1.052	2.106	2.571	310.9	12	28
甘肃	1.137	1.201	1.696	2.129	2.584	127.2	13	17
贵州	0.974	1.139	1.586	2.148	2.630	170.0	14	25
湖北	1.276	1.345	1.740	2.287	2.632	106.2	15	11
河南	1.140	1.364	2.124	2.584	2.757	141.9	16	19
上海	2.797	2.683	2.921	2.791	2.771	－0.9	17	2
江苏	1.357	1.371	2.045	2.543	3.009	121.7	18	16
青海	1.364	1.288	1.924	2.481	3.335	144.5	19	20
陕西	0.987	0.945	1.616	2.649	3.385	243.0	20	27
天津	2.316	2.305	3.252	3.580	3.749	61.9	21	3
山东	1.469	1.474	2.705	3.502	3.852	162.2	22	23
河北	1.691	1.871	2.945	3.403	3.867	128.7	23	18
吉林	1.978	1.997	2.846	3.463	3.875	95.9	24	9
黑龙江	2.173	2.231	2.869	3.678	3.942	81.4	25	6
辽宁	2.384	2.474	3.494	4.443	4.987	109.2	26	13
新疆	1.963	2.243	2.829	3.900	5.306	170.2	27	26
山西	2.827	2.596	4.292	4.717	5.734	102.8	28	10
宁夏	1.584	1.633	3.617	5.597	7.846	395.4	29	29
内蒙古	1.719	2.290	4.556	7.422	9.274	439.5	30	30

注：①重庆自 1997 年从四川分离出来，故必须将四川省 1995 年和 1996 年的数据进行拆分，分配比例分别按 1997 年四川和重庆各数据的比例进行。表 7 做了类似的处理。②由于西藏数据严重缺失，故没有考虑西藏。③鉴于篇幅限制，仅列出了部分年份。④“2013 年排名”按照 2013 年人均生态足迹的绝对数进行，数值最低的意味着人均自然资源消耗量最少，故排名第一；“1995～2013 年增幅排名”按照 1995～2013 年的增长幅度进行，增长幅度最低的排名第一。

内蒙古（439.5%）、宁夏（395.4%）、海南（310.9%）、陕西（243.0%）和新疆（170.2%）。可见，无论从绝对值还是从发展趋势看，北京、江西和湖南人均生态足迹可能继续保持较低水平，意味着对大自然的索取较低；新疆、宁夏和内蒙古则可能继续保持较高水平，对大自然的索取较高。

这个结果令人意外，特别是对于北京。众所周知，北京空气污染严重，沙尘暴在冬天经常发生，这似乎与北京的人均生态足迹较低相悖。两个原因有助于解释这一点：①计算生态足迹时，没有考虑地区间的相互影响。北京的空气污染和沙尘暴显然与周边地区的生态环境恶劣相关。从表5可知，北京市周边的几个省份，内蒙古、山西和河北，人均生态足迹都非常高，即对大自然的索取和破坏是非常高的。内蒙古是北京沙尘暴的主要来源，河北是空气污染最严重的省份，其空气污染会传导至北京。②表5中的排名仅仅考虑了生态足迹，没有考虑生态承载力。根据我们的计算，北京2013年对于林地的需求（仅仅考虑吸收CO_2这一项）为1.01公顷。但是，北京市人均森林面积很少，仅0.03公顷。这不仅远小于北京市对于森林的需求，也远小于全国平均水平（约0.15公顷）。

对于第一个原因，生态足迹方法完全解决不了。对于第二点，我们获得了2009年各省市的森林、草地、耕地面积等资源状况，并依此计算了各省市的生态承载力（见表6）。

可见，在2009年，除了青海省外，所有的省份都是生态赤字，包括上文指出的生态足迹较低的省份，如北京、广东、福建等。在人均生态足迹方面，青海的排名很低，但从生态盈余（赤字）的角度看，青海省还存在生态盈余，即对大自然的索取没有超过当地的生态承载力。这样看来，青海省的生态环境是较好的。此外，从表6可以看到，人均生态赤字较低的地区还有云南、广西、甘肃和江西；人均生态赤字最高的省市分别是山西、宁夏、辽宁、天津和山东。可见，人均生态赤字最低的都是欠发达地区；而人均生态赤字最高的既包含发达地区，也包含欠发达地区。

表6还指示了另外一些信息，如一些省市虽然生态足迹很高，但其生态承载力也很高，如内蒙古；一些省市生态足迹不高，但相对其生态承载力而言却非常高，如上海。因此，仅仅用生态赤字这个指标也会掩盖一些问题。于是，我们定义了承载倍数指标，其含义是人均生态足迹相对于人均生态承载力的倍数。各省承载倍数及排名见表6倒数第三列。尽管上海人均生态足迹并不高，但其生态足迹是生态承载力的近44倍。这也足以说明上海面临的生态环境压力实际上非常高。类似的还有天津和北京。相反，内蒙古虽然人均生态足迹较高，但从承载倍数来看，其生态环境压力其实低于大部分省市，类似的还有新疆。承载倍数最低的5个省份分别是青海、云南、黑龙江、新疆和广西；承载倍数最高的5个省市分别是上海、天津、北京、山东和江苏。很明显，承载倍数最低的都是欠发达地区，承载倍数最高的都是发达地区。

综合生态赤字和承载倍数可以发现，青海、云南、广西、黑龙江和甘肃的绝对和相对生态压力都较小；天津、山西、上海、山东、辽宁和北京的绝对和相对生态压力都很大。生态压力小的都是中西部欠发达地区，而生态压力最大的5省份则除山西之外，都是发达地区。

表 6 2009 年各省份生态赤字与承载倍数

地区	人均生态承载力	人均生态足迹	人均生态赤字	承载倍数	人均生态赤字排名	承载倍数排名
青海	4.707	2.492	-2.215	0.53	1	1
云南	1.610	2.005	0.395	1.25	2	2
广西	1.064	1.460	0.396	1.37	3	5
甘肃	1.357	1.953	0.596	1.44	4	7
江西	0.798	1.517	0.719	1.90	5	9
黑龙江	2.598	3.421	0.823	1.32	6	3
新疆	2.709	3.578	0.869	1.32	7	4
四川	0.753	1.761	1.008	2.34	8	10
湖南	0.643	1.818	1.175	2.83	9	13
重庆	0.635	1.811	1.177	2.85	10	14
广东	0.334	1.518	1.184	4.54	11	20
福建	0.632	1.848	1.216	2.92	12	15
海南	0.722	2.030	1.308	2.81	13	12
吉林	1.745	3.126	1.381	1.79	14	8
陕西	0.884	2.311	1.427	2.61	15	11
贵州	0.657	2.095	1.438	3.19	16	16
安徽	0.468	1.971	1.503	4.21	17	19
湖北	0.579	2.090	1.512	3.61	18	17
浙江	0.434	2.098	1.664	4.84	19	22
北京	0.147	1.878	1.730	12.75	20	28
河南	0.505	2.424	1.920	4.81	21	21
江苏	0.343	2.345	2.002	6.83	22	26
内蒙古	4.775	6.842	2.067	1.43	23	6
上海	0.061	2.670	2.609	43.94	24	30
河北	0.592	3.294	2.702	5.56	25	24
山东	0.454	3.281	2.827	7.23	26	27
天津	0.212	3.149	2.938	14.87	27	29
辽宁	0.752	4.107	3.356	5.46	28	23
宁夏	1.295	4.888	3.593	3.78	29	18
山西	0.798	4.584	3.786	5.74	30	25

注：①本表依第 4 列由低到高排序；负数表示有生态盈余；正数表示有生态赤字。②表中“承载倍数”表示人均生态足迹相对人均生态承载力的倍数。③西藏数据缺失。④综合排名为人均生态赤字排名数与压力倍数排名数之和除以二，数值低的排前面，遇数值相同则人均生态赤字低的排前面。

（二）省级生态足迹效率

上文已经说明，人均生态足迹上升是很难避免的趋势，正如在经济发展过程中很难避免排放 CO_2 一样。因此，单纯的生态足迹还不足以说明生态利用状况。于是，我们用生态足迹效率（人均 GDP/人均生态足迹）来衡量和比较各地区的生态利用效果。首先，图 9、图 10 和图 11 给出了东、中、西部各省生态足迹效率的变化趋势。

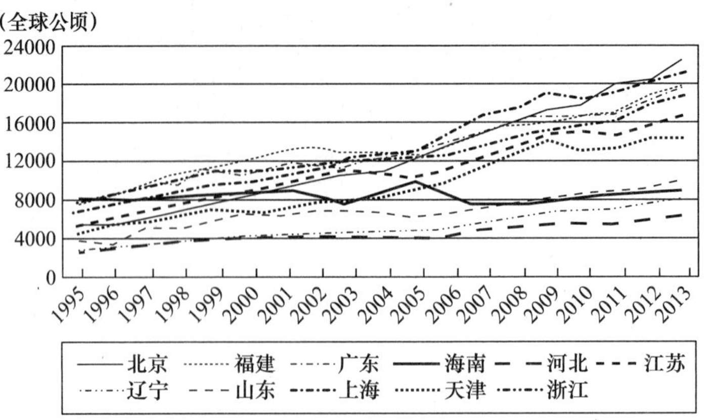

图 9　东部地区生态足迹效率

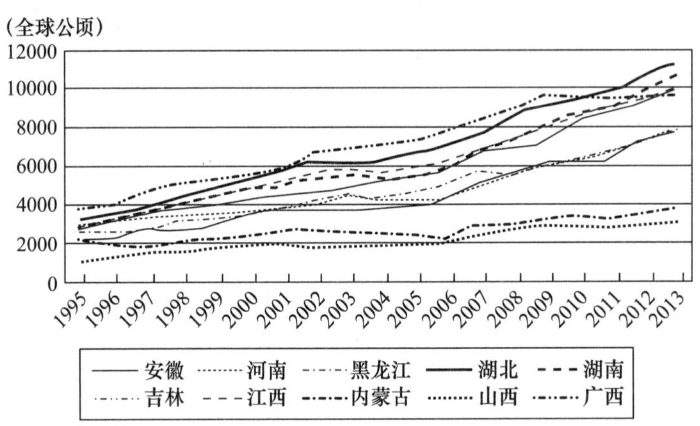

图 10　中部地区生态足迹效率

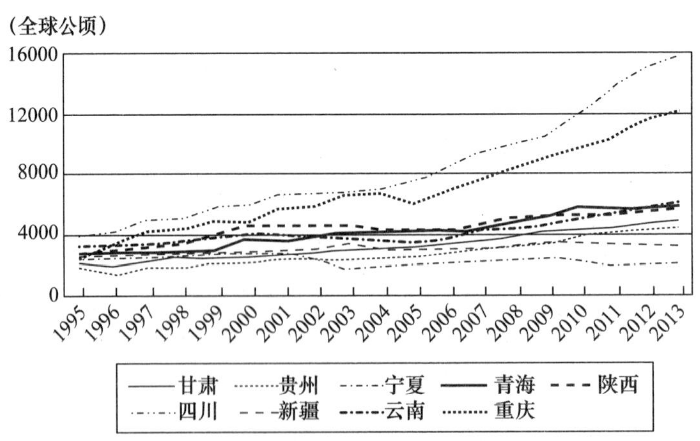

图 11　西部地区生态足迹效率

可见，大部分省份的生态足迹效率呈上升趋势。东部地区除海南出现很大的波动和微小的上升外，其他地区都呈现明显的上升趋势，其中，北京、天津和上海上升幅度最明显。中部地区也都呈上升趋势，其中，江西和湖北上升最明显，内蒙古上升幅度最小。西部地区明显不同，大部分地区生态足迹效率上升较缓慢，除四川和重庆外，上升幅度最低的为宁夏。

表7给出了各省份1995～2013年部分年份的生态足迹效率及排名。由表7可见，2013年，生态足迹效率最高的5个地区分别是北京、上海、福建、浙江和广东，它们无一例外都是经济发达地区；生态足迹效率最低的5个地区分别是贵州、内蒙古、新疆、山西和宁夏，它们无一例外都是经济欠发达地区。生态足迹效率的排名与人均生态足迹、人均生态赤字的排名有很大的不同。最明显的是上海和江西。上海尽管生态足迹和生态赤字较高，即自然资源的消耗量较大，但利用效率较高，2013年的利用效率高居第二位；类似的还有天津和江苏等。江西尽管生态足迹较低（第3位），但利用效率一般，仅居第12位；类似的还有云南、甘肃和贵州，它们人均生态足迹效率的排名相对生态足迹的排名下降幅度比江西更大，只是江西的人均生态足迹相对它们而言低得多，故特别强调。

从表7可知，尽管经济发达地区常常面临较大的生态压力，但是通常都较好地利用了当地的生态资源。而经济欠发达地区，尽管生态压力较小，但利用效率常常并不理想。

我们对各地区人均生态足迹效率、生态承载倍数和人均生态足迹进行了对比（鉴于篇幅，我们略去了表格），通过对比发现：①生态足迹效率高的地区往往面临较高的生态承载倍数（生态压力），北京和上海最明显；同时，生态足迹效率较低的地区往往具有较低的生态压力，新疆、内蒙古、甘肃和青海最明显。②一些东部发达地区人均生态足迹低，生态足迹效率也高，如北京、福建、浙江和广东；一些中西部地区人均生态足迹很高，生态足迹效率也低，如宁夏、山西、新疆和内蒙古。这表明，生态压力和经济发展水平可能是促进生态足迹效率提升的原因，因此，经济发达和生态压力大的地区倾向于具有最高的生态效率，如北京；经济欠发达和生态压力小的地区倾向于具有最低的生态效率，如新疆和甘肃。

表7　各省生态足迹效率及排名

地区	1995年	2000年	2005年	2010年	2013年	1995～2013年增幅（%）	2013年排名	增幅排名
北京	5248.5	8147.1	12027.0	17880.4	22382.2	326.5	1	2
上海	6765.5	9765.0	13210.7	18606.4	21040.6	211.0	2	11
福建	7809.4	12048.5	12568.5	16665.6	19582.2	150.8	3	17
浙江	7759.5	10805.2	12406.9	15880.9	18659.1	140.5	4	23
广东	7646.1	10297.2	12948.8	16604.4	18452.6	141.3	5	22
江苏	5376.5	8721.9	10379.0	15070.3	16700.6	210.6	6	12
四川	4038.8	6080.1	7618.5	11930.0	15809.8	291.4	7	3
天津	4440.7	6807.8	8915.8	13048.5	14367.9	223.6	8	8
重庆	2609.3	4878.8	6274.2	9809.5	12213.0	368.1	9	1
湖北	3246.6	5255.0	6524.5	9477.7	11214.4	245.4	10	6
湖南	2974.8	4802.5	5327.2	8701.0	10669.8	258.7	11	5

续表

地区	1995 年	2000 年	2005 年	2010 年	2013 年	1995～2013 年增幅（%）	2013 年排名	增幅排名
江西	2728.3	4831.4	5884.0	8358.5	9968.7	265.4	12	4
山东	3911.4	6345.4	6231.2	8506.3	9962.6	154.7	13	15
安徽	3123.9	4216.8	5568.4	8121.7	9938.6	218.1	14	9
广西	3908.5	5548.9	7284.3	9640.6	9725.9	148.8	15	19
海南	8041.7	8824.8	9592.3	8479.7	8790.1	9.3	16	29
辽宁	2905.1	4075.1	4868.3	7054.3	8301.2	185.7	17	13
河南	2894.5	3750.9	4184.7	6295.7	7952.7	174.8	18	14
黑龙江	2504.4	3630.2	4657.9	6375.4	7925.8	216.5	19	10
吉林	2238.3	3368.8	3871.2	6289.2	7710.0	244.5	20	7
河北	2617.8	3854.0	4047.5	5714.3	6337.7	142.1	21	21
云南	3378.3	4159.2	3602.2	5041.8	6148.5	82.0	22	26
陕西	2884.2	4537.6	4465.8	5368.3	5903.0	104.7	23	25
青海	2518.0	3779.5	4274.6	5879.8	5859.0	132.7	24	24
甘肃	1995.9	2850.9	3259.9	4379.8	4974.3	149.2	25	18
贵州	1843.7	2232.8	2651.1	3864.7	4624.5	150.8	26	16
内蒙古	2121.0	2454.4	2582.5	3446.6	3751.0	76.9	27	27
新疆	2529.6	2921.2	3139.0	3431.1	3268.0	29.2	28	28
山西	1255.7	1963.0	2052.0	2914.0	3095.9	146.5	29	20
宁夏	2091.6	3084.5	2170.8	2372.7	2173.4	3.9	30	30

注：人均 GDP 使用的是以 1995 年价格计算的实际人均 GDP。

五、结论及政策建议

(一) 结论

通过以上分析，我们的主要发现如下：

(1) 中国人均生态足迹呈较快上升趋势，1991～2013 年，上升了 144%。其中，2002 年之后上升速度加快。2002～2013 年，人均生态足迹增长了 79.2%。中国人均生态承载力呈下降趋势，1991～2013 年，共下降了约 12.8%。其中，人均生态承载力下降最明显的是耕地资源。1991～2013 年，中国一直处于生态赤字状态，即人们对大自然的索取已经超出了其可持续的供给能力，达到生态承载力的 3.4 倍（2013 年）。人均生态赤字在 2002 年之后上升更迅速。造成生态赤字的主要因素是 CO_2 排放。1991～2013 年，中国 CO_2 排放量增长了 268.5%。以 2013 年为例，CO_2 足迹占总生态足迹的 65.3%。

(2) 在生态足迹上升的同时，中国生态利用效率在持续上升，仅在 2002～2004 年出现短暂小幅下降。1991～2013 年，上升 195%。从国际比较来看，中国生态足迹效率低于“金砖五国”中的其他四国，这表明中国生态足迹效率并不高。

(3) 中国人均生态足迹和生态足迹效率呈现明显的地区差异，不过这种差异不是典型的东、中、西部差异。以 2013 年为例，人均生态足迹最低的 5 个省市分别是北京、广东、江西、四川和湖南；最高的5个省份分别是辽宁、新疆、山西、宁夏和内蒙古。它们都同时包含发达地区和欠发达地区。从趋势来看，1991～2013年，人均生态足迹上升最缓慢的5个省市分别为北京、上海、天津、江西和湖南；上升最快的5个省份分别为内蒙古、宁夏、海南、陕西和新疆。综合绝对值和增长速度，北京、江西和湖南的生态足迹很可能继续保持较低水平；新疆、宁夏和内蒙古则很可能继续保持较高水平。

（4）以2009年为例，从生态赤字（盈余）的角度看，仅有青海处于盈余状态，其他省份都处于生态赤字状态。生态压力最小的5个省份是青海、云南、黑龙江、新疆和广西；生态压力最大的5个省市是上海、天津、北京、山东和江苏。值得一提的是，尽管北京人均生态足迹较小，但其生态压力很大，仅低于上海和天津。此外，欠发达地区生态压力明显较小，发达地区生态压力明显更高。

（5）各省份的生态足迹效率绝大多数都呈明显上升趋势，除宁夏、海南和新疆外。生态足迹效率上升最快的5个省市分别是重庆、北京、四川、江西和湖南；上升最慢的5个省份分别是宁夏、海南、新疆、内蒙古和云南。在2013年，生态足迹效率最高的是北京、上海、福建、浙江和广东，它们都是东部发达地区；生态足迹效率最低的是宁夏、山西、新疆、内蒙古和贵州，它们除内蒙古外都是欠发达地区。

（6）生态压力和经济发展水平可能是促进生态足迹效率提升的原因，因此，经济发达和生态压力大的地区倾向于具有最高的生态效率，如北京；经济欠发达和生态压力小的地区倾向于具有最低的生态效率，如新疆和甘肃。一些例外值得特别注意，河北作为发达地区，生态压力较大，但生态效率却较低；山西作为欠发达地区，生态压力很大，但生态效率很低。

（二）存在的问题

从以上这些发现中，我们总结出中国生态环境和资源利用方面存在以下问题：

（1）总体上，中国面临较大的生态压力。我们对大自然的索取已经远远超过其持续供给能力，需要约3.4个中国才能满足我们目前对大自然的需求。若不采取得当措施，中国生态环境将继续恶化，并发生不可逆转的变化。

（2）未来中国在耕地方面和碳排放方面将面临较高的生态压力。

（3）尽管中国生态资源的利用效果在持续改善，但生态效率仍然较低，这说明我们对生态环境的保护力度还不够。

分地区而言：

（4）上海、北京和天津等最发达地区生态压力非常之大，它们通常是人口非常集中的地区，因此，从生态保护的角度看，这些地方的人口过于集中。

（5）在较大的生态压力下，发达地区的生态效率通常较高，但也存在例外，如河北。说明在发达地区，也存在较严重的粗放发展模式。

（6）欠发达地区通常生态效率较低，如宁夏、山西、新疆等。说明在欠发达地区，生态资源的粗放利用更严重。这可能说明，欠发达地区更可能忽视资源环境问题。

（三）对策建议

根据以上发现和总结出的问题，我们提出以下对策建议：

（1）转变生产和消费方式。减轻生态压力的根本措施还在于提高生产效率和转变消费模式。提高生产效率的关键在于发挥市场的优胜劣汰机制，而让市场来淘汰低效率生产方式的关键又在于合理的价格体系。具体而言，是指合理评估自然的经济价值和生态破坏的社会成本，并通过税收和补贴将这些价值和成本转移到产品价格中去。例如，通过环境税提高不可再生资源的价格，抑制其生产和消费；通过绿色补贴激励可再生资源的生产和消费。此外，倡导绿色环保的生活理念也应该是教育和政府宣传的重要内容。继续做好节能减排工作。一方面，通过能源税、碳税等措施促进企业的节能减排；另一方面，减少政府的行政干预，淘汰高排放、高污染的企业。

（2）从法律层面加强对生态环境保护的力度，给各地特别是欠发达地区施加环保压力。一方面，在政府层面，将生态环境保护作为政府的考核指标，促使地方政府重视生态环境保护；另一方面，严格落实和加强生态环境保护法律，让违法破坏生态环境的企业和个人受到应有的法律和经济制裁。这种对生态环境的重视和对破坏生态环境的惩罚将提高生态环境的“价格”，促使市场主体更加高效地利用生态环境。特别是这些措施应同等地甚至更加严格地实施在欠发达地区，因为欠发达地区本身技术水平较低，其生产方式对生态环境的破坏更大。

（3）在经济发展政策方面，不应偏向东部和大城市，避免政策造成的人口过度集中。尽管人口集中于东部是企业和人们自主选择的结果，但政府的政策偏向无疑发挥了重要作用，如直辖市和省会城市通常能够获得国家给予的更多投入。出于生态保护的目的，这种政策偏向应该被纠正。鉴于直辖市和省会城市已经享受了很多年的“照顾”，现在投入有必要向其他城市倾斜，也向中西部地区倾斜。

（4）应继续不遗余力地保护耕地。中国不是一个小国，不可能指望国际市场来满足我们的粮食需求，只能主要依靠自己，坚持95%粮食自给率红线。这要求我们维持耕地的数量和质量。数量方面，应不折不扣地守住耕地的18亿亩红线，严格限制对耕地的占用。在城市建设占用耕地的同时，应对等地将闲置的农村宅基地改造为耕地。质量方面，适时推广休耕制度，降低对耕地的过度使用，保持耕地的持续供给能力。

（5）提高监测和管理水平。尽管中国已经建立了428个国家级自然保护区和超过2000个其他自然保护区，但在监测技术和管理手段方面仍显落后，导致保护措施没有得到较好的执行。因此，为了最大限度地保护生态环境，有必要提高自然保护区的监测手段和管理水平。

（6）特别要注意一些省份的生态环境问题，它们的生态效率与经济发展水平很不相称，特别是山西、河北和辽宁。山西省在生态压力、生态效率和收入水平方面都表现很差，可能是“赔了夫人又折兵”，既没能留下绿色，又没能提升人均GDP。河北和辽宁两省收入水平较高，但生态效率极低，远不如其他发达地区，它们的发展可能“得不偿失”。同时，这三个省份都邻近北京，它们的生态环境恶化将极大地影响北京的生态环境，特别是空气质量。因此，应在以上措施的基础上，特别关注这三个省份的生态问题。

参考文献

[1] Wackernagel M, W E Rees. Our Ecological Footprint: Reducing Human Impact on the Earth [M]. Gabriola Island: New Society Publishers, 1996.

[2] Wackernagel M, L Onisto, A Callejas Linares, I S Lopez Falfan, J Mendez Garcla, A I Suarez Guerrero, Ma Guadalupe Suarez Guerrero. Ecological Footprints of Nations: How Much Nature Do They Use?

How Much Nature Do they Have? [C]. International Council for Local Environmental Initiatives, Toronto, 1997.

[3] Wackernagel M, L Onisto, P Bello, A Callejas Linares, I S Lopez Falfan, J Mendez Garcla, A I Suarez Guerrero, Ma Guadalupe Suarez Guerrero. National Natural Capital Accounting with the Ecological Footprint Concept [J]. Ecological Economics, 1999 (29): 375 - 390.

[4] Global Footprint Network. National Footprint Account [EB/OL]. http: //www. footprintnetwork. org/en/index. php/GFN/page/footprint_ data_ and_ results/, 2015.

[5] 世界自然基金会. 地球生命力报告 2014 [R]. 世界自然基金会.

[6] 张志强, 徐中民, 程国栋, 陈东景. 中国西部 12 省 (区市) 的生态足迹 [J]. 地理学报, 2001 (9): 599 - 610.

[7] 徐中民, 张志强, 程国栋, 陈东景. 中国 1999 年生态足迹计算与发展能力分析 [J]. 应用生态学报, 2003 (2): 280 - 285.

□ Evaluation of Ecological Environment and Resource Utilization Effect in China Based on Ecological Footprint Approach

Wang Junjie

Abstract: The ecological footprint is the sum of the area of land needed to produce human resource and the area of land needed to digest human waste. The output of GDP under unit ecological footprint can be regarded as the utilization effect of ecological resources. After calculation, from 1991 to 2013, China's per capita ecological footprint increased by 144%. This shows that the consumption of resources in China has been growing very rapidly and the demand for land has been growing rapidly. China has been in a deficit state, that is, our claim to nature exceeds the potential supply of nature. Moreover, this ecological deficit is still continuing to increase. Although the efficiency of China's ecological footprint continues to improve, international comparisons show that China's ecological footprint is less efficient than the other four countries in the BRICS. This also shows that China's ecological footprint is not efficient. In addition, we also conducted an analysis and evaluation of the provincial ecological environment and the utilization of resources. The main results are as follows: ① The regions with lower per capita ecological footprint include both developed and underdeveloped regions, as are the regions with higher per capita ecological footprint. ②In terms of utilization effect, the top five regions are Beijing, Shanghai, Fujian, Zhejiang and Guangdong, all of which are developed regions without exception; the lowest five regions are Guizhou, Inner Mongolia, Xinjiang, Shanxi and Ningxia, they are all underdeveloped areas without exception. Therefore, although the economically developed regions often face greater ecological pressure, they usually make good use of their local ecological resources. In economically underdeveloped regions, the effect of utilization is often not satisfactory despite the small ecological pressure.

Key Words: Ecological Environment Assessment; Resource Utilization Effect; Ecological Footprint

□全球价值链分工演进与中国外贸失速之“谜”*

戴　翔

摘　要：近年来，我国外贸增速进入个位数甚至低于经济增长速度，这引起了理论界和实践部门的极大关注。我国外贸从超高速增长转向低速增长，其内在机理是什么，需要从理论上进行深入探讨。本文认为，外贸增速变化反映了我国融入全球价值链分工体系的阶段性特征。在我国经济进入新常态的大背景下，我国外贸发展也进入了“新常态”，对外贸易的内涵、外延和性质等均发生了深刻且根本性变化。在全球价值链分工不断深化的情况下，对外贸易的意义更多在于融入“全球生产”以获取经济发展红利，并使得国与国之间关系实现真正意义上的“互利共赢”。从全球价值链视角出发，中国外贸增速下降并非意味着其作用式微或重要性渐减，相反，这一变化更可能是价值链升级的结果，是价值链升级后贸易统计“虚高”弱化的结果。我们应继续抓住国际分工演进新趋势带来的新机遇，在融入、扎根乃至主导全球价值链中，利用全球资源和全球智慧，加快推动中国从贸易大国向贸易强国转变，从而更好地服务于中国经济创新驱动和转型发展的现实需要。

关键词：贸易增速；全球价值链；创新驱动

一、问题提出

20世纪70年代中后期至2008年全球金融危机爆发约30年间，得益于全球经济的繁荣稳定，以及贸易投资自由化趋势下跨国公司主导的全球价值链分工深入发展，全球贸易经历了一个迅猛增长阶段，其中，中国对外贸易的“爆炸式”增长成为全球贸易增长的重要动力引擎。然而，这一过程被“突如其来”的2008年全球金融危机打断：受其影响，2009年全球贸易大幅受挫，衰退幅度高达23%之多。Hubeit（2009）等将本轮危机冲击下全球贸易大幅衰退称为“贸易大崩溃”（the Great Trade Collapse）。时至今日，全球经济和贸易仍然处于后危机时代的低迷期，至今

作者简介：戴翔，经济学博士，南京审计大学政府审计学院教授，研究方向为开放型经济理论与实践、全球价值链与中国产业发展。

* 本文曾刊登于《经济学家》2016年第1期。

难见尽头。在全球贸易进入低速增长通道的大背景下，中国亦未能独善其身，不仅表现为经过多年超高速增长后受危机冲击2009年出现了负增长，而且2012年、2013年及2014年连续三年未达既定增长目标，并跌破过去长达约20年的两位数高速增长①，中国外贸增速似乎已深陷“低迷泥沼”。尤为引人注意的是，以往远高于GDP增速的贸易增长，近几年增速却落在了GDP增速之下。在这一背景下，有舆论认为，中国外贸对经济发展的贡献日益式微，甚至出现了所谓的“负拉动”。这就提出了一个很有理论和实践价值的课题：中国外贸发展进入中低速增长通道后，是否意味着外贸对经济发展作用的下降？

不可否认，影响一国外贸增长的因素是错综复杂的，既有外部的也有内部的，既有宏观的也有微观的，既有周期性的也有结构性的，还有制度性的，等等。然而，贸易的基础是分工，因此正确看待贸易变化的表象必须深入到分工层面。实际上，改革开放以来尤其是中国浦东开发开放和2001年中国加入WTO以后，中国外贸出现的超高速增长，以及近年来逐步进入低速增长通道，甚至在可预见的将来都难以再步入以往超高速增长轨道的发展逻辑，本质上与全球价值链分工深入演进以及中国嵌入其中的方式有关。在我国经济进入新常态的大背景下，我国外贸发展也进入了“新常态”，对外贸易的内涵、外延和性质等均发生了深刻且根本性变化。在全球价值链分工不断深化的情况下，对外贸易的意义更多在于融入“全球生产”以获取经济发展红利，并使得国与国之间关系实现真正意义上的“互利共赢”。从全球价值链视角出发，中国外贸增速下降并非意味着其作用式微或重要性渐减，相反，这一变化更可能是价值链升级结果，是价值链升级后贸易统计“虚高”弱化的结果。如果说基于传统总值核算法统计的贸易数据具有“虚高”特征的话，那么仅以贸易增速表象评判对经济发展的贡献，则会呈现显著的“虚低”特征。本文聚焦于全球价值链分工这一特定视角，探讨中国外贸增速变化的演变逻辑，并在重新解读全球价值链分工格局下外贸本质内涵的基础上，进一步明晰外贸发展的本质作用，澄清“以增速论英雄”的认识误区；结合当前全球价值链分工演进的趋势特征，指出新阶段中国进一步大力发展对外贸易的机遇及其战略意义。

二、全球价值链分工与中国外贸增速变化的内在逻辑

20世纪70年代中后期以来，全球分工和贸易形势发生了深刻变化，突出表现为产品的价值增值环节被不断分解，并按照其要素密集度特征配置到具有不同要素禀赋优势的国家和地区，从而使得国与国之间的分工和专业化优势更多体现为价值链上某一或某些特定环节和阶段上。且更重要的是，这种产品环节和阶段的国际梯度转移往往还伴有要素流动，或者说是FDI主导下的产业和产品增值环节的国际梯度转移。学术界把这种新的国际分工现象称为全球价值链。这一分工模式的变化对全球贸易发展带来了深刻影响，包括贸易增速。相应地，中国外贸发展及其增速的阶段性变化，特别是由超高速增长步入低速增长通道，同样可以置

① 中国海关总署的统计数据表明，2012年、2013年和2014年中国外贸增长的预期目标分别为10%、8%和7.5%，而实际增长则分别为6.2%、7.6%和3.4%。

于全球价值链与贸易增速关系这一大逻辑下进行认识。

（一）全球价值链与贸易增速：事实特征的统计性描述

从“二战”以后全球贸易增长的历史数据来看，20 世纪 70 年代中后期以来全球贸易的增速要显著高于 1950～1970 年全球贸易增速。根据联合国贸发会议统计数据库提供的数据，我们将 1950～2010 年的 60 年全球贸易数据分区间进行了初步考察，具体情况如图 1 所示。图 1 显示的结果表明，1950～1960 年的 10 年全球出口贸易年均增长率约为 6.52%，1950～1970 年的 20 年年均增长率约为 7.50%。而与此 20 年间全球出口贸易增长率情况相比，1970～1990 年的 20 年全球出口贸易的年均增长率却高达 11.52%，其中，1985～1990 年、2000～2005 年以及 2000～2010 年三个区间段，全球出口贸易年均增长率均出现了高速增长情形。当然，如果我们从较长时期的动态变化来看，尽管 20 世纪 70 年代中后期全球出口增速显著提高，但在经历了约 20 年的高速增长之后，增速略有下降，突出表现为相比 1970～1990 年区间段，图 1 中 1970～2000 年、1970～2005 年以及 1970～2010 年三个区间段已呈逐步下降之势。全球出口贸易增速出现的上述变化，与全球价值链分工演进具有实践上的一致性。关于这一点，我们可以从相关统计数据的对比分析中看出。如果不求严格，我们以全球中间产品出口贸易在全球出口贸易总额中所占比重表示全球价值链分工现实状况的话，那么从图 2 显示的数据容易看出，中间产品出口占比的变化情况与全球出口贸易增速情况具有统计层面上的协同性。

从图 2 显示的情况看，全球中间产品出口占比自 1970 年以来一直处于上升状态，其中，1970～1995 年这段区间内提高得最快，而之后虽然也在不断上升，但上升的步伐显然已逐步放缓并基本趋于平稳。2009 年危机冲击期间占比有所下降，可能原因在于危机冲击下的中间品存货调整效应，而自此之后的近几年则处于一个相对平

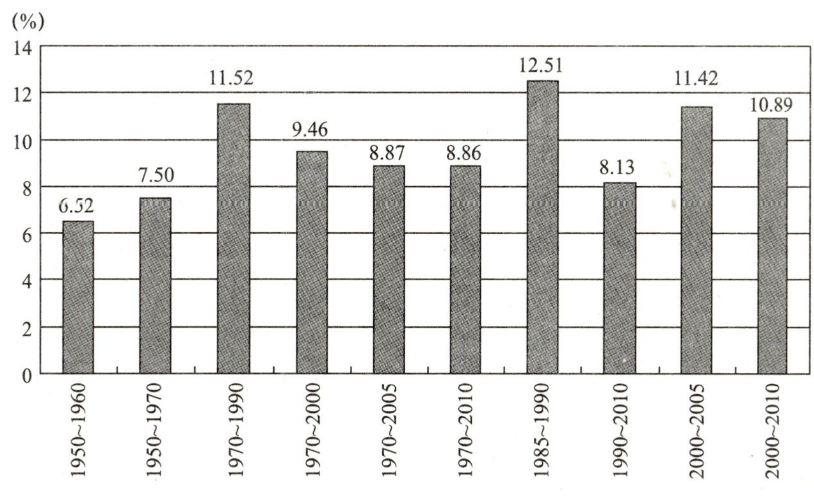

图 1　1950～2010 年不同区间段全球出口增长率情况

资料来源：根据联合国贸发会议数据库提供的数据整理绘制而得（http：//unctadstat. unctad. org/wds/ReportFolders/report Folders. aspx）。

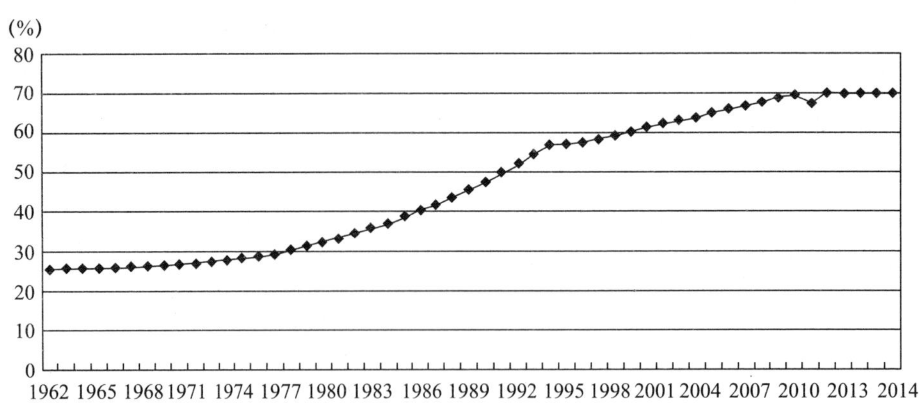

图2　1962～2014 年全球中间产品出口占比变化趋势

资料来源：根据联合国 Comtrade 数据库统计数据整理计算而得。按照联合国《广义经济类别分类》（Broad Economic Categories，BEC）的分类标准，其中第 111、第 121、第 21、第 22、第 31、第 322、第 42 以及第 53 基本类为中间产品。

稳的状态。因此，比较图 2 和图 1 的结果，二者在统计层面上的一致性表现在：中间产品出口占比快速提升进而可视为价值链分工快速演进阶段，对应的是全球贸易快速增长阶段；而中间产品出口占比提升速度放缓从而可视为价值链分工格局基本定型，或者说价值链分工深化速度放慢，对应的是全球贸易增速放缓阶段。基于统计意义层面的初步考察，实际上与现有文献的研究发现也是一致的。例如，Hummels 等（2001）以及刘志彪等（2006）的研究就曾指出，贸易自由化政策、关税下降、运输成本降低等只能解释当前贸易增长中的 2/5，其余则与分工形态相关。当然，现有文献只是注意了全球价值链分工深化阶段对贸易增速带来的积极影响，但同样是在价值链分工模式下，之后出现贸易增速放缓的可能原因则未有进一步的分析，而这种放缓其实正是价值链分工深化难度加大的外在表现。对此，我们在下文进行进一步的分析。

（二）全球价值链与贸易增速：内在关系的逻辑阐释

由于在全球价值链分工模式下，一国只是专业化于产品生产的某一或某些特定环节和阶段，因而在完成最终产品生产之前，必然涉及中间产品的多次跨境流动或者更多中间产品跨境流动问题。而且产品价值增值环节分解的阶段越多，则中间产品跨境流动的次数或者跨境流动的中间产品也就越多，进而放大了统计意义上的贸易增速。虽然通常来说，全球价值链的分解存在着“蛇形模式”和“蜘蛛模式”两种①，但就其价值增值环节的分解以及由此带来贸易增长的变化原理而言，并无本质差异，且在实践中“蛇形模式”更普遍。因此，我们不妨以“蛇形模式”为例阐释二者之间的内在逻辑关系。

举例而言，在传统以产品为界限的分工模式下，某最终产品 X 的全部生产过程均在一国国内完成，假定其总的价值增值为 V_X，最终产品出口后，该产品在全球出

① 所谓的“蛇形模式”，主要是指产品价值增值环节分解后，前一增值环节构成下一增值环节的投入，以此形成的一条线性链接关系，直至完成最终产品的生产。而所谓的“蜘蛛模式”，则主要指多种并列的增值环节共同进入到最后的组装加工或生产阶段，完成最终产品生产。

口贸易中显示的出口额即为 V_X。当国际分工模式发展到以产品价值增值环节为界限后，假定最终产品 X 的生产过程被分割为两个部分 X_1 和 X_2，其价值增值分别表示为 V_{X1} 和 V_{X2}。并且考虑到分析之便且不失一般性，假定 $V_{X1}+V_{X2}=V_X$。此时，如果两个增值环节被分别配置到两个国家，那么为了完成最终产品 X 的生产，第一个生产阶段 X_1 由国家 1 完成后出口到国家 2 以继续第二个生产阶段。在最终产品 X 生产完成之前，中间产品的跨境流动或者说出口额为 V_{X1}。当第二个国家完成了第二阶段的生产后将最终产品 X 出口到国际市场，此时的出口额为 $V_{X1}+V_{X2}=V_X$，加上之前的中间产品出口额 V_{X1}，全球出口总额为 $V_{X1}+V_X$。相比传统以产品为界限的分工模式，全球价值链分工模式下全球出口贸易增长了 V_{X1}。显然，此种增长效应完全来自产品价值链的全球分解。

进一步地，我们还可以将上述分析一般化。为了分析之便，假定最终产品 X 被分解为 n 个等值的增值环节或阶段，每一个增值环节分别被配置到一个国家，分别记为 X_1，X_2，…，X_n，且满足 $V_{X1}=V_{X2}=\cdots=V_{Xn}=V_X/n$。那么为了完成最终产品 X 的生产，第一阶段生产 X_1（对应的附加值 V_{X1}）完成后被出口到第二个国家以完成第二阶段生产，第二阶段的生产在第二个国家完成后被出口到第三个国家（此时出口额即为内含第一阶段和第二阶段价值增值总和 $V_{X1}+V_{X2}$），依次类推，当第 n 个阶段完成后最终产品出口到国际市场，其出口总额即为内含各增值环节价值增值之和 $V_{X1}+V_{X2}+\cdots+V_{Xn}=V_X$。那么全球出口贸易总额即为每一阶段出口额之和：$V_{X1}+(V_{X1}+V_{X2})+\cdots+(V_{X1}+V_{X2}+\cdots+V_{Xn})=V_X/n+2V_X/n+\cdots+V_X=(1+n)V_X/2$。由此可见，随着 n 的增大，全球出口贸易增加就多，这就是全球价值链分工的深化效应。当然，由于这种深化效应伴随的是中间品的多次跨境流动，从而存在重复统计问题，因此所导致的贸易增长效应其实具有“虚高”特征。这也是为什么当前有关贸易附加值问题成为研究热潮的原因所在（Koopman et al.，2014）。从另一角度来看，当产品的全球价值链分解到一定阶段或者说深化到一定程度后，n 的取值基本稳定，从而由此带来的贸易增长就会停止。当然，稍复杂一点的情况就是将上述情形从一种产品扩展至多种产品，从不变的产出扩展至产出增长（即表现为 GDP 增长），但不变的是其内在的本质逻辑关系。正是这种内在的逻辑关系，可以解释前述全球价值链分工实践与全球出口贸易增速之间表现出的统计关系：从全球价值链深化阶段伴随的全球出口贸易高速增长，到全球价值链分工格局基本稳定后的贸易低速增长。总之，由全球价值链分工所带来的贸易高速增长，是建立在价值链分工不断深化基础上的，一旦价值链分工格局基本稳定或者说深化难度加大，速度放缓，那么由此所能带动的贸易增长效应也必然放缓。也正是基于这一逻辑，可以理解为何 WTO 在研究全球贸易增速放缓原因时指出：全球价值链分工格局基本定型，进一步深化的边际成本加大。

（三）全球价值链与中国外贸增速：嵌入方式视角的剖析

当国际分工演变为全球价值链分工为主导时，无论是 FDI 推动的产品价值环节和阶段的国际梯度转移，还是跨国公司以国际大买家的身份下订单方式推动的产品价值环节和阶段的国际梯度转移，从单个国家，尤其是从作为承接产品价值环节和阶段的国际梯度转移的国家角度看，其贸易增速的变化不仅与融入全球价值链密切相关，而且与嵌入全球价值链的位置相关。关于这一点，我们可以继续沿用前文采用的“蛇形模式”分析方法，剖析一国在嵌入全球价值链过程中，贸易增速的变化逻辑。

在“蛇形模式”的全球价值链分工格局下，由于以往产品价值增值环节的国际梯度转移主要表现在制造环节，因此我们可以将分析主要集中于制造环节价值链分解上。基于传统微笑曲线的分析框架，不妨将最终产品 X 的 n 个价值增值环节 X_1，X_2，…，X_n，视为高端至低端进行的依次排列，如从材料设计、母板生产、核心部件、一般部件、一般加工制造再到终端加工组装等。显然，如果 A 国嵌入跨国公司主导的全球价值链，承接的是生产环节 X_k，即前 $k-1$ 个增值环节在其他国家和地区完成后进口到本国，作为中间投入，进入第 k 个生产环节完成后继续出口，那么 A 国在统计层面上的出口贸易额因此为 $V_{X1}+V_{X2}+\cdots+V_{Xk}$。这就是 A 国融入全球价值链分工体系所带来的贸易增长效应。显然这一效应与 k 的大小有关，即 k 值越大，也就意味着 A 国融入全球价值链分工体系中越低端的位置，那么 A 国由此表现出来的出口贸易增长效应就越明显；反之，如果 k 值越小，也就意味着 A 国融入全球价值链分工体系中越高端的位置，那么 A 国由此表现出来的出口贸易增长效应也就相对较弱。当然，其内在的理论逻辑其实很简单，因为越是价值链下游的生产环节和阶段，其生产阶段的完成及其出口，所内含的进口中间环节和阶段也就越多，从而在统计意义层面上的出口规模也就越大。上述逻辑也可以理解为，越是处于全球价值链下游和低端，贸易统计结果越会被“虚高”，而越是处于全球价值链上游和高端，贸易统计结果被“虚高”的程度相应就越低。由此可见，一方面融入全球价值链分工体系带来了贸易增长效应，另一方面嵌入全球价值链的位置不同所带来的贸易增长效应也各异。

一个不容争辩的事实是，中国外贸发展正是融入全球价值链分工体系的结果，而且受制于改革开放初期要素禀赋的现实约束，中国只能以“低端嵌入”的方式融入全球价值链分工体系，走出的是一条“血拼式”竞争道路。换言之，中国融入全球价值链分工体系，凭借低端要素所形成的低成本竞争优势，专业化的主要是价值链条中最低端的如组装加工等环节。基于前述逻辑的分析，那么由此所带来的贸易高速增长也就是一种必然，这种“必然”一方面内含了前文所述的“虚高”特征，另一方面还具有“被增长”的味道。也就是说，以往中国融入全球价值链分工体系，主要是以“被整合者”的身份嵌入其中，由于发达国家跨国公司在布局全球价值链分工中将中国定位于“世界工厂”和“出口平台”，因此贸易的高速增长在一定程度上是一种“被增长”，尤其是出口贸易长期以来的高速增长，通常被理解为是中国实施“出口导向”的结果，实际上从全球价值链分工演进的特定视角以及中国在其中所处特定位置看，实质上是一种“被出口导向”，这是过去一段时期中国外贸增长的本质所在。

（四）中国外贸增速下滑：价值链升级的可能后果

其实，在前文的分析中还暗含着这样一个逻辑，那就是随着一国在全球价值链中分工地位的动态变迁，其贸易增速也会随之发生变化。特别地，当一国沿着全球价值链向高端不断攀升时，即前文分析中所指的 k 值不断由大变小时，那么该国基于价值链分工所处的贸易地位，更确切地说，以商品进出口额为统计数据的贸易增速也必然随之下降。即贸易增速放缓可能是价值链升级所带来的必然结果。正是基于这一意义，可以预期和判断的是，伴随中国国际分工地位的不断提升，中国沿着全球价值链向中高端不断攀升的后果，可能伴随着贸易增速的放缓。

近年来，尤其是2008年全球金融危机冲击后，针对中国外贸增速放缓问题的关注，多集中于如何培育外贸竞争新优势，如何实现价值链升级等方面。据此所提出的一些对策建议无疑具有一定的道理，因为面临国内国际环境的深刻变化，传统低成本优势逐步丧失，的确需要培育竞争新优势，寻求贸易增长新动力。但是需要我们注意的是，培育竞争新优势的根本目的不应在于保持外贸平稳乃至进一步高速增长这些表象上，而是在于能够进一步融入全球价值链分工体系，不会因为传统比较优势丧失而缺乏新的比较优势情况下被“开除球籍”。基于前文的分析逻辑，可以认为，在不考虑其他影响因素的作用下，竞争新优势的培育和价值链升级本身就有“放缓”贸易增速的内在作用机制，具有降低贸易统计数据被“虚高”的作用。从这一意义上说，培育外贸竞争新优势和实现价值链分工升级，只能“缓解”却不能“根治”外贸增速放缓问题，所谓能“缓解”主要指以新优势来弥补丧失的传统优势，而不能“根治”则主要指外贸增速放缓是价值链升级的可能乃至必然后果，因为这是由全球价值链分工特性所决定的。由此也说明对外贸发展的客观评判不能“以增速论英雄”。

实际上，尽管中国是以“低端嵌入”的方式融入全球价值链分工体系，“低端嵌入”的发展模式也确实面临着学术界很多学者担忧的所谓“低端锁定”风险，但是从贸易附加值视角进行的一些最新研究则表明，中国企业在全球生产网络中的地位在趋于不断上升（樊茂清和黄薇，2014），中国的生产活动正在向全球价值链高端不断攀升（全球价值链课题组，2014），而且中国产业发展乃至转型升级也正是得益于融入全球价值链（金京等，2013）。目前，面临国内要素价格进入集中上升期以及全球竞争日趋激烈等国内外环境深刻变化，中国外贸发展仍然面临着转型升级的紧迫任务，并且这一过程正在进行。显然，伴随中国在全球价值链中扮演角色的转变，在上述理论逻辑的作用机制下，已经预示着中国外贸增速放缓。只不过在“突如其来”的全球金融危机冲击下，在多种因素相互叠加的影响下，使得外贸增速放缓的潜在可能以提前并且以较显著的方式出现了。从某种意义上说，中国外贸增速放缓是中国融入全球价值链发展阶段性转换的必然结果。

综上分析可见，全球价值链分工演进与贸易增速密切相关，一国贸易增速状况及其变化，既与全球价值链分工演进程度有关，也与嵌入全球价值链分工体系中的地位有关，还与一国在全球价值链中地位的动态变迁有关。因此，不同贸易增速及其变化，只是在融入全球价值链分工过程中处于不同发展阶段的外在表现，其实质都是参与全球生产的产品流转过程，因而外贸增速本身与外贸绩效并无本质勾连。忽略了分工演进的本质特征及其对外贸带来的深刻影响，的确容易走入“以增速论英雄”的认识误区。全球价值链分工的深入演进其实影响的不止于贸易增速的表象，更重要的是在本质上赋予了外贸以新的内涵，并使得贸易对经济发展的作用较之以往有了更深刻的意义。

三、全球价值链分工格局下外贸本质内涵的重新解读

“以增速论英雄”的认识论，往往从贸易增速的角度来评价外贸，从而使外贸对经济发展贡献的意义和作用下降。实际上，前文的分析已初步表明，对外贸发展作用的客观评价和看待，不能只注重增速。要正确理解这一点，还需要对外贸的本质内涵有着深刻认识。全球价值链分工深入演进，以及将来可能的进一步深化，使得外贸的本质内涵发生了实质性变化。而正是这种变化，使得贸易原有概念、作用、功能和意义等均发生了实质性改变，突出表现为以下几个方面：

（一）贸易的性质发生了本质变化

在传统的以“产品”为界限的国际分工模式下，贸易品的生产和进出口是相互独立的生产过程和流动过程，也就是说，贸易的性质是纯粹的流通，是为了实现产品的价值而进行的商品跨国流动现象，其主要功能是连接生产和消费的纽带；而在全球价值链分工模式下，贸易的性质已经发生了根本变化，即贸易变成了为确保完成全球生产而进行的产品跨国流动现象。这是因为，在全球价值链分工模式下，一国只是专业化于产品价值链条上的某个或某些特定环节和阶段，无论是出口还是进口，更多的意义在于完成价值链条上的下一阶段生产，进出口贸易自然也就演变为跨国公司在全球组织生产的一个流转环节，因而其本质上是连接全球生产不同阶段和环节的纽带，是在全球价值链上创造部分价值的一个增值过程。因此，国际分工从传统模式过渡到新型模式后，贸易的根本性质随之从为实现产品价值而进行的跨国流动，演化为为了确保全球生产而进行的跨国流动。许多实证研究表明，产品交货的及时性、品质以及信用等对于一国或企业参与国际分工已经具有了决定性影响（Elisa et al.，2010），而究其原因，就是因为生产全球性所形成的特定需求。换言之，任何交货不及时现象都会影响下一个阶段和环节的生产，从而影响最终产品生产的完成；而任何一个环节和阶段出现品质问题，都有可能导致整个价值链条的失败、最终产品的失败，即本桶原理。总之，在以产品生产阶段国际分割和以要素跨国流动为主要特征的当代国际分工模式下，我们应该深入到国际分工的层面，以全球化生产的视野重新审视贸易的根本性质和实质。

（二）内需和外需的边界日益模糊

客观而论，伴随国际贸易的发展，需求也随之超越了一国边界而具有了国际意义。但是这种需求的国际延伸大体可分为两个阶段和形式。一是在传统的以产品为界限的分工模式下，一国无法生产或生产成本太高的产品，有了贸易以后可以从国外进口，与此同时，对于具有成本优势或具有过剩生产能力的产品通过出口以满足国外需求，这种“互通有无”或“各取所长”式的商品流动表征的就是需求跨越国界的表现，不妨将之称为需求国际化。在传统的以产品为界限的国际分工模式下，犹如前文所述，由于产品的生产和进出口是相互独立的过程，尤其是贸易品的生产基本上是在封闭状态下进行和完成，因而需求在有了国际化延伸后，相应地可被区分为内需和外需。所谓内需，即是指国内需求，而所谓的外需就是通常所说的对外国的出口。而当国际分工演进到当前要素流动和产品国际生产分割为主要特征的新形式后，由于生产的国际碎片化，产品的流动尤其是中间产品的跨境流动实质上是

参与全球生产的一个过程和流转环节，因而与传统意义上的所谓外需已经截然不同。更重要的是，在这种新的分工格局下，就像 WTO 总干事 Lamy（2010）所指出的那样，产品生产已经具有了世界制造的意义，传统的所谓中国制造、美国制造、日本制造等产品几乎不存在。因此，全球生产的意义也必然使得所谓的需求有了全球化意义，这是因为，新的国际分工模式下，产品尤其是中间产品要经过多次跨国流动，且流转的产品由于富含了大量来自不同国家和地区的中间投入环节和阶段，因此，以进出口为表象的所谓需求，已经难以区分到底是对国内产品的需求还是对国外产品的需求，因而也就难以区分传统意义上所谓的外需和内需。内需之中有可能夹杂着传统进出口意义下的外需，而外需之中也可能夹杂着内需。内需和外需的边界已经变得杂糅模糊，逐渐具有一体化或者称之为全球化的特征。此种意义下的需求不妨称之为需求全球化。由此可见，需求国际化向全球化的演变是国际分工演进的必然逻辑和结果，是国内价值链和国外价值链"浑然一体"的必然逻辑和结果。在新的国际分工模式和格局下，再以传统的方法和眼光来划分和看待所谓的外需和内需，实质上是对国际分工本质的忽略，尤其不能将出口狭隘地视为所谓外需。

（三）外贸的内涵和外延有所扩大

当前，在外贸增速下滑背景下所形成的一些认识误区，如对外贸易的作用式微或者所谓的"国际贸易重要性渐减"，应该说，都是与新型国际分工下对贸易的内涵和外延理解不深有关，也可以说，认识上的误区源自对贸易内涵和外延的理解仍停留在传统认识，未能做到与国际分工演进形势和格局"与时俱进"。对外贸易的传统界定主要是指进出口贸易，即一个国家（地区）与其他国家（地区）之间进行的商品和服务的交换活动。显然，这种概念是基于传统的以产品为界限的分工模式下进行的界定，并且隐含了一个前提就是不存在要素跨国流动，这也是经典国际贸易理论的重要假定。而包括资本以及由此带动的技术、人员、管理等一揽子生产要素的跨国流动性日益增强，已成为当前国际分工的重要特征之一。因此在当前全球价值链分工形式下，贸易与要素流动越来越具有融合趋势，越来越具有一体化特征。所谓贸易与要素流动一体化，其内涵从广义上讲，主要是指国际贸易和要素跨国流动之间高度融合、相互依赖、共生发展、合为一体的一种国际经济现象。这种一体化不仅表现为贸易流向和要素流向的高度一致性，而且表现为国际贸易和要素跨国流动互补共存、互动发展的格局。从狭义上看，则主要是指在全球价值链分工体系中，跨国公司在全球范围内配置和整合资源，从而形成国际生产的全球供应链，把节点企业安排在不同国家的生产和贸易"一体化"现象。这是外贸在全球价值链分工形式下的真实本质内涵，而从外延上来看，其不仅涵盖了传统的最终产品跨境流动，也包括中间品跨境流动，以及为生产贸易品而进行的一切生产要素的跨境流动。外贸已从传统意义层面拓展至涵盖传统贸易、投资、价值增值创造的"大外贸"概念。实际上正是由于这种变化，"国际贸易重要性"不会渐减反而会渐增，对此，我们将在下文进行进一步讨论。

四、全球价值链分工下外贸发展的本质作用

在新的国际分工模式下，外贸发展的作用亦应放眼"大外贸"的视野进行再认

识，而不应聚焦于增速表象。这不仅是因为前文分析指出的价值链分工对贸易增速的影响方面，还突出表现为，既然全球价值链分工模式下的外贸已经演化为布局全球生产网络进而完成全球生产的必要流转环节表现，因此其在实践中的表现不一定是本国出口或者进口的高速增长，有可能是在整合和利用他国资源基础上并以他国为“进出口平台”所表征的产品跨国流动。改革开放以来尤其是加入世界贸易组织以来，中国成为发达国家跨国公司的“出口平台”就是典型表现和明证，这也是中国外贸高速增长的重要原因之一，但这种高速增长的背后却使发达国家跨国公司获益良多，即理论和实践部门普遍意识到的“中国贸易只赚数字不赚钱”的特征事实。应该说，在以价值链和要素跨国流动为主要特征的全球价值链分工模式下，贸易对经济发展的作用更加重要，对此，有必要进行深入的理论探讨。

（一）全球价值链下的贸易是分工进一步细化的表现

自由贸易理论早已证明了贸易利益的存在，而贸易利益的来源正是分工所带来的收益，换言之，当分工突破国家界限而延伸到国际市场后，国家的“专业化”生产不仅会由于生产要素的重新配置而带来产出增加的直接好处，而且还会提高生产率以及突破市场规模限制而实现规模经济等好处。显然，相比传统的以产品为界限的国际分工，在以产品生产环节和阶段为界限的全球价值链分工模式下，国际分工得以进一步细化。这突出表现在，在最终产品上不具备比较优势的国家，伴随全球价值链分工的演进，产品的价值增值环节和阶段被不断分解，可能在某一生产环节和阶段上具有了比较优势。这是国际分工的进一步细化，不仅使得原本缺乏比较优势而被排除在国际分工之外的国家获取了参与国际分工的机会，也使得参与国际分工的国家在产品层面上的分工得以进一步拓展。显然，如果我们的共识是承认分工和贸易具有普遍的互利性这一基本逻辑，那么在新的国际分工模式下，开展对外贸易的实质就是国际分工的进一步细化，从而进一步“放大”贸易利益。

（二）全球价值链下的贸易是资源配置进一步优化的表现

在传统的以产品为界限的分工模式下，一国开展对外贸易，依据比较优势进行专业化分工和生产，其实质就是生产要素在不同生产部门之间的重新配置，更确切地说，是从低效率的生产部门向高效率的生产部门转移。然而，由于这种专业化分工和生产是在一国国内以“封闭式”状态进行，因此此时资源优化配置还仅仅停留在一国国内。但是在新的国际分工模式下，由于要素流动具有了跨国界性，因此贸易品的生产不再是“封闭式”状态，而是一种“开放式”状态，是通过要素跨境流动而实现的多国要素合作生产。显然，这种“开放式”的资源配置相比“封闭式”的资源配置，其优化程度会更高，这对于开展国际分工和贸易的任何国家而言，都是一种更大的潜在贸易利益。而且更为重要的是，在要素可进行跨国流动的情形下，生产要素的跨国优化配置，还可以在很大程度上克服“封闭式”状态下分工和生产专业化所面临的资产专用性约束问题。总之，在新的国际分工模式下，开展对外贸易会在进一步优化配置全球生产资源中使得各国受益。

（三）全球价值链下的贸易更有利于知识技术的扩散传播

对外贸易是技术和知识在国家间进行传播和扩散的重要渠道，这基本已成为学术界的共识（Coe & Helpman，1995），而这种扩散和传播效应显然有利于贸易参与国的技术进步和知识积累等。而在新的国际分工模式下，技术和知识的传播不仅有了新的形式和渠道，而且方式上也有了新的变化，从而更有利于其在国与国之间的扩散和传播。从形式和渠道上而言，犹如前文所述，对外贸易的概念实质上融合了要素跨国流动，而以FDI为主导的一揽子生产要素的跨国流动，显然是技术和知识等高端要素跨国传播和扩散的重要渠道。当然，要素流动所形成的传播和扩散效应，不仅是渠道上的变化，在方式上也有别于传统的产品贸易。全球价值链分工模式下贸易品的流动大多是中间品，与最终产品相比，中间品贸易也更有利于知识和技术的跨国传播，大量有关中间品进口的实证研究已经给予了证实（Amiti & Konings，2007；Bas，2012）。其实更重要的是，由于全球价值链分工模式下的贸易实质是生产全球化，因此在生产全球化背景下，知识和技术的跨国传播不仅是一种可能和被动外溢，更是一种必要和主动溢出，因为技术和知识作为广义上的生产要素，生产全球化必然要求其流动全球化。

（四）全球价值链下的贸易更有利于实现包容性发展红利

在以产品为界限的传统分工模式下，经典的国际经济理论早已论证了开展分工和贸易使各国受益的可能，但对贸易利益的分配问题一直以来却存在较大争议，在实践中甚至会出现由于贸易条件恶化而导致“贫困化增长”的例子。这是因为传统分工模式下一国利益的增加并不以另外一国同样增长为前提，甚至可以以“牺牲”他国利益为前提。然而，在以要素流动和碎片化生产为主要特征的全球价值链分工模式下，由于各国参与贸易的本质是共同协作生产全球产品，更确切地说，国与国之间开展分工和贸易不仅为了实现比较利益，更是为了确保全球共同生产的正常进行。这一共同生产的本质，使得国家间的分工与贸易不仅具有互利性特征，更重要的是呈现利益上的相互依存性，即任何一国获取国际分工利益的大小都是以对方国家获取国际分工利益的大小为前提（方勇等，2012），也可以说，任何一个国家的不可持续进而导致价值链条的中断，都会导致全球生产的不可持续或者中断。可见，当前全球价值链分工的实质对包容性发展具有了内生性需求，越来越要求国与国之间具有更为紧密的协作和包容性发展精神，从而使得贸易本质上的“互利共赢”得以真正实现。实际上，在本轮全球经济危机严重冲击下，虽然贸易保护主义有所抬头，但并未遵循历史的逻辑，即并未出现历史上其他经济危机期间贸易保护的“盛行”和“大行其道”，其主要原因就在于全球价值链分工模式，犹如联合国贸发会议发布的《全球价值链与发展》研究报告所指出的：“以邻为壑”的政策措施已无用武之地，相反，秉持包容性发展理念加强合作才是出路。正是基于上述意义，当代经济全球化红利的创造和分配，只有依托包容性增长才能顺利实现，这必然决定了开展对外贸易有利于实现包容性发展红利。

总结以上讨论可见，全球价值链分工模式下对外贸易的作用，不管是何种层面的变化，其实质都与一个核心问题有关：生产全球化的根本性质。那么基于这一本质特性，不难理解，开展国际贸易不仅是各国参与全球分工和生产的途径，也是全球分工和碎片化生产得以实现的途径。在全球化生产模式下，一国的比较优势不再局限于一国国内，一国的优势要素也不再局限于在本国国内或局限于本国企业使用，碎片化生产和要素流动的实质就是要在全球范围内整合和利用资源。也就是说一国的优势要素资源可以成为世界各国企业均可以利用的资源，任何一国的企业也可以通过参与全球生产而利用其他国家优势要素资源。因此，全球价值链分工模式下的贸易更多地表现为完成生产过程的一个环节，是全球化生产得以实现的前提。从全球范围看，没有各国发展对外贸易就没有生产全球化；从一个国家范围看，不积极发展对外贸易就无法融入到全球生产体系之中并从中获益。一国离开了对全球生产分工体系的参与，其产品也就不可能具有国际竞争力，这一点无论对于发达国家还是发展中国家而言都是如此。总之，基于全球范围内的分工和资源优化配置，并据此获取经济发展红利，尤其是使得分工和贸易参与国实现真正意义上的“互利共赢”，是全球价值链分工模式下贸易的本质作用。

五、全球价值链分工演进新趋势与中国机遇

贸易对经济发展的重要意义并不能简单地以增速来评判，因为在融入全球价值链的不同发展阶段，其增速表现会有所不同，但其本质都是融入全球生产分工体系。如果一定要从贸易增速的角度来看待其对经济发展的作用，那么基于前文分析，可以认为，全球价值链分工模式下外贸在不同发展阶段的主要任务不同而已。具体而言，以“低端嵌入”方式融入全球价值链分工所带来的贸易高速增长，其主要任务就在于经济基础较薄弱的情况下，以跟随模仿为主要发展战略，加速形成制造业的生产能力和出口能力，并以此拉动 GDP 的快速增长。此时追求贸易高速增长所具有的合理性可能在于，它是全面嵌入价值链的体现。这就是前期中国融入全球价值链分工体系发展对外贸易的客观实践。而经过一定时期的发展并奠定了一定的物质基础后，主观和客观上都会要求沿着全球价值链攀升以提升分工地位，由此可能带来贸易增速放缓，但贸易的创新驱动发展战略和功能会日益明显，从而对整个经济的转型发展具有重要引领和带动作用。而这一点其实正是中国经济进入“新常态”后，大力发展贸易的作用和意义所在。当然，更现实的问题是，开展对外贸易是否有利于引领中国经济转型升级的现实需要？这一点实际上与全球分工演进趋势密切相关。换言之，中国外贸发展能否真正发挥引领中国经济转型升级的现实需要，在很大程度上还取决于能否与全球分工演进的趋势“对接”。鉴于此，有必要对全球分工演进的新趋势特征做进一步的探讨。概括而言，当前全球分工演进呈现的如下几方面趋势特征，将为中国外贸发展进而引领经济转型升级带来重要战略机遇。

（一）制造业价值链向创新链转变的机遇

20 世纪 80 年代中期以来，以产品价值增值环节和阶段国际梯度转移为主要特征的全球分工和生产体系的构建，主要发生在制造业领域，或者说是制造业价值链条在全球拓展和分布的过程。这一阶段分工深化和全球生产布局，从国际宏观层面看，所呈现的一个典型特征就是发达经济体的“去工业化”和发展中经济体的“工业化”；从微观层面看，就是发达经济体产生越来越多的苹果和耐克式企业——只负责研发设计、进口以及产品分配等服务环节，而发展中经济体则产生越来越多的从事全球价值链中组装、加工和制造环节的“制造型”企业。概言之，以往全球价

值链的构建主要是制造环节和阶段的国际梯度转移。而当前全球分工演进的一个重要发展趋势就是技术创新越来越具有全球性特征，即一方面包括研发在内的技术创新出现国际梯度转移，另一方面技术创新的全球“协作性”越来越明显。已有的研究表明，技术创新的跨国转移和合作已经成为当前经济全球化的重要发展趋势（王子先，2013）。技术和知识的流动伴随企业间人员的频繁跨国流动而日益频繁，与此同时，不同国家的用户、供应商、大学以及科研机构人员对创新活动的共同参与，使创新从企业内部、区域内部和国家内部的协作，扩展到国家间不同主体合作，进而使得全球价值链的发展在原有制造业价值链基础上，向全球创新链层面深度拓展。这一深度拓展的实质，就是企业在全球范围内搜索可利用的知识资源、关注资源使用权并且具备高度开放性的价值网络创新模式（马琳和吴金希，2011）。当然，出现这种变化的主要原因在于，一方面技术创新产品越来越复杂，从而成为单个企业的“不能承受之重”；另一方面通信和信息等技术突飞猛进为越来越多的企业突破地域和国家界限，从而在全球范围内积极寻求资源“为我所用”提供了支持。这无疑为中国在加入制造业全球价值链基础上，逐步全面地转向融入全球创新链，进而实现由以往的要素驱动和投资驱动，向创新驱动的轨道发展提供了重要战略机遇。

（二）全球经济规则从第一代向第二代深度演变的机遇

实际上，全球价值链分工能够得以迅猛发展，除了与产品生产国际分割技术的突飞猛进有关外，更重要的还在于以边境壁垒降低为主要内容的第一代全球经济规则为其提供了制度保障，因为在产品“迂回生产”链条不断延伸过程中，其所要求的技术属性要比制度属性简单得多，换言之，产品生产技术上的可分离性要比人们想象的简单，而影响其发展的更多是制度层面的滞后（威廉森，1987）。在全球价值链分工体系下，生产的国际碎片化会带来中间品的多次跨境流动，因此即便是“不起眼”的关境壁垒亦能在整个价值链上形成累积效应，最终“放大”有效保护率。由于多边和区域贸易自由化的进展，当前全球多数制成品关税一直在下降，然而，即便是在此背景下，Antonia 和 Escaith（2014）等的研究仍然表明：尽管名义关税税率较低，但制造业全球价值链的兴起会导致名义关税税率沿着供应链不断积累，从而对制造业价值链拓展仍有重要影响。也正是基于这一意义，以“边境开放”措施为主要内容的第一代经济全球化规则，的确为全球价值链深度演进提供了重要制度保障，从而促成了其迅猛发展。

实际上，实现产品生产不同环节和阶段的无缝对接、降低交易成本，是价值链分工的内生需求，这不仅需要通过“边境开放”以降低产品跨境流动壁垒，还需要各国市场规则的一致性乃至各国间标准的兼容性。只不过全球价值链的前一轮发展主要表现在制造业环节，尤其是中低端的环节和阶段的国际梯度转移，这一阶段相对而言对前一要求较高，而对后一要求还并不太高。然而，全球价值链的进一步发展尤其是基于制造业价值链向全球创新链的深度演进，会对与之相应的后者制度保障提出了更高要求，更确切地说，会对包括法制化水平、制度质量、知识产权保护、生产要素市场、环保标准、劳工标准、竞争中立、商业环境的公正透明等内容在内的一国国内经济政策和市场环境提出了更高的要求。从某种程度上可以说，WTO 研究所指出的“全球价值链分工格局基本定型，进一步深化的边际成本加大”的问题，在我们看来，正是由于新的全球经济规则尚未形成从而未能为价值链“进一步深化”提供切实有效的制度保障。这一点从当前由WTO主导的多边贸易谈判进程受阻也可略见一斑，因为主要原因就在于着眼于降低贸易投资壁垒、扩大市场准入为目标的边界措施，已经不能提供全球价值链分工进一步深度演进的现实需要，这也是为什么有些学者提出WTO应加快从1.0版向2.0版转身，否则面临着“破产”的原因所在（Baldwin，2012）。但无论如何，以跨国公司主导的全球价值链深度演进为主要内容的经济全球化仍是大势所趋，其对更高标准制度保障的内生需求催生了“新一轮区域贸易自由化浪潮的兴起”，或许就是明证。有研究表明，基于这一内生需求的全球贸易和投资规则正在重建并取得了一定成果（金中夏，2014），由此可以预期的是，伴随全球经济规则从第一代向第二代深度演变，包括以制造业价值链为基础向全球创新链拓展的国际分工势必深入演进。显然，高标准的国际经济规则无疑会在“倒逼”国内改革方面发挥重要推动作用，促使中国开放型经济尽早走上“释放改革红利”的道路上。

（三）全球经济新格局下跨国公司“逆向创新”战略调整的机遇

20世纪后半叶尤其是进入21世纪以来，世界经济格局发生了“东升西降”的巨大变化，就像国际货币基金组织副总裁朱民（2011）所指出的：世界经济增长的重心从发达经济体转移到新兴和发展中经济体。而联合国数据库的有关资料也表明，在美国、欧盟和亚洲三大经济体中，美国和欧盟的经济总量所占比重正逐步下降，而亚洲经济总量所占比重则逐步上升。其中，中国经济的快速发展成为全球经济“东升西降”的巨大引擎（金碚，2012）。全球经济格局的巨大变化引起了跨国公司全球竞争战略布局的相应调整。这是因为，发达国家在布局全球价值链过程中，不仅与各国的要素禀赋结构所形成的比较优势有关，也与最终消费市场的区位有关。一项针对全球价值链区位分布的理论研究表明（Baldwin & Venasles，2010），价值链不同环节和阶段对“接近”消费市场的需求或者说敏感程度不同。具体而言，研发、设计、营销和售后等更倾向于“接近”消费市场，而具体的组装、加工和普通制造环节则对是否“接近”消费市场不太敏感。对此，OECD和WTO联合开展的一项调查研究结果也给予了证实，因为研究结果表明，在跨国公司全球价值链布局的关键影响因素中，需求市场规模成为仅次于生产要素成本的第二大因素。因此，在全球财富和经济权力主要集中于发达经济体的背景下，全球主导性消费也主要集中于发达经济体，这必然促使跨国公司的全球战略主要“定位”于发达经济体市场。换言之，在全球价值链的布局过程中，跨国公司更倾向于将产品研发创新的经济活动置于发达经济体内部，以“接近”消费市场。但伴随新兴经济体和发展中经济体的迅速崛起以及全球经济重心的逐渐“东移”，必然推动全球消费市场布局的重新调整。随着新兴和发展中经济体市场需求规模不断扩大，跨国公司越来越重视这一新的市场需求和巨大潜力，为了接近这一“新”的市场，其全球价值链的布局策略也将随之调整，即将更多的研发创新活动置于新兴市场经济体，并以此为基础将创新产品销往包括发达国家在内的全球市场。有些学者将跨国公司这一新的策略变化称为逆向创新（Reverse Innovation），以区别于以往主要将研发创新活动置于发达国家市场进而将创新性产品再销往全球的模式。有关案例研究表明（Jones，2011），这种价值链布局的策略调整已在许多跨国公司中悄然出现。目前，许多跨国公司的研发机构乃至经济总部“进驻”中国，一定程度上也说明“新战略”的端倪，这为中国攀升全球产业链和价值链高端提供了重要机遇。

（四）全球价值链发展进入重塑阶段的机遇

发端于美国次贷危机的本轮全球经济危机，表面上是金融制度缺陷和金融行为非理性所致，但实体经济才是其深层次的根源所在，确切地说，是世界经济周期作用的结果。从这一意义上来说，全球经济要想真正摆脱危机并进入新一轮的繁荣和增长，技术创新与产业创新才是根本之道，这一点基本已成学术界和实践部门的共识。实际上，进入21世纪以来，一些重要科技领域发生革命性突破的先兆已经初显端倪，新一轮科技和产业革命加快孕育，只不过本轮全球经济危机的冲击加速了发达国家为首的科技和产业革命的步伐。目前，不论是美国实施的“先进制造业”发展战略，以推动制造业回流和升级，还是德国大力推进的“工业4.0战略”；不论是英国实施的“高价值制造”战略，还是法国实施的“新工业法国”战略，本质上都是科技革命和产业革命的竞赛，同时也说明了各国越发重视以技术创新拉动经济发展。显然，酝酿新的产业革命和技术革命，必然改变着全球产业链格局，从而使得全球价值链进入新一轮的调整期和重塑期。当然，科技革命和产业革命推动下的全球价值链重塑和调整，既包括前文所提及的设计研发的全球化发展趋势，也包括全球价值链自身的变动，比如传统“微笑曲线”的整体移动、与“微笑曲线”相伴随的可能还会出现新式的所谓“沉默曲线”乃至“悲伤曲线”（黄群慧等，2013），以及不同国家在全球价值链中地位重构等。应当看到，全球价值链调整和重塑已初显端倪，而这对于发展中国家来说，通过诸如开展对外投资参与全球价值链重塑等，从而实现产业升级和技术进步，既是重要的机遇也是重要途径。这无疑为中国构建自己的全球价值链提供了重要契机。

六、结论及对策思考

在全球价值链分工格局下，外贸的本质内涵及其功能作用等均发生了深刻变化，对外贸易对驱动经济发展的贡献和意义已完全超越了“增速”层面的表象意义，尤其是不能停留在对出口驱动或所谓依托外需驱动的狭隘理解上。大概无人否认，改革开放以来，中国经济增长奇迹与外贸高速发展密切相关的事实，这也是“贸易立国”在中国外贸实践中的生动写照。如果说，前一轮的“贸易立国”战略及其作用的发挥，还主要表现为外贸“高速”增速所驱动的GDP增长奇迹的话，那么在全球价值链分工格局尤其是全球分工演进新趋势下，“贸易立国”有了更深刻的意义：迎合新趋势，把握新机遇，在进一步融入、扎根乃至主导全球价值链和创新链中，利用全球资源和全球智慧，推动中国从贸易大国向贸易强国转变，从而更好地服务中国经济创新驱动和转型发展的需要。总之，“贸易立国”仍需给予高度的重视，否则会使我们丧失新一轮经济全球化带来的历史性发展机遇。当然，抓住新机遇从而将战略机遇期转化为真正的发展黄金期，本质上是要实施创新驱动的发展战略。这就要求中国的外贸发展，需要在融入制造业全球价值链分工基础上，进一步扎根乃至主导全球价值链和创新链中推进。为此，需要注重下述四个方面的重要问题：

第一，打造综合性竞争环境优势，提升“扎根”全球价值链的能力。“扎根”全球价值链是稳定外贸发展的前提。由于跨国公司在全球布局生产体系过程中，价值增值环节和阶段的区位配置与各国的比较成本密切相关，从而具有了动态特征，即布局策略会随着各国比较优势的变化而进行不断调整。这一现象在学术界通常也被称为“浮萍经济”效应，其言外之意在于，如果一国比较成本优势的变化未能迎合跨国公司全球战略的需要，或者说原有成本优势丧失并未伴随新的成本优势出现，那么即便在初期顺利地加入了价值链分工体系，也有可能面临被“开除球籍”的风险。UNCTAD关于全球价值链的研究报告中指出，现实中一些国家和地区由于缺乏成本优势而未能融入全球分工体系的例子并不少见。改革开放以来，中国依托初级要素等形成的低成本优势，顺利地加入全球价值链分工体系，但近年来伴随国内各种生产要素价格集中进入上升期，以及其他更多发展中国家参与全球竞争，中国外贸发展的确面临着潜在的“浮萍经济”风险。通常而言，成本不仅包括要素成本，如劳动力成本、土地成本、各种资源成本等，也包括商务成本，如投资和税收激励、基础设施、行政服务、行政管理负担、制度质量、契约履行成本等。当前，中国面临要素成本的挑战，但同时在降低商务成本方面大有潜力可挖，更何况，从不同价值增值环节对要素成本变化的敏感程度来看，中低端的制造环节往往对要素成本变化较为敏感，而高端环节乃至创新环节则对商务成本较为敏感。因此，迎接要素成本上升的挑战并力图“扎根”全球生产分工体系，需要我们在继续发挥传统比较优势的同时，更加注重在进一步完善基础设施、完善产业配套环境、降低税费、提高制度质量、完善市场机制、提高政府效率以及提高法制化水平等方面努力，从而打造更具竞争力的综合成本优势。

第二，加快构建开放型经济新体制，迎合高标准的全球经济新规则。如前所述，当前全球经济规则正向高标准、高质量方向发展。显然，在高标准已成全球经济规则重要发展趋势下，唯有达到高标准的要求，才能够进一步融入全球生产分工体系之中，而“不达标”的则极有可能被边缘化。为此，必须要加快构建开放型经济新体制，从以往的“边境开放”措施加快向“境内开放”层面深度拓展，建立更加规范、更加透明、更加成熟、更加公平、更加法制化、更加完善的市场经济体制。唯有如此，才能为中国在更高层次上融入国际生产分工体系，更确切地说，为中国在全球价值链中“专业化于”更高端的环节和阶段以及更加顺利地嵌入全球创新链，提供必要的制度保障。当然，构建开放型经济新体制并非“被动”迎合国际经济环境变化的外部需要，其更重要的意义在于“以开放倒逼改革”，从而内生地培育出中国外贸发展新优势，掌握全球经济未来发展主动权。这是因为，无论是从攀升全球价值链高端角度还是从嵌入全球创新链角度看，培育中国外贸发展竞争新优势，依托科技创新是重中之重。而科技创新的关键不仅在于是否拥有创新要素，更取决于能否激发创新微观经济主体即企业的积极能动性。显然，唯有通过进一步深化改革，进一步简政放权和减少政府干预，破除开放型经济发展进程中的体制机制障碍和思想观念束缚等，才能将企业真正置于一个有利于释放创新动力和活力的公平、有序、统一市场环境中。这也是中国外贸发展实现从要素驱动向创新驱动转变的根本所在。

第三，“虹吸”国际先进生产要素，提升创新驱动的发展能力。中国外贸发展从要素驱动向创新驱动转变，其创新的内涵和实质绝不是封闭式而是开放式，其中，“虹吸”国际先进生产要素积聚到国内进行创新活动，就是开放式创新的重要内容和途径之一。如何才能有效“虹吸”包括先进技术、先进管理经验、高级管理人才、研发结构等国际先进生产要素，可以考虑从如下两个方面着手：一是将国内巨大的潜在市场规模优势，转化为吸引发达国家跨国公司将创新要素向中国国内集聚，在中国进行“逆向创新”的新优势。这不仅要求一方面进一步理顺商品和要素价格体系，加快完善资本、劳动、土地乃至企业家等生产要素的市场价格形成机制，充分发挥价格对市场的调节作用；另一方面还要加快形成全国统一市场，消除商品和要素跨区域跨行业的流动壁垒。正如有些学者所指出的，目前国内市场环境还不够健全和完善，国内统一市场还没有完全形成（余森杰和王宾骆，2014）。二是加快培育本土高级要素。实际上，在以要素流动和国际碎片化生产为主导的国际分工模式下，要素跨国流动实现的资源优化配置，虽是“不同类别”生产要素在全球范围内的重新组合，但这种组合同样也存在着质量方面的配比问题。换言之，一国能吸引何种层次的要素，往往取决于其自身所拥有的要素质量和层次。这就需要我们进一步加大教育投入、大力发展职业教育和培训、努力促进“官、产、学、研、媒”的有效结合、着力打造“招才引智”的优良环境等，借此“虹吸”国际先进生产要素以服务于中国外贸创新驱动发展的需要。

第四，加快“走出去”步伐，提升整合全球优势资源能力。改革开放以来的很长一段时间内，中国主要依托引进外国直接投资，在为外资企业进行配套发展中，或者通过承接发达国家跨国公司的国际订单而融入全球生产分工体系。这种发展模式虽然也是利用全球“资源”的一种方式，但是相对而言，更多的是发达国家跨国公司主导下的一种“被动式”发展，在全球生产分工体系中处于“被整合者”的地位。中国外贸进入新的发展阶段，提高国际分工地位不能继续扮演着“被整合者”的角色，而应该逐步转变为全球资源的“整合者”，通过不断提升布局构建贸易、投资和价值链条的能力，从被动参与全球价值链到主动构建自己的全球价值链。这就需要在继续大力引进国际先进生产要素的同时，以更大步伐“走出去”整合和利用全球资源。如此整合和利用全球资源的方式，不论是体现在将已经丧失比较优势的环节和阶段转移至更具成本优势的国家和地区，还是体现在主动获取和整合国外先进技术要素等，实质都是拓展和构建自己的全球生产分工体系。这一方面的努力已出现一些可喜变化，突出表现为中国对外直接投资已经超过了利用外资水平：商务部公布的最新数据显示，2014 年中国对外投资规模超过利用外资规模约 200 亿美元，从而跃升为“净资本输出国”。显然，这种变化显示的是中国企业通过“走出去”参与全球生产分工体系、参与重塑全球价值链乃至构建自己的全球价值链的节奏加快，显示的是“大外贸”发展的一种新面目。可以预期，不再单纯以要素优势，而是以具有整合全球资源能力的企业“走出去”参与和主导全球生产分工体系之时，就是中国贸易“新图谱”展现之时。

参考文献

［1］Hubert. Trade Collapse，Trade Relapse and

Global Production Networks: Supply Chains in the Great Recession [R]. MPRA Working Paper No. 18433, 2009.

[2] Hummels D, Jun Ishii, Kei - Mu Yi. The Nature and Growth of Vertical Specialization in World Trade [J]. Journal of International Economics, 2001 (6): 75 - 96.

[3] 刘志彪，吴福象．贸易一体化与生产非一体化：基于经济全球化两个重要假说的实证研究 [J]. 中国社会科学，2006 (2).

[4] Koopman R, Wang, Zhi, Wei, Shang - Jin. Tracing Value - Added and Double Counting in Gross Exports [J]. American Economic Review, 2014 (2): 459 - 494.

[5] WTO. World Trade Report 2014 [EB/OL]. https: //www. wto. org/english/res _ e/booksp _ e/world_ trade_ report14_ e. pdf.

[6] 樊茂清，黄薇．基于全球价值链分解的中国贸易产业结构演进 [J]. 世界经济，2014 (2).

[7] 中国全球价值链课题组．全球价值链与中国贸易增加值核算研究报告 [EB/OL]. http: //image s. mofco m. gov. cn/www/201412/2014122618265 7100. pdf.

[8] 金京，戴翔，张二震．全球要素分工背景下的中国产业转型升级 [J]. 中国工业经济，2013 (11).

[9] Elisa G, R. Lanz and P. Roberta. Timeliness and Contract Enforceability in Intermediate Goods Trade [R]. WTO Working Paper ERSD - 2010 - 14.

[10] Lamy P. Globalization of the Industrial Production Chains and Measuring International Trade in Value Added [EB/OL]. http: //www. wto. org/english/news_ e/sppl_ e/sppl174_ e. htm.

[11] Coe D, E Helpman. International R&D Spillover [J]. European Economics Review, 1995 (3): 859 - 887.

[12] Amiti M, Konings, J. Trade Liberalization, Intermediate Inputs, and Productivity: Evidence from Indonesia [J]. American Economic Review, 2007 (5): 1611 - 1638.

[13] Bas M. Input - trade Liberalization and Firm Export Decisions: Evidence from Argentina [J]. Journal of Development Economics, 2012 (6): 126 - 138.

[14] 方勇，戴翔，张二震．论开放视角的包容性增长 [J]. 南京大学学报，2012 (1).

[15] United Nations Conference on Trade and Development. Global Value Chains and Development: Investment and Value Added Trade in the Global Economy [R]. UNCTAD, 2013.

[16] 王子先．研发全球化趋势下自主创新与对外开放关系的思考 [J]. 国际贸易，2013 (1).

[17] 马琳，吴金希．全球创新网络相关理论回顾及研究前瞻 [J]. 自然辩证法研究，2011 (1).

[18] 奥利弗·威廉森．交易费用经济学讲座 [J]. 经济工作者学习资料，1987 (50).

[19] Antonia D, H Escaith. Trade in Tasks, Tariff Policy and Effective Protection Rates [R]. WTO Working Paper No. ERSD - 2014 - 22.

[20] Baldwin R. WTO 2.0: Global governance of supply - chain trade [R]. CEPR Policy Insight No. 64, December 2012.

[21] 金中夏．全球贸易与投资规则重建 [J]. 新金融评论，2014 (6).

[22] 朱民．世界经济结构的深刻变化和新兴经济的新挑战 [J]. 国际金融研究，2011 (10).

[23] 金碚．全球竞争新格局与中国产业发展趋势 [J]. 中国工业经济，2012 (5).

[24] Baldwin R, A Venables. Relocating the Value Chain: Offshoring and Agglomeration in the Global Economy [R]. NBER Working Paper No. 16611, 2010.

[25] Jones C. Intermediate Goods and Weak Links in the Theory of Economic Development [J]. American Economic Journal, 2011 (4): 312 - 329.

[26] 黄群慧，贺俊．第三次工业革命与中国经济发展战略调整——技术经济范式转变的视角 [J]. 中国工业经济，2013 (1).

[27] 余淼杰，王宾骆．对外改革，对内开放，促进产业升级 [J]. 国际经济评论，2014 (3).

Evolution of the Labor Division of Global Value Chain and the Puzzle of the Decrease in the Growth Rate of Foreign Trade in China

Dai Xiang

Abstract: In recent years, the growth rate of China's foreign trade has been decreasing greatly, which aroused much attention from the theoretical circle and the real sectors. Indeed, in the labor division pattern of global value chain, the changes in the growth rate of foreign trade are not only related to the deepening trends of the labor division of global value chain but also related to the model of a nation incorporated in it as well as its upgrading. China's foreign trade starts to change from ultra high speed to low speed, which reflects the phase characteristics of China's integration into the labor division system of global value chain. It is the result of the upgrading of Chinese value in the mitigation of the deepening trends of global labor division as well as the results of the weakening of inflated trade statistics after the upgrading of value chain. More importantly, under the condition of labor division of global value chain, the connotation, extension, nature, function and role of foreign trade have taken profound and fundamental changes. The importance of developing foreign trade is to be integrated into "global production" to gain dividend from economic development so as to get mutual benefit from the relations among nations. As a result, on the perspective of global value chain, the decrease in the growth rate of China's foreign trade does not mean the mitigation of its role and importance. Instead, in view of the nature, connotation and role under the condition of labor division in the global value chain, it is necessary for China to continue to take advantage of new opportunities brought by the new trends in the evolution of global labor division; be integrated into, be rooted in and dominate the global value chain; take advantage of global source and wisdom; and to speed up the changes from a large trading nation to a trading power so as to better service economic innovations at the new stage and to meet the realistic demand of transition and development.

Key Words: Increase in the Growth Rate of Trade; Global Value Chain; Innovation – Driven

□ 服务业外资自由化与中国制造业企业出口绩效*

——基于上下游投入产出关系的分析

周霄雪

摘　要：本文通过上游服务业与下游制造业之间的投入产出关系，将服务业开放与下游制造业企业出口绩效联系起来，分析了服务业外资自由化对我国制造业企业出口绩效产生影响的理论机制。构建服务业外资自由化指标，并利用2000～2006年中国工业企业数据库与海关数据库的匹配数据进行实证分析。研究发现服务业外资自由化对我国制造业企业的出口具有显著的促进作用。从具体细分的服务业行业来看，交通运输业、电信业对制造业企业出口的促进作用最显著。从作用机制来看，服务业外资自由化通过生产能力效应、质量升级效应与产品种类效应促进了我国制造业企业出口绩效的改善。但是这种促进作用对不同企业具有差异：从企业生产效率来看，对高生产率制造业企业的出口作用要大于低生产率制造业企业；从要素结构来看，对资本密集型与技术密集型行业的促进作用要高于劳动密集型行业；从企业地域分布来看，相较中西部企业，对东部地区企业的影响最显著。

关键词：服务业外资自由化；投入产出；制造业企业；生产率；出口数量；出口质量

一、引言

服务要素作为制造业重要的中间投入品，会影响制造业的生产绩效，但是服务业市场开放对制造业及我国经济发展的潜在影响一直被低估。本文从企业出口这一角度，分析了服务业外资自由化对我国制造业的影响。首先，长期以来，作为“世界工厂”，制造业一直是我国吸收对外直接投资的主要部门，但是随着廉价劳动力这一比较优势的削弱，外商直接投资的重点转向服务业，如何顺应这一发展趋势，是促进我国制造业优化升级

基金项目：博士后基金面上项目“服务业开放促进制造业转型升级的机理和路径研究”(2017M611096)。

作者简介：周霄雪，辽宁沈阳人，中国社会科学院工业经济研究所博士后，研究方向为产业组织理论与企业国际化。

* 本文曾刊登于《产业经济研究》2017年第6期。

与经济发展的关键问题。其次，既有文献对开放政策的研究多关注货物贸易自由化、制造业外资自由化等对制造业生产绩效与出口的影响，这些研究指出，货物贸易自由化与制造业外资自由化对于我国制造业企业生产效率与出口均具有促进作用（孙浦阳等，2015；汤毅和尹翔硕，2014；余淼杰，2010）。近年来，服务业开放对制造业的影响才逐渐被学者们所关注，其中多以服务贸易自由化为研究主题。通过对OECD国家（Arnold et al.，2011）以及印度尼西亚（Duggan，2013）、印度（Arnold et al.，2016；Bas，2014）等发展中国家的分析，研究发现通过投入产出关系，服务贸易自由化对下游制造业的生产效率具有显著的促进作用。以我国为研究对象进行分析得到了一致的结论，即服务贸易自由化对我国制造业发展具有显著的正向影响（熊凤琴，2010；Bas & Causa，2012；张艳等，2013；周念利，2014）。从政策层面研究服务业外资自由化对我国制造业企业的影响、不同服务业行业外资自由化作用效果的差异，特别是从企业异质性的角度分析不同企业在这一过程中的得失，是对既有研究的补充，也为我国进一步实施服务业开放政策提供一定的理论借鉴。

有鉴于此，本文从上下游投入产出关系的视角出发，利用2000～2006年中国工业企业数据库与海关数据库的匹配数据，深入探讨了上游服务业外资自由化对下游制造业企业出口绩效的影响及其中的作用机制，特别是不同服务行业外资开放政策的影响与这种影响的异质性。本文认为，一方面，服务业的对外开放不仅会改变我国服务业的市场结构与生产效率，同样会通过上下游行业的投入产出关系对下游制造业企业出口绩效产生影响。并且，不同服务行业对下游制造业企业出口绩效的影响亦不同。另一方面，服务业开放对下游制造业企业出口绩效的影响具有显著的异质性。具体来说，服务业开放对不同生产率、不同地区以及不同要素密集度的制造业企业会产生不同的影响。

本文的结构安排如下：第二部分对本文相关的既有研究进行综述；第三部分对我国服务业外资自由化的现状进行分析；第四部分对服务业外资自由化对制造业企业出口产生影响的机制进行分析；第五部分对本文使用的数据与研究方法进行说明；第六部分对实证结果进行分析并进行了稳健性检验；第七部分为本文的结论与政策建议。

二、文献综述

随着贸易自由化的推进与全球范围内服务贸易壁垒的降低，学者们对服务贸易与服务业FDI对一国经济增长的影响进行了大量的理论与实证研究。从宏观经济增长方面来看，Markusen（1989）研究发现，服务贸易自由化对服务业生产率的促进作用同样会溢出到其他生产部门，最终带来全社会生产效率的提高。而服务业外资进入限制的降低，对东道国的福利与收入水平均具有显著的正向影响（Markusen et al.，2005）。Mattoo 和 Susramanian（2006）讨论了与产品贸易自由化相比，服务贸易自由化对一国产出增长的影响是否具有差异性。作者发现那些金融与通信部门对外开放的国家较其他国家经济增长得更快。Robinson等（2002）建立了一个包括10个国家和地区、11个部门的CGE模型，评估了服务部门自由化对世界经济的影响，研究指出服务业开放不仅会对服务产品与服务贸易产生直接的影响，还会对其他部门的生产产生间接的影响。Eschenbach 和 Hoekman（2006）构建了一个政策质量指标，考察了 20 个发展中国家对不同服务部门的规制程度，研究发现政策的改善会吸引外商直接投资，并促进这些国家 1990 年后的经济增长。

从行业层面来看，服务贸易自由化与服务业 FDI 限制的放宽对东道国服务行业产生最直接的影响，主要体现在服务业生产率方面。Fink 等（2003）应用 86 个国家 1985～1999 年的数据研究发现民营化与竞争化提高了服务部门的经济绩效。作者认为全面的改革会带来最大的收益，特别是竞争政策应该与民营化并驾齐驱。李眺（2016）实证研究了服务业开放和中国现有的产业结构特征对批发零售业、交通运输业、仓储及邮政通信业和金融保险业的生产效率影响。研究表明，进入规制显著地抑制了上述四个行业的生产效率改善，并且非国有资本占整个行业的比重越大，行业的生产效率提升越明显。进一步地，服务业生产效率的提高会通过投入产出关系对制造业的经营绩效产生影响，Beverelli 等（2017）通过跨国数据研究发现，服务贸易壁垒的降低，对一国制造部门的生产效率具有显著的改善作用，而那些制度质量较高的国家从中获益最多。陈丽娴等（2016）基于产业集聚视角分析发现服务贸易与服务业 FDI 均提高了我国制造业行业的经济增加值率。

微观企业层面的分析就发展中国家的服务业开放对制造企业的影响进行了分析，主要体现在微观企业生产效率与出口两个方面。既有研究考察了捷克、智利、印度等国的服务业改革对制造业企业生产率水平的影响。Arnold 等（2011）应用捷克制造业企业数据分析发现，服务业外资进入对制造业企业生产率有显著的正向影响。而就不同的服务行业而言，Arnold（2008）应用 10 个撒哈拉以南国家 1000 家企业的数据分析发现，电信、电力与金融业的开放对制造业企业的全要素生产率具有正向的影响。Fernandes 和 Paunov（2012）应用智利制造业与服务业 FDI 数据，同样发现服务业外商直接投资对制造业企业生产效率具有显著的正向影响。作者还发现那些离技术前沿最远的企业从服务业开放中获益最多，生产效率提升最快。Arnold 等（2016）构建了印度的服务部门改革指数，结合印度制造业企业数据，研究发现服务业开放对印度制造业企业生产效率有促进作用，且那些与贸易相关的服务业部门（交通运输、通信与金融）的开放使得制造业企业的获益最多，这种效应对外资企业更显著。学者们利用我国微观企业数据的研究同样发现，服务业改革，特别是航空、电信和金融部门的改革开放对我国制造业微观生产效率有显著的提升作用（Bas & Caasa，2012；周念利，2014）。而根据新新贸易理论，生产率较高的企业更多地参与到国际贸易中，因此，服务业开放必然会对制造业企业的出口行为产生影响。Fink 等（2005）以及 Francois（2009）考察了通信部门对外开放对一国制造业出口竞争力的影响。前者应用 107 个国家的双边贸易数据与通信成本数据研究发现，电信成本对贸易有负向的影响。后者利用亚洲国家的面板数据研究发现，电信基础设施的改善会对一国的出口绩效产生影响。Bas（2014）应用印度的微观企业数据研究发现，印度的能源、电信与交通运输业改革对制造业企业出口绩效有显著的正向影响，且这种影响对不同生产率企业具有差异性。武力超等（2016）应用跨国数据分析了生产性服务业自由化对微观企业出口的影响，研究发现生产性服务业开放对企业出口密集度的提高具有显著的促进作用。

在已有研究中，从微观层面分析服务业外资自由化对制造业出口绩效及影响机制的研究相对缺乏。与现有研究相比，本文从中国的服务业外资开放政策角度出发，充分考虑了服务业开放对于微观企业异质性的敏感性，细致地分析了服务业外资开放的微观经济影响，对服务业外资进入政策的出口效应及影响机制进行了讨论，并且利用微观企业数据对服务业对外开放的出口效应及其微观机制进行了检验。

三、中国服务业外资自由化现状

近年来，随着我国服务业的发展，外商直接投资的重心由制造业逐渐转移到服务业，2014 年服务业外商直接投资超过制造业，占全国外商直接投资总额的 55.4%。但是从开放度来看，我国服务业开放仍然相对滞后。根据 OECD 发布的外商直接投资限制指数（FDI Restrictiveness Index），虽然我国服务业 FDI 限制指数呈现下降趋势，但是服务业的对外开放程度与制造业相比仍然较低（见图 1）。从国际比较来看，我国服务业外商投资限制指数不仅远高于美国、日本以及 OECD 国家，也高于韩国、印度等亚洲国家，这说明我国服务业开放水平不仅低于美国、日本等发达国家，较韩国、印度等国也相对滞后（见图 2）。

如图 3 所示，从细分的服务业行业来看，传媒、广播电视以及其他媒体行业一直是我国禁止开放的行业。在我国已经实行对外开放的服务业行业中，批发零售业、餐饮住宿业及陆地运输业的 FDI 监管限制指数降低较明显，说明这些行业的外资自由化水平较高。但是包括海运、航空、网络、通信、金融、法律与会计审计在内的生产性服务行业 FDI 监管限制指数下降的幅度较小，说明这些行业的开放程度仍然较低。

通过以上分析，能够得到目前中国服务业外资自由化的几个典型事实：①在过去 10 年间，服务业对外商直接投资的管制程度呈现显著的下降趋势；②中国服务业的对外开放程度尽管有所提高，但是仍然滞后于制造业，制造业对外开放仍然占据主导地位；③从服务业内部来看，传统服务业的对外开放程度要高于生产性服务业。

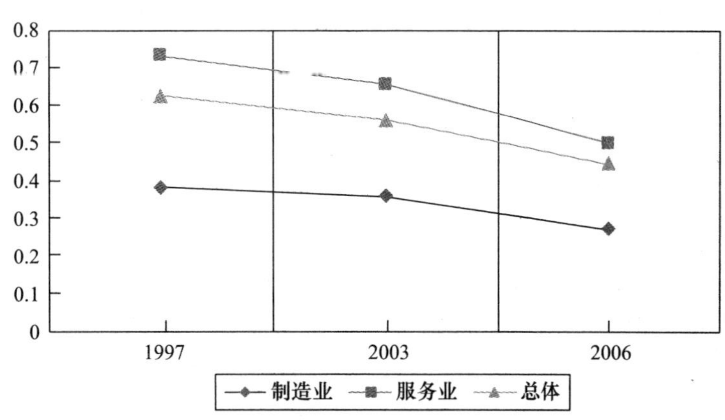

图 1　我国各行业外商直接投资限制指数

资料来源：OECD 外商直接投资限制指数（FDI Restrictiveness Index）。

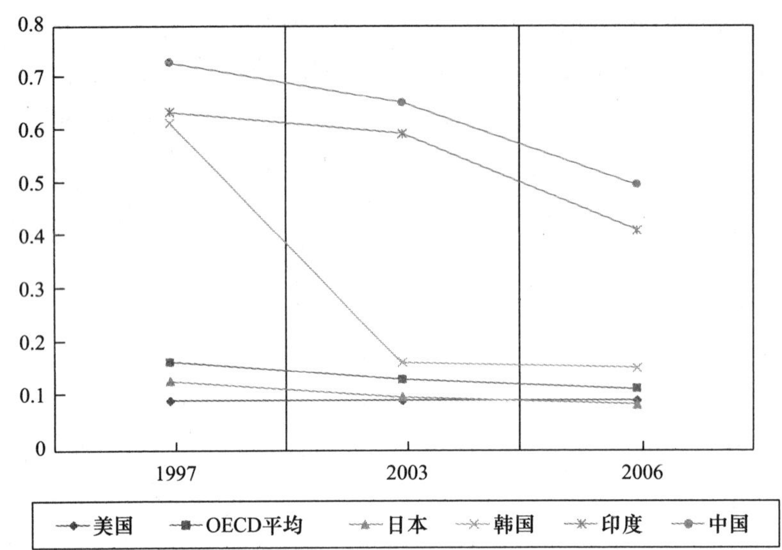

图 2　服务业对外开放程度国际比较

资料来源：OECD。

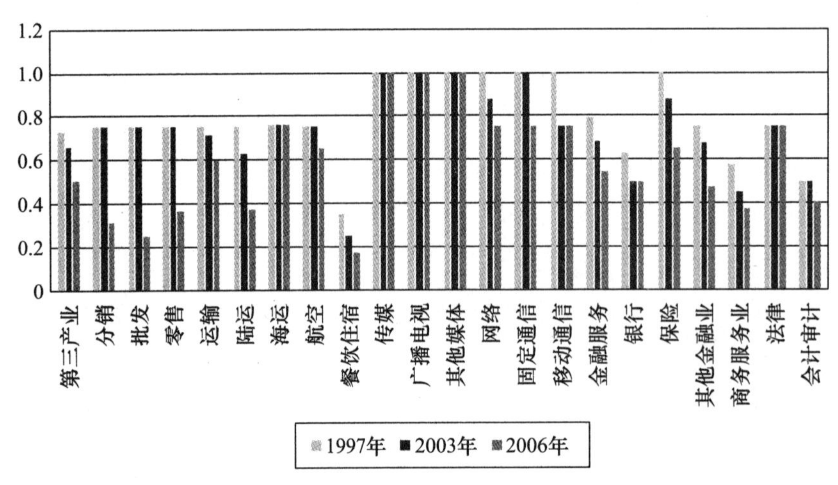

图 3　细分服务业行业开放度

资料来源：OECD。

四、服务业开放对制造业企业出口的影响机制

最终产品的生产过程除了需要投入其他行业生产的中间投入品外，还需要投入电信服务、交通运输、金融、会计等服务业中间投入品。因此上游服务业市场结构的变化会通过这种投入产出关系对下游制造业企业的绩效产生影响。高效率、低成本的服务投入提高了企业的生产效率，同样也会促进企业出口。在这种情况下，服务业外资自由化强化了由企业生产率决定的出口自选择过程。服务业外资自由化主要通过以下几种机制对下游制造业企业出口产生影响。

（一）生产能力效应

服务业开放后，上游服务行业的市场结构会发生变化，外资企业的进入打破原有的垄断市场结构，市场中的竞争程度加强，这通过两种效应对下游制造业企业产生影响。首先是价格效应。新企业的进入使得服务业市场中竞争压力增强，服务产品价格降低（Konan & Maskus，2006）。作为中间投入品的服务价格的下降，降低了制造业企业的生产成本，使那些之前无法出口的企业现在可以支付出口过程中的固定成本。同时，服务业投入价格的降低也有利于原有的出口企业扩大出口市场。其次服务业竞争的加剧存在着技术投资效应。为了应对市场中激烈的竞争，服务业企业通过投资技术创新来提高自身的竞争力与生产效率。更有效率的中间服务投入，使得下游制造业企业可以提高其在国内市场与出口市场中的绩效（Bas，2014）。

（二）质量升级效应

Hoekman 和 Mattoo（2008）在对印度服务业的研究中指出，印度政府实施服务业改革的主要原因之一就是服务业部门需要大量的技术投资。取消对外资与私营企业进入服务业市场的限制，这些企业通过竞争效应与技术投资，可以向下游制造业企业提供高质量的服务产品。而作为中间投入的服务产品的质量提高，使得下游制造业企业可以生产并出口高质量的最终产品。韩玉军等（2016）也指出服务业 FDI 可以提升一国出口产品的技术复杂度。

（三）产品种类效应与技术转移

降低外资服务业企业的市场进入壁垒，可以增加市场中可获得的服务产品的种类，包括现代服务业产品与高技术产品，这不仅丰富了下游制造业企业可获得的服务要素种类，也为制造企业提供了更高质量的中间服务投入。此外，外商直接投资企业的进入，可以通过行业间 FDI 的正向垂直溢出效应，将先进的管理经验与技术知识传递给下游制造业企业（Kugler，2006）。Fernandes 和 Paunov（2012）在对智利的研究中指出，服务部门是外资企业对下游制造业企业正向溢出的来源之一。

五、计量模型与数据说明

（一）计量模型

根据本文的研究目的与数据可获得性，基于 2000 ~ 2006 年的经验数据，通过投入产出关系将制造业企业的出口绩效与服务业开放联系起来，对服务业开放与制造业企业出口绩效的相关性展开研究。鉴于本文所使用的企业层面数据中同时包括出口企业与非出口企业，非出口企业的出口量为 0，且其他一些解释变量也存在非负的特性，故采用 Tobit 模型进行回归，构建以下计量模型：

$$\ln(Export_{fit}-1)=\alpha+\beta_1 openness\_\ service_{it}+\beta_2 age_{fit}+\beta X_{fit}+\mu_i+\mu_t+\mu_c+\varepsilon_{fit} \quad (1)$$

式中，下标 f、i、c、t 分别表示企业、行业、省份和年份；被解释变量 $Export_{fit}$ 表示第 t 年制造业行业 i 中企业 f 的出口值。由于企业的出口数据中有许多 0 值，故采用企业当年的出口值加 1 之后取自然对数来表示。

解释变量 $openness\_\ service_{it}$ 为根据制造业行业 i 在 t 年对服务中间投入的依赖程度测算的分行业服务业开放指数。借鉴 Arnold 等（2008）与 Bas（2014）的做法，具体的构建方法为：

$$opernnes\_\ sevice_{it}=\theta\cdot FPI_{j,t} \quad (2)$$

式中，θ 为根据 2002 年和 2007 年 122 个部门的投入产出表计算的服务业投入在制造业 i 的中间总投入中所占比重①。$FRI_{j,t}$ 为服务业 j 在 t 年的外商直接投资限

① 考虑到我国制造业企业中间投入结构的变化，本文应用 2002 年的投入产出表计算 2000 ~ 2003 年制造业行业的服务投入系数，应用 2007 年的投入产出表计算 2004 ~ 2006 年制造业行业的服务投入系数。

制指数（FDI Restrictiveness Index），本文根据 OECD“外商直接投资限制指数”指标体系计算得到。这一指标从外资比重、审批要求、关键员工，以及其他限制四个方面度量了一国某一行业对外商直接投资的限制程度，每种度量的得分在 0 到 1 之间（最高 1 分，表示完全禁止；最低 0 分，表示完全开放），四种度量的得分加总得到这一行业的外商直接投资限制指数，加总后的指数仍在 0 ~ 1 之间，这一指数越大，行业对外商直接投资的开放度越低。本文计算得到服务业总体以及交通运输业（包括道路运输、铁路运输、海运及航空运输）、批发与零售业、电信业、金融业（包括银行业与保险业）、商务服务业 5 类服务业行业的外商直接投资限制指数。

OECD 外资直接投资限制指数，共包括 8 类服务业行业：交通运输（包括陆运、海运及空运）、住宿餐饮、传媒、电信（固定通信、移动通信）、银行业、保险业、其他金融服务、商务服务（法律、会计与审计、建筑服务、工程服务）。由于我国传媒业一直未对外开放，所以在计算时将这一行业去掉，此外，住宿餐饮业属于生活性服务业，将这一行业去掉，增补批发与零售业。然后根据我国对服务业行业的划分将道路运输、铁路货运、航空货运、水上运输业划分到交通运输业，将批发业、零售业划分到批发零售业，将邮政业、信息传输服务业、计算机服务业划分到通信业，将银行业和保险业划分到金融业，与商务服务业一起组成 5 类服务业行业。利用投入产出表，对每类服务业中各子类服务业投入在每个制造业行业中间投入中占比进行加总，得到了 122 个制造业行业中 5 类服务业行业中间投入所占比重，再乘以 5 个服务业行业的外商直接投资限制指数，得到服务业外资开放程度 *openness_ service* 这一指标。按照工业企业数据库中企业所在行业的代码与投入产出表进行匹配，从而得到企业所在行业的服务业开放指数，由于这一指标为行业层面指标，而被解释变量为企业层面数据，本文在所有计量估计中进行了聚类处理，以矫正可能存在的异方差问题。

关于如何刻画一国服务业的开放水平，既有研究主要有两种思路。第一种为服务业开放结果的客观指标，如服务业外商直接投资流量（Duggan，2013）、服务业外商直接投资存量或服务业中外资企业从业人员数占比。第二种是对一国服务业对外开放政策的主观评价，如 Arnold 等（2016）编制的服务业改革指数，OECD 发布的外商直接投资限制指数（FRI）。与第一类指标相比，第二类指标覆盖范围更为广泛，且对于政策层面的指导意义也更为直接，故本文选用这类指标来度量我国服务业的对外开放程度。本文计算得到的各服务业部门与我国制造业企业出口之间的相关系数显示二者呈现显著的负相关关系，即服务业外商直接投资限制的降低，有助于我国制造业企业出口绩效的改善（见表 1）。当然基于相关系数所得的结论并不可靠，还有待计量回归结果的验证。

表 1　制造业企业出口绩效与服务业各行业对外开放指数的相关系数

	open_ service	*open_ transport*	*open_ finance*	*open_ disribution*	*open_ communicate*	*open_ business*
export	-0.0448***	-0.1370***	-0.0716***	-0.0197***	-0.0070***	0.0710***

注：*** 表示 1% 的统计显著性。

其他可能影响企业出口绩效的解释变量包括企业成立年限 *age*，为企业所在年份与成立年份之差的自然对数值；企业的规模 *size*，用企业当年总雇员数的自然对数来表示；企业的全要素生产率 *tfp*，用 OP 方法（樊纲等，2011）计算得到的企业全要素生产率的自然对数来表示；企业平均工资 *wage*，用企业当年应付工资总额除以从业人员数再取自然对数来表示，用这一变量来近似替代企业的劳动力素质；企业的人均资本 *pcc*，为企业总资产除以从业人员数再取自然对数；企业是否为外资企业 *foreign* 的二维虚拟变量；为了控制行业市场结构的影响，本文加入了行业的赫芬达尔指数 *hhi* 的自然对数来衡量一个行业的竞争水平；控制变量加入了樊纲等（2011）编制的中国市场化指数 *marketindex* 的自然对数，来度量地区层面的制度因素对企业出口的影响。为了使数据更具可比性，这里使用了以 2000 年为基期的居民消费指数对名义量进行平减处理。此外本文加入了省份、年份及行业固定效应，来控制一个地区或一个行业中不可观察的企业出口的影响因素。

（二）数据说明

本文研究所使用的样本数据通过将中国工业企业数据库与海关数据库匹配得到。采用 2000 ~ 2006 年中国工业企业数据库获取企业经营的相关信息。由于工业企业数据库与海关数据库采用不同的法人代码对企业进行识别，因此对两个数据库中的企业样本进行匹配。首先通过企业的法人名称与年份进行识别，如果两个数据库中的企业具有相同的法人名称，则认为这两个企业是同一企业。由此得到第一次匹配的结果，进一步利用数据库中其他字段信息进行识别，以提高两个数据库的匹配率。通过建立企业的法人名称、邮政编码、电话号码和地址信息对两个数据库中的企业样本进行人工识别，进一步排除相似度高但并不是同一企业的样本，得到最终的匹配数据。

此外，考虑到原始数据中的一些错误信息，本文对相关数据进行了如下处理：①剔除工业增加值、中间投入、工业总产值、雇佣人数、出口交货值、固定资产中任一项存在负值或缺失值的样本；②剔除企业年龄小于 0 的样本。

六、计量结果与稳健性检验

（一）估计结果

1. 基准回归

表 2 报告了服务业外资自由化对制造业企业出口绩效影响的基准估计结果。按照我国服务业开放的不同阶段，将全样本分为 2002 年以前与 2002 ~ 2006 年两个子样本进行估计，（1）~（3）列分别为全样本、2002 年以前、2002 ~ 2006 年的估计结果。

表 2 中，*openness_ service* 对企业出口的回归系数均显著为负。这一结果表明，服务业部门外资自由化程度越高，外商直接投资的限制水平越低，对制造业企业出口的促进作用越显著，且服务投入占比较高行业的企业受益越多。从服务业开放的阶段来看，2002 ~ 2006 年我国服务业扩大开放阶段，服务业外商直接投资限制的降低对企业出口的促进作用更为显著。

就其他控制变量而言：①企业全要素生产率的估计系数为正，且在 1% 的统计水平上显著，说明生产率高的企业出口更多，这一结果支持新新贸易理论的预测；②企业人均资本与平均工资的估计系数显著为负，可能是由于我国较多出口劳动密集型产品，相对于资本密集型产品，劳动密集型产品生产所需要的资本与高技能劳动力的水平较低；③企业规模对企业出口的回归系数显著为正，表明规模大的企业出口更多；④企业经营年限的估计系数显著为正，说明相比于新企业，经营年限较长的企业出口更多；⑤企业 R&D 投入的估计系数显著为正，说明在其他条件相同的情况下，研发投入的增加可以提高企业的出口；⑥在企业所有制变量方面，外资企业虚拟变量 *foreign* 的估计系数显著为正，说明与内资企业相比，外资企业的出口更多。

此外，企业的出口活动，也受到市场结构等外部因素的影响，因此本文分别考察了行业与地区因素对企业出口的影响。制造业企业所在行业的赫芬达尔指数 *hhi* 衡量了企业所在行业的市场结构与竞争程度，*hhi* 对企业出口的估计系数显著为负，说明一个行业的竞争程度越高，行业中的企业出口越多。本文还加入了各省份的市场化指数来控制地区层面的制度因素对企业出口的影响，市场化指数的估计系数显著为正，说明市场化程度越高的省份，企业出口越多。

表 2　基准估计结果

	(1)	(2)	(3)
	2000 ~ 2006 年	2000 ~ 2001 年	2002 ~ 2006 年
	ln*export*	ln*export*	ln*export*
ln*openness_ service*	-12.60 ***	-5.642 *	-13.47 *
	(-2.56)	(-1.89)	(-1.65)
ln*tfp*	3.310 ***	3.031 ***	3.411 ***
	(56.87)	(29.27)	(48.81)
ln*pcc*	-0.131 ***	-0.157 ***	-0.126 ***
	(-16.33)	(-10.73)	(-13.22)
ln*size*	0.605 ***	0.553 ***	0.623 ***
	(97.98)	(47.29)	(86.30)
ln*age*	0.0572 ***	-0.0114	0.0700 ***
	(8.06)	(-0.74)	(8.70)
ln*wage*	-0.0432 ***	0.00428	-0.0647 ***
	(-3.37)	(0.21)	(-3.95)
ln*RND*	0.00823 ***	0.0308 ***	0.00255
	(3.14)	(5.67)	(0.85)
ln*hhi*	-0.144 ***	-0.322	-0.0478
	(-4.43)	(-0.74)	(-0.84)
ln*marketindex*	0.307 **	-4.584	0.386
	(2.34)	(-1.67)	(1.41)
foreign	0.340 ***	0.298 ***	0.348 ***
	(27.80)	(12.77)	(24.43)

续表

	(1)	(2)	(3)
	2000~2006 年	2000~2001 年	2002~2006 年
	ln*export*	ln*export*	ln*export*
常数项	1.069***	0.986***	1.088***
	(212.34)	(107.21)	(183.06)
N	43546	10889	32657
固定效应	控制	控制	控制
Pseudo_ R^2	0.0375	0.0422	0.0365
Log likelihood	-12610.86	-31240.103	-94715.19

注：括号内为 t 值。*、**、*** 分别表示 10%、5% 和 1% 的统计显著性。

进一步地，我们分别考察了不同服务行业的外资自由化程度对企业出口的影响，估计结果报告在表 3 中。表 3 中（1）~（5）列分别报告了交通运输业、金融业、批发零售业、电信业、商务服务业的外资自由化程度对企业出口的影响。其中 *openness_ transport* 与 *openness_ communicate* 的估计系数显著为负，说明这些行业的对外开放程度越高，外商直接投资的限制越低，对制造业企业出口的促进作用越显著。就其他服务部门而言，金融业与商务服务业对企业出口没有显著的影响，而 *openness_ distribution* 的估计系数显著为正，说明批发与零售行业的对外开放不利于制造业企业的出口。

根据我国制造业企业的投入产出结构，交通运输服务要素在制造业企业中间投入中一直占据较大比重，故其市场结构的变化必然会对我国制造业企业产生影响。交通运输业对外开放有利于外资企业的进入，从而增强了市场中的竞争程度，降低了交通运输服务的市场价格，从而使企业的交通运输成本降低，这既有利于提高制造业企业在国内生产中的运输效率，也降低了企业出口过程中的成本，从而促进了企业出口。

Francois 等（2009）的研究指出，通信成本过高，会对国家间的双边贸易产生负向的影响，电信基础设施的改善则对国家间的双边贸易有促进作用。由此可见，电信行业市场开放，势必有利于降低我国电信服务的价格，促进我国对外贸易的发展。

表 3 服务业开放与企业出口：不同服务业行业

	(1)	(2)	(3)	(4)	(5)
	ln*export*	ln*export*	ln*export*	ln*export*	ln*export*
ln*openness_ transport*	-8.353***				
	(-3.81)				
ln*openness_ finance*		-0.735			
		(-0.24)			

续表

	(1)	(2)	(3)	(4)	(5)
	lnexport	lnexport	lnexport	lnexport	lnexport
lnopenness_ distribution			6.728*** (6.37)		
lnopenness_ communicate				-7.764*** (-3.36)	
lnopenness_ business					3.626 (1.56)
常数项	-6.968*** (-17.29)	-7.220*** (-18.17)	-7.315*** (-18.43)	-6.948*** (-17.09)	-7.251*** (-18.26)
N	50228	50228	50228	50228	50228
控制变量	控制	控制	控制	控制	控制
固定效应	控制	控制	控制	控制	控制
Pseudo_ R^2	0.1241	0.1240	0.1242	0.1241	0.1240
Log likelihood	-70327.538	-70337.007	-70316.491	-70330.215	-70335.79

注：括号内为t值。*、**、***分别表示10%、5%和1%的统计显著性。

2. 服务业外资自由化对制造业企业出口绩效的影响机制

（1）制造业企业生产能力。为了验证服务业外资自由化对制造业企业出口作用的生产能力效应，本文将企业全要素生产率作为被解释变量，构建以下计量方程：

$$\ln(TFP_{fit}) = \varphi + \gamma_1 openness\_\ serivce_{it} + \gamma_2 age_{fit} + \gamma X_{fit} + \mu_i + \mu_t + \mu_c + \varepsilon_{fit} \quad (3)$$

方程（3）的估计结果报告在表4中，表4中（1）~（3）列分别为控制了年份、行业与地区固定效应的估计结果，在控制了行业与地区固定效应后，服务业外资自由化对企业全要素生产率的估计系数为负，且在1%的统计水平上显著，说明服务业外资自由化程度越高，外商直接投资的限制越低，越有利于制造业企业生产效率的改善，这与既有研究得到的结论是一致的。而根据新新贸易理论，出口过程中的自选择效应，使得高生产率企业更多地参与到出口活动中。

表4　服务业开放对企业出口影响机制：生产能力效应

	(1)	(2)	(3)
	TFP	TFP	TFP
lnopenness_ service	0.250*** (3.32)	-3.260*** (-14.29)	-3.195*** (-14.05)
常数项	4.930*** (163.07)	5.286*** (107.15)	5.081*** (69.53)
N	48131	48131	48131

续表

	(1)	(2)	(3)
	TFP	TFP	TFP
控制变量	控制	控制	控制
年份固定效应	yes	yes	yes
地区固定效应	no	yes	yes
行业固定效应	no	no	yes
Pseudo_ R^2	-0.0128	-0.1662	-0.1707
Log likelihood	74351.62	85616.636	85946.25

注：括号内为t值。*、**、***分别表示10%、5%和1%的统计显著性。

（2）质量升级效应与产品种类效应。为了考察服务业外资自由化对制造业企业出口的质量升级效应与产品种类效应，本文将出口企业的出口目的国数量、出口产品种类与出口产品品质作为被解释变量进行计量估计。其中产品品质由出口产品单位价值量的自然对数值来表示，估计结果如表5所示。表5中服务业开放度对出口产品种类数以及出口产品品质的估计系数均为负，且均在1%的统计水平上显著，说明服务业开放度的提高，对出口产品种类与产品品质的提高均具有正向的影响。但是服务业外资自由化对企业出口目的国数量的影响并不显著。

一方面，更高效的中间投入品，使得企业可以将更多的人力物力投入到产品的生产与研发过程中，从而提高出口产品的种类与品质。外资企业的进入，丰富了下游企业可使用的服务投入的种类与品质，中间投入要素的丰富与质量提升亦有利于出口产品种类与出口产品品质的提高。另一方面，通过行业间的正向垂直溢出效应，外资服务业企业将先进的管理经验与技术知识传递给下游制造业企业，使得制造业企业可以生产并出口更多种类与品质更高的产品。

表5 服务业开放对制造业企业出口的影响机制：质量升级效应与产品种类效应

	(1)	(2)	(3)
	出口目的国数	出口产品种类	出口产品品质
ln*openness_ service*	0.153	-1.696***	-5.135***
	(0.54)	(-42.54)	(-5.63)
常数项	5.083***	-5.882***	-11.39***
	(14.83)	(-1202.07)	(-7.32)
控制变量	控制	控制	控制
固定效应	控制	控制	控制
N	6756	6756	6007
Pseudo_ R^2	0.0762	0.0200	0.0306
Log likelihood	-8125.2849	-6743.0475	-11925.002

注：括号内为t值。*、**、***分别表示10%、5%和1%的统计显著性。

3. 服务业外资自由化对制造业企业出口影响的异质性

服务业外资自由化的效果对于企业各方面异质性的反应非常敏感。要对服务业对外开放的微观经济影响进行细致的分析，必须建立在对企业异质性进行细致捕捉的基础上。前文的分析证明，外商直接投资限制的降低有利于促进下游制造业企业的出口。那么这种促进作用是否会因制造业企业的异质性而发生变化？为了回答这一问题，本文从企业生产率、要素投入密集度与地区差异三个方面考察服务业外资自由化对企业出口促进作用的异质性。估计结果分别报告在表6～表8中。

为了考察服务业外资自由化对企业出口的促进作用是否因为制造业企业的生产率差异而发生变化，我们将全样本按照制造业企业的初始全要素生产率分成生产率最低的25%、生产率最高的25%以及中间企业三个子样本，对计量方程（1）进行回归，估计结果报告在表6中。表6中（1）～（3）列服务业开放度对不同子样本企业出口的估计系数均显著为负，说明服务业开放对不同生产率的企业均具有出口促进作用。进一步比较估计系数绝对值的大小可以发现，这种促进作用对于生产率较高的企业作用效果更为显著，这说明服务业外资自由化水平的提高使得更多高生产率企业可以进入到出口市场中，改善了我国制造业市场配置效率。

表6　服务业开放对企业出口影响的异质性：企业生产率差异

	(1)	(2)	(3)
	Bottom25%	Middle	Top25%
	ln*export*	ln*export*	ln*export*
ln*openness_ service*	−11.68***	−12.79***	−13.46***
	(−4.76)	(−11.11)	(−4.79)
常数项	−9.180**	−10.79***	−1.904
	(−2.51)	(−7.26)	(−0.50)
控制变量	控制	控制	控制
固定效应	控制	控制	控制
N	11727	27546	10444
Pseudo_ R^2	0.0433	0.0394	0.0542
Log likelihood	−30423.197	−113952.28	−27098.563

注：括号内为t值。*、**、***分别表示10%、5%和1%的统计显著性。

根据要素投入结构，本文将全部制造业企业分为劳动密集型、资本密集型和技术密集型三类子样本，分别进行回归分析，估计结果报告在表7中。表7中（1）～（3）列分别为对劳动密集型、资本密集型和技术密集型三类子样本分别回归的估计结果，服务业外资自由化对资本密集型产品生产企业和技术密集型生产企业两类子样本的估计系数显著为负，而对劳动密集型企业出口的估计系数显著为正，表明与劳动密集型生产企业相比，服务业外资自由化对资本密集型和技术密集型生产企业的出口促进作用更显著。这一结果说明，服务业开放不仅能够促进我国制造业企业的出口，亦有利于我国出口产品结构的改善。

表7　服务业开放对制造业企业影响的异质性：要素结构差异

	(1)	(2)	(3)
	劳动密集型	资本密集型	技术密集型
	ln*export*	ln*export*	ln*export*
ln*service*_ *FRI*	31.71***	-8.548**	-43.95***
	(4.79)	(-2.46)	(-7.41)
常数项	-6.493***	3.730	4.758***
	(-4.38)	(1.47)	(2.64)
N	18720	11496	13683
控制变量	控制	控制	控制
固定效应	控制	控制	控制
Pseudo_ R^2	0.0348	0.0351	0.0444
Log likelihood	-55012.449	-35628.882	-35235.008

注：括号内为t值。*、**、***分别表示10%、5%和1%的统计显著性。

为了考察服务业开放对不同地区企业出口的影响是否具有差异性，本文将所有企业划分为东、中和西部三个地区，进行分样本回归，东部地区包括：北京、天津、河北、辽宁、上海、江苏、浙江、福建、山东、广东、海南；中部地区包括：山西、内蒙古、吉林、黑龙江、安徽、江西、河南、湖北、湖南；西部地区包括：广西、重庆、四川、贵州、云南、西藏、陕西、甘肃、青海、宁夏、新疆。估计结果报告在表8中。从表8的估计结果可以发现，服务业开放对不同地区企业出口的影响呈现出明显的差异。

与中西部地区相比，服务业开放对东部企业出口的促进作用更为显著。这是由于一方面本文样本中的多数企业位于东部地区，另一方面东部地区的服务业开放程度要高于中西部地区。仅从产业发展来看，中西部地区第三产业发展水平虽然有所提高，但总规模量仍然偏小，比重较低，与东部地区存在较大差距。特别是西部地区，服务业仍以生活性服务业和低端生产性服务业为主。从服务业对外开放来看，东部地区也是优势明显，从我国试点服务业开放开始，东部地区即为我国服务业开放的重点地区，东部地区服务业开放的时间较长，且关于服务业发展的各项政策也更为成熟，因此东部地区的制造业企业从服务业外资自由化中获益最多。

表8　服务业开放对制造业企业影响的异质性：地区差异

	(1)	(2)	(3)
	东部	中部	西部
	ln*export*	ln*export*	ln*export*
ln*openness*_ *service*	-9.432*	-32.32	-40.15
	(-1.81)	(-1.06)	(-1.19)

续表

	(1)	(2)	(3)
	东部	中部	西部
	ln*export*	ln*export*	ln*export*
常数项	-2.714 (-1.37)	-11.78 (-1.27)	12.20 (1.06)
N	38647	3148	1751
控制变量	控制	控制	控制
固定效应	控制	控制	控制
Pseudo_ R^2	0.0487	0.0365	0.0372
Log likelihood	-101401.47	-7750.4788	-4137.4472

注：括号内为 t 值。*、**、*** 分别表示 10%、5% 和 1% 的统计显著性。

（二）稳健性检验

在本文计算的各服务行业外资自由化指数中，使用了服务业的外商直接投资限制指数（FRI）以及根据我国制造业企业的投入产出表计算的各制造业行业服务投入在总投入中的占比。制造业行业的绩效水平可能会影响服务业投入占比，在这种情况下，我们计算的服务业开放度指数可能具有内生性。例如，如果规模较大、生产率较高的行业更多地使用交通运输、电信等生产性服务，那么不同行业对外开放度指数的差异可能反映的仅仅是制造业行业规模与生产率的差异。产生这种潜在内生性的原因在于一个行业的服务投入系数会受到国内政策的影响。为了解决这一潜在的内生性问题，本文分别应用美国、OECD 国家及印度 2002 年的投入产出表重新计算服务业外资自由化指数，估计结果报告在表 9 中的（1）～（3）列。表 9 中服务业外资自由化对制造业企业出口的估计系数显著为负，表明本文得到的基本结论是稳健的，即服务业外资自由化有助于我国制造业企业出口绩效的改善。

表 9　稳健性检验：应用不同国家投入产出表估计结果

	(1)	(2)	(3)
	ln*export*	ln*export*	ln*export*
ln*openness_ service*	-0.911*** (-4.22)	-10.04*** (-4.24)	-2.933*** (-4.23)
常数项	-14.92*** (-14.72)	-0.434 (-1.20)	-0.425 (-1.17)
控制变量	控制	控制	控制
固定效应	控制	控制	控制
N	49207	49207	49207
Pseudo_ R^2	0.0288	0.0339	0.0339
Log likelihood	-129947.68	-129271.49	-129271.33

注：括号内为 t 值。*、**、*** 分别表示 10%、5% 和 1% 的统计显著性。

七、结论与政策建议

本文利用2000~2006年中国工业企业数据库与海关数据库的匹配数据，基于上游服务行业与下游制造行业间的投入产出关系，就服务业外商直接投资限制的降低对我国制造业企业出口绩效的影响进行实证研究。实证研究结果显示：①服务业总体对外开放水平的提高，服务业对外商直接投资限制水平的降低有利于促进我国制造业企业的出口。②从细分的服务业来看，与生活性服务业相比，生产性服务业外商直接投资限制的降低，对制造业企业出口的促进作用更为显著，交通运输业与电信业的对外开放有利于我国制造业企业出口的增加。③从影响机制来看，服务业对外开放通过提高制造业企业的生产能力效应、质量升级与产品种类效应促进了我国制业造业企业的出口。④服务业外资自由化对制造业企业的出口促进作用具有异质性，与生产率较低的企业相比，高生产率企业从中获益更多，这说明服务业外资自由化水平的提高，改善了我国制造业的资源配置效率；从产品要素密集度来看，服务业开放对资本密集型产品与技术密集型产品出口的作用更为显著；从地区差异来看，开放程度较高的东部地区，服务业外资自由化促进了制造业企业的出口，但是这一福利并未惠及中西部地区。

以上结论对我国在“新常态”下的经济结构调整与开放具有政策启示。服务业对外开放是提升我国服务业素质和国际竞争力的必由之路。服务业将是我国下一步对外开放的重中之重。有鉴于此，第一，扩大服务业开放力度，按照准入前国民待遇加负面清单的管理模式，更大力度地放宽服务业的准入和投资限制，实现服务要素在全国、全球范围内的互联互通，提高服务业资源的配置效率。第二，从行业选择来看，要给予高端服务业，特别是生产性服务业更多的政策扶持，着力推进金融、电信、商务服务、教育、医疗、文化等领域的对外开放。第三，从区域分布来看，要扩大中西部地区的服务业开放力度，一方面，加强当地对外资服务业企业的招商引资力度，通过财政税收政策引导外资服务业企业进入中西部地区；另一方面，要降低我国区域间服务贸易壁垒，消除市场分割，使得东部地区服务业开放的福利可以通过地区间溢出效应惠及中西部地区。第四，增强我国服务业企业自身竞争力，提高服务业整体生产率水平，从而更好地促进我国制造业转型升级。

参考文献

［1］孙浦阳，蒋为，陈惟．外资自由化、技术距离与中国企业出口——基于上下游产业关联视角［J］．管理世界，2015，266（11）：53－69.

［2］汤毅，尹翔硕．贸易自由化、异质性企业与全要素生产率——基于我国制造业企业层面的实证研究［J］．财贸经济，2014（11）：79－88.

［3］余淼杰．中国的贸易自由化与制造业企业生产率［J］．经济研究，2010（12）：97－110.

［4］Arnold J M，Javorcik B，Mattoo A. Does Services Liberalization Benefit Manufacturing Firms? Evidence from the Czech Republic［J］. Journal of International Economics，2011，85（1）：136－146.

［5］Duggan V. Service Sector Reform and Manufacturing Productivity：Evidence from Indonesia［J］. Policy Research Working Paper，2013.

［6］Arnold J M，Javorcik B，Lipscomb M，and Mattoo A. Services Reform and Manufacturing Performance：Evidence from India［J］. Economic Journal，2016，126（590）：1－39.

［7］Bas M. Does Services Liberalization Affect Manufacturing Firms' Export Performance? Evidence from India［J］. Journal of Comparative Economics，

2014, 42 (3): 569 - 589.

[8] Bas M, Causa O. Trade and Product Market Policies in Upstream Sectors and Productivity in Downstream Sectors: Firm - level Evidence from China [J]. Journal of Comparative Economics, 2012, 41 (3): 843 - 862.

[9] 张艳, 唐宜红, 周默涵. 服务贸易自由化是否提高了制造业企业生产效率 [J]. 世界经济, 2013 (11): 51 - 71.

[10] 周念利. 中国服务业改革对制造业微观生产效率的影响测度及异质性考察——基于服务中间投入的视角 [J]. 金融研究, 2014 (9): 84 - 98.

[11] 熊凤琴. 生产者服务贸易自由化对我国商品出口的影响分析 [J]. 南京财经大学学报, 2010 (4): 26 - 31.

[12] 于诚, 蒋中煜, 黄益新. 跨国服务外包对中国制造业就业市场影响的实证研究 [J]. 南京财经大学学报, 2016 (1): 25 - 34.

[13] Markusen J R. Trade in Producer Services and in Other Specialized Intermediate Inputs [J]. American Economic Review, 1989, 79 (1): 85 - 95.

[14] Markusen J, Rutherford T F, Tarr D. Trade and Direct Investment in Producer Services and the Domestic Market for Expertise [J]. Canadian Journal of Economics/revue Canadienne Déconomique, 2005, 38 (3): 758 - 777.

[15] Mattoo A, Subramanian A. Measuring Services Trade Liberalization and its Impact on Economic Growth: An Illustration [J]. Journal of Economic Integration, 2006, 21 (2655): 64 - 98.

[16] Robinson S, Wang Z, Martin W. Capturing the Implications of Services Trade Liberalization [J]. Economic Systems Research, 2002, 14 (1): 3 - 33.

[17] Eschenbach F, Hoekman B. Services Policy Reform and Economic Growth in Transition Economies, 1990 - 2004 [J]. Review of World Economics, 2006, 142 (4): 746 - 764.

[18] Fink C, Mattoo A, Rathindran R. An Assessment of Telecommunications Reform in Developing Countries [J]. Information Economics and Policy, 2003, 15 (4): 443 - 466.

[19] 李眺. 服务业开放与我国服务业的生产效率研究——基于特定服务业的面板数据分析 [J]. 产业经济研究, 2016 (3): 102 - 110.

[20] Beverelli C, Fiorini M, Hoekman B. Services Trade Policy and Manufacturing Productivity: The Role of Institutions [J]. Journal of International Economics, 2017 (104): 166 - 182.

[21] 陈丽娴, 沈鸿, 魏作磊. 服务业开放提高了经济增加值率吗——基于产业集聚视角的门槛回归分析 [J]. 国际贸易问题, 2016 (10): 85 - 95.

[22] Arnold J M, Mattoo A, Narciso G. Services Inputs and Firm Productivity in Sub - Saharan Africa: Evidence from Firm - Level Data [J]. Journal of African Economies, 2008, 17 (4): 578 - 599.

[23] Fernandes A M, Paunov C. Foreign Direct Investment in Services and Manufacturing Productivity: Evidence for Chile [J]. Journal of Development Economics, 2012, 97 (2): 305 - 321.

[24] Fink C, Mattoo A, Neagu I C. Assessing the Impact of Communication Costs on International Trade [J]. Journal of International Economics, 2005, 67 (2): 428 - 445.

[25] Francois J, Manchin M, Pelkmans - Balaoing A. Regional Integration in Asia: The Role of Infrastructure [M]. Pan - Asian Integration. 2009.

[26] 武力超, 张馨月, 候欣裕. 生产性服务业自由化对微观企业出口的机制研究与实证考察 [J]. 财贸经济, 2016 (4): 101 - 115.

[27] Konan D E, Maskus K E. Quantifying the impact of services liberalization in a developing country [J]. Journal of Development Economics, 2006, 81 (1): 142 - 162.

[28] Hoekman B, Mattoo A. Services Trade and Growth [J]. International Journal of Services Technology and Management, 2008, 17 (2): 191 - 199.

[29] 韩玉军, 王丽, 撒莉. 服务业 FDI 对出口技术复杂度的影响研究——基于 OECD 国家和中国的经验数据考察 [J]. 国际商务 (对外经济贸易大学学报), 2016 (3): 54 - 64.

[30] Kugler M. Spillovers from Foreign Direct In-

vestment: Within or between Industries? [J]. Journal of Development Economics, 2006, 80 (2): 444 - 477.

[31] Olley S, Pakes A. The Dynamics of Productivity in the Telecommunications Equipment Industry [J]. Econometrica, 1996, 64 (6): 1263 - 1297.

[32] 樊纲，王小鲁，朱恒鹏．中国市场化指数・各省区市场化相对进程2011年度报告 [M]. 北京：经济科学出版社，2011.

□ Service FDI Liberalization and Chinese Manufacturing Firms' Export Performance

—From the Perspective of Input - Output Relation

Zhou Xiaoxue

Abstract: This paper links the service industry openness and Chinese manufacturing firms' export performance through the input - output relation between the upstream service industry and downstream manufacturing industry and discusses the effect of service industry openness on downstream firms' export and its mechanisms. We construct the service industry openness index using the system of OECD FRI (FDI Restrictiveness Index) indicator and investigate the impact empirically using the matched data of China's industrial enterprise database and the customs database during 2000 - 2006. The research results show that service FDI liberalization has a positive impact on Chinese manufacturing firms' export performance. In terms of mechanism, the liberalization of FDI in the service sector promotes the export performance through the production capacity effect, the quality upgrading effect and the product category effect. But the promoting effect is different for different firms. In terms of production efficiency, the high - productivity manufacturing firms benefit more than low - productivity manufacturing firms. In terms of factor structure, the capital - intensive and technology - intensive industry benefit more than labor - intensive industry. In terms of geographical distribution, the firms located in eastern region benefit more than the firms located in central or western region.

Key Words: Service FDI Liberalization; Input - output; Manufacturing Firms; Productivity; Export Quantity; Export Quality

□ 货物贸易、服务贸易与二三产业间劳动生产率差异*

——基于平滑转换回归模型（STR）的实证分析

李芳芳

摘　要：后工业化时期的到来，使服务业在国民生产总值中越来越占据举足轻重的地位。其效率的高低在“新常态”经济下显得尤为重要。从发达国家经验来看，二三产业的劳动生产率存在明显的趋同趋势。而我国第三产业和第二产业的劳动生产率比值近几年一直在0.6左右，即相对于第二产业来说，服务业的劳动生产率偏低。二三产业在最终产品形态上存在的明显差异直接导致了货物贸易和服务贸易的不同，这种不同是否会是二三产业劳动生产率差异产生的原因之一？本文在建立李嘉图连续统理论模型基础上，利用平滑转换自回归模型（STR）来对上述问题进行检验和阐释。研究结果表明，货物贸易差额、服务贸易差额均在不同程度上对二三产业劳动生产率差异产生了影响。服务业可贸易程度的提高、服务贸易长期逆差现象的改善对于服务业劳动生产率的提高有着深远的意义。

关键词：货物贸易；服务贸易；劳动生产率；STR 模型

一、引言

随着生产要素的越来越稀缺，资本、劳动力等生产要素对经济增长的贡献份额不断下降，依靠投入数量的增长来推动经济增长的方式已经过时，科学技术水平的不断提高使集约型经济增长方式逐渐成为主流，要素生产率的提高成为带动经济增长的主要源泉。而在所有的生产要素中，劳动投入自始至终都是焦点所在，劳动生产率是衡量一个国家生产力水平和经济增长效率的核心指标，是生产率序列中最基本的因素。随着时间的推移，各经济部门的劳动生产率不断发生变化，产业间劳动生产率的差异，推动着劳动力在产业间的转移，引致资源在产业间的配置，从而影响产业

基金项目：国家自然科学基金应急项目：“十三五”时期我国经济社会发展若干重大问题的政策研究（71441031）；国家社会科学基金青年项目：政府行为与中国经济增长：比较经济发展视角的解读（12CJL027）。

作者简介：李芳芳，中国社会科学院工业经济研究所博士后，任职于北京林业大学经济管理学院，研究方向为产业经济、“一带一路”贸易与投资。

* 本文曾刊登于《经济评论》2016 年第 3 期。

结构的升级及经济的可持续发展。

从发达国家的经验来看，第三产业和第二产业的劳动生产率比值都在1左右，即第三产业劳动生产率和第二产业劳动生产率存在着明显的趋同趋势，而对于我国来讲，第三产业和第二产业的劳动生产率比值近几年一直在0.6左右，即二三产业间劳动生产率存在着明显的差异，这与发达国家的状态截然相反。相对于第二产业来说，我国服务业的劳动生产率偏低，服务业规模的扩张是在效率较低的状态下运行的，而这种状态会造成我国服务业发展状态的扭曲及空壳现象的出现，服务业发展不健康。后工业化时期的到来，使服务业在国民生产总值中越来越占据举足轻重的地位，服务业增长效率的低下影响的不单单是服务业部门，而是一个国家总体的经济增长水平。那么是何种因素影响二三产业劳动生产率之间存在的这种差异？对这个问题的回答将为服务业劳动生产率的提高提供思路和方法。

劳动生产率指标中蕴含着丰富的经济信息，对劳动生产率指标进行各种形式的分解，以此来分析各个分解出来的指标对劳动生产率的影响，是研究劳动生产率影响因素最主要的方法，相关分解方法主要有：①以增长核算法为基础。根据Solow的增长核算方法，OECD统计局将劳动生产率的变动分解为人均资本的变动和全要素生产率的变动。②以数据包络分析或前沿生产理论为基础。以Nordhaus（2001）、Kumar和Rusell（2002）等为主要代表的一组研究借助DEA或SFA来估计生产前沿，将劳动生产率的变化分解为3~4个部分，之后运用核密度估计或趋同测试来分析这几部分对劳动生产率变化所产生的影响及其大小，在国内这种方法也一直被延续并逐渐成为主流。高帆（2007）、邬民乐（2009）利用指数方法，沿用Nordhaus的分解方法，将劳动生产率的变动分解为纯生产率效应（初始产出或投入份额不变情况下提高各产业劳动生产率对全社会平均劳动生产率的贡献）、丹尼森效应（各产业生产率不变情况下，仅由要素流动或投入权重变动所引起的生产率变化）、鲍默效应（各产业生产率变化和期初产出或投入份额变动所产生的交互影响对整体劳动生产率的作用效果），对改革以来我国劳动生产率的增长因素进行分析，并认为我国劳动生产率增长主要来自纯生产率效应，劳动配置结构变化的贡献度较小。杨文举（2006）沿用Kumar和Rusell的分解方法，将劳动生产率的变化解释为技术效率、技术进步和资本深化三个方面。梁俊（2012）将劳动生产率的变化分为技术效率、技术进步、资本深化和人力资本积累四个部分，并利用2000~2009年我国17个高技术产业的数据得到技术效率、技术进步及人力资本积累促进了高技术产业劳动生产率的提高，而资本深化则对劳动生产率的提高产生障碍。③以偏离—份额法为基础。Esteban（2000）首先提出，可以用该方法来分析劳动生产率的变动，并将其分解为产业结构效应、纯生产率效应和配置效应等。之后李小平（2008）、曲玥（2010）、赖永剑（2011）都用该方法对制造业或地区劳动生产率的影响因素进行了分析。④运用空间关联统计或空间计量。这些文献主要从空间集聚经济角度来探讨劳动生产率的空间差异，如Ciccone和Hall（1996）、Meijers和Burger（2009）、刘修岩（2009）、袁富华（2011）、柯蓉和秦莉（2013）等。纵观这些对劳动生产率影响因素的研究，以制造业为研究对象的文献占了很大比例，而对服务业劳动生产率的研究则相对较少，对二三产业间劳动生产率差异的关注则更少。

众所周知，二三产业在最终产品形态上存在着明显的差异，即第二产业的产品易于储藏，具有耐用品（Durable Goods）的特性，而第三产业的产品是即时消费的，往往无法积累。现有文献的缺陷在于，服务业和制造业劳动生产率影响因素的研究使用了相同的分析方法，忽视了二三产业在产出方面的这种异质性。而值得注意的是，也正是这种异质性造就了二三产业可贸易程度的不同，在通常情况下，人们会将第二产业界定为可贸易部门，而将第三产业界定为不可贸易部门，随着服务业可贸易程度的增加，可贸易部门和不可贸易部门的差异逐渐转变为货物贸易和服务贸易之间的差异。据此，本文的贡献在于，考虑二三产业在最终产品形态上的异质性，从货物贸易和服务贸易的不同对二三产业劳动生产率差异的影响这个视角来探究服务业劳动生产率低下的原因。

二、模型及数据说明

本文借鉴周燕和黄建忠（2009）所采用的两国开放经济的李嘉图连续统模型，并对其进行相应形式的变形，来分析货物贸易、服务贸易与两部门劳动生产率差异之间的关系。

（一）若服务不可贸易

假设有两个国家 A（一般为发展中国家）和 B（一般为发达国家），两个国家都只使用劳动力这一种生产要素生产两类产品：n 种制成品 $X_i(i=1, \cdots, n)$ 和一种服务品 X_θ。按照数量从少到多排序，制成品在 A 国的单位劳动投入依次为（a_1，a_2，…，a_n），服务品为 a_θ，在 B 国的单位劳动投入依次为（$a_1{}^*$，$a_2{}^*$，…，$a_n{}^*$），服务品为 $a_\theta{}^*$。生产符合规模报酬不变，且相对于制成品的生产，服务品的生产工艺更为复杂（*Melvin*，1989），两国参与生产的劳动力数量分别为 L、L^*；两个国家消费者偏好基本相同，且效用函数满足：$U = X_\theta^\theta \prod_i^x X_i^{\alpha_i}$。

$$\omega = A(\tilde{z}) \tag{1}$$

令 A 国在本国制成品上的支出份额为 $v(\tilde{z})$，在 B 国生产的制成品上的支出份额为 $v^*(\tilde{z})$，可以得到如下两个等式：

$$v(\tilde{z}) = \int_0^x b(z) d_z \tag{2}$$

$$v^*(\tilde{z}) = \int_x^1 b(z) dz = 1 - \theta - \int_0^x b(z) dz = 1 - \theta - v(z) \tag{3}$$

贸易平衡要求式（4）成立：

$$wL \times (1-\theta) = v(\tilde{z}) \times (wL + w \times L^*) \tag{4}$$

结合式（1）有：

$$\omega = \frac{v(\tilde{z}) \times L^*}{(1-\theta)L - v(\tilde{z})L} = \frac{v(\tilde{z})}{(1-\theta) - v(\tilde{z})} \times \frac{L^*}{L} = B\left(\tilde{z}, \frac{L^*}{L}\right) \tag{5}$$

即在开放经济下，均衡工资和临界产品由 $A(\tilde{z})$ 和 $B\left(\tilde{z}, \frac{L^*}{L}\right)$ 两者来决定。而在这个均衡过程中，A 国制成品部门和服务品部门劳动生产率快于 B 国、慢于 B 国抑或与 B 国同比例提高，两者从制成品贸易中获利都有所不同，由于本节的最终目的是要得出本文所使用的计量模型，因此针对均衡结果的讨论在此不再赘述。

（二）若服务完全可贸易

若服务品成为可以自由贸易的对象，且假定 B 国服务品的劳动生产率比 A 国要高，具有潜在的比较优势，那么各国制成品支出份额仍然满足式（2）和式（3）。

贸易平衡要求式（6）成立：

$$wL = v(\tilde{z})(1-\theta) \times (wL + w^* L^*) \tag{6}$$

结合式（1）有：

$$\omega=\frac{v(\tilde{z})(1-\theta)\times L^*}{L-v(\tilde{z})(1-\theta)\times L}$$

$$=\frac{v(\tilde{z})(1-\theta)}{1-v(\tilde{z})(1-\theta)}\times\frac{L^*}{L}$$

$$=B\left(\tilde{z},\ \frac{L^*}{L}\right) \tag{7}$$

此时，均衡工资和临界产品同样由 $A(\tilde{z})$和$B\left(\tilde{z},\ \frac{L^*}{L}\right)$两者来决定。

（三）计量模型

以上两种情况都是比较极端的，由于服务业可贸易程度较低，因此在通常情况下，服务品中只有一定的比重可以进入到两个国家的贸易中，我们设这个比重为β，且$\beta\sim(0,\ \theta)$。结合式（5）和式（7）有：

$$\omega=\frac{v(\tilde{z})(1+\beta-\theta)\times L^*}{L-v(\tilde{z})(1+\beta-\theta)\times L}$$

$$=\frac{v(\tilde{z})(1+\beta-\theta)}{1-v(\tilde{z})(1+\beta-\theta)}\times\frac{L^*}{L}$$

$$=B\left(\tilde{z},\ \frac{L^*}{L}\right) \tag{8}$$

当服务业完全不可贸易时，$\beta=0$，得到式（5），当服务业逐渐进入国际贸易时，β逐渐从0趋向于θ，最终得到式（7），式（8）反映了相对工资与制造业比较优势大小、服务业可贸易程度及劳动力相对数量之间的关系。

本文选取A国（一般为发展中国家）为我国，选取B国（一般为发达国家）为美国，针对式（8）进行模型检验，检验模型如下：

$$dif=\alpha+\beta_1 bopm+\beta_2 bops+\beta_2 rw+\varepsilon \tag{9}$$

其中，*bopm*是指中国对美国货物贸易差额，即中国对美国的货物贸易出口减去中国对美国的货物贸易进口，用公式表示为：$bopm=CUgexport-CUgimport$，*bops*是指中国对美国的服务贸易差额，即中国对美国的服务贸易出口减去中国对美国的服务贸易进口，用公式表示为：$bops=CUsexport-CUsimport$，*dif*是指中—美相对劳动生产率的差异，即$dif=Crpl/Urpl$，*rw*是指中—美相对工资水平，即$rw=Cwage/Uwage$。在这里需要特别说明的是，在计算中—美相对劳动生产率变化差异（*dif*）时，我们采用两个国家第二产业和第三产业的劳动生产率比值来代表相对劳动生产率（*Crpl*、*Urpl*），由于对美国来讲，第二产业和第三产业的劳动生产率趋同，因此相对劳动生产率为1，即$Urpl=1$，因此$dif\approx Crpl$，这意味着，计量模型不仅反映出各国劳动生产率不同变动率与货物贸易、服务贸易差额的关系，同时也反映了我国二三产业劳动生产率差异与货物贸易、服务贸易差额之间的关系，而这也是本文之所以选取美国作为发达国家代表的原因。

接下来，本文采用平滑转换回归模型（STR）来检验各个自变量对因变量的影响。同马尔科夫区制转换模型类似，STR模型也是可以考虑不同形式的机制转换行为的模型，但马尔科夫暗含了这样一个假定，即时间序列的变动是在几种机制之间跳跃，且这种跳跃是离散型的，但在实际生活中，有一些机制的转换会呈现出连续且逐渐变化的状态，而这正是平滑转换模型的最主要特征。标准的STR模型为：

$$y=\phi' z_t+\delta' z_t G(\gamma,\ c,\ s_t)+u_t=\{\phi'+\delta' G(\gamma,\ c,\ s_t)\}z_t+u_t \tag{10}$$

其中，s_t是过渡变量，$G(\gamma,\ c,\ s_t)$是关于过渡变量s_t的连续有界函数。γ是斜率参数，它控制区制过渡的形态。$c=(c_1,\ \cdots c_2,\ \cdots,\ c_K)'$是位置参数，是区制过渡的临界值。STR模型通常分为Logistic模型和指数型两种，根据分析问题的类型，本文选用Logistic模型，其过渡函数的形式为：

$$G(\gamma, c, s_t) = (1 + \exp\{-\gamma \prod_{k=1}^{K} (s_t - c_k)\})^{-1} \quad (11)$$

模型的检验过程分为线性检验（即考察所要分析的问题适不适合做 STR 模型）、STR 模型类型的选择（通常分为 LSTR1 和 LSTR2 两种类型）、参数估计及模型诊断（包含自相关、正态性和异方差性检验等）四个步骤，整个检验过程利用 EViews 和 JMulTi 软件来实现。

（四）数据说明

本文利用 1999 年第一季度至 2013 年第四季度中国对美国服务贸易差额（亿美元）、货物贸易差额（亿美元）、相对工资水平（美元）及我国相对劳动生产率（%）的季度数据来分别计量变量 *bops*、*bopm*、*rw* 及 *dif*，其中中国对美国服务业贸易差额、货物贸易差额数据来源于美国经济分析局，美国工资水平数据来源于 OECD. STAT 统计数据库，中国工资水平根据单位从业人员劳动报酬和单位从业人数计算而得，相关数据来源于 Wind 资讯，其以人民币计价，我们利用历年中国对美国的汇率水平将人民币核算为美元，历年中国对美国的汇率水平数据也来自《中国统计年鉴》(2014)。另外在计算我国相对劳动生产率季度数据时，二三产业产值季度数据来源于国家统计局网站，由于二三产业就业人数季度数据缺失，我们假定就业结构在一年之中稳定，先利用二三产业就业的年度数据来计算各年的就业结构，然后利用单位从业人数的季度数据，推算出二三产业就业人数的季度数据。我们先将数据进行描述，结果如表 1 所示。

三、实证结果及分析

（一）数据平稳性检验

将 *bops*、*bopm*、*dif*、*bops* 四个变量做统一处理之后取自然对数，并对对数值做季节性调整，检验各变量的平稳性，结果如表 2 所示。

表 1　主要变量的数据统计特征

变量名称	均值	标准差	最大值	最小值	观察值
bops	-16.12967	18.90611	0.250000	-64.39000	60
bopm	503.2232	219.3198	817.9800	163.0200	60
rw	1.664379	1.192397	5.878610	0.425022	60
dif	0.735158	0.060835	0.849216	0.630208	60

资料来源：EViews 输出结果。

表 2　平稳性检验结果

变量		ADF 检验统计量	T - Statistic	临界值	结论
原序列	ln*bops*	-1.998562	-2.594027（10%）	0.2867	不平稳
	ln*bopm*_ *sa*	-1.897886	-2.594027（10%）	0.3311	不平稳
	ln*rw*_ *sa*	3.014061	-3.178578（10%）	1.0000	不平稳
	ln*dif*	-0.416602	-2.596116（1%）	0.8986	不平稳

续表

变量		ADF 检验统计量	T - Statistic	临界值	结论
一阶差分	Δln*bops*	-14.02098	-3.548208（1%）	0.0000	平稳
	Δln*bopm*_ *sa*	-4.358684	-3.548208（1%）	0.0009	平稳
	Δln*rw*_ *sa*	-3.728613	-3.498692（5%）	0.0291	平稳
	Δln*dif*	-3.925118	-3.557472（1%）	0.0035	平稳

资料来源：EViews 输出结果。

平稳性检验的结果显示，原序列的差分序列都是平稳序列，几个变量都是同阶单整序列。

（二）Granger **因果关系检验**

为了检验计量模型的正确性并更好地揭示各变量之间的内在联系，在建立 STR 模型之前，我们要先利用 Granger 因果关系检验来了解解释变量和被解释变量之间的相互决定关系。根据 AIC 和 SIC 准则，选定因果检验的最佳滞后阶数为 2，因果关系检验结果如表 3 所示。

Granger 因果检验的结果表明：①在 5%的显著性水平下，存在 Δln*bopm*_ *sa* 到 Δln*dif* 的单向因果关系，即中—美货物贸易差额是影响我国相对劳动生产率的原因；②在 5%的显著性水平下，存在 Δln*bops* 和 Δln*dif* 的双向因果关系，即中—美服务贸易差额和我国相对劳动生产率之间相互影响；③在 1%的显著性水平下，存在 Δln*rw*_ *sa* 到 Δln*dif* 的单向因果关系，即中—美相对工资水平是影响我国相对劳动生产率的原因；④分别在 10%和 5%的显著性水平下，存在 Δln*bops* 和 Δln*bopm*_ *sa* 的双向因果关系，即中—美服务贸易差额和货物贸易差额之间相互影响，这肯定了模型设定的正确性且在一定程度上说明了服务贸易差额和货物贸易差额之间存在着某种关系。我们对世界主要国家货物贸易差额和服务贸易差额数据进行统计，发现在各个国家内都呈现出货物贸易差额和服务贸易差额顺逆差状况相反的现象，即对一国而言，当其货物贸易为顺差时，其服务贸易

表 3　Granger 因果关系检验结果

原假设	F 统计值	P 值
Δln*bopm*_ *sa* does not Granger Cause Δln*dif*	3.56338	0.0353
Δlndif does not Granger Cause Δln*bopm*_ *sa*	0.95404	0.3917
Δlnbops does not Granger Cause Δln*dif*	1.54767	0.0222
Δlndif does not Granger Cause Δln*bops*	4.26794	0.0191
Δln*rw*_ *sa* does not Granger Cause Δln*dif*	7.38956	0.0015
Δln*dif* does not Granger Cause Δln*rw*_ *sa*	0.09821	0.9066
Δln*bops* does not Granger Cause Δln*bopm*_ *sa*	0.58092	0.0563
Δln*bopm*_ *sa* does not Granger Cause Δln*bops*	0.93411	0.0399

资料来源：EViews 输出结果。

一般为逆差，且货物贸易顺差越大，服务贸易逆差也就越大，反之亦然。从时间序列的角度来考察货物贸易差额和服务贸易差额的关系，也能得到两者状态相反的结论。对于该结论的论证，理论界已经研究了很多，并一致认为服务贸易的发展和货物贸易的发展有着密切的关系（如 Melvin 等）。

（三）非线性检验

在模型设定过程中，首先要检验模型的非线性，以此来确定 STR 模型的建立，根据 AIC 和 SIC 准则，我们确定模型的自变量为 1 阶滞后、因变量为 2 阶滞后，并得到如表 4 的非线性检验结果。

表 4　非线性检验结果

转换变量	F	F4	F3	F2	模型形式
ln*bopm_ sa_ d*1（*t*）	1.3495e－02	1.2951e－02	3.1660e－01	1.7343e－01	LSTR1
ln*dif_ d*1（*t*－2）	2.9285e－02	2.9449e－01	3.3502e－01	2.9291e－03	LSTR1

资料来源：JMulTi 输出结果。

由表 4 的检验结果可以看出，模型存在多种转换变量和非线性形式，将 F 的 P 值最小作为转换变量选取的原则，选取 ln*bopm_ sa_ d*1(*t*)作为转换变量，其所对应的转换函数的形式为 LSTR1，即我们可以使用 STR 模型来检验各自变量对因变量的影响，可以用非线性的估计方法来估计模型的参数。

（四）STR 模型的参数估计

模型估计采用条件极大似然方法对 STR 模型进行参数估计，JMulTi 采用的是迭代 BFGS 算法，需要找到合适的初始值来进行迭代，而初始值的选取是非线性模型建立的关键环节。位置参数的构造区间为［－0.1052，0.1211］，我们采用二维格点搜索方法得到平滑参数和位置参数的初始估计值 $\gamma = 10.0000$，$c_1 = 0.05024$，此时回归方程的残差平方和达到最小，为 0.0891，且初始值落入位置参数的构造区间内，然后我们绘出二维格点（100×100）下位置参数及平滑参数所对应的平面图（该平面图显示了最大化残差的相反数），如图 1 所示。

进一步得到最终的估计结果如表 5 所示。

可以看出，对于转换变量 st = ln *bopm_ sa_ d*1（*t*）来说，存在 $c_1 = 0.04790$ 这样一个阈值。而这个阈值也在位置参数的构造区间内，模型设定合理，该阈值将自变量与因变量之间的关系分为线性和非线性两种状态，图 2 和图 3 为转换变量及转换函数的走势及 ln*dif* 的线性和非线性部分，其中图 2 显示了整个考察期经济状态的划分，图 3 则显示了 STR 模型中的拟合值的线性和非线性特征。

模型的估计结果显示，各个自变量对我国相对劳动生产率差异大小存在着一种长期效应，且每种变量表现出的影响形式完全不同，根据 ln*bopm_ sa_ d*1 当期的大小，可以将整体的效应分为线性（当处于 ln*bopm_ sa_ d*1 <0.04790 的区制时）和非线性（当处于 ln*bopm_ sa_ d*1 >0.04790 的区制时）两个部分，当中—美货物贸易一阶差分值小于位置参数 0.04790 时，各个变量对我国劳动生产率差异的影响为线性的，具体而言：

（1）在 1% 的显著性水平下，ln*dif_*

d1（t-1）和 lndif_ d1（t-2）对 lndif_ d1（t）有着负向的影响，从系数值来看，若 lndif_ d1（t-1）上升 1 个百分点，会导致 lndif_ d1（t）下降 0.66589 个百分点，而若 lndif_ d1（t-2）上升 1 个百分点，则会导致 lndif_ d1（t）下降 0.52741 个百分点。

（2）在 5% 的显著性水平下，ln bopm_ sa_ d1（t）对 lndif_ d1（t）有着负向的影响，根据本文的变量设定，这意味着中—美货物贸易差额提高时（此时货物贸易顺差增大，根据货物贸易和服务贸易的关系，服务贸易逆差也增大），我国第三产业相对于第二产业的劳动生产率比就会下降，从系数值来看，中—美货物贸易顺差每增加 1 个百分点，就会使第三产业对第二产业的劳动生产率比下降 0.59873 个百分点，这说明了货物贸易对于第二产业劳动生产率提高的重要性。

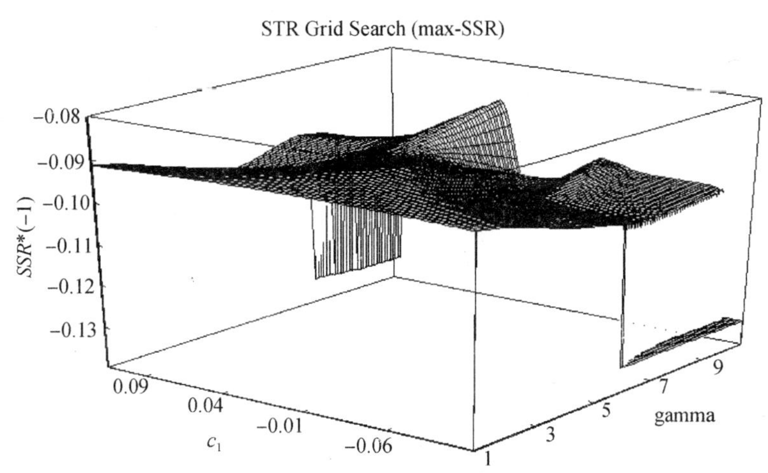

图 1　格点搜索平面图

资料来源：JMulTi 软件绘制。

表 5　LSTR1 模型的估计结果

变量		初始值	估计值	P 值
线性部分	lndif_ d1（t-1）	-0.64732	-0.66585	0.0000
	lndif_ d1（t-2）	-0.51758	-0.52741	0.0002
	lnbopm_ sa_ d1（t）	-0.63466	-0.59873	0.0276
	lnbops_ d1（t-1）	0.02768	0.02111	0.0004
非线性部分	lndif_ d1（t-1）	1.15875	0.94110	0.0011
	lnrw_ sa_ d1（t-1）	-0.49094	0.01857	0.0978
	γ	10.00000	13.4695	0.0000
	c_1	0.05024	0.04790	0.0098
$R^2(\bar{R}^2)$	$R^2=6.3147e-01$，$\bar{R}^2=0.6379$			

资料来源：JMulTi 输出结果。

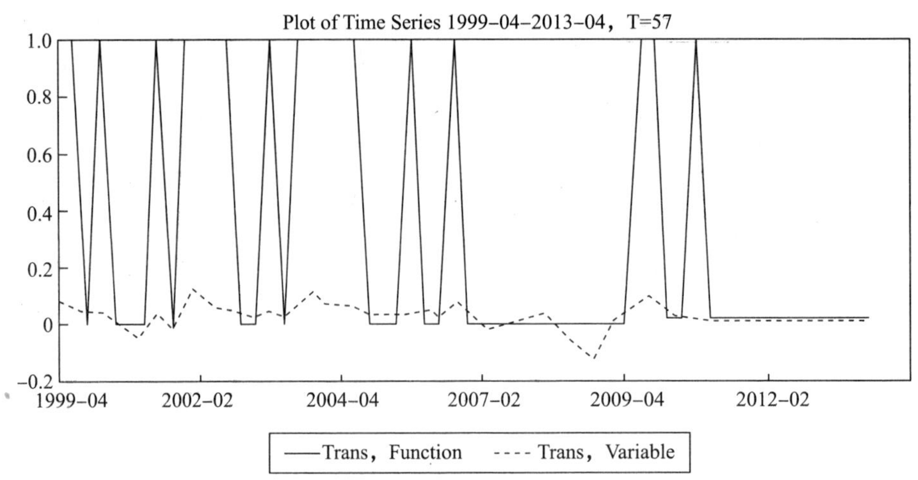

图 2　转换变量及转换函数 *G* 的走势

资料来源：JMulTi 软件绘制。

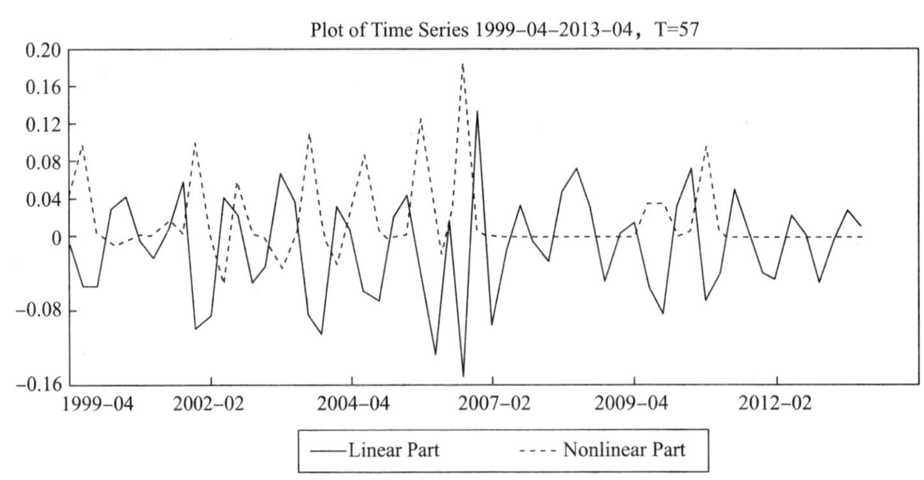

图 3　ln*dif* 的线性和非线性部分

资料来源：JMulTi 软件绘制。

（3）在 1% 的显著性水平下，ln*bops_d*1（*t*－1）对 ln*dif_ d*1（*t*）有着正向的影响，这意味着上一期的中—美服务贸易差额提高时（此时货物贸易逆差减少，根据货物贸易和服务贸易的关系，服务贸易逆差也减少），当期我国第三产业相对于第二产业的劳动生产率比就会上升，从系数值来看，中—美服务贸易逆差每减少 1 个百分点，就会使第三产业对第二产业的劳动生产率比上升 0.02111 个百分点，这说明服务贸易对于第三产业劳动生产率提高的重要性，且从关系式中可以看出，服务贸易对第三产业劳动生产率的提高作用存在着滞后影响的现象。

在 Granger 因果关系检验中我们已经得出中—美服务贸易差额和货物贸易差额之间相互影响的结论，从 STR 模型结论中又可以看出，服务贸易差额和货物贸易差额对我国产业间劳动生产率的作用正好相反，这进一步验证了前文中我们所说的服务贸易差额和货物贸易差额之间的关系所呈现出来的规律性。

当中—美货物贸易一阶差分值大于位置参数0.04790时，各个变量对我国产业间劳动生产率差异的影响呈现非线性的特征，且只有相对工资水平变量的结果比较显著，具体来说：在1%的显著性水平下，ln*dif*_ *d*1（*t*-1）会对ln*dif*_ *d*1（*t*）产生正向影响，从系数值来看，若ln*dif*_ *d*1（*t*-1）上升1个百分点，会导致ln*dif*_ *d*1（*t*）上升0.941个百分点。

（4）在10%的显著性水平下，ln*rw*_ *sa*_ *d*1（*t*-1）会对ln*dif*_ *d*1（*t*）产生正向影响，这意味着上一期的中—美工资水平上升时，当期我国第三产业相对于第二产业的劳动生产率比就会上升，从系数值来看，中—美工资水平每提高1个百分点，就会带来我国第三产业对于第二产业的劳动生产率比上升0.01857个百分点。

（五）模型检验结果

我们需要对模型所得到的结果进行检验，检验结果显示：自相关LM检验值和异方差ARCH-LM检验值分别为16.4837（P值=0.8062）和11.8860（P值=0.1564），正态性J-B检验值为0.3111（P值=0.8559），可以看出，本文所建立的LSTR1模型残差符合序列无关、同方差及正态性的假设，模型设定具有合意性。

四、结论及启示

（一）主要结论

第二产业和第三产业在其产品是否可贸易方面存在着重大的差别，这种差别直观地呈现为货物贸易和服务贸易之间的差别。那么会不会由于货物贸易和服务贸易所存在的差别，使得贸易对二三产业劳动生产率的影响不同，从而造成产业间劳动生产率的差异性呢？带着这样的疑问，本文建立了李嘉图连续统模型，以此推导出货物贸易差额、服务贸易差额、相对工资水平和产业间劳动生产率差异的关系式，建立相应的计量模型。在计量模型的检验中，我们使用1999年第一季度至2013年第四季度中—美服务贸易差额、中—美货物贸易差额、中—美相对工资水平及我国二三产业相对劳动生产率差异的季度数据，利用平滑转换自回归模型（STR）来检验前三个变量对我国二三产业相对劳动生产率差异的影响，研究结果表明：根据中—美货物贸易量的不同，模型被分为线性相关和非线性相关两种状态，其中在线性相关状态下，中—美货物贸易差额提高时（顺差增大），我国第三产业相对于第二产业的劳动生产率比就会下降；上一期的中—美服务业贸易差额提高时（逆差减少），当期我国第三产业对于第二产业的劳动生产率比就会上升；而在非线性状态下，上一期的中—美工资水平上升时，当期我国第三产业对于第二产业的劳动生产率比就会上升。由此我们可以看出货物贸易差额和服务贸易差额在对我国第三产业相对第二产业的劳动生产率大小影响的差异性，这进一步看出服务贸易对于第三产业劳动生产率提高的重要性，提高我国第三产业的可贸易程度、改善服务贸易长期逆差的状态有利于服务业劳动生产率的提高。

（二）启示

对于发展中国家来讲，制成品部门的劳动生产率往往在国际资本流动、技术交流、知识共享等过程中得到较快的提升，而服务品较复杂且其可贸易程度较低，会更多地与本国的要素禀赋和人力资本相结合，进行国际交流和转移的难度相对较大，因此服务品部门的劳动生产率很难达到像制成品部门那样的劳动生产率，从这个角度上讲，提高服务产品的可贸易程度是使其更多地接受国际先进技术熏陶、实现国际先进技术交流的有效手段。而且我国服务贸易一直呈现逆差的状态，可贸易程度的提升也会相应改善这种状态。具体来讲，应提高服务业发展水平和服务出口品的附加值，培养服务贸易的国际竞争力；积极开放服务市场，降低对服务贸易领域市场准入的门槛，鼓励承接服务外包业务，并给予服务外包企业相应的低息信贷优惠；充分利用国内外资企业新型服务贸易部门所产生的技术外溢和劳动力流动，提高我国新型服务贸易部门的技术水平和管理手段，从而提高新型服务贸易产品的出口，优化我国服务贸易的结构；积极引进国外先进服务贸易产品技术和人才，并培养更多熟悉服务贸易的专业人才，完善人才的激励机制，防止国内专业服务贸易人才的流失；另外还要加强服务贸易的立法工作，完善服务贸易相关的法律法规，使服务贸易在法制化的轨道上运行。

参考文献

[1] 高帆：《中国劳动生产率的增长及其因素分解》，《经济理论与经济管理》2007 年第 4 期。

[2] 柯蓉、秦莉：《长三角制造业劳动生产率空间差异研究——基于 ESDA 分析的证据》，《区域经济评论》2013 年第 2 期。

[3] 赖永剑：《地区劳动生产率差异分解与条件收敛——基于产业经济的结构分析》，《产经评论》2011 年第 1 期。

[4] 李小平：《中国制造业劳动生产率增长的源泉及其特征——基于“结构红利假说”》，《当代财经》2008 年第 3 期。

[5] 梁俊：《中国高技术产业的劳动生产率差异——基于 DEA 的实证分析》，《上海经济研究》2012 年第 3 期。

[6] 刘修岩：《集聚经济与劳动生产率：基于中国城市面板数据的实证研究》，《数量经济技术经济研究》2009 年第 7 期。

[7] 曲玥：《制造业劳动生产率变动及其源泉——基于中国 2000 ~ 2007 年规模以上制造业企业数据的估算》，《经济理论与经济管理》2010 年第 12 期。

[8] 邬民乐：《改革以来中国劳动生产率的增长因素：基于产业结构的分析》，《西北人口》2009 年第 2 期。

[9] 杨文举：《技术效率、技术进步、资本深化与经济增长——基于 DEA 的经验分析》，《世界经济》2006 年第 5 期。

[10] 袁富华：《劳动生产率：关联与差异——基于 GWR 模型的分析》，《经济学》（季刊）2011 年第 10 卷第 2 期。

[11] 周燕、黄建忠：《服务贸易、货物贸易和劳动生产率变动：理论和实证——基于李嘉图连续统模型的贸易差额分析》，《国际商务》（对外经济贸易大学学报）2009 年第 4 期。

[12] Ciccone A, Hall R E. Productivity and the Density of Economic Activity [J]. American Economic Review, 1996 (86): 54 - 70.

[13] Esteban J. Regional Convergence in Europe and Industry Mix: A Shift - share Analysis [J]. Regional Science and Urban Economics, 2000 (30): 353 - 364.

[14] Kumar S, Russell R R. Technological Change, Technological Catch - up, and Capital Deepening: Relative Contributions to Growth and Convergences [J]. American Economic Review, 2002, 92 (3): 527 - 548.

[15] Meijers E, Burger M. Urban Spatial Structure and Labor Productivity in US Metropolitan Areas [A], Leuven, Belgium, 2009.

[16] Nordhaus W D. Alternative Methods for Measuring Productivity Growth [J]. NBER Working Paper, 2001.

□ Trade in Goods, Trade in Services and Differences of Labor Productivities between the Second and Third Industry

—Based on the Empirical Analysis of STR Model

Li Fangfang

Abstract: With the arrival of post – industrialization period, the service industry is occupying a more and more pivotal position. And its efficiency is particularly important in the new normal economy. From the experience of developed countries, it can be seen that the labor productivity of service industry shows a trend of convergence with the second industry's. But for our country, the labor productivity of service industry to the second industry's ratio has been 0.6 in recent years, and namely the labor productivity of the service industry is lower with respect to the second industry's. The obvious differences of final products' form between the two industries' can directly lead to the differences between goods trade and services trade, and whether these differences will be one of the reasons that can cause differences of labor productivities between the second and third industry? Based on the Ricardo continuum theory model, this paper uses the STR model to examine and explain the problem above. The results show that both the balance of goods trade and that of services trade have influnce on the differences of labor productivities between the second and third industry in various degrees. So raising the level of services tradability and improving the long – termdeficit in services trade have profound significance.

Key Words: Trade in Goods; Trade in Services; Labor Productivity; STR Model

□ 外资进入如何影响了中国国内价值链分工?[*]

——兼议中国利用外资政策的转型

黎 峰

摘 要：利用区域间投入产出模型，本文提出国内价值链条件下区域增加值的分解方法，构建了国内价值链分工的定量分析框架。进而在考虑外资进入导向差异基础上就外资进入对国内价值链分工的影响进行探讨。实证分析发现，外资进入规模及其市场导向行为不利于各部门融入国内价值链分工，尤其是对于部门国内价值链的前向嵌入更不利；随着市场导向型外资进入规模的扩张、外资进入的部门越靠近国内价值链上游，外资进入的替代效应越明显，表明外资进入在很大程度上阻碍了国内价值链的构建及部门国内价值链定位的攀升。对于国内价值链的构建而言，现阶段对于市场导向型、技术导向型外资的鼓励政策很可能产生严重的负面影响，为此，应进一步调整利用外资的目标取向，根据区域、部门特征制定更加有针对性的外资政策，更加重视利用外资的国家风险。

关键词：外资进入规模；外资进入导向；国内价值链分工；国内价值链嵌入度

一、引言

改革开放以来，中国经济持续高速增长，由一个一穷二白的计划经济体制国家成功发展成为经济总量全球第二的新兴经济体，中国发展模式及其得失为经济学理论和实践提供了很好的案例。

中国是一个幅员辽阔、人口众多、资源丰富的大国，各区域发展水平、发展模式差异显著，加之意识形态的原因，中国经济长期以来表现为“自力更生”的封闭式状态，理论上具备了依托国内资源及市场开展国内专业化分工的现实基础和条件。然而中华人民共和国成立以来几乎不存在区际贸易和分工，仅存在中央统一调度下区际物质交流（程必定，1988；

基金项目：中国博士后科学基金面上项目“增加值视角下的中国国家价值链分工”(2016M590192)；国家社科一般项目“国家价值链重构与区域经济协调发展研究”(16BJL)。

作者简介：黎峰，南开大学经济学院博士后，江苏省社会科学院世界经济研究所副研究员。

* 本文曾刊登于《财经研究》2017 年第 11 期。

魏后凯，1991；赵伟，2001；范剑勇，2004）。而中央与地方的分权制改革在刺激地方政府发展经济积极性的同时，导致了严重的区域贸易壁垒和市场分割，表现为各地区都拥有包括资源供给、半成品制造、加工组装甚至产品销售渠道等一整套相对完整的区域内分工体系（Young，2000；Bai et al.，2004；Poncet，2003）。由此可见，国内资源及市场未被充分挖掘、国内专业化分工发育不足是中国经济发展模式的一大问题。

事实上，中国经济发展更多地体现出外资主导的出口导向型特征，即通过集聚外部高级生产要素盘活国内闲置要素、优化国内资源配置，进而释放出巨大的生产和出口潜能。中国已成为利用外资的第一大国，外资在大多工业部门中占据相当比重，外资进入对国内专业化分工必然存在不可忽略的影响。

对此，国内学者基于不同的视角进行探讨并得出不同的结论，第一类研究以商品零售价格指数省际差异度量国内市场分割，发现利用外资不利于国内专业化分工（范爱军等，2007；刘小勇和李真，2008）。第二类研究以地区专业化指数直接衡量国内专业化分工，发现外资进入导致沿海和内地产业结构差异进一步扩大（冼国明和文东伟，2006；黄玖立和李坤望，2006）。第三类研究通过中国区域间投入产出模型，发现外资进入对国家价值链分工具有双重影响效应（黎峰，2016）。

总体而言，以上研究引起了学术界对外资进入及国内价值链分工关系的关注，但不足之处在于：其一，如何更细致准确地度量和刻画国内价值链分工（National Value Chain，NVC），价格法衡量的国内市场分割更多地体现的是商品省际流动面临的国内边界效应，且多种商品价格的加权使得行业层面的异质性难以观测。以产业结构差异为衡量的地区专业化指数更多反映的是行业间分工，而并不是以中间品贸易为特征的价值链分工，此外各地区产业结构的加权并不能观测到区域层面的异质性。其二，现有文献大多只关注外资进入规模的影响，而忽略了外资进入导向及行为方式的异质性，事实上同等外资进入规模条件下，市场导向型和成本导向型的差异在很大程度上决定了外资对东道国区域专业化分工影响程度乃至方向的差别。

与已有文献相比，本文借鉴全球价值链的分析思路及方法，基于中国省际间投入产出模型构建国内价值链的分析模型及核算方法，以此刻画各区域及行业嵌入国内价值链分工的程度及价值链定位。进而在考虑外资进入导向差异基础上构建计量模型，利用省级行业数据重点探讨外资进入规模及其行为导向对部门嵌入国内价值链水平及嵌入方式的影响及其机理。

二、国内价值链分工的定量分析框架

与全球价值链（Global Value Chain，GVC）相比，NVC是在一个主权国内部开展的区域间分工，其中间品贸易仅限于在国内各区域间进行，而并没有出现跨境流动。在一个主权国家内部，把各个区域看作是参与国内价值链的主体，因而可以利用区域间投入产出模型及区域间投入产出表研究国内价值链问题。

（一）区域间投入产出模型

区域间投入产出模型是在各区域投入产出表的基础上，利用区域间贸易数据，将彼此之间商品和服务的流入、流出内生化，并按照相同部门分类进行连接和调整而成（见表1）。

表1　区域间投入产出表

投入＼产出			中间使用			最终使用			出口	总产出
			区域1	…	区域 m	区域1	…	区域 m		
			部门1 …部门 n	…	部门1 …部门 n					
中间投入	区域1	部门1	$X_{11}^{11}\cdots X_{1n}^{11}$	…	$X_{11}^{1m}\cdots X_{1n}^{1m}$	F_1^{11}	…	F_1^{1m}	E_1^1	X_1^1
		⋮	⋮	…	⋮	⋮	…	⋮	⋮	⋮
		部门 n	$X_{n1}^{11}\cdots X_{nn}^{11}$	…	$X_{n1}^{1m}\cdots X_{nn}^{1m}$	F_n^{11}	…	F_n^{1m}	E_n^1	X_n^1
	⋮	⋮	⋮	⋮	⋮	⋮	⋮	⋮	⋮	⋮
	区域 m	部门1	$X_{11}^{m1}\cdots X_{1n}^{m1}$	…	$X_{11}^{mm}\cdots X_{1n}^{mm}$	F_1^{m1}	…	F_1^{mm}	E_1^m	X_1^m
		⋮	⋮	…	⋮	⋮	…	⋮	⋮	⋮
		部门 n	$X_{n1}^{m1}\cdots X_{nn}^{m1}$	…	$X_{n1}^{mm}\cdots X_{nn}^{mm}$	F_n^{m1}	…	F_n^{mm}	E_n^m	X_n^m
	进口		$M_1^1\cdots M_n^1$	…	$M_1^m\cdots M_n^m$	FM^1	…	FM^m		
增加值			$V_1^1\cdots V_n^1$	…	$V_1^m\cdots V_n^m$					
总投入			$X_1^1\cdots X_n^1$	…	$X_1^m\cdots X_n^m$					

在区域投入产出表中，中间产品矩阵按不同区域被分成若干个子矩阵形式，对角线上的子矩阵表示本区域各部门产品在本区域内的投入和使用情况，非对角线上的子矩阵表示任一区域每一部门产品在其他区域各部门的投入和使用情况。最终需求部分由不同区域的最终需求子矩阵组成，分别记录了各个区域不同部门在每一个区域最终需求的使用状况。因此区域间投入产出模型的行模型表示为：

$$X_i^r = \sum_s \sum_j x_{ij}^{rs} + \sum_s F_i^{rs} \tag{1}$$

其中，r、s 为区域，i、j 为部门，(1) 式意味着区域 r 部门 i 的总产出可以表示为其作为各区域所有部门的中间产品，以及各区域最终产品之和。

列模型可以表示为：

$$X_i^r = \sum_s \sum_j x_{ij}^{rs} + V_i^r \tag{2}$$

意味着区域 r 部门 i 的总投入可以表示为其作为各区域所有部门的中间投入，及其最初投入（增加值）之和。

（二）国内价值链分工下的区域增加值分解模型

借鉴全球价值链研究思路及方法，可以对国内价值链分工下的增加值进行分解。参考 KWW 法、Foster 等（2011）的思路，假定一个地区的产出增加值率为 V；列昂惕夫逆矩阵为 $L=(I-A)^{-1}$（A 为直接消耗系数矩阵）；区域间的流出量①用 X 表示。考虑到 n 个地区的一般情况，则产出增加值率向量为 $V=(V^1, V^2, V^3, \cdots, V^n)$，其中 V^1，V^2，V^3，…，V^n 分别表示各地区的产出增加值率；流出量向量为 $X=(X^{1*}, X^{21}, X^{31}, \cdots X^{n1})$，其中 $X^{1*}=\sum_{n\neq 1} X^{1n}$ 表示地区1对其他地区的流出额总和，X^{21}，X^{31}，…，X^{n1} 则分别表示各地区对地区1的流出额。进

① 本文均指中间品和最终品的国内流出，不包括出口，下同。

一步将向量 V 及 X 对角化进行矩阵运算，可得：

$$VLX = \begin{pmatrix} V^1 & 0 & 0 & \cdots & 0 \\ 0 & V^2 & 0 & \cdots & 0 \\ 0 & 0 & V^3 & \cdots & 0 \\ \vdots & \vdots & \vdots & \vdots & \vdots \\ 0 & 0 & 0 & \cdots & V^n \end{pmatrix} \begin{pmatrix} L^{11} & L^{12} & L^{13} & \cdots & L^{1n} \\ L^{21} & L^{22} & L^{23} & \cdots & L^{2n} \\ L^{31} & L^{32} & L^{33} & \cdots & L^{3n} \\ \vdots & \vdots & \vdots & \vdots & \vdots \\ L^{n1} & L^{n2} & L^{n3} & \cdots & L^{nn} \end{pmatrix} \begin{pmatrix} X^{1*} & 0 & 0 & \cdots & 0 \\ 0 & X^{21} & 0 & \cdots & 0 \\ 0 & 0 & X^{31} & \cdots & 0 \\ \vdots & \vdots & \vdots & \vdots & \vdots \\ 0 & 0 & 0 & \cdots & X^{n1} \end{pmatrix} \quad (3)$$

$$= \begin{pmatrix} V^1L^{11}X^{1*} & V^1L^{12}X^{21} & V^1L^{13}X^{31} & \cdots & V^1L^{1n}X^{n1} \\ V^2L^{21}X^{1*} & V^2L^{22}X^{21} & V^2L^{23}X^{31} & \cdots & V^2L^{2n}X^{n1} \\ V^3L^{31}X^{1*} & V^3L^{32}X^{21} & V^3L^{33}X^{31} & \cdots & V^3L^{3n}X^{n1} \\ \vdots & \vdots & \vdots & \vdots & \vdots \\ V^nL^{n1}X^{1*} & V^nL^{n2}X^{21} & V^nL^{n3}X^{31} & \cdots & V^nL^{nn}X^{n1} \end{pmatrix} \quad (4)$$

通过三个矩阵相乘，式（4）的每一个向量都被赋予了经济含义。其中就地区1而言：$V^1L^{11}X^{1*}$表示为完成地区1流出总额X^{1*}，所需价值$L^{11}X^{1*}$的地区产出中所包含的地区增加值部分（Regional Value - added，RV）。另外，由于NVC是各分工参与地区创造的增加值在国内的“体内”循环，产品流出后可能表现为三种情形：一是被流入地区直接消费而实现的直接流出增加值（Direct Value - added Outflow，dv）部分，因而地区1的直接流出增加值总和 $dv = \sum_{n\neq1} V^1L^{11}X^{1n}$。二是流入地区再次加工并流出到第三地区，该部分增加值是通过流入地加工后再流出而间接实现的增加值（Indirect Value - added Outflow，iv），因而地区1的间接流出增加值 $iv = \sum_{n\neq1}\sum_{p\neq1} V^1L^{1n}X^{np}$。三是流入地区再次加工并流回原地区，即地区1流出的产品经流入地加工后再次返回的增值折返（Value - added Returns Home，vr）部分，因而地区1的增值折返总和 $vr = \sum_{n\neq1} V^1L^{1n}X^{n1}$。该部分实际上仍由地区1所吸收，是其基于本地生产能力及市场需求而实现的地区增加值。

考虑到流出产品的使用情况，地区1实际流出的地区增加值包括直接流出增加值（dv）及间接流出增加值（iv）部分，它是由其提供而被其他地区吸收的最终品或中间品中所包含的本地增加值，能反映该地区参与NVC获取的收益。

此外，$V^nL^{n1}X^{1*}$表示为完成地区1流出总额X^{1*}，所需地区n价值$L^{n1}X^{1*}$的中间投入中所包含的地区n的增加值，因而$\sum_{n\neq1} V^nL^{n1}X^{1*}$反映的是地区1流出产品中包含的其他地区增加值部分（Foreign Value - added，FV）①。

（三）国内价值链分工的度量

在区域增加值分解的基础上，可以对国内价值链分工进行度量。国内价值链是主权国家内部各区域各行业分工合作的“体内”循环，借鉴Koopman等（2010）的全球价值链参与度指标（GVC_ Participation）思路，构建国内价值链嵌入度指标（NVC_ Participation，NPA），反映不同区域各部门的国内价值链参与程度，即

$$NPA_{it} = \left(\frac{iv_{it}}{X_{it}} + \frac{FV_{it}}{X_{it}}\right) \quad (5)$$

① 由于中间品多次流入流出而导致的重复计算，流出产品中包含的其他地区增加值部分（FV）并不完全等于该地区参与NVC对其他地区的增加值贡献。鉴于该重复计算部分并不显著（按照Koopman等（2014）的测算，2004年该重复计算部分仅占全球出口总额的5.1%，中国的数据为6.4%），本文采用FV近似代替流出产品中的其他地区流出增加值。

其中，iv_{it}、FV_{it}及X_{it}分别为地区 i 部门 t 参与 NVC 实现的间接流出增加值、其他地区增加值及国内流出总额，NPA_{it}为地区 i 部门 t 的国内价值链嵌入度，该值越大，代表该部门融入 NVC 的程度越深。按照该部门嵌入国内价值链的方式，NPA_{it}又可细分为前向嵌入度和后向嵌入度，其中前向嵌入度表示该部门更多地以对其他地区提供中间品形式嵌入国内价值链，可以$\frac{iv_{it}}{X_{it}}$来衡量，而后向嵌入度表示该部门更多地以由其他地区调入中间品形式嵌入国内价值链，可以$\frac{FV_{it}}{X_{it}}$表示。

不同区域各部门的国内价值链嵌入度呈现出显著的异质性。图 1 显示了 2007 年中国各省级地区纺织业融入国内价值链的程度，可见吉林、山西、黑龙江等内陆地区更多地参与了国内价值链分工，而山东、江苏、浙江等沿海地区纺织业融入国内价值链的水平较低。

图 2 显示了同一地区不同部门融入国内价值链程度的差异，以江苏为例，采矿、食品加工、石油炼焦等行业融入国内价值链的程度相对较高，而化工、通信电子、纺织、装备制造等行业的国内价值链嵌入度较低。

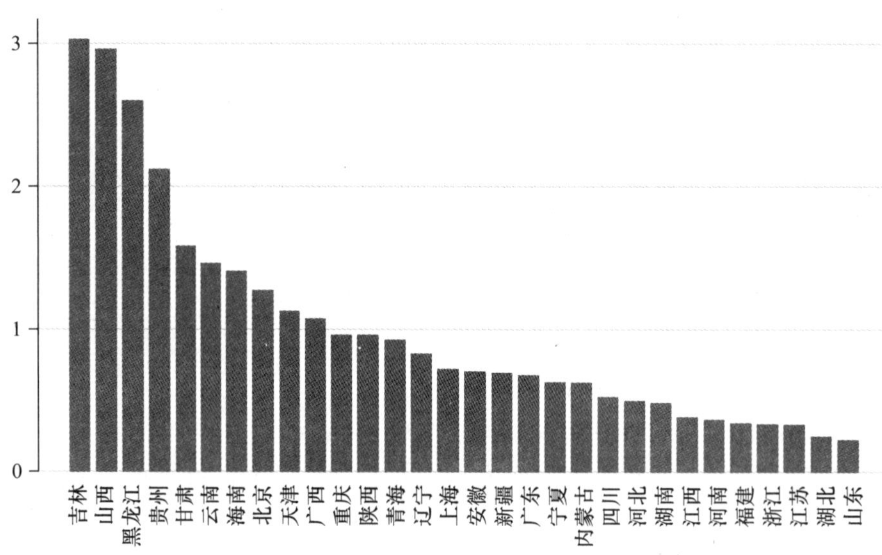

图 1　2007 年中国各地区纺织业国内价值链嵌入度

三、外资进入对国内价值链分工的影响及机理

基于既有文献及上文构建的国内价值链分工定量分析框架，本文进一步构建计量模型，重点关注外资进入规模及行为导向对国内价值链分工的影响及其机理。

（一）计量模型的构建

分工是扩大生产规模、提升资源配置效率的有效途径。从行业发展的角度，通常区域各行业可供选择的分工形式主要有区域内分工、区域间分工及国际分工三种，国内价值链分工则属于区域间分工形式。根据已有文献，影响行业分工选择的因素主要包括：

第一，国内经济因素。其中包括要素禀赋（冼国明和文东伟，2006；黄玖立和李坤望，2006）；行业规模经济（Bai et al.，2004；冼国明和文东伟，2006；黄玖立和李坤望，2006）。

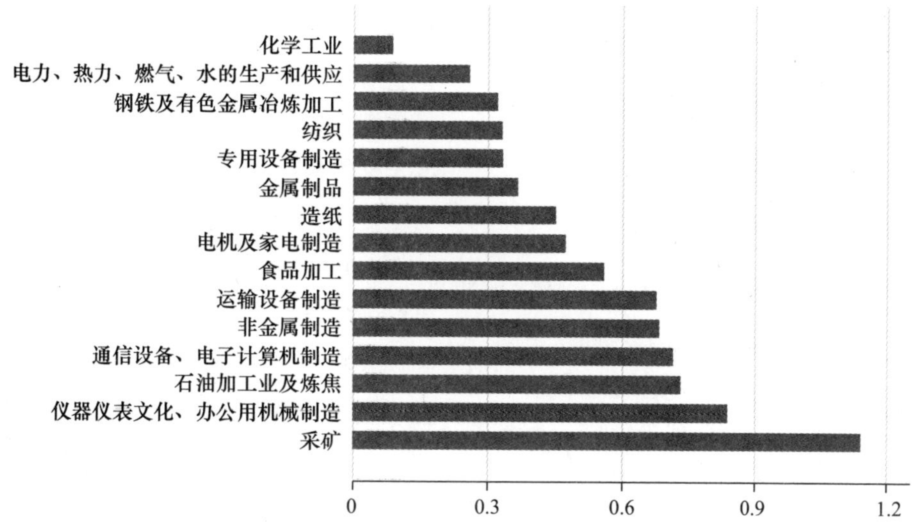

图 2　2007 年江苏各工业部门的国内价值链嵌入度

第二，国内行政因素。其中包括行业利税占比（Bai et al.，2004；黄玖立和李坤望，2006）；国有经济比重（Bai et al.，2004；黄玖立和李坤望，2006；陈敏等，2007；刘小勇和李真，2008）；行业就业比重（Poncet，2005）。

第三，区位地理因素。其中包括距海外市场距离（冼国明和文东伟，2006；黄玖立和李坤望，2006）；与邻省的距离（陈敏等，2007；刘小勇和李真，2008）；内地或沿海（黄玖立和李坤望，2006）。

第四，外部经济因素。其中包括利用外资（冼国明和文东伟，2006；黄玖立和李坤望，2006；刘小勇和李真，2008）；进出口贸易（Poncet，2005；冼国明和文东伟，2006；黄玖立和李坤望，2006；陈敏等，2007；刘小勇和李真，2008）。

基于文献的研究，本文利用 2002 年和 2007 年中国 30 个省（市、自治区）15 个工业部门的省际间投入产出数据①构建计量模型如下：

$$\ln NPA_{it} = \beta_0 + \beta_1 \ln FS_{it} + \beta_2 \ln FO_{it} + \gamma \ln X_{it} + \varepsilon_{it} \quad (6)$$

其中，下标 i、t 分别表示地区及部门，FDI 为核心解释变量，X 为其他控制变量。因而，模型中涉及的变量包括：

1. 被解释变量（NPA_{it}）

以各区域部门的国内价值链嵌入度来衡量其参与国内价值链分工的水平，核算方法见式（5），数据来源为相应年度中国省际间投入产出表。

2. 核心解释变量

（1）外资进入规模（FDI Scale，FS_{it}）。以各部门所有者权益中港澳台资本及外商资本存量之和来衡量外资进入规模，为避免取值为 0 的情况，以 $FDI_{it}+1$ 来衡量各部门的外资进入数量，数据来源为相应年度中国工业经济统计年鉴。

（2）外资进入导向（FDI Orient，FO_{it}）。通常外资进入中国的目标取向主要包括两类，一是通过东道国本地生产及销售占领中国国内市场的市场导向；二是利用东道国廉价生产要素加工生产并出口制造品的成本导向。

① 中国的投入产出表每 5 年公布一次，2015 年公布 2012 年的投入产出表，但据此编制 2012 年的省际间投入产出表则更加滞后，因而 2007 年的省际间投入产出表已是目前能掌握的最新数据。

因而本文以外资销售倾向来衡量其进入导向，外资内销倾向①越高则表示部门外资的市场导向特征明显，反之则成本导向特征显著，数据来源为相应年度各省市统计年鉴。

3. 其他控制变量

（1）国内价值链定位（NVC position，NPO_{it}）。为考察国内价值链的不同定位对部门嵌入国内价值链行为的影响，借鉴Koopman等（2010）的全球价值链定位指标（GVC_ Position）思路，本文构建国内价值链定位指标，即

$$NPO_{it}=\ln\left(1+\frac{iv_{it}}{X_{it}}\right)-\ln\left(1+\frac{FV_{it}}{X_{it}}\right) \quad (7)$$

其中，iv_{it}、FV_{it}、X_{it}的含义同上，NPO_{it}为地区i部门t的国内价值链定位，NPO_{it}越大，表示地区i部门t更多地对其他地区输出中间品，越靠近国内价值链上游，反之则表示地区i部门t更多地由其他地区输入中间品，越靠近国内价值链下游。为避免取值为负数的情况，以$NPO_{it}+1$来衡量各部门的国内价值链定位，数据来源为相应年度中国省际间投入产出表。

（2）行业规模经济（Scale Economy，SE_{it}）。参照Bai等（2004）的思路，以工业企业的平均产出规模来衡量部门的规模经济水平，即部门规模经济=部门总产值/部门企业数×100%，以此来探讨对规模经济的追求如何影响部门嵌入国内价值链的行为，数据来源为相应年度中国工业经济统计年鉴。

（3）国有经济比重（Share of SOEs，SOE_{it}）。借鉴Bai等（2004）的思路，以各部门国有及国有控股工业企业工业总产值占比来衡量该部门的国有经济比重，以此来分析国有经济垄断程度或市场化水平是否会对部门嵌入国内价值链行为产生影响，为避免取值为0的情况，以$SOE_{it}+1$来衡量各部门的国有经济比重，数据来源为相应年度各省市统计年鉴。

（4）利税总额占比（Share of Tax-plus-profit，TP_{it}）。参照Bai等（2004）的思路，以各部门利润总额及应交增值税之和代表其利税总额，因而行业利税总额占比=行业利税总额/地区工业利税总额×100%，以此来分析部门的获利能力是否会影响其嵌入国内价值链行为，为避免取值为0（亏损行业占地区利税比重为0）的情况，以$TP_{it}+1$来衡量各部门的利税总额占比，数据来源为相应年度中国工业经济统计年鉴。

（5）就业占比（Share of Employment，EMP_{it}）。以各部门就业人数占地区工业就业总人数比重来衡量，以此来分析地方政府是否会出于扩大就业及社会稳定的考量而干预部门参与国内价值链分工，为避免取值为0的情况，以$EMP_{it}+1$来衡量各部门的就业占比，数据来源为相应年度中国工业经济统计年鉴。

（6）地理区位（Geographical Location，GL_{it}）。参照许政等（2010）、陆铭和向宽虎（2012）的思路，以省会城市距三大港口（天津、上海和香港）的最近距离来衡量该地区的地理区位，以此来考察地理因素对该地区工业部门嵌入国内价值链的影响。为剔除地形的影响，采用公路距离来衡量，数据来源为当年的中国公路交通里程图册。

4. 交互项（$FS\times FO_{it}$、$FS\times NPO_{it}$）

为更进一步探讨外资进入对各区域部门融入国内价值链分工的影响及机理，本

① 外资内销倾向=（外资销售产值-外资出口交货值）/外资销售产值。

文引入外资进入规模及外资进入导向，外资进入规模及国内价值链定位的交互项，由此分析行为导向差异的外资进入、不同国内价值链定位部门的外资进入，而对其嵌入国内价值链行为影响的异质性。

（二）外资进入与国内价值链嵌入水平

在建立计量模型基础上，本文采用FGLS估计方法就外资进入对部门国内价值链分工的影响进行实证分析。鉴于国内价值链分工嵌入度与解释变量之间可能存在双向因果关系，为克服模型估计的内生性问题，本义均采用解释变量的滞后一期值。在关注外资进入规模、外资进入导向的基础上（见图3），逐步增加其他控制变量以及交互项，主要解释变量相关系数的符号及显著性并未发生明显变化，由表2可以得到以下结论。

（1）就外资进入对部门嵌入国内价值链水平的影响而言，更多外资进入的部门，其嵌入国内价值链的程度越低，表明外资进入一定程度上阻碍了国内的价值链分工。对于国内价值链分工而言，外资的进入通常会产生两种效应：一是替代效应，即跨国公司拥有从原材料供给、中间品制造、生产加工到营销渠道一套完整的生产分工体系，外资进入在兼并国内品牌及大企业的同时，往往把其配套企业也纳入其全球生产体系，从而很大程度上表现为对国内原有生产配套体系的替代；二是溢出效应，即外资通过本地采购会一定程度上带动国内的垂直专业化分工（黎峰，2016）。外资进入与部门国内价值链嵌入程度显著负相关，则表明外资进入的替代效应超过了溢出效应。

颇显意外的是，外资市场导向特征明显的部门，其嵌入国内价值链的程度越低，表明外资的内销倾向并未能有效推动国内经济关联，反而不利于国内价值链分工的构建。通常人们认为市场导向型外资倾向于本地生产和本地采购，有利于拉动国内区域间专业化分工，而往往忽略了其更大的替代效应。在很大程度上，相对于以利用东道国廉价生产要素为目标的成本导向型外资（如纺织部门），市场导向型外资（如汽车制造部门）的替代效应更明显，以占领中国潜力巨大的市场为目标，市场导向型外资的进入通常表现为更多的兼并重组和行业垄断行为，把大量内资企业纳入其全球生产配套体系，由此产生更明显的替代效应。

从纵向来看，外资进入规模对国内价值链分工的阻碍作用略有下降，而外资内销倾向的负面影响愈加明显，在一定程度上表明就外资进入对国内价值链分工的影响而言，外资的行为特征甚于其进入规模。

（2）就国内经济因素的影响而言，国内价值链定位越靠近上游的部门，越倾向于融入国内价值链分工。在部门发展的层面，开放本地市场融入更大范围分工的行为，在很大程度上取决于其参与分工的成本和收益，而参与分工的得失又决定于其所处的分工定位。由于存在中间品的双向流动，通常融入价值链分工会同时产生收益创造效应和收益转移效应，价值链的上游位置意味着相对较大的收益创造效应及较小的收益转移效应，获得较高的价值链收益；价值链的下游位置则意味着相对较大的收益转移效应及较小的收益创造效应，其价值链收益相对较低（黎峰，2016）。由此，出于价值链上游的部门往往愿意更大程度地融入国内价值链分工，而出于维系区域内增长及就业的考虑，价值链下游的部门有更强的动力进行区域分割和贸易保护。而从纵向来看，部门融入国内价值链分工的程度对其国内价值链定位敏感程度愈加明显，表明部门国内价值链定位的提升有利于推动其更多参与国内价值链分工。

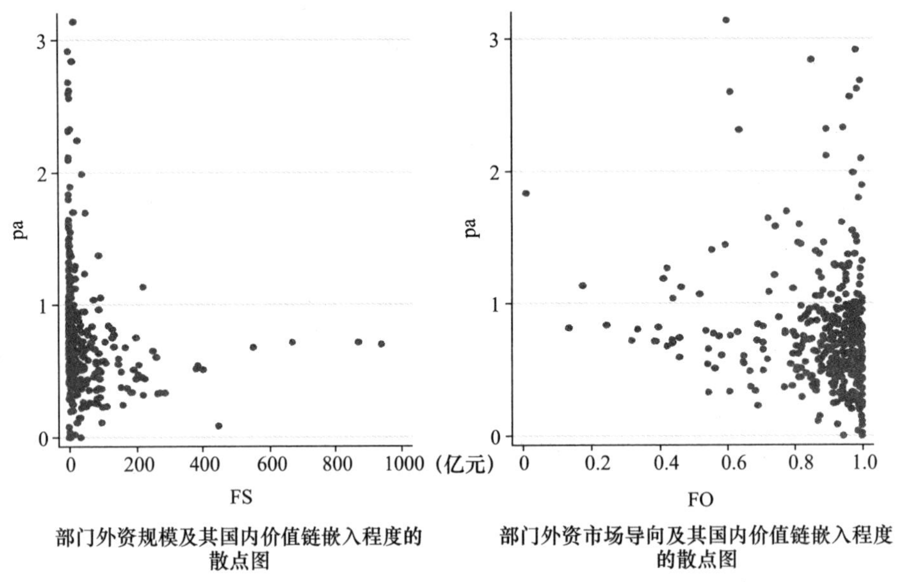

图3　部门外资进入及其国内价值链嵌入程度关系的散点图

行业规模经济对国内价值链分工的影响显著稍差但仍表现出明显的正相关，在一定程度上表明企业平均规模越大的部门，其融入国内价值链分工的动力越足，对规模经济的追求有利于推动部门的对内开放和国内价值链分工的构建，该结论与 Bai 等（2004）、冼国明和文东伟（2006）、黄玖立和李坤望（2006）的发现相一致。

（3）就国内行政因素的影响而言，部门的国有经济比重、就业占比与其国内价值链嵌入水平关联并不显著，一定程度上表明部门的国有垄断及稳定本地就业的因素并不是影响部门国内价值链嵌入的关键因素。

部门利税占比越高的部门，其国内价值链嵌入程度越低，且纵向来看，利税占比对部门国内价值链嵌入的影响程度逐渐增强。类似 Bai 等（2004）的发现，该结论在一定程度上表明出于稳定地方税收来源及“肥水不流外人田”的考量，“税源”部门更加容易出现区域市场分割和贸易壁垒。

（4）地理区位与国内价值链嵌入程度显著负相关，且纵向来看该影响程度逐渐增强，一定程度上表明沿海地区的工业部门更多地嵌入国内价值链分工，而内陆地区则相对显得更加封闭，这点也可以得到 Poncet（2003）的研究支持。

表2　外资进入对嵌入国内价值链程度的影响

变量	2002年			2007年		
	(1)	(2)	(3)	(4)	(5)	(6)
外资进入规模（FS）	-0.067*** (-2.99)	-0.101*** (-5.70)	-0.110*** (-5.65)	-0.137*** (-8.21)	-0.095*** (-6.04)	-0.104*** (-5.62)

续表

变量	2002 年			2007 年		
	(1)	(2)	(3)	(4)	(5)	(6)
外资进入导向（FO）	-0.334 (-1.20)	-0.201*** (-2.84)	-0.105 (-1.37)	-0.391*** (-4.01)	-0.409*** (-4.88)	-0.268*** (-3.40)
国内价值链定位（NPO）		0.756*** (14.55)	0.473*** (10.81)		0.831*** (16.31)	0.925*** (17.59)
规模经济（SE）		0.021 (0.97)	0.028* (1.86)		0.043** (2.04)	0.029 (1.30)
国有经济比重（SOE）		0.022 (1.53)	0.020 (1.45)		-0.008 (-0.41)	0.009 (0.43)
利税总额占比（TP）		0.027 (0.99)	-0.036* (-1.94)		-0.057* (-1.82)	-0.057* (-1.78)
就业占比（EMP）		-0.041 (-1.45)	-0.011 (-0.54)		0.019 (0.54)	0.007 (0.20)
地理区位（GL）		-0.041* (-1.74)	-0.054*** (-2.86)		-0.057** (-2.29)	-0.068*** (-2.81)
外资进入规模与外资进入导向交互项（FS×FO）			-0.071 (-0.24)			-0.356*** (-6.42)
外资进入规模与国内价值链定位交互项（FS×NPO）			0.104 (0.77)			-0.043* (-1.76)
常数	0.637*** (13.52)	0.915*** (5.47)	1.062*** (7.69)	0.983*** (15.02)	1.354*** (7.25)	1.430*** (7.78)
Adjusted R^2	0.017	0.445	0.344	0.130	0.478	0.545
F 值	4.494	40.98	21.96	33.80	51.14	53.50
VIF 均值	1.11	1.84	1.88	1.25	1.94	2.30
B-P 异方差检验	通过	通过	通过	通过	通过	通过
样本量	390	390	390	390	390	390

注：括号内为 t 值，*、**、*** 分别表示在 10%、5%、1% 的置信区间上显著。

（5）中国自加入世界贸易组织以来，随着中国利用外资规模的持续扩大，外资行为特征对国内价值链构建的影响愈加显著且持续增强，市场导向型外资规模越大表明外资对该部门的国内市场采购和营销渠道的把控程度越深，外资进入对该部门国内区域专业化分工的替代效应越强，在很大程度上，价值链分工配套的国内循环被“大进大出”特征明显的国外循环所取代。

同样，外资进入规模与国内价值链定位的交互项对部门国内价值链分工的影响逐渐显著且呈现负相关，在一定程度上表明外资进入部门的国内价值链定位越靠近上游，外资对其嵌入国内价值链的阻碍作用越明显。可能的原因在于品牌研发、营销渠道等价值链环节往往成为外资与内资激烈争夺的"主战场"，外资进入及兼并行为"扼杀"了一批中国的民族品牌及领军型企业，导致其原本构建的国内生产配套体系分崩瓦解。

（三）外资进入与国内价值链嵌入方式

外资进入规模及外资市场型导向在很大程度上阻碍了部门嵌入国内价值链分工的水平，那么从嵌入方式差异的角度，外资进入又是怎样影响中国国内价值链分工呢？

按照在价值链分工中的角色差异，部门嵌入国内价值链的方式通常表现为前向嵌入（Forward Participation，FPA）和后向嵌入（Backward Participation，BPA），为探讨外资进入对部门国内价值链嵌入方式的影响，对计量模型适当修正如下：

$$\ln FPA_{it} = \beta_0 + \beta_1 \ln FDI_{it} + \gamma \ln X_{it} + \varepsilon_{it} \tag{8}$$

$$\ln BPA_{it} = \beta_0 + \beta_1 \ln FDI_{it} + \gamma \ln X_{it} + \varepsilon_{it} \tag{9}$$

其中，FPA_{it}、BPA_{it}分别为部门的国内价值链前向嵌入度和后向嵌入度，核算方法见式（5），数据来源为相应年度的中国省际间投入产出表。其他变量及数据来源同上，仍然采用 FGLS 估计方法及解释变量的滞后一期值对式（8）和式（9）进行估计，由表 3 可以进一步得出以下结论。

（1）相对于后向嵌入方式，外资进入规模及其内销倾向对部门前向嵌入国内价值链的阻碍作用更大，即外资集聚水平越高或外资市场导向特征越明显的部门，其前向嵌入国内价值链的程度越低。

根据式（7），更多前向嵌入国内价值链的部门往往处于国内价值链的上游如品牌研发、营销渠道环节，而更多后向嵌入国内价值链的部门往往处于国内价值链的下游如生产制造、加工组装环节。而事实上，受外资进入及市场兼并行为冲击最大的恰恰是中国的民族品牌以及拥有一定市场份额、初步建立国内生产配套体系的领军型企业，生产配套体系的替代效应使其国内价值链前向嵌入地位彻底丧失。其次才是相关生产配套型企业，由于国内大企业的破产而纷纷转投跨国公司的全球生产采购体系，但同时外向配套的发展也会产生一定程度拉动国内价值链分工的溢出效应（包群等，2015；黎峰，2016），因而外资进入对后向嵌入国内价值链部门的冲击相对较小。

从纵向来看，外资进入规模及其内销倾向对部门前向嵌入国内价值链的负面影响更加显著并逐渐增强，该发现也从侧面表明随着中国利用外资规模的扩大，外资进入在影响国内价值链构建的同时，不利于内资企业的国内价值链定位的提升。

（2）国内价值链定位的影响出现了分化，即部门国内价值链定位的提升与其前向嵌入程度显著正相关，而与其后向嵌入程度显著负相关，由此表明国内价值链定位越靠近上游的部门，其前向嵌入程度越高，同时其后向嵌入程度自然越低，这点也正符合国内价值链定位的定义。

（3）部门规模经济水平、国有经济比重及就业占比与其国内价值链前向嵌入及后向嵌入均未表现出显著的相关关系，表明追求规模经济效应、国有垄断及稳定地方就业并没有成为影响各部门融入国内价值链分工的重要因素。

（4）相对于后向嵌入方式，利税贡献对部门国内价值链前向嵌入程度的负面影响更明显。这在一定程度上印证了 Bai 等（2004）的观点，即出于区域竞争及地方财政收入的考虑，地方政府倾向于阻碍地方财税主要来源部门嵌入国内价值链，尤其是为其他地区提供重要战略资源、关键零部件等中间品的行为（沈立人和戴园晨，1990）。此外从纵向来看，部门利税贡献对部门国内价值链前向嵌入及后向嵌入水平的阻碍作用逐渐增强，进而从侧面反映了在中国分税制体系下，区域市场分割及贸易壁垒呈现愈演愈烈之势。

（5）相对于后向嵌入方式，地理区位对部门前向嵌入国内价值链的阻碍作用更大，即随着距海港的距离越远，部门前向嵌入国内价值链分工的难度越大。由于中国区域发展的不平衡性，资本、技术、人才等高级要素更多集聚在经济相对发达的沿海地区，沿海地区更有条件培育品牌研发、市场营销等上游环节。相反，内陆地区受要素禀赋所限，向国内价值链上游攀升的难度相对更大。

（6）就外资进入规模与外资内销倾向交互项而言，更多市场导向型外资的进入对部门国内价值链前向嵌入的阻碍作用更加明显。由此表明随着外资市场垄断势力的增强，国内原有领军企业纷纷在竞争中受挫，其品牌研发行为、国内市场配套体系建设、关键零部件生产等国内前向经济联系被迫中断。

从纵向来看，市场导向型外资规模对部门国内价值链前向嵌入的负面影响逐步增强，而对部门国内价值链后向嵌入的影响也逐步由拉动转为阻碍，表明由于研发、营销体系及关键零部件等中间品国内供给被切断，下游中间品需求部门只能更多依赖跨国公司全球生产网络的外部供给，其原有的国内后向经济联系随之下降。由此也表明市场导向型外资进入对构建国内价值链的负面影响是全方位的。

（7）就外资进入规模与国内价值链定位交互项而言，外资进入部门的国内价值链定位越靠近上游，外资对其国内价值链前向嵌入及后向嵌入的阻碍作用越显著。此外，相对于后向嵌入方式，随着外资进入部门越靠近国内价值链上游，外资对其国内价值链前向嵌入的阻碍作用越明显。由此印证了前文的结论，即在“与狼共舞”中，处于品牌研发、市场营销等上游环节的中国民族品牌及领军型企业遭受冲击相对较大，其基于技术、中间品输出等前向关联构建的国内生产配套体系很大程度上被瓦解，只能通过发展外向配套而引致对国内其他地区初级产品及中间品的需求（黎峰，2016）。该发现在一定程度上表明与全球价值链升级类似，内资企业寻求国内价值链攀升的努力必定会遭受外资的阻扰，甚至出现国内价值链的“俘获”和“低端锁定”，由于外资对价值链上游环节的控制和垄断，中国的国内价值链构建、部门的国内价值链升级并非坦途。

表 3 外资进入对嵌入国内价值链方式的影响

变量	2002 年		2007 年	
	（7）FPA	（8）BPA	（9）FPA	（10）BPA
外资进入规模（FS）	-0.085*** （-5.54）	-0.043*** （-5.90）	-0.101*** （-3.30）	-0.039*** （-6.40）

续表

变量	2002 年		2007 年	
	(7) FPA	(8) BPA	(9) FPA	(10) BPA
外资进入导向（FO）	-0.102 (-1.62)	-0.0370 (-1.38)	-0.202 ** (-2.29)	-0.101 *** (-4.74)
国内价值链定位（NPO）	0.923 *** (26.50)	-0.318 *** (-17.07)	2.960 *** (48.00)	-0.109 *** (-8.12)
规模经济（SE）	0.016 (1.24)	0.009 (1.58)	-0.004 (-0.13)	-0.007 (-1.03)
国有经济比重（SOE）	0.016 (1.62)	-0.003 (-0.61)	0.027 (0.94)	0.002 (0.29)
利税总额占比（TP）	-0.017 (-1.06)	-0.018 ** (-2.33)	-0.251 *** (-5.17)	-0.030 *** (-2.77)
就业占比（EMP）	-0.011 (-0.67)	-0.006 (-0.62)	0.043 (0.80)	-0.012 (-1.08)
地理区位（GL）	-0.033 ** (-2.15)	-0.027 *** (-3.52)	-0.0660 (-1.64)	-0.021 ** (-2.58)
外资进入规模与外资进入导向交互项（FS×FO）	-0.038 (-0.17)	0.184 *** (11.90)	-0.273 *** (-2.69)	-0.136 *** (-6.93)
外资进入规模与国内价值链定位交互项（FS×NPO）	0.121 (1.18)	-0.019 (-0.46)	-0.173 ** (-2.55)	-0.024 ** (-2.58)
常数	0.662 *** (5.93)	0.555 *** (10.05)	-0.225 (-0.78)	0.622 *** (10.51)
Adjusted R^2	0.698	0.571	0.886	0.531
F 值	93.01	54.01	341.5	50.58
VIF 均值	1.94	2.34	2.14	2.32
B-P 异方差检验	通过	通过	通过	通过
样本量	390	390	390	390

注：括号内为 t 值，*、**、*** 分别表示在 10%、5%、1% 的置信区间上显著。

（四）稳健性检验

为检验模型估计的稳健性，本文采用三种方法进行稳健性检验：一是替代变量方法，鉴于中国的外资种类可分为港澳台资本和外商资本，本文分别采用港澳台资本和外商资本来衡量外资进入规模对模型进行再估计；二是采用不同的估计方法，相对于前文的 FGLS 估计方法，本文使用稳健性最小二乘法对模型进行再估计；三是样本量变换方法，即剔除样本中的四大直辖市对模型进行再估计。

表 4 中的估计（11）和估计（12）分别代表港澳台资本及外商资本进入的影响，估计（13）是稳健性最小二乘法的估计结

果，估计（14）是剔除直辖市样本后的估计结果。可以看出采用不同的稳健性检验方法，主要解释变量的显著性及影响方向并未明显改变，表明模型的估计结果相对稳健。

表4 稳健性检验结果

变量	(11)	(12)	(13)	(14)
外资进入规模（FS）	-0.110*** (-4.98)	-0.097*** (-5.94)	-0.079** (-2.51)	-0.106*** (-5.84)
外资进入导向（FO）	-0.256*** (-3.75)	-0.287*** (-3.75)	-0.152 (-1.23)	-0.232*** (-2.82)
国内价值链定位（NPO）	0.814*** (15.78)	0.923*** (16.96)	1.724*** (7.17)	0.847*** (15.72)
规模经济（SE）	0.0200 (0.95)	0.0270 (1.18)	0.0610 (1.43)	0.0320 (1.40)
国有经济比重（SOE）	0.00700 (0.35)	0.0170 (0.85)	-0.0590 (-1.16)	0.00300 (0.14)
利税总额占比（TP）	-0.0320 (-1.10)	-0.093*** (-2.84)	-0.0500 (-0.70)	-0.0270 (-0.84)
就业占比（EMP）	-0.0340 (-1.08)	0.0240 (0.67)	0.0360 (0.35)	-0.0350 (-0.99)
地理区位（GL）	-0.043* (-1.96)	-0.044* (-1.87)	-0.0140 (-0.30)	-0.00500 (-0.14)
外资进入规模与外资进入导向交互项（FS×FO）	-0.906*** (-4.48)	-0.761*** (-6.45)	-0.533*** (-3.96)	-0.359*** (-5.27)
外资进入规模与国内价值链定位交互项（FS×NPO）	-0.152 (-1.28)	-0.002*** (-2.76)	-0.183** (-2.48)	-0.0260 (-0.87)
常数	1.221*** (7.56)	1.231*** (7.08)	1.295*** (3.49)	1.058*** (4.53)
Adjusted R^2	0.477	0.492	0.644	0.531
F值	41.47	44.02	20.17	44.50
VIF均值	2.63	1.94	2.03	2.29
B-P异方差检验	通过	通过	通过	通过
样本量	390	390	390	330

注：括号内为t值，*、**、***分别表示在10%、5%、1%的置信区间上显著。

四、中国现阶段利用外资政策的反思及政策建议

充分利用国内资源及市场空间实现规模经济，是大国崛起的重要路径（陆铭，2015）。中国地大物博、区域间发展模式和发展水平差异显著，通过构建国内区域间的梯度分工推动产业协调和区域整合，是充分实现大国规模经济的有效途径，同时也是对中国当前面临的全球价值链低端锁定的有效应对（刘志彪，2007）。

然而长期以来，中国更多的是以大规模利用外资的形式主动融入跨国公司主导的全球价值链分工，考虑外资进入导向的差异，本文研究发现外资进入规模对部门国内价值链的嵌入程度产生明显的阻碍作用，该效应随着外资市场导向及国内价值链定位的提升而更加明显。就国内价值链嵌入方式而言，外资进入规模及其市场导向对部门国内价值链前向嵌入的负面影响相对更大，尤其对处于国内价值链上游环节的部门而言，外资进入和市场兼并行为在很大程度上隔绝了其先进技术、营销渠道、中间品输出等形式的国内前向关联，而更多具有中间品需求的加工生产部门只能更多地依赖国外市场提供。由此表明外资进入及其市场导向特征很大程度上不利于中国国内价值链的构建以及部门的国内价值链定位攀升。

改革开放以来，通过引进外资积极融入全球价值链分工，中国经济实现了持续快速增长，近年来中国逐步加大利用外资政策的调整，更加鼓励引进外资研发机构、地区总部及市场导向型外资，此举对于国内价值链的构建无疑将产生重大影响。

众所周知，第一波进入中国的外资主要为进入加工组装环节的成本导向型外资，通过控制全球价值链品牌设计及市场渠道环节，成本导向型外资更多地利用国内低要素成本进行加工制造，从而最大程度降低其生产成本。该利用外资模式条件下，中国提供低廉成本的同时得到了巨大的国外市场资源，虽付出了包括价值链收益的不对等、资源匮乏及环境污染等代价，但通过分工充分利用了其闲置资源，优化资源配置，释放出巨大的生产和出口能力，迅速发展成为全球第一制造大国和出口大国。经过多年的发展，中国人力资本不断累积，国内购买力日益增强，国内市场空间巨大，充分利用国内技术能力和需求潜力构建国内价值链，实现国内资源整合和区域协调恰逢其时。

相对于成本导向型外资，外资研发机构、地区总部及市场导向型外资的进入将产生更大的溢出效应，有利于提升当地人力资本、延长全球价值链的国内环节。但同时不可忽视的是，随着在华外资市场导向增强及外资更多进入国内价值链上游部门，相对于溢出效应，外资进入的替代效应将更加明显。

随着中国利用外资政策对技术导向型、市场导向型外资的倾斜，以抢占中国国内市场为目的，越来越多市场导向型外资，以及服务于本地化生产的外资研发机构和技术中心进入研发设计、市场销售等价值链上游环节。如随着大众、宝马、丰田等研发中心的进入，跨国公司基本实现了新一代车型在中国与母国上市的同步。表面看来，技术导向型、市场导向型外资替代了成本导向型外资，利用外资实现了结构升级，通过技术溢出及本地市场化采购，技术导向、市场导向外资进入将带来更大的溢出效应。但在溢出效应的背后，基于国内需求的内资企业生存空间进一步被压缩，中国市场及技术等高级要素日益面临

被跨国公司所整合和蚕食的危险，缺乏民族企业、国内市场空间及技术能力的支撑，国内价值链构建和价值链升级根本无从谈起，内资企业仍然只能为外资企业提供生产配套，区别只是在于加工组装产品更多销往国内而不是国外市场。

因而，相对于把中国低成本要素被纳入全球生产网络的成本导向型外资，着眼于整合中国市场、技术等高级要素的技术导向型、市场导向型外资可能潜在的威胁更甚。着眼于国内价值链的构建及大国规模经济的有效发挥，提出以下政策建议：

第一，进一步调整利用外资的目标取向，中国现阶段利用外资政策的调整不应仅停留在扩大利用外资规模层面，除了注重单位外资企业规模、税收贡献、产品附加值、就业比重等效益指标，而更应关注外资在工业总产值、内销总额、行业研发支出，及新产品出口所占比重等结构性指标，在有效利用外资的同时应更加重视外资进入的国家风险。

第二，避免利用外资政策的“一刀切”，根据区域间发展阶段、产业结构的差异制定更加有针对性的利用外资政策。如在中国民族品牌及领军型企业集聚的沿海地区，应逐步取消地方政府对利用外资，包括研发机构、地区总部及市场导向型外资的优惠政策，创造更加公平的市场竞争环境，为内资企业的培育和成长提供更加广阔的市场空间。而在制造基础和技术水平相对薄弱的中西部地区，应适当鼓励成本导向型、市场导向型、技术导向型各类外资进入，充分发挥其溢出效应，加快推动本地生产能力及技术水平的提升。

第三，加快制定和出台反垄断法，限制外资在中国的市场扩张及技术兼并行为。基于行业市场结构、国内市场占有率、行业技术依存度等视角建立国家产业发展风险预警机制，必要情况下对产值规模、国内市场、技术资源外资控制严重的部门实施适当的行业保护，以保证国内企业品牌研发及国内市场体系构建行为的正常进行。

参考文献

［1］包群、叶宁华、王艳灵：《外资竞争、产业关联与中国本土企业的市场存活》，《经济研究》2015 年第 1 期。

［2］程必定：《区际分工和区域利益的理论思考》，《经济科学》1988 年第 3 期。

［3］陈敏、桂琦寒、陆铭、陈钊：《中国经济增长如何发挥规模效应？——经济开放与国内商品市场分割的实证研究》，《经济学》（季刊）2008 年第 1 期。

［4］范爱军、李真、刘小勇：《国内市场分割及其影响因素的实证分析——以我国商品市场为例》，《南开经济研究》2007 年第 5 期。

［5］范剑勇：《市场一体化、地区专业化与产业集聚趋势——兼谈对地区差距的影响》，《中国社会科学》2004 年第 6 期。

［6］黄玖立、李坤望：《对外贸易、地方保护和中国的产业布局》，《经济学》（季刊）2006 年第 3 期。

［7］黎峰：《增加值视角下的国家价值链分工——基于改进的区域投入产出模型》，《中国工业经济》2016 年第 3 期。

［8］刘小勇、李真：《财政分权与地区市场分割实证研究》，《财经研究》2008 年第 2 期。

［9］刘志彪：《全球代工体系下发展中国家俘获型网络的形成、突破与对策——基于 GVC 与 NVC 的比较视角》，《中国工业经济》2007 年第 5 期。

［10］陆铭、向宽虎：《地理与服务业——内需是否会使城市体系分散化》，《经济学》（季刊）2012 年第 3 期。

［11］陆铭：《大国发展——论中国经济的欧洲化》，《当代财经》2015 年第 6 期。

［12］沈立人、戴园晨：《我国“诸侯经济”的形成及其弊端和根源》，《经济研究》1990 年第 3 期。

[13] 魏后凯：《我国区际工业分工转型的方向与经济关系的协调》，《中国工业经济研究》1991 年第 12 期。

[14] 冼国明、文东伟：《FDI、地区专业化与产业集聚》，《管理世界》2006 年第 12 期。

[15] 许政、陈钊、陆铭：《中国城市体系的“中心—外围模式”》，《世界经济》2010 年第 7 期。

[16] 赵伟：《区域开放：中国的独特模式及其未来发展趋向》，《浙江学刊》2001 年第 2 期。

[17] Bai C E, Y Du, Z Tao, S Y Tong. Local Protectionism and Regional Specialization: Evidence from China's Industries [J]. Journal of International Economics, 2004, 63 (2): 397 - 417.

[18] Foster N, Stehrer R, De Vries G. Trade in Value Added and Factors—A Comprehensive Approach [R]. WIOD Working Paper No. 225281, August, 2011.

[19] Harris C D. The Market as a Factor in the Localization of Industry in the United States [J]. Annals of the Association of American Geographer, 1954, 44 (4): 315 - 348.

[20] Koopman R., Powers W, Wang Z, Wei S J. Give Credit Where Credit Is Due: Tracing Value Added in Global Production Chains [R]. NBER Working Paper No. 16426, 2010.

[21] Koopman R, Powers W, Wang Z, Wei S J. Tracing Value - Added and Double Counting in Gross Exports [J]. American Economic Review, 2014, 104 (2): 459 - 494.

[22] Krugman P. Increasing Returns and Economic Geography [J]. Journal of Political Economy, 1991, 99 (3): 484 - 499.

[23] Poncet. S. Measuring Chinese Domestic and International Integration [J]. China Economic Review, 2003, 14 (1): 1 - 21.

[24] Porter M. Competitive Advantage: Creating and Sustaining Superior Performance [M]. New York: Simon and Schuster Retrieved, September, 2013.

[25] Redding, Anthony J. Venables. Economic Geography and International Inequality [J]. Journal of International Economics, 2004, 62 (1): 53 - 82.

[26] Young A. The Razor's Edge: Distortions and Incremental Reform in the People's Republic of China [J]. Quarterly Journal of Economics, 2000, 115 (4): 1091 - 1135.

□ How does Foreign Direct Investment Affect China's National Value Chain?

—Comments on Transformation of China's policy on FDI

Li Feng

Abstract: Based on multiregional input - output model, This paper decomposes the regional value added and establishes an quantitative analysis tool of the national value chain. On consideration of the differences of FDI orient, we analyze the effect of FDI imposed on China's national value chain through a empirical model. We find that inflows of FDI hinder sectors' embedding into national value chain, especially to the forward participation, and the negative effect of FDI become more obvious. Along with the increasing inflows of market – orient foreign investment and the sectors FDI entering incline upstream, the substitute effect of FDI become more significant, which means inflows of FDI impede the constriction of China' s national value chain and the promotion of national value chain to some extent. Considering the constriction of China' s national value chain, encouraging inflows of market – orient and technology – orient foreign investment would drive to a serious negative effect. Thus, China should adjust the strategy and goal, implement more targeted policies, and pay more attention to country risk.

Key Words: FDI Scale; FDI Orient; National Value Chain; NVC_ Participation

区域经济篇

□ 公共政策影响中国地区工业集聚了吗？

——来自省级数据的证据

李世杰　宦梅丽　韦开蕾

摘　要：既有研究表明，政府政策对产业集聚存在显著影响。而在转轨期的中国，政府政策行为涉及财税政策、产业政策、土地政策、公共服务政策以及部分地区政府直接参与地方经济的投资活动等多样化内容形式。本文考察中国现阶段地区工业集聚呈现的新特点，即地区工业集聚差距呈现先扩大后缩小、地区工业集聚程度降低态势；探讨政府差异化的政策行为对中国地区工业集聚的内在影响；并基于2003～2011年省际面板数据予以实证。研究发现：不同的政府政策对中国工业集聚的影响不同；对外开放政策、产业政策、公共服务政策有利于地区工业集聚；财政政策对地区工业集聚存在负向作用；而土地政策以及东部沿海地区虚拟变量和直辖市虚拟变量，对地区工业集聚发挥的作用并不显著。

关键词：工业集聚；地方政府；公共政策

一、问题提出

产业集聚是一种典型的产业空间分布现象。20世纪90年代，克鲁格曼（1991a，1991b）在新经济地理学领域的奠基性研究，使得人们对经济活动的集聚分布有了新理解。有别于新古典地理经济学强调比较优势重要性，新经济地理学的主流研究范式将聚集经济视为特定产业在特定位置集聚的驱动要素（Fujita et al.，1999；Baldwin et al.，2003），关注贸易成本和规模报酬对产业集聚的影响效应及非线性关系（Krugman，1991a；Krugman & Venables，1995；Fujita et al.，1999）。聚集发展初期，贸易成本降低，在规模报酬作用下经济要素不断集聚。随着产业中心对劳动力需

基金项目：国家自然科学基金项目“政府行为作用下的我国制造业集聚空间演化与集聚效率研究”（批准号：41361029）；国家自然科学基金项目“跨国公司在华RPM策略实施动因、垄断势力纵向传导及规制路径研究”（批准号：71473066）；国家自然科学基金资助项目“区域经济收敛的FDI传导机制研究：基于技术扩散路径”（批准号：71163011）。

作者简介：李世杰，江苏连云港人，管理学博士、经济学博士后，海南大学经济与管理学院副院长，教授；宦梅丽，贵州遵义人，海南大学经济与管理学院硕士研究生；韦开蕾，广西南丹人，海南大学旅游学院教授。

求增加，劳动力成本随之增加，当贸易成本降低不足以抵消劳动力成本增加时，劳动密集型产业开始由中心向外围转移，产业集聚度趋于降低；原来的产业中心演化出资本密集型产业或技术密集型产业，甚至逐渐成为技术创新中心、贸易中心或金融服务中心，实现区域之间的产业要素转移和专业化协作。产业集聚倒 U 形曲线，很好地描述了产业从分散到集聚，再到向外围转移的过程（Venables，1996；Puga，1999；Baldwin et al.，2003）。

产业集聚对区域经济发展存在重要影响（Fujita et al.，1999；白重恩等，2004；范剑勇，2004；金煜等，2006；陈建军和胡晨光，2008；贺灿飞等，2010）。在实践中，各级政府部门也逐渐意识到产业集聚对地区经济发展的重要性，纷纷制定公共政策以推进辖区内产业集聚化发展；很多地方的政府政策对产业集聚已经产生实质性影响。特别地，当因产业集聚而形成地区之间经济差距时，落后地区的政府部门更倾向于采取政策行为以实现经济赶超（Furukawa，2012）。有鉴于此，学界不断关注政府经济政策和制度因素对产业集聚的作用机制。有研究表明，政府通过鼓励相关产业发展、资金支持和税收优惠、支持中小企业发展、促进基础设施改善，能够推进产业集聚发展（Porter，2002）；而政府税收（Fujita & Thisse，2002）、财政支出（Ludema & Wooton，2002）、政府选择征税（Andersson & Forslid，2003；Baldwin et al.，2003）、政府间竞争性征税（Devereux et al.，2007；Exbrayat，2007；Brulhart et al.，2012）等都对企业选址有显著影响，进而影响产业集聚演化趋势。He 等（2008）认为，中国各级政府部门的产业政策和区域发展政策能显著地促进产业集聚。黄永兴和徐鹏（2011）的实证研究表明，政府财税政策对中国文化产业集聚存在正面影响——财政支持政策能够促进文化产业集聚，税收支持政策与文化产业集聚发展呈正相关。实践经验与理论研究均表明，政府部门通过采用政策措施（如财政支出、战略选择性征税、竞争性征税等）能够促进产业向辖区内集聚，进而带动地方经济发展。这也进一步激励政府部门通过多种方式参与经济发展进程；各级政府为促进经济发展而采取的政策创新可谓形式多样、内容丰富。

然而，也有不少学者对政府的经济干预行为颇有诟病，认为政府参与经济活动不利于地区产业集聚。金煜等（2006）基于 1987～2001 年省际面板数据的实证研究发现，政府参与经济活动不利于地区产业集聚；弱化地方政府的作用有利于产业集聚。谭真勇等（2009）研究表明，地方政府采取的有利于本地区经济利益的保护政策，在一定程度上扭曲了地区之间生产资源配置。陈建军等（2009）基于对中国服务业集聚的实证研究表明，政府行政干预行为会阻碍生产性服务业集聚——“一个无所不包的政府会对一个地区的生产性服务业集聚产生抑制等负面作用”。贺灿飞等（2010）则更明确地指出，各级政府建立的开发区和园区尤其不利于国家计划重点产业的集聚和规模经济的实现。

实际上，关于政府政策对经济发展的有效性问题，一直被学界所质疑和争论。2016 年张维迎与林毅夫的“产业政策之争”便是集中体现。然而，无论相关研究学者如何解读，地方政府凭借各类公共政策，直接或间接干预地方经济发展的态度和决心从未改变。事实上，在中国当前经济实践中，地方政府受到财税分权体制和 GDP 导向的官员晋升机制的双重激励，有着很强的动力发展地方经济（周黎安，

2007），由于产业集聚的“集聚租”效应能够快速拉动地区的经济增长，因而各级政府必然会不遗余力地采取优惠、税收减免、财政扶持等公共政策引导产业向辖区内集聚（梁琦和吴俊，2008）。关于政府政策在产业集聚的区域间演化过程中究竟发挥什么作用，理论研究结论与中国产业集聚发展实践存在明显分歧；而且，既有文献也尚无一致的研究结论——同样基于新经济地理学理论框架，同样援引中国的产业发展数据，同样进行严密的逻辑推理过程，不同文献却得出彼此相左的研究结论，这一点让人费解，应当引起足够的关注和重视。在中国经济转轨情境下，各类经济要素在地区间流动之表象背后的深刻动因是各级政府的政策和行为。因此，中国产业集聚演化进程中，政府行为是不可或缺的影响因素；而“政府干预”只是公共政策的组成部分之一——部分研究把政府干预行为等同于政府公共政策，研究结果难免出现偏差（李世杰等，2014）；这也就不难理解，为何学术界关于政府政策影响产业集聚的实证研究会得出相左的结论。

本文将分析近年来我国地区工业集聚所呈现的新态势，讨论具体化的政府政策在其中发挥了怎样的作用，并使用省际面板数据进行实证研究；意在揭示政府政策对于区域工业集聚发展的有效性，并讨论如何通过改变不同政策内容，来有效改善中国地区工业发展不平衡问题。

二、中国的工业集聚与政府政策

工业集聚化发展所带来的优势日益成为一国（或地区）在全球化、区域一体化进程中获得可持续竞争力的重要驱动因素。1978 年改革开放以来，中国的经济活动（尤其是制造业）逐步向东部沿海地区集中；工业集聚现象日益显著，逐渐呈现出地区工业集聚与地区经济水平的非平衡发展。金煜等（2006）研究表明，中国的对外开放程度提高能够促进地区工业集聚，而政府对经济活动实施的干预政策则会阻碍工业集聚。那么，对外开放政策能够持续地促进中国工业集聚吗？梅志雄等（2014）的实证研究表明，对外开放度与政府干预程度两大政策因素对空间集聚影响并不显著。政府参与经济活动一定都是负向影响吗？有研究发现，政府通过建立并完善产业集聚的支持体系（郭勇等，2005）、政府财政政策非均衡（梁琦和吴俊，2008）、政府优惠税收政策（袁丰等，2010；杜凤莲和马慧峰，2013）等，能够促进产业的区域集聚。本文认为，没有区分政府政策的不同内容形式，而将政策简单地划分为对外开放和政府干预经济行为，将政府干预经济行为等同于政府行为，或许是既有研究存在分歧的根源。从中国当前经济实践来看，各级政府的公共政策内容与形式已经十分丰富。背负着发展经济使命的各级政府，逐渐异化成为参与市场经济活动的行为主体；地方政府已经成为中国产业集聚（特别是工业集聚）演化进程中不容忽略的影响因素。在财税分权体制和 GDP 导向的政治晋升机制的双重激励驱动下，地方政府有动力采用包括财税政策、土地政策、公共服务政策以及产业政策等在内的各类政策和措施，推进辖区内产业集聚进程，推动地方经济快速发展（李世杰等，2014）。本文将细致区分不同类型的政府政策，并置于同一分析框架下，分别考量财税政策、土地政策、产业政策以及公共服务等政府型政策对产业集聚的作用效果，探索公共政策对产业集聚区域之间演化、发展的影响机制。

（一）财税政策与产业集聚

一般来说，政府可通过财税政策如财政转移，完善基础设施建设，改善贸易环境，从而进一步扩大有效市场，吸引要素和产业进一步集聚（梁琦和吴俊，2008）；通过财税政策可改变生产部门的生产成本，从而影响一个区域内的产业集聚（周兵和蒲勇健，2004）。此外，地方政府为了促进本地经济发展，可能出现政府财政支出竞争，吸引工业集聚（黄阳平，2011）。既有文献关注了财税政策对于地区工业集聚的影响，但也存在两点问题：首先，地方政府的财政政策和税收政策应当如何分别纳入研究模型：从财政收入角度来说，其对产业集聚可能存在负向影响；而从财政支出的角度来说，其对产业集聚的影响方向则可能为正。其次，财税政策对于企业生产成本的影响机制：在有助于降低企业生产成本的财政政策下，即使部分地增加税收，企业在规模报酬递增机制驱动下，仍然倾向于集聚。

在实践中，地方政府对于是否采取积极的财税政策来影响产业集聚也存在矛盾：从长远利益考虑，地方政府若采取较宽松的税收政策，企业的生产和运营成本降低，有利于企业向本地集聚，从而带动本地经济发展；从短期利益考虑，地方政府若采取较宽松的税收政策，可能导致地方政府财政收入减少，制约地方政府参与经济活动。地方政府可能会为了确保财政收入而采取较强健的税收政策。因此，由于各地方政府发展规划的不同，可能采取的税收政策也有所不同。单就财税政策对产业集聚的影响而言，不管地方政府采取何种政策，当地方政府实施的财税政策能降低企业生产成本时，经济活动总是倾向于集聚。地方政府为推进本地产业发展而采取财税优惠政策就是比较典型的例子。

（二）土地政策与产业集聚

土地政策是政府对经济活动干预的重要手段。同财政政策一样，土地政策的实施可能影响产业集聚，如通过创新土地制度有效解决乡镇企业集聚、促进城镇的经济发展（王玉华，2002）。张黎娜和千慧雄（2013）研究发现，通过土地财政的征税方式可以提高城市集聚力。相关研究均表明，地方政府可通过调整和创新土地制度和政策、调节土地财政，促进地区产业集聚。

工业用地支出是工业企业的主要沉没成本之一，直接影响着工业企业的投资选址行为；有利于降低工业企业生产成本的土地制度或政策无疑有助于地区工业集聚化发展。土地招拍挂出让制度是国家规范土地市场秩序、提高土地经营水平、改善企业投资环境重要举措，有利于企业在土地市场公平竞争，并能够在一定程度上防止腐败行为的发生。但由于不同地方政府发展规划和利益诉求有所区别，土地招拍挂出让政策的实施力度存在较大差异。一个地区的土地招拍挂出让政策实施力度越大，表明地方政府对土地市场监管可能越强，土地市场竞争越公平，企业投资环境越良好，企业可能越倾向于进驻。然而，在分权财政体制和 GDP 导向的政治晋升激励考核机制下，部分地方政府为谋求当地经济的发展，实施有利于吸引企业投资的土地优惠政策，向企业提供价格低廉的工业用地，甚至可能会采取一些更激进的土地优惠政策（如零地价政策），导致土地价格扭曲；企业之间为获得低廉的工业用地而发生寻租行为，在很大程度上会影响地方政府政策的效果。

（三）公共服务政策与产业集聚

理论和实践均表明，地方政府提供的

公共服务是产业集群向心力的来源之一。在经济地理和新经济地理学中，公共服务政策同其他经济政策一样，常常被视为经济地理和新经济地理因素的中间机制影响产业集聚（陆铭和陈钊，2005）。既有文献对于公共政策影响产业集聚的研究结论也存在分歧：一方面，积极的公共服务政策有助于改善基础设施建设、资本禀赋和规模报酬递增，进而强化产业区位差异，影响地区产业集聚（Martin & Rogers，1995；金煜等，2006）；另一方面，实施降低信息成本的公共服务政策，也可能促进经济活动的扩散化（Baldwin，1999）。

然而，处于分权财政体制的中国，地方政府对当地经济有较强干预能力，可能实施一系列的举措保护当地产业，限制中国区域市场一体化程度，形成地区之间的国内贸易壁垒。因此，西方发达国家实施公共服务政策可能会降低信息成本，并引致经济活动扩散趋势；而在中国，各地区公共服务政策实施并不一定能有效降低信息成本。对于中国这样一个处于经济转轨的国家，地方政府通过提高公共服务水平、完善公共服务政策以吸引工业企业进驻，将有效地驱动要素资源向辖区内流动，并形成地区工业集聚。

（四）产业政策和产业集聚

产业政策是一种弹性较强的政府干预方式。利用产业政策，政府可引导控制产业投资方向，对经济进行结构性调整、促进产业升级，实现政府经济计划目标；政府通过实施产业政策激励时，有助于企业突破行业壁垒，获得更多银行融资支持，从而增加投资（黎文靖和李耀淘，2014）。已有研究表明，积极的产业政策可促进地区文化产业集聚（黄永兴和徐鹏，2011），但鲜有文献涉及产业政策对工业集聚的影响机制问题。考虑到行业自身的特殊性，工业领域企业更容易受到政府产业政策导向性影响。积极的、鼓励工业发展的产业政策可以促进工业集聚。

上述成果为本文的研究工作留下了空间，并启迪了研究思路：政府参与经济行为一定不利于地区工业集聚吗？包含对外开放政策、财税政策、土地政策、公共服务政策和产业政策在内的政府政策行为对工业集聚有何影响？政府采取何种经济政策参与经济活动才能推进工业集聚？本文将试图回答上述问题，将政府政策行为具体化为对外开放政策、财税政策、土地政策、公共服务政策，产业政策，使用2003～2011年省际面板数据，分别考察不同政策对中国工业集聚影响。剩余段落安排如下：第三部分描述性分析中国地区工业集聚呈现的新态势与地方政府政策实施的一般事实；第四部分为政府政策与中国地区工业集聚关系的实证检验，研究具体化的各项政府政策对中国地区工业集聚的影响；第五部分对实证结果进行解释，并提出相应的政策建议；第六部分为结论及启示。

三、中国地区工业集聚的演化态势描述

经济发展水平差距的最重要表现就是工业发展水平差距（范剑勇和朱国林，2002）。改革开放以来，中国地区工业发展水平差距日益扩大。金煜等（2006）测算了1987年工业改革之初和2001年各省之间工业GDP在全国中的所占份额，发现变异系数扩大趋势明显，地区工业GDP与全国工业GDP之比在省际差距日益扩大。本文采用同一指标进行测算。兼顾数据可得性、全面性和完整性，使用1997～2014

年数据①。全国各省工业 GDP 在全国工业 GDP 中所占份额的均值、标准偏差及变异系数如图 1 至图 4 所示。②

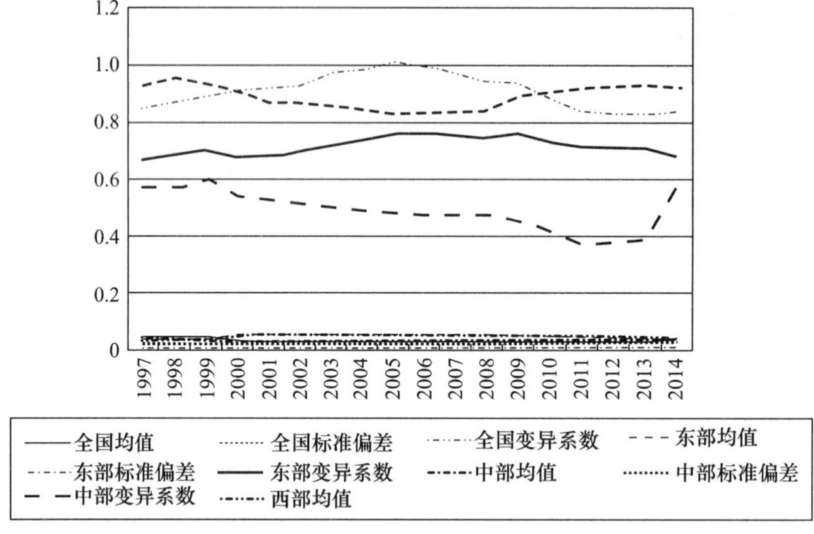

图 1　1997 ~ 2014 年$\frac{\text{地区工业 GDP}}{\text{全国工业 GDP}}$的均值、标准偏差及变异系数

资料来源：根据历年《中国统计年鉴》数据计算和整理而来。

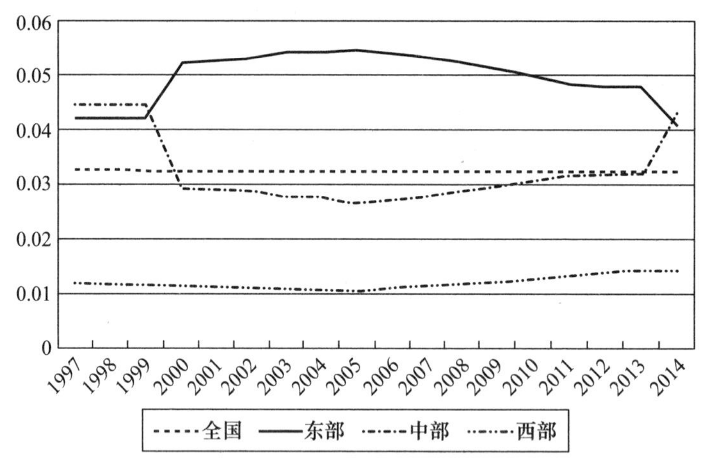

图 2　1997 ~ 2014 年$\frac{\text{地区工业 GDP}}{\text{全国工业 GDP}}$的均值

资料来源：根据历年《中国统计年鉴》数据计算和整理而来。

---

① 选取 1997 ~ 2014 年数据的原因在于，四川和重庆的数据在 1997 年之后分别统计，采用 1997 年后的数据能较全面地涵盖来自中国 31 个地区的数据。由于在各个统计年鉴或统计公报中，涉及 2015 年的相关数据不完整，故采用 2014 年及之前年份的数据。

② 地区划分的依据是所处地理位置。东部地区包括：北京、天津、河北、辽宁、上海、江苏、浙江、福建、山东、广东、广西、海南；中部地区包括：山西、内蒙古、吉林、黑龙江、安徽、江西、河南、河北、湖南；西部地区包括：重庆、四川、贵州、云南、西藏、陕西、甘肃、青海、宁夏、新疆。

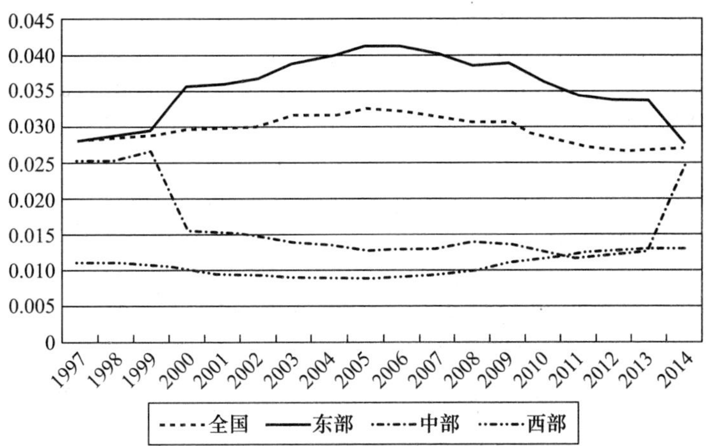

图3　1997～2014年$\frac{\text{地区工业 GDP}}{\text{全国工业 GDP}}$的标准偏差

资料来源：根据历年《中国统计年鉴》数据计算和整理而来。

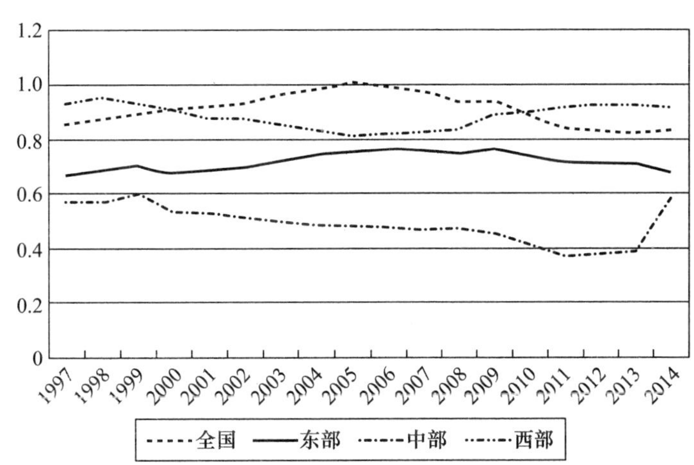

图4　1997～2014年$\frac{\text{地区工业 GDP}}{\text{全国工业 GDP}}$的变异系数

资料来源：根据历年《中国统计年鉴》数据计算和整理而来。

从图1可以看出：就全国层面而言，省际工业GDP所占份额的差距呈先上升后下降的显著趋势；这意味着，中国地区工业发展水平的差距呈先扩大后缩小的发展态势。就不同区域而言，东部地区的工业发展水平最高，并呈逐年下降趋势；而西部地区的工业发展水平最低，并总体上呈逐年上升趋势；中部地区在1999年前工业发展水平维持在较高水平，在2000年经历了骤降，而后逐年呈上升趋势。西部地区省份间工业发展水平差距最大，呈先缩小后扩大趋势；中部地区最小，呈逐年缩小趋势；东部维持在中间水平，工业发展差距波动较小。

进一步分析图1可以发现：政府政策对地区工业发展水平和省际工业发展差距有一定影响。2000年开始实施的西部大开发战略，对西部地区省际工业差距影响比较明显，西部地区工业份额变异系数由2000年的0.91下降至2005年的0.81；但从2005年起西部地区的工业发展差距开始逐年扩大。就工业在各省中的地位而言，使用各省工业GDP与各省GDP比重进行衡量。河南省、广东省、湖北省、山东省、江苏省、辽宁省、山西省、河北省等1997~2014年工业GDP占比高达40%以上。除少数省份外，其余多数省份的工业GDP所占比重经历了先递增而后逐年下降的过程。这也基本符合当前中国经济发展和产业结构调整的总体趋势。

关于地区工业集聚度，各地区工业GDP占全国工业GDP份额可以衡量地区工业集聚程度（金煜等，2006）。本文沿用金煜等（2006）方法来度量地区工业集聚程度，采用地区工业规模最大5个地区占全国的份额衡量工业地区集中度（CR_5）进行测算，如图5所示。表1为1997~2014年工业GDP份额前五位的省份和所占份额。

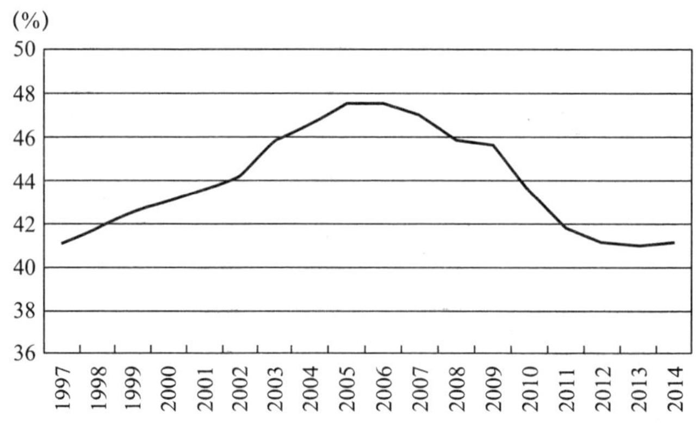

图5　1997~2014年工业地区集中度（CR_5）

资料来源：由历年《中国统计年鉴》数据整理和测算而来。

表1　1997~2014年地区工业GDP份额前五位　　单位：%

年份	第一位	第二位	第三位	第四位	第五位
1997	广东（10.01）	江苏（9.56）	山东（8.97）	浙江（7.15）	河北（5.39）
1998	广东（10.38）	江苏（9.47）	山东（9.15）	浙江（7.33）	河北（5.46）
1999	广东（10.56）	江苏（9.66）	山东（9.27）	浙江（7.50）	河北（5.56）
2000	广东（10.88）	江苏（9.75）	山东（9.47）	河北（5.70）	辽宁（5.40）
2001	广东（11.05）	江苏（9.97）	山东（9.55）	浙江（7.25）	河北（5.70）
2002	广东（11.11）	江苏（10.14）	山东（9.73）	浙江（7.52）	河北（5.66）
2003	广东（11.51）	江苏（10.58）	山东（10.32）	浙江（7.72）	河北（5.66）
2004	广东（11.31）	山东（11.01）	江苏（10.89）	浙江（7.60）	河北（5.77）
2005	广东（12.27）	山东（11.20）	江苏（10.93）	浙江（7.43）	河南（5.73）
2006	广东（12.19）	山东（11.27）	江苏（10.83）	浙江（7.40）	河南（5.88）

续表

年份	第一位	第二位	第三位	第四位	第五位
2007	广东（12.09）	山东（10.87）	江苏（10.55）	浙江（7.37）	河南（6.09）
2008	广东（11.58）	山东（10.81）	江苏（10.11）	浙江（6.95）	河南（6.41）
2009	广东（11.49）	山东（10.73）	江苏（10.45）	浙江（6.68）	河南（6.29）
2010	广东（11.10）	江苏（9.97）	山东（9.76）	浙江（6.55）	河南（6.18）
2011	广东（10.63）	江苏（9.61）	山东（9.18）	浙江（6.33）	河南（6.02）
2012	广东（10.33）	江苏（9.57）	山东（9.12）	浙江（6.14）	河南（6.01）
2013	广东（10.25）	江苏（9.57）	山东（9.05）	浙江（6.12）	河南（5.97）
2014	广东（10.51）	江苏（9.72）	山东（9.14）	浙江（6.05）	河南（5.70）

资料来源：由历年《中国统计年鉴》数据整理和测算而来。

由图5可以看出：1997～2014年，中国工业集聚的整体趋势呈现为先集中后分散。特别地，从地区工业GDP份额排名前五位份额之和中可以得到体现，在2005年、2006年最集中，工业集聚程度最高。

由表1可以看出：1997～2014年，广东地区工业GDP份额呈现为先上升后下降的趋势，始终维持在全国第一位。分析其原因：首先，广州是我国最早开放的通商口岸，深圳是全国率先设立的经济特区；对外开放政策为广东地区工业发展奠定了坚实基础；更重要的原因在于，广东省充分地利用其经济开发区的优势，全国率先在省内设立各类工业园区，并不断进行制度创新；建设工业园区，为进驻企业提供比较优惠的各类政策，促进了地区工业发展。在2005年以前，除2000年辽宁跻身地区工业GDP份额前五位之外，广东、江苏、山东、浙江、河北五个省份一直占据CR_5榜单。2005年后，河南省进入CR_5，至今仍在其中占据一席之地，这可能与国家“中部崛起”发展战略有一定联系——作为“中部崛起”战略的重要节点地区，河南省紧紧抓住战略契机，工业份额逐年增加，到2008年达最高点占6.41%，而后几年有回落趋势，但整体高于“中部崛起”战略实施之前。值得注意的是，河南省在2008年底做出规划建设产业集聚区的重大决策；地方政府陆续出台了包括资金支持、公共设施和公共服务体系的建设、土地出让收益资金在内的一系列优惠政策。无疑，这些优惠政策对河南地区工业集聚有不容忽视的影响。不同于河南地区工业集聚，河北省在2005年之前一直位于CR_5榜上，工业集聚水平整体呈上升趋势，尤其是在2000年曾居工业份额第四位。综观河北省历年的工业发展实践，受政府政策的影响程度并不亚于河南——1997年起，河北省政府出台了一系列支持工业发展的产业政策，推进河北地区工业集聚；代表性的有河北省地方煤炭工业产业政策。然而到2005年以后，河北地区工业份额逐年下降，尽管在2010年河北省人民政府出台

《关于加快工业集聚区发展的若干意见》①，其工业份额并未得到显著改善，这又是何原因？这是值得我们去进一步探究的问题。

总而言之，地区工业集聚可能受到来自中央和地方各级政府的政策影响，政策影响机制也是复杂的。一方面，国家深化对外开放政策可能对我国工业集聚有积极作用；另一方面，地方政府实施公共服务政策、财税政策、土地政策、产业政策等，也会对工业集聚产生影响，而且不同地方政府政策对工业集聚的影响可能是不同的。本文将在第四部分借助省际面板数据予以实证分析。

显然，中国地区工业集聚受到区域经济政策倾斜的影响。但经济政策与政府行为对中国工业集聚是否如前人研究结论那样——对外开放利于工业集聚，而经济干预行为则阻碍工业集聚？本研究将结合上述统计分析予以讨论。

自20世纪80年代以来，基于对国际形势的判断，我国对区域经济布局战略和区域经济政策进行重大调整，先后实施如下发展战略：

（1）沿海发展战略。珠江三角洲和长江三角洲地区率先发展、加快发展，东南沿海地区在20年间成为中国经济的“隆起”地带，工业集聚在珠江三角洲和长江三角洲日趋明显，现有部分研究将其归因于对外开放政策的结果。但如果该逻辑是正确的，那么为何同属沿海地区，享有同样政策优势的海南、广西等地工业集聚程度远低于广东、江苏等地？

（2）西部大开发战略。该战略促进东中西部地区之间的经济合作，使中西部地区工业发展差距缩小；但着眼于中国工业集聚的整体分布演化，除四川以外，大部分西部地区的工业集聚度并未得到显著提升。

（3）东北老工业基地振兴战略。该战略实施后，尽管东北地区工业发展水平差距有略微缩小趋势，但东北三省的工业发展水平和工业集聚程度未呈现出预期增长趋势：①工业发展水平。除吉林地区工业GDP比重从2003年的37%上涨到2014年的46%，辽宁地区工业GDP从2003年至2014年有微弱的3%的上升幅度外，黑龙江地区呈现明显的下降趋势，从2003年的51%下降至2014年的35%。②工业集聚程度。除了吉林地区的工业份额稍有上涨趋势，从2003年的1.64%增加到2014年的2.32%外，辽宁地区的工业份额维持在比较稳定的4.5%左右，而黑龙江的工业份额呈逐年显著下降趋势，从2003年的3.96%下降到2014年的1.72%。而且2014年以来，东北三省经济下滑，连续2年经济增速全国垫底。2014年吉林、辽宁、黑龙江GDP增长率分别为6.5%、5.8%、5.6%，均低于全国平均水平（7.4%）；2015年吉林、辽宁、黑龙江GDP增长率分别为6.5%、3%、5.7%，均低于全国平均水平（6.9%）。

（4）中部崛起战略。中部地区的省际工业GDP份额呈逐年增长趋势，工业发展水平提高，各地区工业发展水平差距整体上呈缩小趋势。值得注意的是，一些省份（如河南、湖北等）在中部崛起战略实施后，工业集聚发展态势良好；而另一些省份（如山西省），地区工业集聚却呈先上升后下降趋势。

由此观之，政府公共政策如何影响中国工业集聚，尚不能一概而论。各地区工业集聚不仅受国家层面政策（如对外开放

① 河北省人民政府《关于加快工业聚集区发展的若干意见》（冀政〔2010〕90号），2010年7月4日。

政策）的影响，同时也受到地方政府政策的影响。因此，应当将经济政策与政府行为具体化，分别研究各类公共政策对中国地区工业集聚的影响机制；以探讨产业集聚发展中政府政策的有效性与合理范围。

四、政府政策与中国工业集聚关系实证

（一）数据来源与变量设定

本文采用年度省际面板数据，以检验政府行为与中国地区工业集聚的关系。考虑土地政策数据可获得性①，并兼顾2003年中国入世以后地区工业集聚的发展态势，本文以2003～2011年中国31个地区的省际面板数据进行实证分析。基础数据来源于历年的《中国国土资源年鉴》、《中国统计年鉴》、《新中国50年统计资料汇编》的统计数据。本文还借鉴了Wen（2004）衡量地区工业集聚的方法，被解释变量地区工业集聚（RegionAgg）使用当年各地区工业GDP与当年工业GDP之比来表示。实证工作中所涉及的主要政策变量描述及描述性统计量如表2和表3所示。

表2　主要政策变量描述

变量	定义	可能影响方向
Open	对外开放政策（进出口总额/GDP）	正
Finance	财税政策（财政收入/GDP）	负
Land	土地政策（土地“招拍挂”成交价款/土地出让成交价款）	正
Public	公共服务政策（公共服务支出/财政支出）	正
Industry	产业政策	正

第一，对外开放政策（Open）。借鉴金煜（2006）采用的解释变量，使用$\frac{\text{进出口总额}}{\text{GDP}}$进行衡量。原因在于，采用与之统一口径的指标，使用不同年度地区工业集聚变化趋势不同的数据对假设进行验证，得出的结果更具说服力。

表3　主要政策变量的描述性统计量

变量	N	最小值	最大值	均值	标准偏差
Open	279	0.0052	0.9886	0.1678	0.2139
Finance	279	0.0442	0.1850	0.0849	0.0278
Land	279	0.0744	0.9980	0.7841	0.1936
Public	279	0.1775	0.4484	0.3488	0.0624

第二，财税政策（Finance）。使用$\frac{\text{财政收入}}{\text{GDP}}$进行度量，若Finance的值越大，表明地方地府财税政策执行力度越大。

第三，土地政策（Land）。土地出让制度变迁，通过对土地招标、拍卖、挂牌出让制度的实施，各地区的地价、房价受影响，进而影响企业投资，地区工业集聚随之受到影响。本文采用$\frac{\text{本地招拍挂成交价款}}{\text{GDP 土地出让成交价款}}$衡量土地招拍挂出让政策，若Land值越大，表明土地招拍挂出让政策激励越强。

第四，公共服务政策（Public）。本文采用各地区年度$\frac{\text{公共服务财政支出}}{\text{GDP 财政支出}}$衡量各个地区公共服务政策②，若Public值越大，表明地方政府公共服务政策激励越强。

第五，产业政策（Industry）。政府利用产业政策，引导控制产业投资方向，对

① 涉及中国31地区的土地“招拍挂”出让政策的省际数据在《中国国土资源年鉴》中主要包含2003～2011年的数据。

② 公共服务财政支出主要包括预算内科教文卫支出、社会保障和国防方面的支出，国防用于代替公共安全支出。2007年改革以后主要采用教育、科学技术、社会保障和就业、医疗卫生和国防等方面的支出。所有支出数据均根据《中国统计年鉴》中的消费物价指数消除了通货膨胀因素。

产业进行结构性调整、促进产业升级，实现政府经济计划目标。本文借鉴黎文靖和李耀淘（2014）对产业政策的衡量和定义方式。根据中国发展和改革委员会发布的产业政策进行处理：①被产业政策所激励的判断标准是政策文件出现“大力发展工业”、“鼓励发展工业”、“积极发展工业”、“调整工业结构”等字眼。把调整作为行业被激励，原因在于“调整”政策预示落后产能要被抑制，先进产能被鼓励，相对于单纯鼓励发展而言，是多维政策措施，所以把调整政策纳入激励政策中考虑（黎文靖和李耀淘，2014）。②实施日期为相关政策文件中列示日期。③若实施日期或颁布日期在 11 月、12 月，实施日期递延至下一年。本文将产业政策设定为虚拟变量，当每个地区的工业处于产业政策激励范围内，则变量赋值为 1，否则为 0。

第六，直辖市虚拟变量和沿海地区虚拟变量。参照大多数研究地区差异的文献，在进行计量分析时，采用直辖市虚拟变量（Municipality）和沿海地区虚拟变量（East）。

（二）模型选择

本研究使用地区工业 GDP 在全国工业 GDP 中所占份额衡量地区工业集聚（RegionAgg）作为被解释变量；依据前文讨论，政府行为包括对外开放政策、财税政策、土地政策、公共服务政策和产业政策等，本模型中相应设置了对外开放度$\left(\frac{\text{进出口总额}}{\text{GDP}}\right)$、地区财政收入比$\left(\frac{\text{财政收入}}{\text{GDP}}\right)$、土地“招拍挂”出让成交价款比$\left(\frac{\text{土地招拍挂成交价款}}{\text{GDP 土地出让成交价款}}\right)$、公共服务支出比$\left(\frac{\text{公共服务财政支出}}{\text{GDP 财政支出}}\right)$、政府产业政策的实施等解释变量予以表征，同时模型还设置了直辖市和沿海地区为虚拟解释变量。基于此，本文构造计量模型，试图分析政府行为对中国地区工业集聚的影响机理。

$$\ln(RegionAgg)_{it} = \alpha_0 + \alpha_1\ln(Open)_{it} + \alpha_2\ln(Finance)_{it} + \alpha_3\ln(Land)_{it} + \alpha_4\ln(Public)_{it} + \alpha_5\ln dustry_{it} + \beta_1 Municipality_i + \beta_2 East_i + \varepsilon_{it} \tag{1}$$

式中，$RegionAgg_{it}$ 为各年各地区工业 GDP 占全国当年工业 GDP 的比重；$Open_{it}$ 为对外开放度，衡量对外开放政策；$Finance_{it}$ 为财税政策；$Land_{it}$ 为土地政策；$Public_{it}$ 为公共服务政策；$Industry_{it}$ 为产业政策；$Municipality_i$ 和 $East_i$ 为虚拟解释变量，且有

$$\text{l}ndustry_{it} = \begin{cases} 1，\text{受产业政策激励} \\ 0，\text{其他} \end{cases}$$

$$Municipality_i = \begin{cases} 1，\text{直辖市} \\ 0，\text{其他} \end{cases}$$

$$East_i = \begin{cases} 1，\text{东部沿海地区} \\ 0，\text{其他} \end{cases}$$

本文使用 EViews6.0 统计软件，对式（1）的面板数据模型进行随机效应和固定效应估计，验证对外开放政策、财税政策、土地政策、公共服务政策和产业政策对地区工业集聚的影响。

近年来随着中国对外开放政策的日益深化，各地区通过不断引进外资，促进了各地区经济增长。工业企业为了降低生产成本，获得规模报酬所带来的集聚优势，可能倾向于集聚。故对外开放政策对工业集聚的影响方向应当为正。

各地区财税政策实施的力度越大，表明地方对企业征收的税收越多，企业生产成本可能增加，难以抵消产业集聚带来的成本降低，导致产业集聚的收益低于企业经济活动发散带来的收益。一个地区财税政策实施的力度越小，越有可能吸引其他地区的企业进驻，形成产业集聚。故财税

政策对工业集聚的影响方向可能为负。

在分权财政体制和GDP导向的政治晋升激励考核机制下，地方政府为谋求各自发展，有动力采取有利于吸引企业进驻的策略，向企业提供价格较低的工业用地。各地区土地招拍挂政策实施的力度越大，表明政府吸引企业进驻的动力越强，越有利于产业集聚。故土地“招拍挂”政策对工业集聚的影响方向可能为正。

公共服务政策的实施，一方面，有助于改善地方基础设施建设、资本禀赋和规模报酬递增，从而吸引企业投资，促进产业集聚。另一方面，公共服务设施的完善可能降低企业获取信息的成本，导致经济活动扩散。对于现阶段正处于转轨期的中国而言，公共服务设施的完善所带来的企业获取信息成本降低可能还不足以抵消基础设施改善所带来的收益。故公共服务政策对工业集聚的影响方向可能为正。

采用产业政策对经济活动进行直接干预，是当前地方政府影响企业投资的有效手段。对于具有特殊国情的中国，产业政策的导向作用，可能会直接影响企业的选址决策。而且，一个地区经济发展都需要来自工业的有力支撑。因而，地方政府有动力实施产业政策，鼓励辖区内工业发展。由此，产业政策对工业集聚的影响方向可能为正。

直辖市作为大都市或是潜在的大都市，可能为维护自身形象而排挤工业企业，故本研究预期直辖市虚拟变量对工业集聚有负向作用；而沿海地区经济发展较快，有区位优势，能吸引工业企业的集聚，故预期沿海地区的虚拟变量对工业集聚有正向作用。

五、实证结果及分析

（一）实证结果

本文基于式（1）实证模型，对政府行为与地区工业集聚关系进行实证分析，采用2003～2011年的省际面板数据估计方法对模型进行固定效应与随机效应估计，实证结果如表4所示。

表4　模型回归结果

解释变量	随机效应		固定效应	
	估计值	t值	估计值	t值
常数项（Constant）	-3.161522***	-3.787116	0.793163	0.747948
对外开放政策（Open）	0.393466***	4.560123	0.695696***	6.335057
财税政策（Finance）	-0.995122***	-3.270966	-0.826860***	-2.619219
土地政策（Land）	0.258984	1.130447	0.364646	1.541976
产业政策（Industry）	0.275194**	2.003072	0.386766**	2.112658
公共服务政策（Public）	2.447368***	5.800905	4.898387***	8.649305
东部虚拟变量（East）	0.538599***	2.908886	0.082240	0.411699
直辖市虚拟变量（Municipality）	0.137704	0.535654	0.023577	0.096301
调整 R^2	0.276051		0.368898	
Hausman 检验	Chi(7) =47.721924 p-value=0.0000			

注：***、**、*分别表示在1%、5%、10%统计水平下显著。

在表4中，由随机效应和固定效应模型回归结果的豪斯曼检验结果可以看出，固定效应模型更适合本研究；在固定效应模型下，对外开放政策、土地政策、产业政策和公共服务政策变量的显著性均得到提升。但是，与理论预期不符的是，无论使用固定效应，还是随机效应模型，土地政策和直辖市虚拟变量对地区工业集聚的影响均并不显著。

从固定效应模型结果来看，对外开放政策、财税政策和公共服务政策对地区工业集聚影响均在1%统计水平下显著，产业政策对工业集聚的影响在5%统计水平下显著。公共服务政策对地区工业集聚的影响显著；公共服务政策实施力度增加1%，可促进工业集聚增加近4.90%，成为影响工业集聚的最显著因素变量。对外开放政策对工业集聚的影响也较为显著。产业政策对工业集聚的影响也有比较显著的正向作用，即当一个地区受到产业政策激励时，可促进工业集聚水平上升。而财税政策对工业集聚则存在负向作用，当财税政策实施力度增加1%，地区工业集聚水平下降0.83%。本文采用直辖市虚拟变量和东部虚拟变量，来表征传统地理经济学理论较为关注的地理区位因素，实证结果显示，直辖市虚拟变量和东部虚拟变量未通过统计检验，与理论预期不符。

（二）结果解释

实证结果表明，不同经济政策对中国工业地区集聚有着不同影响，初步印证了前文的分析结论。其中，对外开放政策、产业政策和公共服务政策对工业集聚存在显著正向作用，而财税政策对工业集聚有负向作用；土地政策、东部沿海地区虚拟变量和直辖市虚拟变量对工业集聚影响的假设未通过检验。对此，本文分类解释如下：

1. *对外开放政策效果较显著*

研究结果表明，在近年来中国地区工业集聚呈现新特点的情况下，对外开放政策对工业集聚的正向作用依然显著，与金煜等（2006）、张玉新和李天籽（2008）等的研究结论相印证。基于我国特殊国情，在财政分权和GDP导向的政治晋升激励下，地方政府有动力参与经济活动，促进本地经济发展，导致区域一体化程度不高，各地区之间存在较强的贸易壁垒，交易成本较高；而对外开放政策的深化有助于地区工业集聚，而非经济活动分散。从另一个角度讲，各地区竞相吸引工业企业进驻，地区工业集聚可能导致地区经济发展不平衡问题趋于恶化。

2. *产业政策存在积极影响*

实证结果表明，产业政策对工业集聚有积极影响，与前文的理论预期相一致。一方面，地方政府借助产业政策，引导产业发展、促进产业投资、调整产业结构，促进地区工业发展和集聚；另一方面，一个地区经济发展需要产业支撑，地方政府为了推进产业向本地区集聚，往往出台一系列优惠政策，降低工业企业的各类生产成本，吸引企业进驻，影响工业集聚趋势。

3. *公共服务政策发挥一定作用*

实证研究表明，公共服务政策对工业集聚的影响显著为正，与Baldwin（1999）的研究结论有所区别。通常来说，一个地区公共服务政策有助于改善地方基础设施建设，资本禀赋和规模报酬递增，从而吸引企业投资，促进产业集聚。考虑到处于经济转轨期的中国与发达国家的国情不同，完善公共服务设施和体系所带来的企业获取信息成本降低，不足以抵消基础设施改善带来的收益。地方政府能通过改善各地区的基础设施和公共服务，吸引企业进驻，促进工业向本地区集聚。

4. 财税政策运用适得其反

实证结果表明，财税政策对工业集聚有显著负向作用，这与周兵和蒲勇健（2004）的研究结论一致，也与中国产业集聚的实践相符。一般来说，政府采用财税政策激励企业集聚的主要手段有减免税负、投资补贴、税收返还、科研专项补助等方式进行转移支付。在当前的财政管理机制下，相应的转移支付从中央到地方层层划分，税率有所不同，转移支付的税收返还比率并没有明确规定，导致地区之间税收返还的不均等分布，不同地区的企业难以平等地享受集聚带来的优惠，企业可能倾向于向那些具有明显政策优势的地区集聚，地区之间工业集聚的差异扩大。个人地区产业集聚程度增加并不意味着整体范围内产业集聚水平的上升。因此，当实施财税政策带来的优势集中到某个地区或某个区位时，从整体上说，产业集聚的水平并不一定呈现上升趋势，相反，政策的激励可能导致产业集聚程度的下降。另外，在分权财政体制下，地方政府获得更多的权力制定、实施地方税收政策。随着地方财政收入增加，对企业来说可能意味着更高的税负。尤其是在一些经济社会比较落后的省份或地区，由于自身的地理或自然资源劣势，本身对企业的吸引力不足。如果税收增加，但是相应的财政转移支付政策优惠并没有增加相应的比重时，企业的生产成本将会增加。因此，各级政府实施的财税政策激励并不一定能促进产业集聚，而且可能导致经济活动的扩散，当集聚地区的企业生产成本节约低于税负增加时，企业将用脚投票，选择离开。

5. 土地政策影响有限

实证分析结果表明，无论是固定效应模型还是随机效应模型检验，土地政策的影响均不显著，这与之前的理论预期不符。分析内在原因，可能在于土地“招拍挂”出让政策的实施，一方面加快了土地市场化的进程，增加企业投资，是有利于工业集聚的；另一方面随着土地市场化程度提高，企业间竞争增强，导致地价、房价的上升，企业投资减少，工业集聚度区域降低。综观近年来中国土地政策和工业集聚实践，随着土地“招拍挂”出让政策的实施，中国工业用地市场化程度大幅提高；与此同时，房价、地价的水涨船高已成为企业选址和投资时不可忽视的成本之一，尤其在一些经济发展较好的城市，地价和房价的上涨幅度更甚。当工业企业在进行企业选址时，如果一个地区房价、地价上涨带来的成本高于集聚所降低的成本，企业可能会进驻或将企业转移到那些受土地政策激励所带来的收益大于房价、地价上涨所增加的成本的地区。然而，中国各个地区社会经济发展不平衡和土地政策实施的不平衡，导致土地市场化程度增加所带来的工业企业生产成本的变化并不相同。换句话说，土地“招拍挂”出让政策的实施，可能导致一些地区工业企业生产成本降低，一些地区工业企业生产成本增加，因而土地政策的实施总体上并不影响工业企业成本。工业企业生产成本变动会影响工业企业的进驻和迁移，但由于每个地区土地政策为工业企业带来的生产成本的变化存在不确定性，导致模型检验中，土地政策对地区工业集聚的影响并不显著。另外，即使有土地“招拍挂”出让政策，很多地方政府为谋求经济跨越式发展，仍有动力实施一些激进的土地政策，扭曲土地价格，吸引工业企业进驻。但是，如果大部分地区都实施类似的土地优惠政策，那么各地区的土地政策效果便相互抵消了。土地政策失灵，是否意味着地方政府招商引资中的土地优惠政策（如零地价等）对企业没有吸引力？其实不然。当地方政府采取激进的土地优惠政策时，可能导致寻租行为产生，企业之间互相竞争可能会导致游说成本增加。当然，土地“招拍挂”政策的确也在客观上提高了地方政府实施激进土地政策的困难程度。

6. 地理区位优势

本文设置了是否为东部沿海地区和是否为直辖市两个虚拟变量；以此试图探讨传统地理经济学关注的地理区位因素对于现代工业集聚是否存在影响。不少研究文献表明，东部沿海地区可凭借特殊的地理优势，如接近港口和国际大市场，吸引工业集聚，东部沿海地区虚拟变量对工业集聚有积极的正向效应。而本文实证结果表明：东部沿海虚拟变量对工业集聚存在正向影响，但统计结果表现并不显著。本研究与既有文献研究结论有所不同，究其原因，可能在于：①东部地区完全按照地理位置进行划分而非经济社会发展水平进行划分。经济发展相对落后的省份或地区，典型的如海南、广西等地，若按经济社会发展状况进行划分，属于中西部地区，而在本研究中将其划分为东部地区，原因在于这样可以较清楚地反映出区位优势对于工业集聚的影响是否显著。结果表明，海南、广西等地并未能借助其接近国际市场的地理优势促进工业集聚。②东部地区工业发展的不平衡。如本文第三部分所描述，近年来广东、山东、江苏、浙江一直位居地区工业份额前四位，同属东部沿海地区。观察东部沿海地区工业发展水平最低、多年来工业份额仅高于西藏的海南省，与一直维持在 CR_5 榜首的广东地区相比而言，广东地区的工业份额高达海南地区的近 50 倍。如此巨大的工业发展水平差异，可能导致东部地区虚拟变量对工业集聚的影响受到干扰，在统计水平下并不十分显著。本文设置的直辖市虚拟变量对工业集聚有正向影响，但同样并不显著，与金煜（2006）得出的结果有所区别。分析原因，本文认为，北京、上海等直辖市作为大都市，为维护自身形象，会逐渐把工业企业迁移到周边省份。但是一个地区没有工业的支持，经济很难得到长效持续发展。直辖市为了经济能够得到发展，仍有可能通过一系列地方政策，吸引科技含量较高的工业企业进驻，形成高科技产业集聚。另外，直辖市拥有行政资源和丰裕资本及劳动力等，有较好的发展潜力，有利于吸引企业进驻。因此，直辖市虚拟变量对工业集聚存在积极影响，但考虑到中国逐渐开始进入工业化中后期，作为城市经济中心的直辖市，经济职能内容与产业结构已经发生变化，直辖市虚拟变量对工业集聚的影响将会逐渐降低；因此，在实证结果中，两者之间自然也就不会有非常强的关联关系。

六、结论及启示

（一）主要结论

工业集聚的影响因素复杂，包含自然因素、经济因素和政策因素等。本文考虑处于经济转轨期中国的特殊国情，将政策因素细分为对外开放政策、财税政策、土地政策、公共服务政策、产业政策，利用来自中国的省际面板数据检验了经济政策对中国地区工业集聚的影响，结果发现：①经济政策不能简单划分为对外开放和政策干预，地方政府采用不同的经济干预行为对地区工业集聚的影响有所不同。其中对外开放政策、公共服务政策和产业政策的实施能促进地区工业集聚，财税政策的实施则不利于地区工业集聚。②土地“招拍挂”出让政策对工业企业投资的影响具有不确定性，对地区工业集聚的作用不是非常显著。这表明长期以来地方政府青睐的、激进的土地政策可能并没有产生预期效果。③东部沿海地区虚拟变量和直辖市虚拟变量对地区工业集聚的影响并不显著。

与现有文献研究相对，本文得出与之不同的结论，政府对经济的干预行为并不一定都会阻碍地区工业集聚的进程。相反，各级政府的一些经济干预行为，如产业政策和公共服务政策的实施，促进了我国地区工业集聚的进程。显然，传统研究将政策因素作为新经济地理因素的偶然因素对产业集聚进行研究对具有特殊国情的中国实际进行研究是不合时宜的，而部分研究将政策因素简单划分为对外开放和经济干预亦是不可取的。基于研究结论，本研究认为可以通过对各地区实施差异化的对外开放政策、财税政策、产业政策和公共服务政策影响地区工业集聚，从而改善地区工业发展不平衡问题。

本文从一定程度上拓展了传统关于政府政策对工业集聚影响的研究框架，政府政策不再是作为经济地理和新经济地理理论体系中的一个中介因素发生作用，而是应当作为一个独立的影响因素进行研究。然而，由于各方面的原因，本研究尚存在诸多不足之处：①受土地政策相关数据资料所限，本文只能使用 2003～2011 年的面板数据验证政府公共政策因素对工业集聚的影响。而且由于数据样本量不足，难以对数据分地区进行验证。如果能够获取更大的数据样本，将东部、中部和西部地区的数据分别进行验证，可能得出的结论具备更强说服力，而且也有助于解释地区工业集聚程度存在差异的原因。②政府政策对于工业集聚的影响机制复杂，囿于研究篇幅及研究进度所限，本文未充分地进行理论化阐释，只是对各个政策因素的影响机理进行了实证结论性解释。即便如此，本文关于政府土地政策和财税政策对地区工业集聚的影响已经得到一些有趣的结论。在今后研究工作中，我们将依托并尝试修正新经济地理学理论框架，持续地研究聚焦并理论化探讨政府政策在产业集聚发展进程中的内在作用机理。

（二）政策启示

不同政府政策对工业集聚的影响效果有所不同；地方政府固然可以通过一系列政策手段对经济活动进行干预，促进地区工业集聚，推进经济社会的发展。但不是所有的政府政策都会对地方工业集聚和经济发展产生积极作用。例如，地方政府所青睐的、激进的土地政策并没有产生预期效果，相反导致土地价格的扭曲，不利于企业进驻和产业的发展。一个地区若想要促进本地工业集聚，实现地区经济快速发展，应当通过实施较为系统的复合政策，而不是依赖单一政策“打天下”。

随着各地区工业集聚的推进，经济活动倾向于向那些具有经济政策优惠的地区集聚，可能导致地区发展问题恶化。由于各地区工业发展水平和经济政策实施的不平衡，采取上述经济政策可能导致“穷者更穷，富者更富”，即地区经济发展不平衡问题加重。如果这个逻辑是正确的，那么地方政府采用相应的经济政策遏制工业集聚便能有效解决地区发展不平衡问题。但是，工业集聚对经济社会的积极作用不可否认，这样的政策措施会抑制地方经济的发展。因此，地方政府在采取政策措施以实现经济目标时，需要综合考虑工业集聚可能对经济社会发展的积极作用和对地区经济不平衡造成的消极影响。具体来说，对于工业发展较缓慢的地区，可以更快推行对外开放政策，深化并推广四大自贸区成果，推动中国各地方经济不断融入国际经济格局，更快推行积极产业政策与公共服务政策，减弱财税政策的实施，推进各地区工业集聚进程。需要指出的是，自贸区本质上不是贸易政策，而是中国深化制度改革，如实行自贸区负面清单，这完全是对以往政府集权审批模式的颠覆，凡是没有列入清单予以限制的经营范围都允许在自贸区开展业务。而对于工业发展较快速的地区，可以稍微放缓对外开放政策的深化、产业政策与公共服务政策，减弱财税政策的实施。这样，不仅能够保证各地区吸收采取不同经济政策推进工业集聚的形成所带来的益处，而且能有效减缓地区工业发展差距的扩大。

本书从一定程度上对中国各地区工业发展和各地区工业发展不平衡的问题提供了政策参考。各地区协调发展的经济目标并非只能通过传统意义上的经济地理因素和新经济地理因素才能实现，中央和地方政府可以组合、交叉地运用包括对外开放政策、产业政策、公共服务政策、财税政策等一系列的公共政策，加快经济落后地区的工业化进程，有效改善地区工业发展不平衡问题。

参考文献

［1］Krugman P. Geography and Trade［M］. Leuven University Press/MIT Press, Leuven, Cambridge, MA, 1991a.

［2］Krugman P. Increasing Returns and Economic Geography［J］. Journal of Political Economy, 1991b（99）: 483 -499.

［3］Fujita M, Krugman P. and Anthony J. Venables. The Spatial Economy: Cities, Regions and International Trade［M］. MIT Press, Cambridge, MA, 1999.

［4］Baldwin, Richard E, Forslid R, Philippe H. Economic Geography and Public Policy［M］. Princeton University Press, Princeton, 2003.

［5］Krugman P, Venables A. Globalization and the Inequality of Nations［J］. Quarterly Journal of Economics, 1995（110）: 857 -880.

［6］Venables A. Equilibrium Locations of Vertically Linked Industries［J］. International Economic Review, 1996（37）: 341 -359.

［7］Puga D. The Rise and Fall of Regional Inequalities［J］. European Economic Review, 1999（43）: 303 -334.

［8］白重恩，杜颖娟，陶志刚，仝月婷．地方保护主义及产业地区集中度的决定因素和变动趋势［J］．经济研究，2004（4）：29 -40.

［9］范剑勇．市场一体化、地区专业化与产业集聚：兼谈对地区差距的影响［J］．中国社会科学，2004（6）：39 -53.

［10］金煜，陈钊，陆铭．中国的地区工业集聚：经济地理、新经济地理与经济政策［J］．经济研究，2006（4）：79 -89.

［11］陈建军，胡晨光．产业集聚的集聚效应——以长江三角洲次区域为例的理论和实证分析［J］．管理世界，2008（6）：68 -83.

［12］贺灿飞，朱彦刚，朱晟君．产业特性、区域特征与中国制造业省区集聚［J］．地理学报，2010（10）：1218 -1228.

［13］Furukawa A. Asymmetric Local Government Consolidations with Heterogeneous Local Public Goods［R］. Chukyo University Institute of Economics Discussion Paper Series, 2012（1202）.

［14］Porter M. Clusters and the New Economics of Competition［J］. Harvard Business Review, 1998（98）: 77 -90.

［15］Fujita M., Thisse J F. Economics of Agglomeration: Cities, Industrial Location and Regional Growth［M］. Cambridge University Press, 2002.

［16］Ludema R D, Wooton I. Economic Geography and the Fiscal Effects of Regional Integration［J］. Journal of International Economics, 2002（52）: 331 -357.

［17］Devereux M P, Lockwood B, Redoano M. Horizontal and Vertical Indirect Tax Competition: Theory and some Evidence from the USA［J］. Journal of Public Economics, 2007（91）: 451 -479.

[18] Andersson F, Forslid R. Tax Competition and Economic Geography [J]. Pub Econ Theory, 2003 (5): 279 – 303.

[19] Exbrayat N. The Impact of Trade Integration and Agglomeration Economies on Tax Interactions: Evidence from OECD Countries [D]. RIEF Doctoral Meeting, Barcelone, Spain, 2008.

[20] Brulhart M, Jametti M, Schmidheiny K. Do Agglomeration Economies Reduce the Sensitivity of Firm Location to Tax Differentials? [J]. Econ Journal. 2012 (122): 1069 – 1093.

[21] He C F, Wei Y H, Xie X Z. Globalization, Institutional Change and Industrial Location: Economic Transition and Industrial Concentration in China [J]. Regional Studies, 2008, 42 (7): 923 – 945.

[22] 黄永兴，徐鹏．经济地理、新经济地理、产业政策与文化产业集聚：基于省级空间面板模型的分析 [J]．经济经纬，2011 (6): 47 – 51.

[23] 谭真勇，谢里，罗能生．地方保护与产业集聚：基于空间经济模型的分析 [J]．南京师大学报（社会科学版），2009 (1): 53 – 58.

[24] 陈建军，陈国亮，黄洁．新经济地理学视角下的生产性服务业集聚及其影响因素研究——来自中国 222 个城市的经验证据 [J]．管理世界，2009 (4): 83 – 95.

[25] 周黎安．中国地方官员的晋升锦标赛模式研究 [J]．经济研究，2007 (7): 36 – 50.

[26] 梁琦，吴俊．财政转移与产业集聚 [J]．经济学（季刊），2008 (4)．1247 1270.

[27] 李世杰，胡国柳，高健．转轨期中国的产业集聚演化：理论回顾、研究进展及探索性思考 [J]．管理世界，2014 (4): 165 – 170.

[28] 梅志雄，徐颂军，欧阳军．珠三角县域城市潜力的空间集聚演化及影响因素 [J]．地理研究，2014 (2): 296 – 309.

[29] 郭勇，罗波阳，朱有志．从陈家坊模式看欠发达地区产业集聚乡镇政府作为 [J]．求索，2005 (9): 85 – 87.

[30] 袁丰，魏也华，陈雯，金志丰．苏州市区信息通讯企业空间集聚与新企业选址 [J]．地理学报，2010 (2): 153 – 163.

[31] 杜凤莲，马慧峰．"政策高地"与区域产业集聚 [J]．学习与实践，2013 (11): 35 – 42.

[32] 周兵，蒲勇健．基于财政政策的区域产业集聚实证分析 [J]．中国软科学，2004 (3): 135 – 143.

[33] 黄阳平．地方政府财政支出竞争与工业集聚：基于省（市、区）的空间面板数据分析 [J]．云南财经大学学报，2011 (4): 66 – 72.

[34] 王玉华，乡镇企业集聚的土地制度创新与小城镇发展 [J]．管理世界，2002 (3): 96 – 100.

[35] 张黎娜，千慧雄．城市集聚力考量下的最优土地财政问题研究 [J]．南开经济研究，2013 (3): 51 – 66.

[36] 陆铭，陈钊．论中国区域经济发展的两大因素和两种力量 [J]．云南大学学报（社会科学版），2005 (4): 27 – 40.

[37] Martin P, C A Rogers. Industrial Location and Public Infrastructure [J]. Journal of International Economics, 1995 (39): 335 – 351.

[38] Baldwin R. Agglomeration and Endogenous Capital [J]. European Economic Review, 1999 (43). 253 280.

[39] 黎文靖，李耀淘．产业政策激励了公司投资吗 [J]．中国工业经济，2014 (5): 122 – 134.

[40] 张玉新，李天籽．对外开放政策对我国产业集聚的影响 [J]．中国行政管理，2008 (7): 88 – 91.

Does Public Policy Affect Regional Industrial Agglomeration in China?

—An Empirical Analysis Based on Provincial Data

Li Shijie Huan Meili Wei Kailei

Abstract: The existing studies showed that government economic policy has significant effects on industrial agglomeration. However, economic policies at all levels of Government in China are in various forms, including fiscal policy, industrial policy, land policy, the common services policy, as well as parts of the Government policies directly involved in investment in local economic activity. This research examined the new characteristics of China's current industrial agglomeration where the gap between the regional industrial clusters widened first and reduced afterwards, the level of regional industrial agglomeration has been decreasing. And then this paper discussed the differences in the influence mechanism of local government policies on China's regional industrial agglomeration based on the 2003 – 2011 provincial panel data analysis. The results showed that different acts of Government policy have different effects on industrial agglomeration, open door policy, industrial policy, public service policy are significantly good for regional industrial agglomeration; fiscal policy has negative effects on regional industrial agglomeration; the effects of land policies as well as the East Coast regional dummy variable and the municipality of dummy variable, on the regional industrial agglomeration are not very significant.

Key Words: Regional Industrial Agglomeration; Local Government; Public Policy

□ 京津冀产业结构调整与区域协同发展*

——基于比较优势理论的视角

余 剑 陶娅娜

摘 要：京津冀协同发展作为国家为优化经济空间格局而重点实施的三大战略之一，承载着打造全国创新驱动经济增长新引擎和区域整体协同发展引领区的重要使命。京津冀三地经济金融总量大、产业互补性强，为实现区域协同发展奠定了良好的基础。随着京津冀协同发展的广度和深度日益拓展，三地自身产业结构持续优化，更进一步促进了区域经济发展整体性、协同性的提升。如何进一步促进京津冀产业结构优化调整，完善区域生产力布局和空间结构，成为推进京津冀协同发展的重要环节。本文针对京津冀产业结构比较优势，以企业集团合理布局作为产业结构调整的微观基础，通过引入 HOV 模型、集聚经济模型、引力模型，试图构建企业集团区域布局对区域产业结构调整影响传导机制的三阶段模型，实现以企业集团所在地产业结构升级带动区域产业结构升级调整，并通过分析比较优势动态变迁对京津冀产业结构特别是首都产业结构的现实影响，研究京津冀产业结构调整的作用机制，以优化区域产业布局，构建首都“高精尖”经济结构，促进京津冀协同发展。

关键词：比较优势；HOV 模型；集聚经济；引力模型；产业结构

一、引言

推动京津冀协同发展，是中央为优化国家经济发展空间布局作出的重大决策部署，是面向未来打造新的首都经济圈、实现京津冀优势互补、为北方经济乃至全国经济提供新增长极的重要举措。加快京津冀产业结构调整，优化区域产业布局，对疏解首都非核心功能，构建首都“高精尖”经济结构，实现京津冀协同发展具有重要意义。

基金项目：国家社会科学基金青年项目（批准号 12CJY103）及 2015 年北京市社会科学界联合会重点学术活动资助项目“京津冀协同发展与金融支持”。

作者简介：余剑，湖北武汉人，经济学博士，应用经济学博士后，中国人民银行营业管理部副研究员；陶娅娜，江西南昌人，经济学硕士，中国人民银行营业管理部经济师。

* 本文曾刊发于《北京金融评论》2016 年第 4 辑，中国金融出版社。

长期以来，京津冀三地存在不同程度的产业同构性和相似性，产业分工协作和一体化水平不高（孙久文、丁鸿君，2012；陈小永、张会平，2012；叶振宇，2014）。随着《京津冀协同发展规划纲要》及《“十三五”时期京津冀国民经济和社会发展规划》的贯彻落实，京津冀协同发展的广度和深度日益拓展，加之京津冀三地地域相接、人文相依，其经济金融的差异性和产业互补性为实现区域协同发展奠定了良好的前提和基础。一是京津冀地区经济总量较大，互补性强。京津冀以占全国2.25%的土地、8%的人口创造了超过10%的经济总量。三地产业结构梯度明显，对接协作潜力巨大。2015年，京津冀三地三次产业结构分别为0.6：19.7：79.7、1.3∶46.7∶52.0和9.0∶40.5∶50.5（见图1）。二是京津冀金融总体规模较大，发育程度较好，合作空间大。2015年末，京津冀三地全部金融机构本外币存款余额20.6万亿元，占全国的15.2%；全部金融机构本外币贷款余额11.7万亿元，占全国的12.5%；三地社会融资规模总计24607亿元，占全国的16%，为促进京津冀经济发展提供了坚实的资金基础。随着三地协同发展的不断深化，市场主体对各类要素跨地区自由有序流动和合理高效配置以及产业发展基础设施有效布局、市场加速融合、产品和服务创新等方面都提出了新的更高的要求，为进一步释放北京、天津产业竞争力、资本辐射力和创新引领力，促进河北积极承接京津产业转移和功能外溢，提升三地产业发展合力，创造了良好机遇。

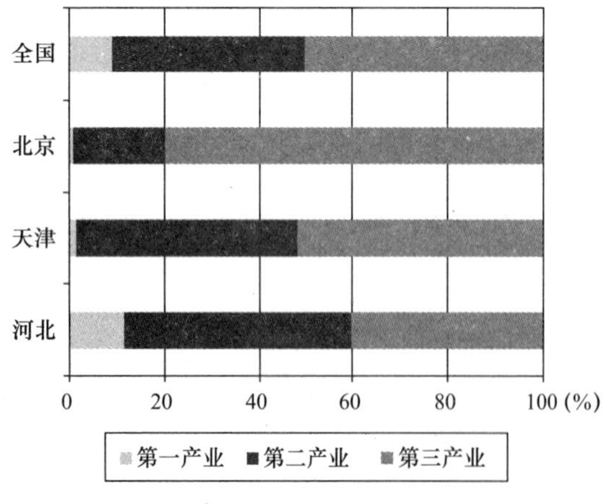

图1　2015年京津冀三地与全国三次产业结构对比

资料来源：Wind。

基于京津冀经济金融发展的差异性和互补性，立足三地产业发展定位和资源禀赋，促进京津冀产业结构优化调整，完善区域生产力布局和空间结构，成为推进京津冀协同发展的重要环节。现有研究从产业梯度理论（徐永利，2013）、新经济地理学（孙久文、姚鹏，2015）等角度建立了京津冀产业空间转移分析框架，并从构建产业区际转移利益协调机制（齐子翔，2014）、促进劳动力迁移（陈红霞、席强敏，2016）、疏解北京非首都功能（张可云、蔡之兵，2015）等角度对京津冀产业协作思路进行了探讨。而在产业协同发展过程中，企业集团是产业结构调整的重要微观基础，企业集团发展方向与产业结构调整方向具有一致性，对产业结构的优化升级发挥着关键的引导作用。企业集团的合理布局及发展壮大能有效带动相关产业的成长和产业结构的合理化及高级化，为区域经济增长带来了强大的发展动力。为此，本文拟从比较优势理论出发，通过构建企业集团在不同区域间的分布与产业结构调整的传导模型来解释推进京津冀产业优化升级及协同发展的作用机制，并提出政策建议。

二、企业集团布局与产业结构关联的理论渊源

一些文献试图从企业理论、交易费用

学说、竞争优势理论、区位理论、产业集群理论、地租理论等对企业集团空间选择的原因进行解释。但总体来看，在各种原理的表述中，无论是使用空间价值链概念的表述，抑或直接谈及企业集团经济效应的一般方法，其核心思想都是企业集团利用不同区域间资源禀赋优势的差异，将不同功能的单元在空间上进行布局，从而达到企业投入产出最优化，其体现的就是比较优势原理。

本文在阐述企业集团空间选择的基础上，着重分析企业集团布局对区域产业结构调整的影响。从理论渊源上梳理，主要体现为三类：一是比较优势范畴下企业集团不同功能单元的空间选择，其构成了企业集团形成的根本原因；二是 HOV 模型范畴下基于要素禀赋差异的企业集团总部特定产出导致的区域产业结构差异；三是集聚经济模型及引力模型下企业集团间的相互吸引以及企业集团对外围企业的吸引，其效应强化了企业集团优化布局对产业结构调整的影响作用。本部分首先简要梳理相关原理及其文献，第三部分则在原理基础上构建适用于企业集团布局对产业结构调整传导研究范畴的理论模型。

（一）比较优势理论——企业集团形成的根本原因

比较优势理论是国际经济学及国际贸易学说的主要思想之一，在 Mundell（1960）、Bhagwati（1964）等对国际贸易（实证）理论演进情况进行的综述文献以及最权威的《国际经济学手册》（Jones & Kenen，1984）的表述中，经典的国际贸易理论模型分为交换模型（the Exchange Model）、李嘉图模型（the Ricardian Model）、赫克歇尔—俄林模型（the Heckscher－Ohlin Model）、资源禀赋模型（the Specific－factors Model）四大类模型以及它们的一些扩展形式。应该说，除原始的交换模型外，其余模型都在一定程度上体现了比较优势的思想。

以资源禀赋差异前提出发的比较优势理论认为在市场机制充分发挥作用的前提下，一个均衡的经济体系必然会充分利用一国的要素禀赋并在与他国的贸易中表现出来。赫克歇尔和俄林从一般均衡的思想出发，把研究重点转向了比较优势的根源，提出了要素禀赋理论。该理论从假定国家之间技术相同但要素的禀赋不同出发，得出了一个国家将密集使用本国丰富的生产要素而获得比较优势的思想，即 HO 定理。其主要思想及其延伸包括：一个国家将出口那些密集使用本国丰富生产要素的商品，进口那些密集使用本国稀缺生产要素的商品。简单地说，就是用本国丰富的生产要素去交换本国稀缺的生产要素。

对于理性的企业集团而言，其将不同功能单元在国内不同区域的布局，就是为了获取该区域具有比较优势的资源。即企业集团不同生产单元利用区域要素成本差异在不同空间的布局是企业集团形成的核心内涵。

（二）HOV 模型——企业集团自身产出对区域产业结构调整的直接影响机制

在区域间资源禀赋差异下，企业集团不同生产单元的空间布局引发的产出结构归属（产业结构的不同层次），与 HOV 模型的预示相吻合。

HOV 模型的基本结论为：假定两国之间没有进行专业化分工，每国都生产两种产品。如果是专业化分工，一国只生产一种产品。对于 $2\times2\times2$ 模型，若 HOV 假定成立，劳动力丰裕的国家出口劳动力密集型产品，并相应地进口资本密集型产品；反之亦然，即用本国丰富的生产要素去交换本国稀缺的生产要素。

现实世界复杂多变，使实际数据的测算与一系列假定条件下的模型精巧的理论预测存在差距，如 Leontief 悖论。为了弥合理论与现实的差异，Donald R. - Davis 和 Weinstein（2001）从现实出发，放松标准的 HOV 模型所做的苛刻前提假定，在引入技术差异、非要素价格均衡、非贸易品的存在以及考虑贸易成本的条件下，修正了 HOV 模型。其运用 10 个 OECD 国家和 20 个其他国家（不包括中国）的数据进行模型拟合，得到了良好的结果。

如果将分析对象从全球的不同国家转换成一国的不同区域，则 HOV 模型也可以用来反映企业集团不同功能单元的产出对区域产业结构调整的直接作用。即企业集团不同生产单元在区域间的布局，并形成特定的产出结构，从而对不同区域的产出差异及其产业结构产生重要影响。

（三）集聚经济及引力模型——企业集团优化布局效应的自我强化和扩展及其对产业结构的影响

企业集团间在空间的聚集以及企业集团对外围企业的吸引能够导致企业集团优化布局效应的强化，并由此进一步作用于区域产业结构调整。

1. 企业集团间的集聚经济模型——企业集团优化布局促进产业结构调整效应的自我强化

集聚经济模型的主要思想是将外部规模经济概念直接引入经济模型中，构成城市集聚经济研究的重要基础（Mills，1967；Henderson，1974；Chipman，1970；Abdel - Rahman，1990；Michael，1996；Black & Henderson，1999；Chun - Chung Au & Henderson，2005 等）。考虑到经济聚集作用微观机制的差异，一些研究者将模型进行扩张，把知识外溢、地方劳动力市场等各方面纳入到作用机制中。

一般认为，经济集聚作用有三个方面：一是劳动力池效应，即大量劳动力和厂商的空间集聚能够有效满足劳动力供需双方的需求，从而提高经济的运行效率；二是专业化投入品效应或上下游产业间的投入产出效应，具备上下游联系的企业在空间上集聚能够降低有效满足上下游企业供需的运输成本和交易成本；三是知识外溢效应，大量经济活动主体的空间集聚带来的面对面交流能够促进知识和技术的交流与创造。企业集团间特别是企业集团总部间的集聚效应主要与知识外溢相关联。

2. 企业集团对外围企业[①]的引力模型——企业集团优化布局促进产业结构调整效应的扩展

国际贸易研究对引力模型的开发与利用是从物理学领域引申而来的。在经典物理学领域，牛顿的引力模型的基本表达式为：

$$F = G \times \frac{M_1 \times M_2}{R^2}$$

式中，F 为两个可以看作质点间的万有引力；G 为万有引力常量；M 为物体质量；R 为物体间距离。

物理学领域中引力模型基本含义为两个物体间的万有引力与两个物体的质量成正比，与物体间的距离成反比。

经济地理学家 Carey 在《社会科学原理》一书中首次直接应用万有引力原理解释社会现象。20 世纪 60 年代以来，双边贸易流量研究的开展使国际贸易的计量研究进入了一个新天地。著名经济计量学家 Tinbergen 和当时的德国经济学家 Poyhonen

① 本文把围绕在企业集团总部所在地进行布局，其主要业务针对企业集团总部服务的这类企业（多为中小企业）称为外围企业。

分别独立地于 1962 年和 1963 年启动了上述研究进程。Tinbergen 采用的双边贸易流量计量研究模型是经济计量学上的简约形式（Reduced Form），其基本思想可概括为：一国向另一国的贸易流动主要取决于用 GDP 测量的国家经济规模和两国间的地理距离。

将研究视角从国与国之间的贸易关系转化为不同企业间的业务往来关系，则引力模型可以用来分析企业间的相互作用。在本文的研究范畴中，企业集团总部所产生的大量服务型需求，如办公、研发、资金调度、高级管理人员的生活服务需求等会对一系列中小企业产生强大的吸引作用，从而在企业集团总部周边聚集起大量的服务性中小企业，在此模式下，对该区域的产业结构产生重要影响。

三、企业集团布局对京津冀产业结构调整的传导机制

本部分试图利用比较优势理论、HOV 模型、集聚经济模型、引力模型等分析企业集团的区域分布对区域产业结构调整升级的影响作用，并构建一个企业集团区际分布与产业结构调整升级的传导机制三阶段模型。具体而言，阶段Ⅰ分析区域间资源禀赋差异情形下，企业集团最优生产行为（成本最低化）下导致的企业不同功能单元的空间布局；阶段Ⅱ分析企业集团不同功能单元的空间布局与区域间产出的差异，企业集团总部的空间选择与其总部的功能相一致，其产出与该区域的资源禀赋结构相关，这与比较优势原理下 HOV 模型的预示吻合，也是企业集团发展对区域产业结构调整的直接效应；阶段Ⅲ是集聚经济模型及引力模型的作用，即一家企业集团形成对另一家企业集团布局的带动作用，以及一家企业集团对相应的围绕其运转的相关外围服务企业的吸引作用，阶段Ⅲ强化了企业集团对区域产业结构调整的效应，进一步反映了企业集团总部所在地以第三产业发展为代表的产业高级化进程。

总体来看，企业集团区域优化布局推进京津冀产业协同发展的比较优势原理——北京和天津在资金、人才、信息等资源要素禀赋丰裕的优势与河北在土地、劳动力等资源要素方面的优势和各产业发展的要素禀赋需求的有效对接，促成了京津冀产业结构的合理化和高级化，其基本的传导机制如图 2 所示。

阶段Ⅰ：比较优势原理下的企业集团形成机理。

假设：

（1）企业集团 A 分为决策管理单元 A_D 以及生产单元 A_P 两个部分；生产要素分为 F_K（主要包括智力、信息、资本等）以及 F_L（主要包括劳动力、土地等）两个部分。

（2）相对于 A_P，A_D 的生产函数 P_{A_D} 使用更多的生产要素 F_K、更少的 F_L。

反之，A_P 的生产函数 P_{A_P} 中使用更多的生产要素 F_L、更少的 F_K。

即 $P_{A_D}=f(\alpha_D F_k, \beta_D F_L)$

$P_{A_p}=f(\alpha_p F_k, \beta_p F_L)$

其中，$\alpha_D>\alpha_P, \beta_D<\beta_P$

（3）企业集团可以将不同的生产单元在不同的空间布局，空间区域分为 B_1 以及 B_2。其中，受到区域特定因素（包括政治、经济、文化、历史等）影响，不同区域间提供不同生产要素的成本有所差异，假定区域 B_1 提供生产要素 F_K 的成本高于 B_2 提供生产要素 F_K 的成本，即 $C_{B_1F_K}>C_{B_2F_K}$；

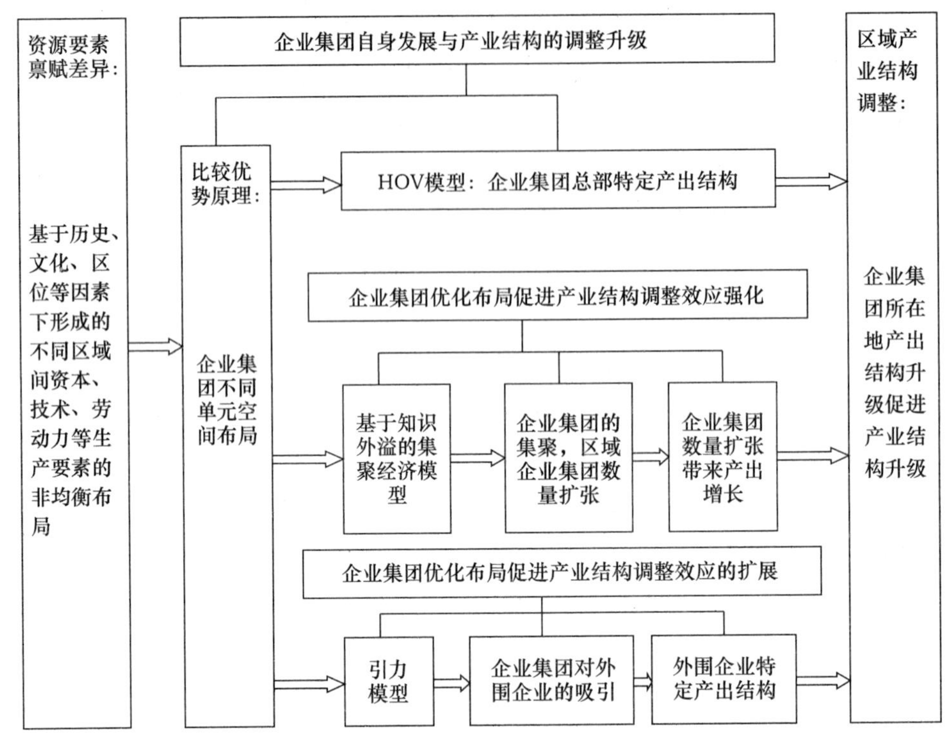

图 2　企业集团区域布局对产业结构调整升级影响的传导机制原理

同时区域 B_1 提供生产要素 F_L 的成本低于 B_2 提供生产要素 F_K 的成本，即 $C_{B_1F_L} < C_{B_2F_L}$。

（4）企业集团以利润最大化为经营目标，从成本角度考虑，即选择成本最小化为目标。

模型：

$$\max profitA = P_{AD} + P_{AP} = f(\alpha_D F_k, \beta_D F_L) + f(\alpha_p F_k, \beta_p F_L) = Gain(A_D + A_P) - Cost(A_D + A_P) = Gain(A_D + A_P) - (\alpha_D C_{DF_K}, \beta_D C_{DF_L}) - (\alpha_p C_{PF_K}, \beta_p C_{PF_L})$$

$$s.t.\begin{cases} C_{DF_K} = C_{B_1F_K} \text{或} C_{B_2F_K} \\ C_{DF_L} = C_{B_1F_L},\ \text{if} C_{DF_K} = C_{B_1F_K};\ \text{或}\ C_{DF_L} = C_{B_2F_L},\ \text{if} C_{DF_K} = C_{B_2F_K} \\ C_{PF_K} = C_{B_1F_K} \text{或} C_{B_2F_K} \\ C_{PF_L} = C_{B_1F_L},\ \text{if} C_{PF_K} = C_{B_1F_K};\ \text{或}\ C_{PF_L} = C_{B_2F_L},\ \text{if} C_{PF_K} = C_{B_2F_K} \\ \alpha_D > \alpha_p \\ \beta_D < \beta_p \\ C_{B_1F_K} > C_{B_2F_K} \\ C_{B_1F_L} < C_{B_2F_L} \end{cases}$$

求解：

$C_{DF_K} = C_{B_2F_K}$，$C_{DF_L} = C_{B_2F_L}$

$C_{PF_K} = C_{B_1F_K}$，$C_{PF_L} = C_{B_1F_L}$

结论：企业集团决策单元在 B_2 进行，生产单元在 B_1 进行。在京津冀区域内，由于资源禀赋的差异和区域发展定位，企业集团在追求最优生产行为的前提下，会促使企业集团逐步将决策、管理单元向资本、技术密集的北京、天津聚集，生产单元逐步向土地和劳动力资源密集、商务成本和基础制造业占优势的河北转移，从而实现首都非核心功能的疏解和三地产业发展的联动。

阶段Ⅱ：企业集团产出本身对京津冀产业结构调整升级的直接影响机制——HOV 模型。

借鉴经典的 HOV 模型，并修订其适用范围，将国际贸易意义上不同国家间的生产贸易选择行为内化为企业不同功能单元在区域内进行空间布局，得到基本传导机制如图 3 所示。

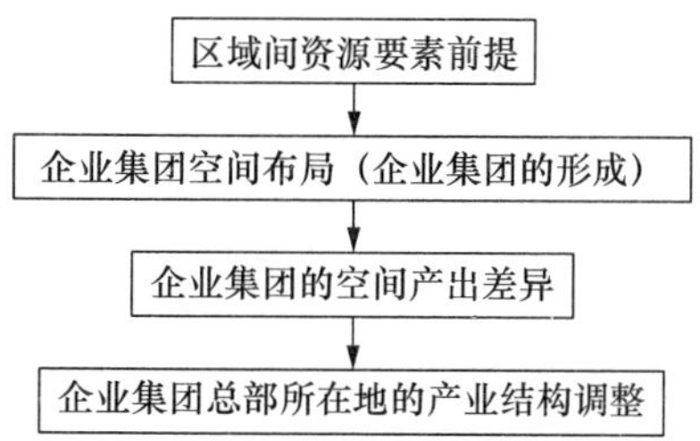

图 3　基于 HOV 模型的企业集团空间布局传导机制

假设：

（1）所有厂商具有规模报酬不变的相同的生产函数。

（2）所有的产品和要素市场完全竞争。

（3）没有贸易壁垒并且运输成本为零。

（4）贸易品的种类不少于初级要素的种类。

（5）要素的区域间的配置在一国范围内体现为一般均衡，要素价格趋向一价定律。

（6）所有厂商将选择相同的生产技术水平。

模型及推理：

设区域 C 的总要素（包括直接和间接）投入矩阵为 B^C。则该矩阵的维度等于要素数量乘以产品数量。根据上述假定，对于所有区域 C：

$$B^C = B^{C'} = B \quad \text{不论 } C,\ C' \tag{1}$$

这些假设可使模型使用者用一种单一的技术矩阵来计算所有的要素贸易量。将资源禀赋与产出结合起来得到：

$$B^C Y^C = V^C = BY^C \tag{2}$$

式中，V^C 为区域 C 的资源禀赋向量；Y^C 为区域 C 的净产出向量。

式（1）为要素市场出清条件，式（2）为要素价格均衡条件。

标准的需求假定建立在区域间相同或相近的需求偏好上。假定一国（全部区域）内自由无成本的贸易使贸易品的一价定律成立，同时要素价格均衡条件使非贸易品价格一致。这样区域 C 的需求将为全国总产出的一个部分：

$$D^C = S^C Y^W \tag{3}$$

式中，Y^W 为全国（全部区域）的净产出。

在 Y^W 前面乘以总要素投入矩阵就转化为要素含量，即 $B^C D^C = S^C B^C Y^W = S^C V^W$ （4）

式（3）由相同或相近的需求偏好和一般产品价格均衡得来；式（4）则建立在要素价格均衡保证的所有区域使用相同的技术矩阵上。

结合相关条件，可以得到两个关于标准 HOV 模型的关键函数：

Ⅰ. 生产函数。

$$B^C Y^C = V^C \tag{5}$$

在设定的一般技术矩阵 B^C 下成立。

Ⅱ. 贸易函数。

$$B^C T^C = B^C (Y^C - D^C) = V^C - S^C V^W \quad \text{不论 } C \tag{6}$$

结论：本文分析中不考虑贸易函数，

仅从生产函数看，区域 C 的资源禀赋向量 V 决定企业的生产布局行为，同时也进一步决定了区域 C 的产出 Y。产出水平及结构的改变将直接导致产业结构的变化。在京津冀协同发展过程中，资源禀赋要素决定了企业集团将管理、决策、服务等功能单元布局在北京、天津，生产单元转移至河北，而这些功能单元的产出将决定三地产出结构，直接影响三地产业结构特点，进而促进北京、天津第三产业占比提升，促进产业结构高级化，同时河北由于对京津制造业的大量承接，工业化程度将不断提升。

阶段Ⅲ：企业集团优化布局对产业结构调整作用效应的强化与扩展。

企业集团的聚集（吸引作用）对产业结构形成影响主要表现在两方面：一是企业集团之间的聚集作用，即一家企业集团带动另一家企业集团形成类似布局；二是企业集团对相关为其服务的其他中小企业的布局（以下简称这些企业为外围企业，这些为之服务的外围企业多为第三产业）。这两方面都将在阶段Ⅱ的基础上，对产业结构调整形成进一步的强化与扩展效应。

1. 企业集团优化布局对产业结构调整作用效应的强化——基于知识外溢效应的企业集团间集聚经济模型[①]

理论上，知识分为可编码知识（Codefied Knowledge）和意会知识（Tacit Knowledge），后者是指那些不容易明确表达、存储和转移的知识，面对面的交流和空间上的集中对意会知识的传播至关重要（Teece，1977）。“知识穿过走廊和街道要比跨越大陆和海洋容易得多”。

知识外溢效应是导致经济活动集聚的重要力量，空间集聚的人与人之间、企业与企业之间通过面对面的交流来促进知识、技术的流动，从而能够提高地区的生产率。具体而言：一方面，企业之间的交流是企业集聚的重要原因。假定企业必须与所有其他企业进行交流才能达到某一产量水平，而企业与其他企业交流是需要付出交易费用的，交易费用与互相交流企业之间的距离成正比，一个企业与其他企业空间距离越远，则其需要支付的交易费用越高，因此所有企业在空间上的集聚有利于节省交易费用、增强交流外部性效应。另一方面，不同产业的空间集聚有利于新知识的创造和生产，多样化可以促进创新。如将产品生命周期理论引入集聚经济模型中，将产品的生产划分为实验阶段和大规模生产阶段，当一个厂商决定从事某一产品的生产时，会面临多种生产流程的选择，厂商要通过多次实验才可以找到最优的生产流程，如果此厂商周边地区存在很多种可以参考的生产流程，则此厂商可以逐一模仿这些生产流程从而节省实验成本。显然，厂商可以参考的生产流程种类越多，其实验的成本越低，因此不同种类产业的空间集聚有利于降低实验成本、促进创新[②]。

企业集团总部承担着决策、管理、研发等企业高端职能，相对于流水线般的生产加工环节，其对人才、知识、技术的要求高得多。企业集团总部具备的这种知识多表现为意会知识，其在近距离的传播对于企业集团的聚集起到了重要的推动作用，即一家企业总部示范性的管理、研发工作，将产生非常强的知识外溢作用，对吸引另外一家企业总部具有较强的刺激效应。

① 鉴于基于知识外溢的集聚经济模型设立、推导和求解过程繁冗复杂，本处只引述其基本原理进行说明。

② 虽然厂商在多样化的城市中可以提高知识创造的效率，但大量厂商的集中会增加城市的通勤成本和土地租金，因此，当厂商结束实验阶段、进入大规模生产阶段时，厂商会面临重新选址的问题。这也是基于比较优势成本，企业集团将生产单元外迁出大城市的重要原因。

2. 企业集团优化布局对产业结构调整作用效应的扩展——基于引力模型的企业集团对外围企业的吸引效应

企业集团总部的存在，将为其所在区域带来大量的需求。由于企业集团总部主要职能为管理决策、研发、资金调度等，总部产生的需求主要体现为服务性需求，即不以大规模中间工业品、工业原材料为主要需求对象。企业总部吸引的多是为其提供有关服务的外围企业。企业总部与外围企业的交易行为体现为一种物质及资金的交换行为（在一定程度上可以看作是一种贸易行为）。企业总部可以看成是一个核，其对外围企业的吸引可以用引力模型进行解释。

企业集团与外围企业间的交易受到三种因素的影响：一是企业集团的潜在需求；二是外围企业的潜在供给；三是两者间以交易成本为代表的阻抗因子，在交易成本中最重要的是距离因素所产生的运输成本。

其基本模型为：

$$T = A \times \frac{\alpha_1 Q^{\beta_1} \times \alpha_2 S^{\beta_2}}{\alpha_3 R^{\beta_3}}$$

式中，T 为企业集团与外围企业间的交易量；Q 为企业集团的潜在需求；S 为外围企业的潜在供给；R 为企业集团与外围企业间的交易成本，并主要体现为距离因素导致的运输成本；A、α、β 为影响系数。

当企业集团的潜在需求以及外围企业的潜在供给能力既定的情况下，理性的外围企业欲获取最大的与企业集团间的交易量（从而获取更多利润），外围企业的理性选择就是尽可能在企业集团最近的距离内布局①，企业集团对外围企业的吸引机制就此形成（见图 4）。

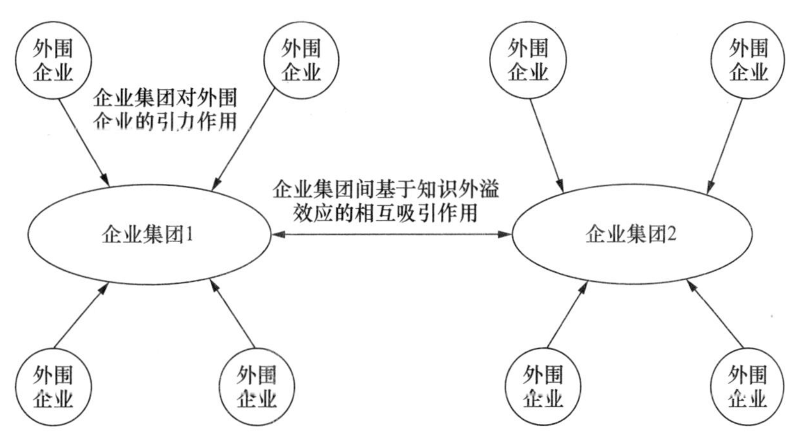

图 4　企业集团间的集聚及企业集团对外围企业的吸引机制

结论：无论是企业集团总部之间基于知识外溢效应的集聚抑或是企业集团对为之服务的中小企业（外围企业）的吸引机制，这类企业集团在所在地的大量存在及发展，由此形成的特定产出结构（基于 HOV 模型下的说明），将极大地促成京津地区第三产业的产出扩张，从而导致该区域的产业结构呈现迅速高级化的趋

① 外围企业通过尽可能地布局在企业集团总部附近获取的收益与在企业集团总部附近布局可能支付的更高土地租金的成本，两者的均衡点是外围企业最终的理性选择。但企业集团总部对外围企业的吸引作用不减。

势。在要素外溢效应下，北京、天津可进一步发挥辐射带动作用，促进河北地区产业链上相关产业的转型升级。同时，河北由于生产单元的聚集强化，将进一步吸引中小企业的聚集，为河北经济发展增添动力。

四、比较优势动态变迁对京津冀产业结构的现实影响

遵从企业集团区域布局对产业结构调整影响传导机制三阶段模型的机理，本部分从实证角度分析企业集团形成及其布局对京津冀产业结构特别是首都经济结构的直接效应，并着重从提升首都核心功能、实现区域协同发展角度入手，分析企业集团促进京津冀区域协同发展的综合效应。

阶段Ⅰ：资源要素与企业集团的生产布局——比较优势下企业集团的形成。

企业集团不同生产单元利用区域要素成本差异在不同空间的布局是企业集团总部形成的主要表现形式。构成企业集团总部一般主要包括企业管理决策、研发、资金调度与管理等功能单位，而这些单位的形成与发展需要较充分的资本、信息、科技、人才等资源。北京作为全国政治中心、文化中心、国际交往中心、科技创新中心，经济高度发达，信息资源丰富，资金投入和供给能力大，人才资源集聚，为北京聚集“高精尖”产业发展，发挥首都经济的辐射和带动作用提供了明显的资源禀赋优势。无论是企业个数，还是资产等各项经济指标，北京的大企业集团均居全国领先地位。2014 年，中国前 500 家大企业集团中属于北京的有 98 家，占全国总量的 19.6%；从主要经济指标看，北京入围中国前 500 家大企业集团的营业收入、净利润、资产总计、缴纳税款和从业人员数量在全国占比分别为 49.26%、65.47%、71.48%、56.91%、50.73%，列各省市区之首。天津作为先进的制造业基地、研发转换基地、国际航运服务中心、金融创新运营中心，也已经聚集了若干个国家级开发区和高新区，并充分利用现有的产业优势和园区基础，推进各功能区的进一步整合，吸引国际资本、高端产业和优质要素向这里集聚，实现知识与产业的对接、服务与制造的对接。河北在围绕供给侧结构性改革，大力化解过剩产能、改造提升传统产业的同时，积极打造产业转型升级试验区、全国现代商贸重要基地、新型城镇化和城乡统筹示范区、京津冀生态环境支撑区，特别是其临近北京、天津的廊坊、固安、永清等地，抓住北京产业外迁、首都二机场建设等新机遇，积极承接发展高端制造业、临空产业以及文化创意产业等。

从京津冀三地吸纳资金最多的行业也可反映三地产业发展的重点。在京津冀三地中，北京在租赁和商务服务业、科学研究和技术服务产业领域吸纳投资能力较强，占比超 3/4。2015 年，北京市租赁和商务服务业吸纳投资额 2192.05 亿元，占对北京重点产业投资额的 38.90%；科学研究和技术服务吸纳投资 2037.21 亿元，占对北京重点产业投资额的 36.15%。天津在金融业吸纳投资能力凸显，航空航天和金融业领先于北京和河北。2015 年，天津租赁和商务服务业吸纳投资额 881.20 亿元，占对天津重点产业投资额的 51.24%；金融业吸纳投资额 457.14 亿元，占对天津重点产业投资额的 26.58%，占三地对该产业投资总额的 42.37%；航空航天吸纳投资额 2.8 亿元，占三地对该产业投资总额的 39.89%。河北在钢铁、化工和汽

车产业吸纳投资均居于三地首位。2015年，钢铁产业吸纳投资366.28亿元，占三地对该产业投资总额的97.78%，其中对钢铁产业投资94.15%流向了炼钢领域；化工产业吸纳投资29.05亿元，占三地对该产业投资总额的48.69%；汽车产业吸纳投资额307.41亿元，占三地对该产业投资总额的92.11%，其中对汽车整车制造投资占到97.78%①。

阶段Ⅱ：企业集团优化布局推动产业结构调整的直接效应。

从企业集团形成的增加值对区域产业结构调整的直接效应来看，主要包括：一是静态效应，即京津冀历史形成的原有企业集团增加值对地区不同产业增加值的贡献程度。二是动态效应，即企业集团根据经济社会形势变化，按照资源禀赋要素差异进行的企业不同功能单元布局的重构，对京津冀产业结构升级带来的影响。具体方式主要有两种：

一是迁入效应，即为了获取信息、人才、资金、技术等优势，异地企业集团将总部及相关研发、投融资、战略规划等服务性质单元搬迁至北京、天津，可增加北京、天津第三产业的占比。根据有关统计核算原则，独立法人资格的集团本部，如果仅仅实行管理服务职能，则该本部的统计核算纳入第三产业的商务服务业范畴。如果本部还从事研发等其他职能，则以最主要职能所在的行业分类进行核算。在此情况下，新的企业总部迁入形成的增加值将构成京津第三产业的新来源。同时，河北在承接产业转移过程中，大量高端制造业生产单元的迁入，也可进一步提升河北工业发展动力，推动河北加快推进产业结构升级，从而实现三地自身产业结构持续优化，更进一步促进区域经济发展整体性、协同性的提升。2015年北京市第三产业增加值占全市GDP的比重高达79.7%，比2000年的占比高出14.9个百分点（见图5）；2016年第一季度实现全市生产总值5451.9亿元，同比增长6.9%，其中，第三产业增加值增长8.2%，占地区生产总值的比重达81.4%，金融、科技、信息等高端服务业对全市经济增长的贡献率合计达到68.1%。天津市以创新引领转型发展，2016年第一季度实现全市生产总值4039.4亿元，同比增长9.1%，新产业、新业态、新商业模式加速发展，航空航天器、计算机、医疗仪器设备等高技术产业增加值分别增长15.5%、12.8%和11.5%。河北省以化解过剩产能、推进结构调整为重点，2016年第一季度实现全省生产总值6487.4亿元，同比增长6.5%，第三产业增加值对经济增长的贡献率达到56.8%，六大高耗能行业增加值比重为39.3%，同比降低2.2个百分点②。

二是迁出效应，即随着非首都核心功能的疏解，北京、天津原有的工业企业集团将生产单元迁出，可能降低第二产业的占比，同时为拓展第三产业集聚留下空间。随着京津冀协同发展的逐步推进，为利用异地劳动力、土地价格的相对优势，北京、天津地区一些具有工业生产单位的企业集团将生产单元迁移至外地。在此情形下，根据核算原则，迁往异地的独立法人的生产单位不再计入北京、天津地区生产总值的统计范围（原第二产业内），这将降低其第二产业的成分。而企业集团本部从事管理、研究等职能的单元将进入第三产业

① 祝尔娟．京津冀产业协同发展的新进展和新动向［N］．经济日报，2016－05－12.

② 国家发展改革委．京津冀协同发展不断向纵深推进［EB/OL］．http：//zys.ndrc.gov.cn/xwfb/201605/t20160506_800943.html，2016－05－06.

的核算范围。与此同时，大型工业生产单位迁出，直接留下大量的土地空间，为新的第三产业发展创造了空间，新增部分的核算也体现为第三产业。

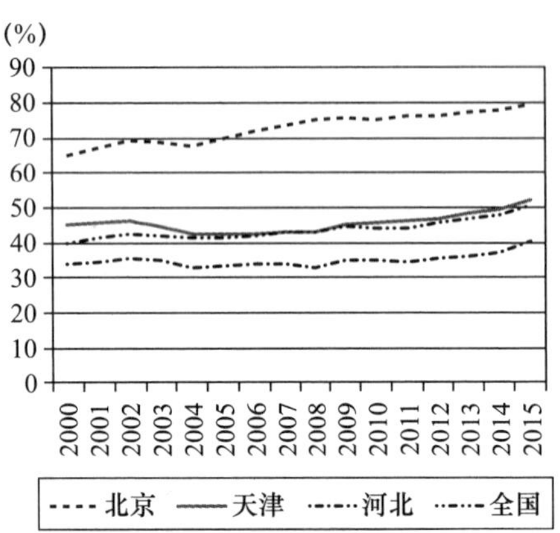

图5　2000～2015年京津冀第三产业增加值占GDP比重

资料来源：Wind。

在静态及动态效应（包括迁入迁出效应）的综合影响下，企业集团在国民经济中的渗透能力逐渐增强，截至2016年5月末，符合北京产业定位的企业集团累计已达到4007家。企业集团数量在北京市企业总数中占比不足1%，而资产占全市的73.4%，营业收入占全市的66.8%，实现利润占全市的89.4%。尤其值得关注的是，金融业、租赁和商务服务业、批发和零售业企业集团无论在创造增加值、吸纳资金，还是获利能力等方面均处于领先地位，在疏解非首都功能、构建一体化的交通网络、优化生态环境、调整产业结构、加快区域协作等方面提供着强大的服务支撑。以金融业为代表的服务业总部直接构成了北京、天津第三产业的重要组成部分，成为推动京津冀经济发展和产业结构升级的重要力量。2015年，北京金融业总资产达到110.5万亿元，同比增长12.5%，全市金融业实现增加值3926.3亿元，同比增长18.1%，较2014年同期提高5.4个百分点，占地区生产总值的比重为17.1%，对地方经济的增长贡献率达到39.6%，成为带动首都经济发展、财政收入和构建高精尖经济结构的第一大支柱产业。2015年，天津金融业实现增加值1588亿元，金融业占地区GDP比重也从2005年的4%左右上升到9.6%。

阶段Ⅲ：企业集团优化布局推动产业结构调整的间接效应。

企业集团的空间聚集效应及对为之服务的中小企业（外围企业）的吸引带动效应也对产业结构升级产生了重要影响。鉴于为企业集团总部服务的外围企业（中小企业）较难确认，我们选取企业集团典型聚集的特定功能区（如北京金融街功能区）的增加值构成说明企业集团优化布局的间接效应。在集聚效应和吸引效应下，近年来北京金融街金融服务能力迅速提升，至2015年末，金融街各类金融机构达1682家，其中法人机构702家，金融资产达81.4万亿元，占整个中国金融资产的近四成。“十二五”期间，金融街区域金融机构资产规模年均增长超过10%。

此外，企业集团总部之间基于知识外溢效应的集聚效应及对外围企业的吸引作用，促进京津冀三地相互投资增多，占比提升，也是三地产业深度融合的重要见证。2015年，京津冀三地企业相互投资额累计达1.17万亿元。河北省工信厅数据显示，2015年，河北引进京津项目4124个，引入京津资金3459亿元，分别占河北引进外省项目的38.6%和47.8%。在京津地区的辐射带动下，河北地区产业链上相关产业加速转型升级，加之生产单元的进一步聚集强化，更加助力河北经济发展和产业结构优化。2015年，河北全部工业增加值12626.2亿元，比2014年增长4.3%。

五、京津冀产业结构调整和区域协同发展的政策建议

京津冀三地具备良好的产业合作基础。助力京津冀产业结构优化升级，不仅是京津冀协同发展的最终目标，更是促进区域经济协同发展的重要途径。本文通过企业集团这一微观基础，从比较优势的视角研究京津冀产业布局和产业结构调整，构建了企业集团布局对产业结构调整影响传导机制的三阶段模型，并用比较优势动态变迁分析了对京津冀产业结构的现实影响。从中可以看出，模型传导机制较好地解释了不同产业单元在区域间的有效布局，也符合当前京津冀区域协同发展中产业结构调整的趋势。在此基础上，对提升首都核心功能、促进京津冀协同发展和产业结构调整提出以下对策建议。

一是充分发挥市场机制在京津冀产业转型发展中的基础性作用，借助京津冀三地各自优势，促进企业集团的形成和发展，发挥企业集团对产业结构调整升级的强化和扩展作用。尊重市场主体和产业发展内在规律，在市场选择和市场竞争的基础上培育重点产业，加快形成企业集团，并利用和发挥企业集团知识外溢和对外围企业的吸引，促进产业结构调整效应的强化和拓展。

二是以区域性思维和资源共享理念，加快京津冀产业对接协作，推动三地产业错位发展，形成区域间产业合理分布和上下游联动机制。北京市应大力发展知识和技术密集型产业，培育低消耗、低投入、高产业关联度和高附加值的行业，重点发展现代服务业、高新技术产业和现代制造业，加快形成创新引领、技术密集、价值高端的经济结构。天津市应进一步提升先进制造业的核心竞争力，尽快形成以战略性新兴产业和高端装备制造业为主导的产业集群，积极打造全国先进制造研发基地。而河北省可利用环绕京津的地理区位以及在资源禀赋、产业基础、消费市场、级差地租等方面的优势，积极承接产业转移和要素溢出，进一步加快转型升级的步伐，促进经济跨越式发展。通过京津冀三地差异化的产业发展战略，推动形成分工合作、各具特色、优势互补、错位发展、统筹协同的区域产业协作体系。

三是着力提升首都核心功能，发挥北京对天津、河北的产业引领、辐射和示范作用，增强对区域要素整合和资源配置的能力。借助京津冀协同发展和非首都核心功能疏解的契机，着力提升首都科技、创意、资本、人才等无形要素供给，减少对土地、资源、能源等有形要素的投入，将北京的生产单元推向生产成本相对低廉的周边地区，鼓励企业将生产加工基地迁往郊区县甚至外地，把北京周边构建成生产加工基地，弥补北京土地价格、人员工资高，自然资源短缺等发展制造业的劣势。随着京津冀协同发展的不断推进，也将更好地促进北京、天津两地人才、技术、信息等高端要素外溢，实现京津地区资源和环境压力的进一步疏解，提升区域整体协调发展水平。

四是进一步优化企业集团发展和区域产业协同的外部环境，优化投融资环境，提高政府服务水平。加强京津冀人才、技术、信息的交流共享，促进交通运输和物流一体化、营销一体化、市场一体化，为区域内产业链合作营造良好的环境。

参考文献

[1] 陈良文等．经济集聚密度与劳动生产率差异——基于北京市微观数据的实证研究［J］．

经济学（季刊），2008（4）：94－114.

［2］陈良文，杨开忠．集聚经济的六类模型：一个研究综述［J］．经济科学，2006（6）：107－117.

［3］陈红霞，席强敏．京津冀城市劳动力市场一体化的水平测度与影响因素分析［J］．中国软科学，2016（2）：81－88.

［4］陈晓永，张会平．基于梯度差异视角的京津冀产业同构及成因的新认识［J］．改革与战略，2012（6）：98－100.

［5］范剑勇．产业集聚与地区间劳动生产率差异［J］．经济研究，2006（11）：72－81.

［6］谷克鉴．国际经济学对引力模型的开发与应用［J］．世界经济，2001（2）：14－25.

［7］金煜，陈钊，陆铭．中国的地区工业集聚：经济地理、新经济地理与经济政策［J］．经济研究，2006（4）：79－89.

［8］刘钻石，张娟．比较优势理论研究述评［J］．经济学家，2009（8）：76－83.

［9］迈克尔·波特．竞争论［M］．北京：中信出版社，2003.

［10］齐子翔．京津冀产业区级转移利益协调机制研究［J］．工业技术经济，2014（10）：98－100.

［11］孙久文，丁鸿君．京津冀区域经济一体化进程研究［J］．经济与管理研究，2012（7）：52－57.

［12］孙久文，姚鹏．京津冀产业空间转移、地区专业化与协同发展——基于新经济地理学的分析框架［J］．南开学报，2015（1）：81－89.

［13］徐朝阳、林毅夫．发展战略与经济增长［J］．中国社会科学，2010（3）：94－108.

［14］徐永利．逆梯度理论下京津冀产业协作研究［J］．河北大学学报，2013（5）：73－78.

［15］叶振宇．京津冀产业对接协作的市场化机制与实践模式［J］．河北师范大学学报，2014（6）：98－100.

［16］张可云、蔡之兵．北京非首都功能的内涵、影响机理及其疏解思路［J］．河北学刊，2015（5）：116－123.

［17］Sylvie Demurger，胡永泰等．地理位置与优惠政策对中国地区经济发展的相关贡献［J］．经济研究，2002（9）：14－23.

［18］Audretsch，D. B.，and Feldman，M. P.，R&D Spillovers and the Geography of Innovation and Production［J］. The American Economic Review，1996，86（3）：630－640.

［19］Bhagwati J. N. The Pure Theory of International Trade：A Survey［J］. Economic Journal，1964（74）：1－84.

［20］R－Davis D. David E. Weinstein. An Account of Global Factor Trade［J］. The American Economic Review，2001，91（5）：1423－1453.

［21］Duranton，G. and Puga，D. Microfoundations of Urban Agglomeration Economies［M］. in Henderson J. V. and Thisse，J. F（eds.）Handbook of Regional and Urban Economics，Amsterdam：North Holland，2004（4）.

［22］Learner，Edward E. Sources of International Comparative Advantage，Theory and Evidence［M］. The MIT Press，Massachusetts，1984.

［23］Moomaw，R. Productivity and City Size：A Critique of the Evidence［J］. Quarterly Journal of Economics，1981，96（4）：675－688.

［24］Mundell，R.，A. The Pure Theory of International Trade［J］. American Economic Review，1960（50）：67－110.

［25］Jones Ronald W.，Peter B. Kenen. Handbook of International Economics［M］. Elsevier Science Publishers B. V，1984.

［26］Samuelson，Paul A. International Trade and the Equalization of Factor Prices［J］. Economic Journal，1948，58（230）：163－184.

［27］Vanek，J. The Factor Proportions Theory：The N—Factor Case［J］. Kyklos，1968（21）：749－755.

Beijing - Tianjin - Hebei Industrial Structure Adjustment and Regional Coordinated Development

—On the Theory of Comparative Advantage

Yu Jian　Tao Yana

Abstract: Beijing - Tianjin - Hebei collaborative development, as one of the three major strategies implemented by the government of China in order to optimize the economic spatial pattern, bears the two important missions of building national new engine of innovation - driven economic growth and leading area of regional integrated collaborative development. Beijing, Tianjin and Hebei, have a large quantity of economic and financial aggregation and are highly complementary to each other in industries, which lay a good foundation for realizing the regional collaborative development. As the breadth and depth of Beijing - Tianjin - Hebei collaborative development increasingly expanded, the industrial structures of the three places are continuously optimized, which further promotes the integrality and collaborativity of regional economic development. How to further accelerate the optimization and adjustment of Beijing - Tianjin - Hebei industrial structures and improve regional productivity layout and space structure, becomes an important link in promoting Beijing - Tianjin - Hebei collaborative development. For the comparative advantages of industrial structure and the main problems in industrial collaborative development of Beijing, Tianjin and Hebei, this article introduces HOV model, agglomerative economy model and gravity model, based on the perspective of comparative advantage theory. We try to set up a three - phase model, explaining the transmission mechanism of the influence on Beijing's industrial structural adjustment by the regional layout of enterprise groups. Besides, we study the mechanism of action of Beijing - Tianjin - Hebei industrial structural adjustment through the analysis of practical impact on Beijing - Tianjin - Hebei industrial structures by the dynamic changes of comparative advantage, so as to optimize regional industry layout, construct capital advanced economic structure, and promote Beijing - Tianjin - Hebei collaborative development.

Key Words: Comparative Advantage; HOV Model; Agglomerative Economy; Gravity Model; Industrial Structures

□ 京津冀绿色协同发展进程研究：基于空间环境库兹涅茨曲线的再检验*

马丽梅　史　丹

摘　要：本文从环境规制视角，研究京津冀城市群的绿色发展进程。研究表明：当经济发展处于前工业化阶段时，环境质量呈现下降趋势；当经济发展处于工业经济阶段时，环境质量会在这一阶段呈现先下降后上升的趋势；当经济发展处于后工业经济阶段时，环境质量呈现持续上升趋势，即不断好转。在京津冀的13个城市中，仅有2个城市（北京、天津）处于后工业经济阶段，石家庄、唐山位于工业经济后期，其他城市位于工业经济的中期。但进入后工业经济阶段的城市并未进入环境好转的情境，其主要原因在于地区间的空间交互影响作用。基于此，本文引入空间环境库兹涅茨曲线进行分析，实证结果发现，空间回归系数大于0，意味着污染存在溢出效应，使得环境规制严格区不能收获其严格规制带来的全部"收益"，另外，环境规制同样存在空间关联，京津冀的"中心"城市呈现主动的"逐项竞争"趋势，"外围"城市呈现被动的"逐低竞争"趋势，且邻近地区环境规制的提升，能够使本地区的环境质量得到改善，即京津冀地区的绿色发展是"一个整体"，而不是单纯的一个城市或几个城市，环境质量的改善需要整个区域的集体努力，基于空间视角的环境治理思路势在必行。进一步深化一体化、有序化发展，打造工业低碳发展新动能是推进京津冀绿色协同进程的关键。

关键词：京津冀；环境规制；工业经济；污染成本；环境库兹涅茨曲线

基金项目：中国社会科学院京津冀协同发展智库课题"京津冀绿色发展的协同研究"；北京市社会科学基金重点项目"北京市自然资源资产负债表编制及其管理研究"（批准号：15JGA024）；中国博士后基金面上项目"经济转型与雾霾污染关系研究：跨国比较与空间计量实证"（项目编号：2016M591329）。

作者简介：马丽梅，辽宁阜新人，中国社会科学院工业经济研究所博士后，研究方向为能源经济学、空间计量经济学。史丹，博士，博士生导师，中国社会科学院工业经济所研究员，研究方向为能源经济学。

* 本文曾刊登于《中国软科学》2017年第10期。

一、问题提出

京津冀区域位于环渤海区域的中心位置，聚集着北京、天津和河北11个城市组成的城市群，具有政治、区位、资源、科技、人才等多方面的优势，京津冀协同发展是中国的一个重大国家战略。该战略旨在从有序疏解北京非首都功能入手，优化首都核心功能，形成京津冀区域一体化格局，使该地区经济结构合理、生态环境良好、具有较强的国际影响力，成为引领和支撑中国经济社会发展的重要区域（张友国，2017）。京津冀是一个重化工业占比较大的地区，人口规模较大，水资源短缺，特别是近年来大气环境污染成为制约京津冀区域发展的突出问题，已经影响首都核心功能的正常发挥和北京未来的发展。能否在推进区域协同发展进程中，逐步化解加快经济发展与资源环境承载压力的矛盾，积极推进地区绿色协同发展，是当前亟待破解的重要难题。

环境规制是推动地区绿色发展的重要手段，除非环境规制不断增强，否则污染将会持续增长（Hettige，2000）。对京津冀而言，以北京为例，其环境规制水平在全国各城市中一直较严格并逐年提升，然而，北京的环境问题却日益凸显，一方面，说明其规制水平仍有待提高，另一方面，与京津冀城市群的空间交互影响密切相关。从自然条件上讲，京津冀地区山水相连，大气一体，地下潜流互通，生态系统同源同体；从经济上讲，京津冀地区经济互动频繁，经济溢出效应明显。因此，研究京津冀地区环境规制的空间交互影响对于地区环境治理至关重要。

Anselin（1988）提出，忽视地区间的空间相关性会导致模型设定的偏误，使得空间计量方法受到了学术界的广泛关注。Anselin（2001）提出了空间因素在研究环境经济问题中的重要性，此后，空间计量方法被广泛地运用于大气污染以及相关的环境经济问题研究中。空间因素之于环境问题研究的意义在于：传统的研究假定区间的污染排放是相互独立的，即一个地区的经济发展只对本地区的环境质量产生影响而不会对周边地区的环境和经济产生影响，这显然与现实不符。由于风向、水流以及相对地理位置等客观因素，一个地区的环境质量必然会受到邻近地区污染排放的影响，此外，贸易和产业转移产生的跨境污染以及环境投入等公共政策的外溢性（Spillover Effect）所产生的“搭便车”行为（Free－Riding），使得地区间环境质量和经济发展的空间联动性进一步增强。对于环境问题的研究，空间因素将显现出越来越重要的作用。目前，在实证方面，学者们对于空间计量在环境经济学上的运用主要集中于对环境库兹涅茨曲线的扩展。

综上所述，环境经济问题的研究确实需要考虑空间上的交互影响关系，而现有对于中国的研究大多针对中国31个省份（不包括中国港澳台地区），仅有少数研究关注京津冀地区的空间效应，但主要针对经济溢出进行分析（张友国，2017；潘慧峰等，2015；郝宇等，2014），且均将河北看作一个整体进行空间互动研究。而对于河北而言，其主要由11个城市（秦皇岛、承德、唐山、张家口、石家庄、保定、廊坊、衡水、邢台、邯郸、沧州）构成，河北各城市对北京、天津的空间影响，由于地理区位及产业关联的不同，空间互动故而不同，笼统地将这些城市归为一体，研究与京津的互动，将淹没京津冀地区各城市间的不同特性。鉴于此，本文以北京、天津以及河北11个城市为研究对象，运用空间计量方法探寻京津冀地区绿色协同发展的演进历程。

此外，本文的分析视角主要通过环境规制展开，在对环境规制的测度上，现有研究大多将各环境污染物排放量简单相加，而环境污染物可分为气体污染、固体污染和水体污染三类，笼统地将不同污染物加总显然会影响其对环境污染程度的测度质量，本文运用按照技术进步规律计算的环境污染成本来测度环境污染程度，即将污染物进行货币化来测度，进而运用单位GDP的污染程度来测度环境规制，测度结果更具说服力。这种尝试在环境规制测度方法上有进一步的创新及改进。

二、京津冀绿色发展的空间互动机理

（一）京津冀地区的环境与经济发展关系

1. 环境库兹涅茨曲线特性探讨

关于经济发展与环境污染的关系，环境经济学家曾经提出经济的增长必将伴随环境质量的不断恶化，针对这一假说也仅仅是举出大量的事实进行说明，而并未对其进行标准的数量实证分析。真正对经济发展与环境质量关系问题进行实证的研究开始于20世纪80年代末，最初的研究成果分别出现在三篇工作论文中：即NBER的工作论文Grossman和Krueger（1991）、1992年世界银行发展报告的支撑论文Shafik和Bandyopadhyay（1992）以及国际劳工组织发展研讨会论文之一Panayotou（1993）。其中，Grossman和Krueger（1991）首次指出了污染物（二氧化硫和烟尘）和人均收入之间并非线性关系，而是存在倒U形关系。

随着对此问题的深入研究，这种倒U形关系被称为环境库兹涅茨曲线（Environmental Kuznets Curve，EKC）。Kuznets在1955年提出了收入不平等与经济增长关系的假设，此后环境经济学家们发现，其所描述的关系与环境存在一定的相似性，故将其引入环境经济问题分析中，并以Kuznets命名该曲线，即环境库兹涅茨曲线。它对污染问题与经济发展之间的关系进行了描述，在一个国家经济发展初期，往往伴随着环境的恶化，随着经济的不断发展（常常用国民经济收入或人均收入水平来度量），并达到某一特定值或特定区间后，环境质量开始保持平稳，随着经济水平的进一步提高，环境状况不断呈现趋优态势，形象地，环境恶化与经济发展呈倒U形关系（Stokey，1998；陆旸，2012），如图1所示。

如果EKC真的存在，那就意味着环境与经济原本被认为是两个互相冲突的系统实际上存在着交集。正如可持续发展研究学者Rees（1990）提出的观点一样，“We can have our cake and eat it”，即环境与经济发展我们可以兼而得之。此外，EKC的存在还意味着环境恶化常常发生于低收入国家，而环境质量的好转均发生在高收入水平国家，针对这一现象，Martinez－Alie（1995）提出了发展中国家的环境恶化问题在于“too poor to be green”的观点，引发了学术界的关注，但大量事实证明了这一观点的偏激性。Stern（2004）驳斥了这种观点，并进一步说明经济与环境在不同收入水平下的关系：在经济快速增长的中等收入国家，污染的增加和环境质量的下降所产生的规模效应超过了时间效应，而在发达国家，经济增长相对较慢，降低污染的努力能够克服这种规模效应，这就是产生EKC效应的成因，他同时还指出，大量的实证分析也表明，发展中国家的污染问题正在被解决并且正在修复过程中。对于环境与经济的关系，以及这一关系在发达国家和发展中国家所呈现的不同形式，近年来学者们基于 EKC 进行了广泛的探讨。

Grossman 和 Krueger 对 EKC 进行了开创性的研究。Grossman 和 Krueger（1991）建立了与空气污染相关的经济模型，研究发现，在低收入水平地区，污染随着人均收入的增加而不断上升，而在高收入水平地区污染随着人均收入的增加而得到不断改善。Grossman 和 Krueger（1995）建立了人均 GDP 的三次方与环境质量的关系模型，同时引入了前三年的人均 GDP 以及其他相关因素作为解释变量，实证分析了城市的空气污染、河流中的臭氧含量、河流中的废物排放量以及河流的重金属污染四种环境指标。研究表明，经济的增长确实存在着使污染下降的趋势，虽然对于不同的污染指标来说，下降的拐点不同，但是当国家的人均收入达到1985 美元时，经济的增长就会伴随环境质量的上升。陆旸（2012）对相关研究进行综述后得到，EKC 曲线实际上描述的是经济发展阶段与环境污染的关系，当一国或地区进入后工业经济阶段，环境才会与经济“脱钩”，即随着人均收入的增加，环境质量不断提升，如图 1 所示。

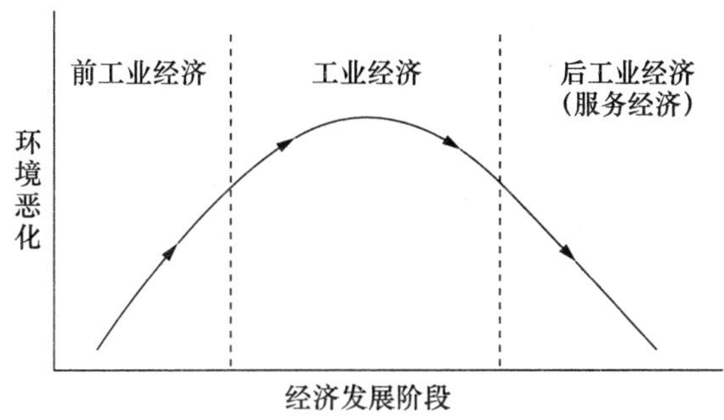

图 1　环境库兹涅茨曲线：经济发展阶段与环境的关系

2. 京津冀经济发展与环境污染的关系研究：基于空间视角

本文对京津冀的 13 个城市进行分析，研究其各自的工业化进程。由表 1 可知，无论按人均 GDP 标准，还是产业结构标准进行划分，北京、天津均已处于后工业经济阶段，按照图 1 环境库兹涅茨曲线的演示，北京、天津的环境质量应出现好转趋势，或已达到较优化水平。实质上，在 2010 年，北京、天津已进入后工业化阶段，然而，近年来，北京的环境污染日益突出，特别是大气污染问题形势极其严峻。北京、天津的这一事实案例是否意味着，环境库兹涅茨曲线不再成立，或是其对环境与经济发展关系的解释不适用于京津冀这一特殊地区？本文认为，环境库兹涅茨曲线仍然适用，这里忽视了空间因素对环境的影响。由表 1 可知，北京、天津的相邻省份河北，其 11 个城市均处于工业化阶段，按照最宽松的标准进行划分，也仅有石家庄、唐山、廊坊、沧州 4 个城市位于工业化阶段的后期，环境质量并未出现得以改善的基础。由于污染溢出效应的存在，北京、天津的环境质量，特别是具有空间特性的空气污染、水污染等，均会受到来自邻近地区的影响，当本地自身的产业结构优化效应带来的环境质量改善效应小于由于空间效应带来的溢出时，本地的努力难以得到“全部收益”，环境质量难以得到改善，北京、天津亦是如此。因此，在进行京津冀环境与经济发展关系研究时，空间因素是非常重要的一个影响因素。

表1　2014年京津冀各城市工业化进程

阶段＼城市		基于人均GDP的划分（汇率法）	基于产业结构的划分
后工业化阶段（五）		北京、天津	北京、天津、（秦皇岛）
工业化阶段后期（四）	后半阶段	唐山	石家庄、唐山、廊坊、沧州
	前半阶段	石家庄	
工业化阶段中期（三）	后半阶段	秦皇岛、邯郸、承德、沧州、廊坊	邯郸、邢台、保定、张家口、承德、衡水
	前半阶段	邢台、保定、张家口、衡水	
工业化阶段初期（二）	后半阶段		
	前半阶段		
前工业化阶段（一）			

注：评价方法参照陈佳贵等（2012）。①按人均GDP的划分标准：以2010年美元计算，人均GDP位于827～1654美元，为前工业化阶段；人均GDP位于1654～3308美元，为工业化阶段初期；人均GDP位于3308～6615美元，为工业化阶段中期；人均GDP位于6615～12398美元，为工业化阶段后期；人均GDP位于12398美元以上，为后工业化阶段。前半段、后半段的划分以各阶段的中点为界。②按产业结构的划分标准：A > I，为前工业化阶段；A > 20%，A < I，为工业化阶段初期；A < 20%，I > S，为工业化阶段中期；A < 10%，I > S，为工业化阶段后期；A < 10%，I < S，为后工业化阶段。其中，A、I、S分别表示第一产业、第二产业、第三产业在国民经济中的占比。

（二）京津冀环境规制空间互动机理

1. 空间视角下的地方政府行为与环境规制互动

地方政府竞争这一概念的较全面定义是由Breton在1998年提出的，它指的是在区域内部，地方政府运用行政手段吸引资本、劳动力和能够提升经济增长的其他流动性因素进入本区域的行为，这些手段包括环境政策、税收、医疗福利，等等，目的是提升自身经济竞争优势。周黎安（2004）对中国地方政府竞争的特征进行了总结，主要表现为两种特性：一是行政性分权和地方官员的财政激励。二是地方官员的晋升激励，这一特性更能解释长期困惑我国经济发展的两大顽疾：重复建设问题和地方保护主义。地方竞争的“恶性”程度仅仅运用财税激励来进行解释明显说服力不强，更有力的解释在于各地方官员由于对落后于竞争地区的巨大恐惧进而产生的对政绩的强烈追求。

在地方政府竞争存在的情况下，环境常常成为重要的博弈手段，因而环境规制存在相互竞争的特点，主要体现在两个层面：一是在一国范围内的跨行政区之间的资本竞争；二是国与国之间的跨境污染问题。两种情况均有可能出现“逐底竞争”（Race to the Bottom）的情形。首先，国与国之间可以通过高收入国和低收入国进行讨论，一般情况下，高收入国家对于环境质量的要求相对较高，因而环境规制更严格苛刻，企业为之付出的环境规制成本随之增加，特别是高污染企业所承受的成本会相对更高。而低收入国家更加看重经济的增长，对于环境的要求相对次之，更倾向于制定较低的环境规制标准。那么，对于跨国企业来说，为了规避环境规制所带来的较高成本，更倾向于将企业转移至低收入国家，如果高收入国家为了留住跨国企业的投资，很可能倾向于将自身的环境规制标准降低，环境规制就会出现整体被降低的情况，进而造成生态系统的恶化（Konisky，2007）。其次，对于一国范围内的各行政区，情形也大致相同，但也存在着区别，与跨国的环境规制竞争相比，行政区之间的"逐底竞争"行为更易形成，因为地区之间不是相互独立的，污染很容易实现地区之间的传递，低环境规制所造成的环境污染不是由污染源地区独自承担，而是由各行政区共同承担（Fredriksson & Millimet，2002）。杨海生等（2008）与张文彬等（2010）研究了中国地方分权制度下各地方政府的竞争行为。研究显示，环境规制竞争行为在各省际间是存在的，并且更容易形成较宽松的管制。运用不对称战略互动模型，张文彬等（2010）运用空间计量方法对1998～2002年的地方政府竞争行为进行考察，认为各省际之间的规制竞争并不明显，存在较大差异；而运用该方法对2004～2008年的数据进行实证时发现，在科学发展理念的影响下，环境规制的战略互动行为呈现出"逐顶竞争"的特征。

2. 京津冀地方政府的空间互动：基于环境规制视角

20世纪90年代以后，在唯GDP的竞赛激励下，"逐底竞争"确实存在于中国地方政府的环境规制竞争中（朱平芳等，2011），环境规制的相互模仿行为弱化了环境规制强度，使得中国整体环境规制水平提升缓慢。与中国整体环境规制互动特征不同的是，京津冀地区的规制互动存在部分地区被动下降的趋势，而不是地方政府本身的主动行为，主要表现在北京、天津的发展在一定程度上影响了河北的环境规制，部分高耗能行业的转移不是产业自身发展规律而致，而是行政手段而为。因此，呈现出中心区域的主动"逐顶竞争"兼顾外围的被动"逐低竞争"。这与京津冀地区的发展历程及产业分布息息相关。

在发展历程上，京津冀地区历史上大致经历了五个阶段（文魁、祝尔娟，2016）（见图2）。2004年前，受历史因素、体制政策的影响，北京、天津、河北并未形成合作共同发展的理念，分别经历了自然分工阶段（1949年以前）、行政分割阶段（1949～1978年）和竞争博弈阶段（1979～2004年）。自2005年起，京津冀地区才开始作为一个区域整体"谋求"共同发展，目前，已经历合作探索阶段（2005～2013年），并于2014年逐步进入协同发展阶段。

在产业分布上，京津冀由原有的产业雷同趋势逐渐向各具特色的产业空间布局发展，北京的优势产业主要集中在第三产业，天津的优势产业主要分布在第二产业，河北的优势产业主要分布在资源密集型的第二产业和第一产业。从具体行业看，重化工行业不断向京津冀"东北"方向集聚，黑色金属采矿、黑色金属冶炼及压延不断转入承德，钢铁、能源、化工、建材不断转入唐山，玻璃制造、金属冶炼及压延转入秦皇岛，其中，唐山在河北的工业中发挥着重要作用，其工业总产值约占全省的22%，值得注意的是，六大高耗能行业在其工业中的占比高达60%以上。现代制造业、高新技术产业逐步向京津冀的中心方位区域转移，高新技术产业不断向北京、天津集聚，现代制造业正逐步向北京、保定集聚，金属制品业、电气机械及器材制造业由天津向石家庄及保定转移。从高耗能行业的分布看，在中心区域——北京的邻近城市——天津、廊坊的主导产业中，高耗能行业黑色金属冶炼及压延行业仍占有重要地位。京津冀的“西南”方向，除衡水外，沧州、石家庄、邯郸及邢台均聚集了较多的高耗能行业，沧州以石油化工为主，该行业占本地工业的比重高达37%，石家庄以金属制品、石化、钢铁、建材为主，邯郸以纺织为主，邢台集聚了钢铁深加工、煤化工等行业。

这一产业分布格局在一定程度上决定了环境规制的空间特征，重化工业向京津冀的“外围”集聚，特别是“东北”方向，使得唐山、承德的规制处于京津冀地区各城市中的较低水平，成为环境规制的“低洼”地带，秦皇岛由于本身工业比重较小，受影响也相对较小；“西南”区域的石家庄、沧州、邯郸、邢台，由于集聚了不同的高耗能行业，虽不及“东北”方向，但同样位于区域较低水平；高新技术产业、现代制造业正逐步向京津冀的“中心”区位（北京、天津、保定、廊坊）集聚，使得以上四个城市的环境规制均位于中上水平，天津、廊坊由于黑色金属冶炼及压延行业仍为主导产业，其环境规制相对低于北京、保定。

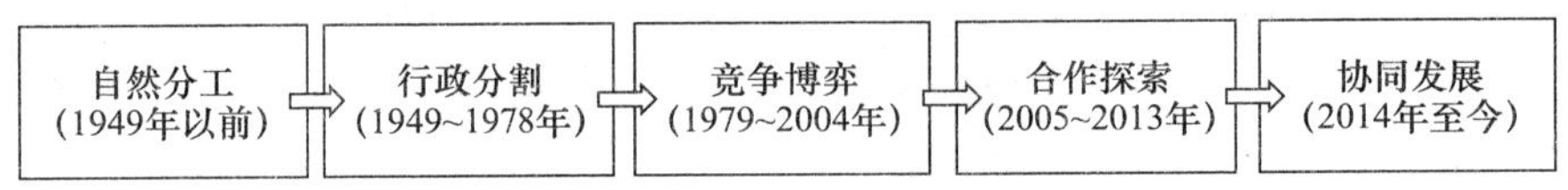

图2　京津冀协同发展的演进历程

三、实证分析：基于空间统计与空间模型的讨论

（一）京津冀环境规制的空间演进特征

1. 环境规制的测度及数据来源

环境污染物依据其物理存在形态可分为固体污染物、水体污染物、气体污染物。鉴于本文研究污染的空间特性，固体污染的跨区污染问题不明显以及固体污染物数据的不易获得，本文只考虑水体污染（化学需氧量）、气体污染（二氧化硫、烟尘）。在对环境污染的指标测度上，将各环境污染物数量简单相加显然会影响其对环境污染程度的测度质量，本文采用将污染物进行货币化来测度环境污染成本，从整体上测度环境规制效力，进而运用单位GDP的环境污染成本来测度环境规制。该测度指标越高，说明单位产值的污染排放越高，地区的环境规制强度越低。

对于各类污染物的治理成本问题，较权威的研究最早见于环境保护部环境规划院课题组公布的研究成果《中国环境经济核算报告：2007～2008年》，该研究显示，2007年，国内废水单位治理成本为3元/吨，二氧化硫的单位治理成本为1112元/吨，烟尘为185元/吨，粉尘为305元/吨。鉴于随着技术进步及受其他因素的影响，各污染物的治理成本将不断下降，由于官方未公布历年的治污成本，本文按照一定的技术进步率[①]进行递进估算，得到历年各污染物治理成本的确定值。数据来源于《中国城市统计年鉴》。地区GDP以2003

① 2006年，中国政府首次提出将能源强度降低及主要污染物排放总量减少作为一种约束性指标，受这一政策的影响，技术进步率很有可能将在2006年以后高于2006年以前。参考相关研究对中国各种技术进步率的估算，各项技术每年约增进0.5%～4%，本文假定2006年以后为3%，2006年及2006年以前为0.5%。

年不变价为基础计算。

2. *环境规制的全局空间相关性*

由于"地理学第一定律①"的存在，大量国内外文献开始关注相邻地域间的空间相关性问题（Anselin，1988）。判断京津冀各城市环境规制的空间相关性，可通过测算全局 Moran's I 指数进行检验。其计算公式为：

$$I = \frac{\sum_{i=1}^{n}\sum_{j=1}^{n}\omega_{ij}(A_i - \bar{A})(A_j - \bar{A})}{S^2\sum_{i=1}^{n}\sum_{j=1}^{n}\omega_{ij}} \tag{1}$$

式中，I 是指数，测度京津冀各城市环境规制总体的相关程度。$S^2 = \frac{1}{n}\sum_{i=1}^{n}(A_i - \bar{A})^2, \bar{A} = \frac{1}{n}\sum_{i=1}^{n}A_i$，$A_i$ 为第 i 个城市的环境规制强度，n 为城市数量，ω 为空间权重矩阵。I 的取值范围为 $-1 \leqslant I \leqslant 1$，当 I 接近 1 时，表示从整体看京津冀各城市的环境规制呈现空间正相关；当 I 接近 -1 时表示呈现空间负相关；当 I 接近 0 时表示京津冀各城市不存在空间关联，计算结果见表 2。

对于权重矩阵 W 的设定，本文使用两种设定原则：一是 0～1 权重矩阵，两个城市相邻权重值则为 1，不相邻则为 0；二是地理距离矩阵。城市间的地理距离是影响产业和人口空间分布的重要因素，尤其是当空间外溢效应呈现出随距离增加而衰减的特征时，地理权重矩阵对刻画空间个体间的交互影响更有效（Rosenthal & Strange，2003）。地理距离权重矩阵 W_{djv} 可设定为：

表 2　2003～2014 年京津冀各地区环境规制全局 Moran's I

年份	Moran's I	E（I）	Sd	P－value
2003	0.0904	－0.0224	0.0269	0.12
2004	0.0805	－0.0224	0.0211	0.17
2005	0.1079	－0.0224	0.0123	0.14
2006	0.0873	－0.0224	0.0147	0.18
2007	0.1397	－0.0425	0.0398	0.11
2008	0.1566	－0.0425	0.0344	0.11
2009	0.1813	－0.0425	0.0215	0.10
2010	0.1811	－0.0475	0.0130	0.09
2011	0.3367	－0.0473	0.0213	0.03
2012	0.3573	－0.0473	0.0117	0.02
2013	0.3575	－0.0473	0.0115	0.01
2014	0.3207	－0.0473	0.0214	0.03

注：这里选用基于地理距离的权重矩阵计算，P 值为其伴随概率，由蒙特卡罗模拟 999 次得到。

① 地理学第一定律，由 Tobler 在 1979 年正式提出，该定律强调任何事物均相关，相近事物的关联更紧密。

$$W_{djv} = 1/d_{jv}^{\gamma},\ j \neq v \qquad (2)$$

式中，d_{jv}是使用经纬度数据计算的城市间距离，且当$j \neq v$，$j = v$时，取值为0，γ为待估地理衰减参数，本文取$\gamma = 1$。

表2给出了全局 Moran's I 的计算结果。2003～2006年，Moran's I 的值相对较小，且并未通过10%的显著性检验，说明这一阶段京津冀地区环境规制的空间关联相对较弱；2007～2014年，Moran's I 的值逐渐增大，且基本上通过了10%的显著性检验，特别地，自2010年开始，显著性逐渐提升。由机理分析部分可以看到，1978～2004年，京津冀的发展处于竞争博弈阶段，2005～2013年处于合作探索阶段，2003～2006年为竞争博弈阶段的后期和合作探索阶段的初期，因此，空间关联度相对较小且不显著。随着合作探索的不断深入，2010年起，京津冀的空间关联不断增强且较为显著，说明京津冀一体化发展取得了一定的实质性进展。

3. 京津冀空间特性的内部结构

全局 Moran's I 的散点图可以用于分析单位个体的空间特征。图3为2003年、2013年全局 Moran's I 的散点图，每一个点代表京津冀的一个城市。由图3可知，6个城市处在低—低类型区（第三象限），它们为天津、保定、廊坊、沧州、衡水、石家庄，这些城市大多处于北京的中心区域。按照本文环境规制测度指标，值越高，表明环境规制较弱，低—低类型区意味着自身环境规制高，邻近地区环境规制也较高。4个城市位于高—高类型区（第一象限），它们为承德、唐山、秦皇岛、邯郸，这些城市均处于京津冀的外围位置，高—高类型区意味着自身环境规制低，邻近地区环境规制也较低，这说明京津冀的外围是环境规制的“低洼地带”。此外，北京、张家口、邢台均位于横轴附近。

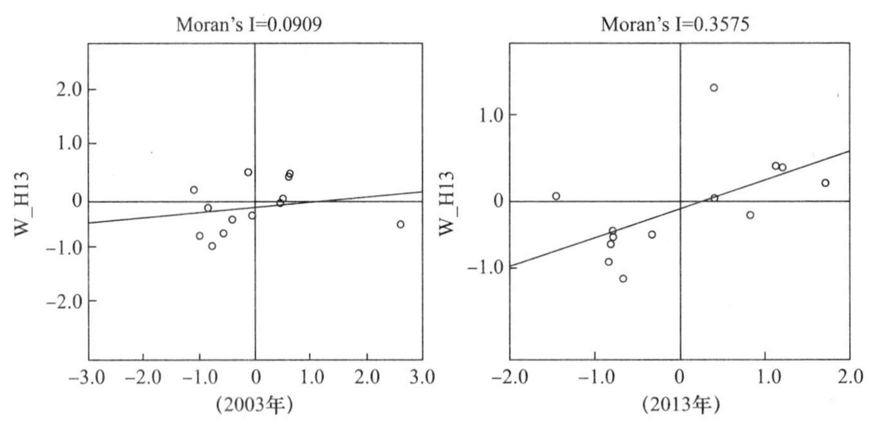

图3 2003年、2013年 Moran's I 散点图

从变动方位看，代表承德、唐山、秦皇岛、邯郸、邢台的点逐渐向右上方移动，即向宽松规制区移动，说明这些城市呈现出“逐低竞争”趋势，值得注意的是，这些城市在地理上位于京津冀地区的外围。代表北京、天津、保定、廊坊、张家口、沧州、衡水的点逐渐向左下方移动，即向严格规制区移动，说明这些城市呈现出示范效应趋势，这些城市大多位于京津冀地区的中心，可以看到，京津冀的外围表现出“逐低竞争”态势，而京津冀的中心表现出示范效应特征。从整体看，2013年的散点图与2003年相比，各城市代表的散点从原有的向原点靠近聚拢，逐渐演变为远离原点，按照一定的方向变动，呈现出逐渐提升的空间相关性。

（二）空间计量模型及其回归结果

1. 理论模型

Grossman 和 Krueger（1991）、Shafik 和 Bandyopadhyay（1992）最早建立了环境经济的实证计量模型——环境库兹涅茨曲线，用以研究人均收入与环境质量之间的关系。至此之后，学者们运用EKC曲线的分析框架研究不同地区人均收入与环境质量的同时，也相应地引入其他重要变量，分析这些变量与环境质量之间的联系。Cole等（1997）在EKC曲线中引入除人均收入之外的经济变量——贸易集中程度，来分析贸易集中程度与环境质量二者的联系。此外，公民的权利以及教育水平、外商直接投资、工业结构等相关变量也被引入EKC曲线中进行讨论。标准的EKC模型为以下形式：

$$\ln Y_{it}=\alpha_0+\alpha_1\ln X_{it}+\alpha_2(\ln X_{it})^2+\alpha_3 Z_{it}+\mu_{it} \quad (3)$$

式中，Y_{it}表示i地区第t年的环境质量，$\ln X_{it}$为地区人均收入的对数值，鉴于数据原因，多数EKC研究文献用地区人均实际GDP代替人均收入，Z_{it}为影响环境质量的其他变量，μ_{it}为随机干扰项。环境库兹涅茨曲线试图描述污染问题与经济发展之间的关系：一个国家的整体环境质量或污染水平在经济发展初期，随着国民经济收入的增加而恶化或加剧；当国家经济发展到较高水平（以国民经济收入超过一个（或一段）值为标志）时，环境质量的恶化或污染水平的加剧开始保持平稳，进而随着国民经济收入的继续增加而逐渐好转。即在国民经济收入（如人均GDP）达到转折点之前，经济收入每增加1%，某些污染物（如大气中的悬浮微粒、二氧化硫浓度）的增加幅度会超过1%；在转折点之后，某些污染物的下降程度会超过收入的增长幅度。形象地，人均GDP与某些大气或水污染物呈倒U字形关系（张晓，1999）。本文试图运用EKC曲线的分析框架研究京津冀地区环境规制、经济变动与污染三者之间的有机联系。

2. 计量模型的设定

结合上文分析，空间因素是影响京津冀环境污染的重要因素，Rupasingha等（2004）最早在EKC曲线中引入空间变量进行分析，提升了计量模型的精准度。此后，Maddison（2007）、Hossein和Kaneko（2013）等相继运用该方法对环境问题进行了探讨。但他们仅仅引入了污染的溢出，并未涉及环境规制的空间作用对于环境治理具有重要意义。考虑到京津冀地区环境规制的空间关联效应明显，本文在Rupasingha等（2004）的基础上，引入环境规制的空间变量，分析京津冀地区环境库兹涅茨曲线的变动趋势，建立计量模型如下：

$$\begin{aligned}Y_{it} = {} & \alpha_0+\rho\sum WY_{it}+\alpha_1 GDP_{it}+\\ & \alpha_2(GDP_{it})^2+\alpha_3 ER_{it}+\\ & \alpha_4\sum WER_{it}+\alpha_5 IS_{it}+\mu_{it}\end{aligned} \quad (4)$$

式中，Y_{it}表示i地区第t年的环境质量；GDP_{it}为人均GDP，代表i地区第t年的实际人均收入水平（统一以2003年为不变价计算）；ER_{it}表示i地区第t年的环境规制水平，与上文的测度方法一致；W为空间权重矩阵，采用0～1权重矩阵；$\sum WER_{it}$为环境规制的空间变量，表示邻近地区的环境规制加总，表征环境规制的空间效应；α_4则为邻近地区环境规制的共同作用对i地区环境质量的影响系数；IS_{it}表示i地区第t年的产业结构，IS_{it}为第二产业产值占地区GDP比重，用以衡量地区的产业结构变动；ρ 被称为空间自回归系数，其大于 0，表征污染存在溢出效应；u_{it}为随机误差项；各变量在具体回归时均作对数处理。

第二产业包括工业及建筑业，参考国内外文献（Zheng & Kahn，2013；Zheng et al.，2011；Glaeser & Kahn，2010），均将工业排放和建筑水泥尘看作环境污染的主要来源，本文选用该指标分析以上两个行业对环境质量的影响。最初的环境经济实证分析文章 Grossman 和 Krueger（1991）也讨论了产业结构变动对环境质量影响的特征。

对于环境污染水平 Y_{it}，本文选用两种方法度量环境质量：①第二部分测度的环境污染成本，它反映了环境污染的整体损失，该指标越高，说明环境污染排放总量越大，进而环境污染就越大；②选用空气污染的浓度 PM2.5 表示环境质量，该数据由对气溶胶光学厚度（AOD）进行测度得到，来源于 Battelle Memorial Institute，CIESIN（2016），数据时间跨度为 2003 ~ 2014 年。在运用空间计量模型之前，要进行空间诊断性检验（马丽梅等，2016），诊断指标 LM_{lag}、LM_{error}均在 5% 的水平下显著，说明需要引入空间计量模型进行分析。

3. 实证结果分析

表 3 呈现了空间环境库兹涅茨曲线的回归结果，第 2 列为非空间面板模型，以便与空间面板模型形成对比。可以看到，引入空间变量后，GDP_{it}、$(GDP_{it})^2$ 的回归系数转变为显著，进一步说明空间效应在研究京津冀问题中的重要性。空间模型 1 与空间模型 2 的被解释变量为 Y_{it}，空间模型 3 的被解释变量为 PM_{it}，根据 Hausman Test 的统计量显示，空间模型 1 和空间模型 2 选择固定效应，空间模型 3 选择随机效应。

表 3　空间环境库兹涅茨曲线的回归结果

基本面板数据（未引入空间变量）		空间模型 1	空间模型 2	空间模型 3
		空间固定效应	时空固定效应	随机效应
被解释变量	Y_{it}	Y_{it}	Y_{it}	PM_{it}
GDP_{it}	0.9805 (0.7000)	2.9458 *** (0.0000)	2.5365 *** (0.0003)	-0.7291 ** (0.0241)
$(GDP_{it})^2$	-0.00146 (0.9900)	-0.11836 *** (0.0002)	-0.1046 *** (0.0011)	0.0314 * (0.0555)
ER_{it}	0.0104 *** (0.0020)	0.0336 *** (0.0000)	0.0300 *** (0.0000)	-0.0325 * (0.1233)
WER_{it}	0.0472 ** (0.0400)	0.0177 ** (0.0111)	0.0071 (0.3967)	0.0877 *** (0.0040)
IS_{it}	1.6425 *** (0.0000)	0.8378 *** (0.0001)	1.0312 *** (0.0000)	0.1965 *** (0.0027)
ρ		0.2511 *** (0.0015)	0.0605 *** (0.5297)	0.8139 *** (0.0000)

续表

基本面板数据（未引入空间变量）		空间模型1 空间固定效应	空间模型2 时空固定效应	空间模型3 随机效应
R^2	0.6414	0.9631	0.9692	0.9900
Corrected R^2		0.5864	0.5301	0.3443
Log likelihood		90.3041	106.4974	224.7988
随机/固定效应选择：Hausman test			X^2 = 11.2667 (0.4212)	X^2 = 159.0288 (0.000)
LR spatial lag		121.4474*** (0.0000)	17.7514*** (0.0033)	728.6715*** (0.0000)
Wald spatial lag		231.1955*** (0.0000)	12.4169** (0.0295)	56.7291** (0.0240)

注：括号内为P值，R^2 为调整后的 R^2。*、**、***分别表示为10%、5%、1%水平上显著。

由表3可知，无论是空间模型还是非空间模型，均呈现本地环境规制的提高（表现为 ER_{it} 的下降），使得本地环境质量呈现改善趋势（表现为 Y_{it}、PM_{it} 的下降），也就是说，环境规制的改善确能提高本地环境质量。另外，邻近地区的环境规制提升（表现为 WER_{it} 的下降），使得本地环境质量呈现改善趋势（表现为 Y_{it}、PM_{it} 的下降）。可以看到，本地的环境质量不仅取决于本地的环境规制，同样要受到邻近地区环境规制的影响。此外，本地第二产业比重越高（表现为 IS_{it} 升高），本地环境质量越趋于恶化（表现为 Y_{it}、PM_{it} 的上升），以上三个指标均在1%的水平下通过了显著性检验。

由空间模型1、空间模型2可知，$(GDP_{it})^2$ 的系数为负，说明环境库兹涅茨曲线的开口向下，京津冀地区整体呈现出随着地区人均GDP达到一定水平后，环境质量开始呈好转的趋势，而这与事实不符，北京、天津的人均GDP处于京津冀的高位，而其环境质量并未出现改善，且该问题日益凸显。本文认为，其中的一个重要原因在于，对环境质量的改善与否应以污染浓度（如AQI、PM2.5、水质检验等）来进行评定，不应以污染的排放量（本文 Y_{it} 的测度）进行度量。在诸多环境经济学的研究文献中，特别是对环境库兹涅茨曲线进行讨论的研究中，学者们强调，环境污染水平的下降不应是排放量的下降，而应是环境质量的提升，环境质量的测度应该用污染物的浓度进行度量（Stern, 2004；张晓，1999）。为了进一步印证该观点，本文以各城市的PM2.5为被解释变量进行回归发现（表3中的空间模型3），$(GDP_{it})^2$ 的系数为正，即环境库兹涅茨曲线的开口向上，说明京津冀地区的环境质量未出现随人均GDP提升而出现改善的趋势，反而人均GDP越高，环境污染问题越发严重。

空间模型3的实证结果表明，京津冀地区的环境经济发展与环境库兹涅茨曲线所呈现的规律不吻合，北京、天津已进入后工业化阶段，随着其人均GDP的提升，环境质量会呈现好转趋势，然而事实与理论截然相反。事实上，从空间视角进行分析，能够较好地理解这一矛盾。由空间环境库兹涅茨曲线的实证结果可以看到，一方面，ρ 大于0，即污染存在溢出效应，另一方面，京津冀地区的环境规制同样存在空间关联（3个空间模型的回归结果 WER_{it}

的系数与表2中均有体现），即京津冀地区的环境是“一个整体”，而不属于单纯的一个城市、一个地区，环境质量的改善需要区域整体的集体努力，而不是一个城市的“竭尽全力”，这即是本文引入空间环境库兹涅茨曲线的诠释的真正意义。

四、结论及政策建议

本文利用京津冀地区13个城市的数据，从环境规制视角，研究京津冀地区绿色协同发展进程。理论分析研究得到，从历史角度分析，京津冀的发展历经五个阶段：自然分工阶段（1949年以前）、行政分割阶段（1949～1978年）、竞争博弈阶段（1979～2004年）、合作探索阶段（2005～2013年）、协同发展阶段（2014至今）。另外，本文对环境经济发展关系的实证研究进行了简要综述，特别针对环境库兹涅茨曲线的特性进行探讨。研究得到，环境质量的改善与工业经济发展阶段紧密相连，京津冀的13个城市中经过本文的测算，北京、天津处于后工业经济阶段，唐山、石家庄处于工业经济后期，其他城市大多位于工业经济中期。在此基础上，建立空间环境库兹涅茨曲线分析京津冀地区的环境与经济发展关系，回归结果显示，污染存在溢出效应，即一个地区的环境污染是由本地污染和邻近地区的环境污染共同作用而形成，同时，本地的环境质量不仅取决于本地的环境规制，同样要受到邻近地区环境规制的影响。

由于污染溢出效应的存在，淹没了环境规制严格区的规制收益，本地环境规制的提高并不能起到显著改善本地环境质量的作用，而临近地区整体环境规制的提升才能使本地的环境质量得到改善。京津冀的外围表现出“逐低竞争”态势，而京津冀的中心表现出示范效应特征。可以看到，如不采取行之有效的规制约束机制，放任呈“逐低竞争”趋势的城市自行发展，则京津冀的整体环境质量无法得到明显改善。根据本文的实证结果，提出如下政策建议。

首先，京津冀的空间关联度不高，尚未完全摆脱旧有发展模式，应进一步深化一体化发展，同时开展务实性的跨界区域规划。根据全局空间相关分析结果可以看到，从2010年起，京津冀城市群才显现出显著的空间正相关性，京津冀区域内经济发展落差大，不平衡，城市间的产业关联度不强，功能分工和经济协作不紧密，这些都与现行的行政区划、地方利益以及各自规划、自成体系的体制政策有关。这使得京津冀地区至今尚未完全摆脱单体城市或行政区经济各求发展的旧有模式，尚未真正形成区域经济一体化、合理分工、共赢发展的局面。综观欧美、日本等发达国家全球城市群区域跨界治理的实践发现，根据不同需要设置不同性质的城市区域跨界规划机构或组织，是实现区域发展政策目标的关键手段。依法赋予跨界机构相应的规划权利，并针对城市区域发展中面临的突出跨界矛盾和问题，开展务实性的区域规划工作，制定区域性的总体战略规划，引导京津冀向一体化、有序化发展。

其次，积极打造京津冀工业绿色发展新动能。实证研究发现，产业结构在1%的水平下通过了显著性检验，即产业结构是影响京津冀地区环境质量的重要因素。特别是京津冀的“外围”城市，唐山、承德、邯郸等是重工业集聚区域，低碳工业化是推进这些城市绿色发展的必然选择。低碳工业化是应对传统工业化挑战的战略选择，是以清洁可再生能源替代传统化石能源的工业化（史丹，2017）。打造京津冀绿色发展新动能需要：一是以绿色高效技术替代京津冀产业发展中的传统落后技术，提高能源和资源利用率，降低生产与服务过程的能源与资源消耗，鼓励组织实施传统制造业专项技术改造，开展京津冀绿色低碳产业化示范，促进工业领域资源综合利用与信息产业、工业服务业、城镇化建设和社会管理服务深度融合。二是以京津冀重点城市（如唐山、承德等）的传统高能耗产业为重点，注意抓好对钢铁、有色、建材、化工、造纸、纺织、印染等行业进行绿色化改造，坚决淘汰落后产能。三是推进重点城市（如北京、天津）先进制造业和战略性新兴产业的高起点、绿色化发展，特别是要把实施绿色科技创新引领工程作为工作重点之一。

参考文献

［1］张友国．京津冀市场一体化进程及其碳排放影响［J］．中国地质大学学报（社会科学版），2017（1）：84－98.

［2］Hettige H，Dasgupta S，Wheeler D. What Improves Environmental Compliance? Evidence from Mexican Industry［J］．Journal of Environmental Economics and Management，2000，39（1）：39－66.

［3］Anselin L. Spatial Econometrics：Methods and Models［M］．Kluwer Academic Publisher，1988.

［4］Anselin L. Spatial Effects in Econometric Practice in Environmental and Resource Economics［J］．American Journal of Agricultural Economics，2001，83（3）：705－710.

［5］潘慧峰，王鑫，张书宇．雾霾污染的持续性及空间溢出效应分析——来自京津冀地区的证据［J］．中国软科学，2015（12）：134－143.

［6］郝宇，廖华，魏一鸣．中国能源消费和电力消费的环境库兹涅茨曲线：基于面板数据空间计量模型的分析［J］．中国软科学，2014（1）：134－147.

［7］Grossman G M，Krueger A B. Environmental Impacts of a North American free Trade Agreement［R］．NBER Working Paper，1991.

［8］Shafik N，Bandyopadhyay S. Economic Growth and Environmental Quality：Time Series and Cross Country Evidence［R］. Background Paper for the World Development Report，1992.

［9］Panayotou T. Empirical Tests and Policy Analysis of Environmental Degradation at Different Stages of Economic Development［R］. International Labor Office（Geneva）Working Paper，1993.

［10］Stokey N L. Are There Limits to Growth?［J］．International Economic Review，1998，39（1）：1－31.

［11］陆旸．从开放宏观的视角看环境污染问题：一个综述［J］．经济研究，2012（2）：146－158.

［12］Rees J A. Natural Resources：Allocation，Economics and Policy［M］. Routledge and Kegan Paul Press，1990.

［13］Martinez－Alier J. The Environment as a Luxury Good or "too poor to be green"［J］. Ecological Economics，1995，13（1）：1－10.

［14］Stern D I. The Rise and Fall of the Environmental Kuznets Curve［J］. World Development，2004，32（8）：1419－1439.

［15］Grossman M，Krueger A B. Economic Growth and the Environment［J］. Quarterly Journal of Economics，1995，110（2）：353－377.

［16］陈佳贵，黄群慧，吕铁，李晓华等．中国工业化进程报告（1995～2010年）［M］. 社会科学文献出版社，2012.

［17］周黎安．晋升博弈中政府官员的激励与合作——兼论我国地方保护主义和重复建设问题长期存在的原因［J］. 经济研究，2004（6）：33－40.

［18］Konisky D M. Regulatory Competition and Environmental Enforcement：Is There a Race to the Bottom?［J］. American Journal of Political Science，2007，51（4）：853－872.

［19］Fredriksson P G，Millimet D L. Strategic Interaction and the Determinants of Environmental Policy Across U. S. States［J］. Journal of Urban Economics，2002，51（1）：101－122.

[20] 杨海生，陈少凌，周永章．地方政府竞争与环境政策——来自中国省份数据的证据[J]．南方研究，2008 (6)：15 - 30.

[21] 张文彬，张理芃，张可云．中国环境规制强度省际竞争形态及其演变 [J]．管理世界，2010 (12)：34 - 44.

[22] 朱平芳，张征宇，姜国麟．FDI 与环境规制：基于地方分权视角的实证研究 [J]．经济研究，2011 (6)：133 - 145.

[23] 文魁，祝尔娟．首席专家论京津冀协同发展的战略重点 [M]．首都经济贸易大学出版社，2016.

[24] Rosenthal S S, Strange W C. Geography, Industrial Organization, and Agglomeration [J]. Review of Economics and Statistics, 2003, 85 (2): 377 - 393.

[25] Cole M A, Rayner A J, Bates J M. The Environmental Kuznets Curve: An Empirical Analysis [J]. Environment and Development Economics, 1997, 2 (4): 401 - 416.

[26] 张晓．中国环境政策的总体评价 [J]．中国社会科学，1999 (3)：88 - 99.

[27] Rupasingha A. The Environmental Kuznets Curve for US Counties: A Spatial Econometric Analysis with Extensions [J]. Papers in Regional Science, 2004, 83 (2): 407 - 424.

[28] Maddison D. Modelling Sulphur Emissions in Europe: A Spatial Econometric Approach [J]. Oxford Economic Papers, 2007, 59 (4): 726 - 743.

[29] Hosseini H M, Kaneko S. Can Environmental Quality Spread Through institutions [J]. Energy Policy, 2013, 56 (2): 312 - 321.

[30] Zheng Siqi, Kahn M E. Understanding China's Urban Pollution Dynamics [J]. Journal of Economic Literature, 2013, 51 (3): 731 - 772.

[31] Zheng Siqi, Rui Wang, Glaeser E L, Kahn M E. The Greenness of China: Household Carbon Dioxide Emissions and Urban Development [J]. Journal of Economic Geography, 2011, 11 (5): 761 - 792.

[32] Glaeser E L, Kahn M E. The Greenness of Cities: Carbon Dioxide Emissions and Urban Development [J]. Journal of Urban Economics, 2010, 67 (3): 404 - 418.

[33] Battelle Memorial Institute, CIESIN (Center for International Earth Science Information Network, Columbia University). Global Annual Average PM2.5 Grids from MODIS and MISR Aerosol Optical Depth (AOD) 2001 - 2014 [R]. 2016, Available online: http://sedac.ciesin.columbia.edu/.

[34] 马丽梅，刘生龙，张晓．能源结构、交通模式与雾霾污染——基于空间计量模型的研究 [J]．财贸经济，2016 (1)：147 - 160.

[35] 史丹．打造工业绿色发展新动能 [N]．光明日报，2017 - 01 - 24.

□ Study on Green Collaborative Development Process of Beijing - Tianjin - Hebei Region: Based on the Re - inspection of Spatial Environmental Kuznets Curve

Ma Limei Shi Dan

Abstract: This paper studies the green development process of 13 cities in

Beijing - Tianjin - Hebei region from the perspective of environmental regulation. The research shows that, when economic development is in the pre - industrial stage, the environmental quality will decline, when it is in the stage of industrial economy, the quality will show a trend of declining first and then rising, and when it is in the post - industrial economic stage, the quality will show a rising trend. However, there are only two cities (Beijing and Tianjin) in the post - industrial economic stage in the Beijing - Tianjin - Hebei region. Shijiazhuang and Tangshan are located in the late period of the industrial economy. Other cities are mainly located in the middle of the industrial economy. But the city, which has entered the industrial economy stage, does not own a better environment. The main reason of the problem is the spatial interaction between regions. Based on this, the spatial environment Kuznets curve was introduced. The empirical results show that the spatial regression coefficient is above 0, which means that there is a spillover effect in the pollution, so that the strict environmental regulation cannot harvest all the benefits. On the other hand, environmental regulation also has a spatial correlation. The "central" of Beijing - Tianjin - Hebei region shows a trend of "Race to the Top", and the "peripheral" shows "Race to the Bottom" . The environmental regulation of adjacent areas can influence the environmental quality of the local region. We can conclude that, the green development of the Beijing - Tianjin - Hebei region is "a unity" rather than a simple city or some cities. Environmental management ideas based on the spatial perspective are imperative. To further deepen the integration and orderly development, to build new momentum of industrial low - carbon development is essential to green collaborative process of Beijing - Tianjin - Hebei region.

Key Words: Beijing - Tianjin - Hebei Region; Environmental Regulation; Industrial Economy; Pollution Cost; Environmental Kuznets Curve

□ 中国人口迁移的变化趋势及空间格局*

王　宁

摘　要：本文主要利用第六次人口普查分县数据，从全国、大区域及城市层面全面分析中国人口迁移的变化趋势及空间格局。结果发现：①我国人口迁移总体规模呈现不断增长的趋势，迁移目的地在分布上以东部地区为主的格局没有改变，但中西部地区近年来出现了快速增长；②迁移人口的代际变化特征明显，新生代农民工的大量出现对未来城镇化的质量提出了更高要求；③迁移人口向地级及以上城市集聚，尤其是向大城市及特大城市集聚的现象显著，同时，小城镇在吸纳人口就近迁移方面发挥着积极作用；④城市的人口迁移活跃程度与其经济发展水平、行政等级等因素关系密切。未来，应重视人口迁移的结构性变化对城市发展提出的新要求，弱化城市的行政等级对人口迁移的影响，促进城市规模体系均衡发展。

关键词：人口迁移；第六次人口普查数据；迁移规模；迁移流向；迁移结构

一、引言

主要发达国家在19世纪中期至20世纪中期经历了快速的城市化过程（Puga，1998），这些已经实现了工业化的国家，在其快速工业化、城市化的进程中均经历过大规模的人口迁移，且人口迁移方向与工业发展和产业集聚的方向是一致的（Pons et al.，2007；Puga，1998；王章辉和黄柯可，1999）。中国自1996年进入城镇化快速推进期以来，迁移人口规模不断扩大，并成为城镇化和推动城市规模增长的重要动力及核心内容之一。把握中国迁移人口规模的变动趋势及其空间分布格局，对于准确判断未来城镇化的推进速度及空间特征具有重要意义。

基金项目：国家社会科学基金重大项目“推进城镇化的重点难点问题研究”（批准号：14ZDA026）。

作者简介：王宁，经济学博士，中国社会科学院工业经济研究所博士后，研究方向为城市与区域发展。

* 本文曾刊登于《城市与环境研究》2016年第1期。

目前，国内对于中国人口迁移的变动趋势和空间分析主要依据全国人口普查数据，如蔡建明等（2007）、刘玉（2008）、段成荣和杨舸（2013）、叶裕民和黄壬侠（2004）、陈丙欣和叶裕民（2013）、李袁园（2013）、王文忠和沈思（2014）等。刘妮娜和刘诚（2013）则利用中国人民大学人口与发展研究中心的抽样数据来研究人口流动的稳定性问题。但相比这种抽样数据，全国人口普查数据更全面，众多文献基于最近的两次人口普查数据（第五次人口普查数据和第六次人口普查数据，以下简称“五普”和“六普”）对中国人口迁移的变化趋势及分布做了大量研究。例如，段成荣和杨舸（2009）从流入地视角来研究迁移人口的变动趋势，由于使用的是早期的数据，该研究认为人口迁移是一种不断集中的趋势。蔡建明等（2007）将人口迁移的变化趋势与城市规模分布联系起来，认为中国的流动人口是经济导向型的流动，主要呈现出由经济落后地区流向经济发达地区、由农村地区流向城市的趋势，这种趋势的发展必然会导致城市规模分布的不平衡。王文忠和沈思（2014）基于“六普”数据分析中国不同年龄段人口的迁移率趋势变化，研究发现中国前劳动力成分（0～14 岁）的迁移水平较低且基本不存在后劳动力成分（65 岁及以上），劳动力成分（15～64 岁）中 22～24 岁年龄段的平均迁移率最高。叶裕民和黄壬侠（2004），陈丙欣和叶裕民（2013）分别利用“五普”和“六普”数据，对中国十年间迁移人口的变化趋势进行了跟踪分析，分析发现：中国处于一个移民时代，人口迁移主要受经济利益驱动，迁移距离由近邻流动为主转变为近邻流动、中程流动和远程流动并重，人口净流入、净流出与经济发展程度密切相关。

一些地理学学者的研究更多地关注迁移行为在空间上的分布特征，即这些迁移者向哪些区域或哪些城市迁移，是单向集中还是多向集中。当然，对空间分布的分析也往往包含着对变化趋势的判断。朱传耿等（2001）较早地考察了我国流动人口的空间分布情况，发现流动人口的空间分布存在突出的城乡二元结构，东中西三大板块分布不均衡，集中分布于京津、东北、皖赣、新疆和云南等地。刘玉（2008）认为中国人口迁移表现出明显的地理集中性的空间指向。王国霞等（2012）对 20 世纪末迁移人口在中国建制城市的分布格局进行了分析，研究表明地级及以上城市在迁移人口流动中占主要地位。王春兰和杨上广（2014）指出，随着中国进入新一轮区域协调发展阶段，中国区域人口的再分布将由沿海单向集中转向多向集中，中西部地区的劳动力吸纳效应将进一步显现。段成荣等（2013）也认为，随着中西部地区产业的发展，人口流动虽然仍向沿海地区集中但已出现分散趋势。可以说，上述研究普遍认同中国人口迁移在空间上将出现分散集中的趋势，这种判断肯定了中西部地区在我国城镇化进程中的重要作用。除了利用全国性的普查数据，也有研究利用各省常住口径和户籍口径的人口数据倒推迁移人口，判断净迁移人口的变化。例如，刘盛和等（2010）利用总量迁移人口与净迁移人口分析省级层面流动人口的地域分布特征，并将中国的省区划分为净流入型活跃区、净流出型活跃区、平衡型活跃区和非活跃区四种地域类型。

上述研究表明，20 世纪 90 年代，人口迁移尤其是农村劳动力的乡—城迁移是伴随经济社会发展的重要现象，也是城镇化过程的核心内容之一。中国的劳动人口迁移主要是从农村向城市迁移，是一种

“经济导向型”的迁移，表现为从中西部落后地区向东部经济发达地区迁移，尤其是向东部沿海少数区域集聚的空间分布格局。但综合来看，这些研究多以省级行政区为基本空间单元，属于宏观分析，城市尺度层面的研究还不多。朱传耿等（2001）、鲍常勇（2007）、王国霞等（2012）和段成荣等（2009，2013）的研究虽然是基于城市视角的分析，但数据以使用“五普”甚至更早的数据为主，不能准确反映当前及未来人口迁移的最新变化趋势及特征。此外，限于数据的可获得性，这些研究对中国迁移人口近年来发生的一些结构性变化关注不足，例如，对代际迁移及迁移类型的差异鲜有涉及。而辨识这些结构性的转变并进行系统性分析，对于深入把握未来中国人口的迁移趋势具有重要意义。

本文利用“五普”和“六普”数据，观察迁移人口的规模强度、迁移流向以及近年来发生的结构性变化，并对迁移人口在城市的分布格局进行分析，以把握其变化趋势及空间分布格局。

二、概念界定及数据说明

本文主要使用“六普”数据，以及历年的《中国流动人口发展报告》和《2013年全国农民工监测调查报告》，在此，需要对不同统计口径的数据进行说明。

首先，需要对迁移与流动的概念进行区分。迁移人口（Migration Population）是一种经济学意义上的概念，迁移者的迁移目的往往是提升自身的福利，是理性个体对更好机会的反应（马祖姆达，2003）。本文采用迁移这一概念，同样是指理性个体为提高自身的福利水平，离开出生地寻找更好的经济机会，因此伴随着地理空间上的变化。相对而言，迁移的概念比流动的概念要窄，迁移是发生了固定居住地变化的流动，并且跨越了不同的行政区（查瑞传，1991）。两个概念的范畴是前者被后者包含的关系。目前，我国统计部门主要以流动人口为对象发布相关的统计和监测数据。中国流动人口的出现与户籍制度相关（张展新、杨思思，2013）。自改革开放以来，随着工业化、城镇化的快速推进，人口大量从农村向城市、从欠发达地区向发达地区集聚。但受制于以户籍制度为基础的二元社会体制，大量迁移人口仅仅完成了地域的转移，而未能真正实现身份的转变（即实质上成为一种暂住人口，而未能成为当地居民从而享受平等的市民待遇），从而形成了规模庞大的流动人口，实质上是一种“候鸟”式的往返流动。

我国十年一次的全国人口普查及国家人口与计生相关部门的统计就使用流动人口概念。对流动人口的统计口径有两种（以“六普”为准）：一是“居住地与登记地所在乡镇街道不一致且离开户口登记地半年以上的人口”；二是在前者的基础上不包括市辖区内人户分离的人口，即在市辖区范围内跨乡镇街道流动、改变常住地且无户口登记变更行为的将不被视为流动人口。《第六次全国人口普查统计公报》将两种口径数据一并发布，分别为2.61亿人和2.21亿人，二者相差约0.40亿人。国家卫计委发布的《中国流动人口发展报告》中流动人口数据则为第二种口径数据。

另外，国家统计局自2008年底建立了农民工统计监测调查制度，以对全国31个省（区、市）的农民工进行监测调查（国家人口和计划生育委员会流动人口服务管理司，2010）。其中农民工是指户籍仍在农村，在本地从事非农产业或外出从业6个月及以上的劳动者。本地农民工指在户籍所在乡镇地域内从业的农民工；外出农民工指在户籍所在乡镇地域外从业的农民工；外出农民工相当于农村户籍流动人口，也是最符合本文研究的乡—城迁移范畴。

根据本文所界定的迁移概念，全文的分析以常住人口口径为准，即在城市居住满半年的算作该城市居民。依此来看，使用第二个口径的统计数据更符合“迁移”的定义。但为了在现有研究结果基础上判断“五普”和“六普”的人口变化情况，下文在两次普查数据对比分析时使用宽口径数据，即包括了市辖区人户分离的人口。由于关注的是趋势变化，因此这种权宜做法对分析结果的影响不大。

三、人口迁移变化趋势分析

本文主要从全国及大区域的角度对中国迁移人口的规模及流向进行分析，并对近年来迁移人口的代际变化和迁移类型进行考察。

（一）规模强度

20世纪80年代中后期，以国务院颁布的《关于农民进入集镇落户问题的通知》为标志，国家在一定程度上放松了对农村人口进入中小城镇的控制，为农村劳动力流动创造了有利的制度环境，之后以乡—城迁移人口为主，我国的流动人口逐年增长。1982年，我国流动人口数量仅为657万人。到2000年第五次全国人口普查时，全国流动人口达到1.17亿人①，相比1982年增长了约18倍，2005年流动人口规模相比2000年增长了25.32%，2010年相比2005年增长高达50.34%，而2014年仅比2010年增长了14.48%（见图1）。总体来看，我国流动人口规模的增长速度呈现先加速后减速的特征，这与城镇化发展的S形曲线高度契合。根据《中国流动人口发展报告》的预测，在中国现行户籍制度没有较大改变的前提下，到21世纪中叶，中国流动人口规模将达到峰值② 3.5亿人，其中农村户籍流动人口为2.6亿（国家人口和计划生育委员会流动人口服务管理司，2012）。

（二）迁移流向

通过对比“五普”和“六普”数据可以发现（见表1），10年间中国人口迁移的区域分布特征变化不大。其中，东部和西部占总迁入人口的比重有微小的提高，而中部地区有微小下降；从区域比例来看，东部和中部地区略微上升，而西部地区略微下降。从迁入人口的增长速度来看，西部地区迁入人口的增速最高，达到86.83%，东部地区次之，为79.49%，中部地区为77.61%。这表明，10年间中部地区与东部地区在吸引迁移人口方面基本保持一致，而受益于国家西部大开发战略的实施，西部地区在吸引人口回流方面的成效更明显。虽然东部地区仍是我国迁移人口的主要流入地，但是随着中西部地区进入城镇化的快速推进时期，中西部地区的迁入人口也将出现较快增长，这与王春兰、杨上广（2014）的观点一致。

由于乡—城迁移是迁移人口的主体，本文利用国家统计局的全国农民工监测调

① 不包括“本市区其他街道”人口。

② 根据第六次全国人口普查，流动人口指离开户口所在地，跨乡（镇、街道）居住半年以上的人口，主要包括农村户籍流动人口和城镇户籍流动人口。

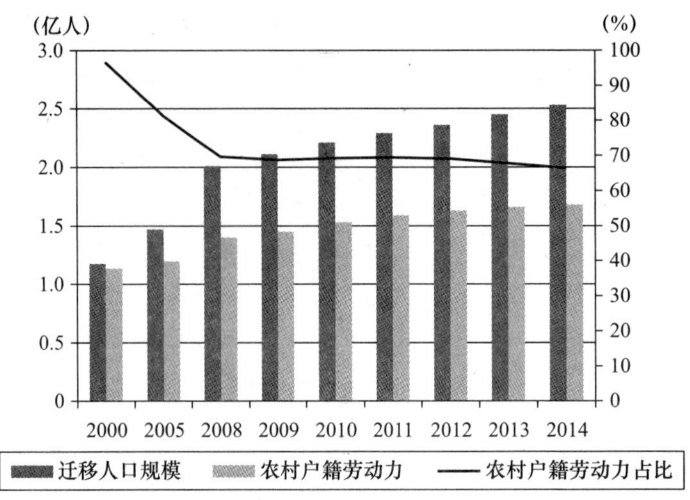

图1　中国迁移人口规模及构成情况

注：农村户籍劳动力占比指农村户籍迁移人口占迁移人口的比重。2000 年和 2010 年的迁移人口，利用普查数据扣除市辖区内人户分离的人口得到。2005 年农村户籍迁移规模根据 2000 年和 2004 年数据，以算术平均值推算。

资料来源：蔡昉：《中国人口与劳动问题报告》，社会科学文献出版社 2002 年版、2006 年版；历年《中国流动人口发展报告》；《中国流动人口发展分省报告（2013）》；历年《中国人口普查资料》；《2013 年全国农民工监测调查报告》及《2014 年国民经济和社会发展统计公报》。

表1　2000 年和 2010 年中国人口迁移区域分布情况

区域	2000 年			2010 年		
	迁入人口（万人）	占总迁入人口占比（%）	区域占比（%）	迁入人口（万人）	占总迁入人口占比（%）	区域占比（%）
东部	8764.6	60.7	60.2	15731.4	60.3	60.70
中部	2594.5	18.0	17.7	4608.1	17.7	18.00
西部	3080.0	21.3	22.1	5754.4	22.0	21.30
合计	14439.1	100.0	100.0	26093.8	100.0	100.00

注：为与第五次全国人口普查数据口径一致，2010 年数据包括了“市辖区人户分离的人口”。

资料来源：《中国 2000 年人口普查资料》、《中国 2010 年人口普查资料》。

查报告数据来分析乡—城迁移人口变动趋势，以把握人口最新的迁移动态。2015 年，按输出地划分（见表2），在外出农村劳动人口中，跨省流动人口 7745 万人，省内流动人口 9139 万人，分别占外出劳动力总数的 45.9% 和 54.1%。分区域来看，东部地区外出农村劳动人口以省内流动为主，占比达到 82.7%，即以短途和中途迁移为主；中西部地区农村劳动人口以跨省流动、长距离迁移为主①，分别占到 61.1% 和 53.5%。对比 2015 年和 2009 年数据可以发现，跨省流动人口规模（即长距离迁移人口）总体下降了 5.3 个百分点，而中短

① 这里的短途、中途和长途距离迁移，分别对应统计数据中的县内流动、省内县外和跨省流动三个口径。与叶裕民和黄壬侠（2004）、陈丙欣和叶裕民（2013）文中使用的类似。

途省内迁移的比例则上升了5.3个百分点。这种变化趋势在三大区域表现得非常一致，相比2009年，东部、中部和西部地区的长距离迁移人口比例分别下降了3.1个、8.3个和5.6个百分点，中短途迁移比例则呈现相应的上升。

表2　外出农村劳动力区域分布及构成变化

单位:%

	2009年		2015年	
	跨省流动	省内流动	跨省流动	省内流动
合计	51.2	48.8	45.9	54.1
东部	20.4	79.6	17.3	82.7
中部	69.4	30.6	61.1	38.9
西部	59.1	40.9	53.5	46.5

资料来源：根据2009年和2015年《全国农民工监测调查报告》数据整理。

总体来看，东部地区作为迁移人口的主要流入地没有改变，但由于东部地区整体城镇化水平较高，未来将逐步趋于稳定，其吸引人口迁入的速度将会出现下降。中西部地区的城镇化水平还有很大的提升空间，近年来其吸引农村外出务工人员的增长速度较快，其中2015年中部地区吸引农村外出务工人员占比增长3.2%，分别高出西部和东部1.0个和3.6个百分点，可以说中西部地区未来将是我国城镇化水平提升的主要动力。根据区域间城镇化进程的差异以及前文分析结果，可以推断，中西部地区近年来人口就近就地迁移的比重不断提升，表明其城镇化进程在提速；尤其是我国中部地区的众多城市属于全国主体功能分区中的重点开发区，其未来吸引人口回流的任务更艰巨，需要在产业政策、城市发展等方面进行多方谋划。

（三）结构变化

国内对中国人口迁移的结构变化研究，普遍采用的方法是利用“五普”和“六普”数据进行对比分析，且重点考察20世纪末及21世纪初10年间的变化情况。在已有研究中，叶裕民和黄壬侠（2004）利用“五普”数据分析发现，中国流动人口在距离上以近邻流动和中程流动为主，且流向建制镇的比例要高于流向城市的比例。之后，陈丙欣和叶裕民（2013）利用“六普”数据对比分析发现，从年龄结构看，以中青年为主体，从性别结构看，男性占比较大，空间分布以东部为主而中西部地区增速较快，迁移距离由近邻流动为主转变为近邻流动、中程流动和远程流动并重。上述两次普查数据的对比分析表明，迁移人口以中青年为主且男性居多；迁移距离上以短距离迁移为主的局面已经改变，出现多种迁移距离并存的变化。但这种分析仍较宏观，无法把握更详尽的信息，更重要的是，忽视了对迁移人口代际变化（“新生代”与“老一代”迁移劳动力的结构变化）和类型变化（包括乡—城迁移、城—城迁移和城—乡迁移等）的分析。

1. 迁移人口代际变化

2010年1月，国务院发布的“中央一号”文件《关于加大统筹城乡发展力度进一步夯实农业农村发展基础的若干意见》中，首次使用了“新生代农民工”的提法，主要指“80后”和“90后”农村进城务工人员。据统计，2005年时1980年以后出生的流动劳动力占全部流动劳动力的30%，到2015年其占全部流动人口的比例将翻一番，达到60%①。2013年，这一部分劳动力占1980年及以后出生的农村从业劳动力的比重为65.5%。目前，相比老一代迁移劳动力，新一代迁移劳动力表

① 2005年和2015年数据引自《2010年中国流动人口发展报告》。

现出以下特征①：①选择迁移的比例高且年轻化趋势明显。2013 年，12528 万新生代农民工中，选择迁移外出与留在本地就业的比例为 80.3∶19.7，80% 以上的新生代农民工选择迁移外出。另外，新生代农民工初次外出平均年龄更趋年轻化，仅为 21.7 岁，比老一代农民工初次外出平均年龄小 4.2 岁。②受教育程度普遍较高。老一代农民工的受教育程度以初中及以下为主（占 85.9%），新一代农民工受教育程度普遍较高，以初中及以上教育程度为主（占 81.1%），其中高中及以上文化程度的也占到 33% 左右，比老一代高 19.2 个百分点。③从流向来看，主要集中在东部地区及大中型城市。其中，在东部地区务工的新生代农民工达到 8118 万人，占新生代农民工总数的 64.8%；在中部和西部地区务工的比例大体相当，分别为 17.7% 和 17.2%。进一步来看，新生代农民工更偏好在大中城市就业，占新生代农民工总数的 54.9%，比老一代农民工高出 28.9 个百分点。④新生代农民工更倾向于就地消费。新生代农民工在外务工的月生活消费支出为人均 939 元，比老一代农民工高 19.3%，而人均寄回带回老家的现金则比老一代农民工少 29.6%。另外，与老一代农民工多居住在工棚和单位集体宿舍的情况不同，迁移外出就业的新生代农民工更愿意选择租房居住，其中单独租赁或与他人合租住房的占到 40.4%。⑤新生代农民工渴望融入城市。相比老一代农民工，新生代对传统的农业和农村并不熟悉甚至非常陌生。不同于上一代农民工在城市扮演过客的角色，这些新生代迁移劳动力更加渴望融入城市生活。

2. 迁移类型变化

迁移人口按照户籍划分可分为农村户籍迁移人口和城市户籍迁移人口。相应地，按照迁移流向可分为乡—城迁移、城—城迁移和城—乡迁移三种类型。由于中国现行制度不允许城市户籍人口在农村买卖土地及宅基地，现阶段城—乡迁移可以忽略不计。由前文分析可知（见图 1），乡—城迁移人口占到中国迁移人口的绝大多数，也是目前学者研究的主要对象。

2014 年中国农民工总量达到 2.74 亿人。自 2008 年有监测数据以来，中国农民工规模年均增长率为 3.86%，但增长速度呈现下降的趋势。根据国家统计局公布的数据，2010 年以来农民工总量增速持续回落，2011 ~ 2014 年分别比上年回落 1.0 个、0.5 个、1.5 个和 0.5 个百分点。其中，外出农民工规模（相当于本文研究的乡—城迁移人口）在 2008 ~ 2010 年受全球金融危机引发的经济危机影响出现大幅下降，自 2008 年以来一直稳定在 70% 以下，2014 年则进一步下降到 66.40%②。由于数据的缺乏，我们无法准确判断乡—城迁移人口的进一步变化趋势。但根据一些研究结果，可以推断包括城—城迁移人口在内的非乡—城迁移人口占到迁移人口总量的 30% 左右，并且近年来呈现出增长的趋势。根据 2009 年国家人口计生委在 5 个城市（北京、上海、深圳、太原、成都）开展的流动人口动态监测数据，城—城迁移人口占总迁移人口的比例为 16.9%，2010 年这一比例上升至 18.0%③。

迁移人口的代际变化预示着对未来城镇化的质量提出了更高要求。随着包括户

---

① 分析数据主要来自《2013 年全国农民工监测调查报告》。

② 1995 年至 2000 年一段时间农村迁移人口占比非常高，以 1996 年为例，公布的全国流动人口与农村外出务工人员数据基本一致。

③ 相关数据引自《2011 年中国流动人口发展报告》第 49 – 55 页。

籍制度在内的相关制度改革的深入推进，未来城—城迁移人口的比例将会进一步提升，人口迁移也将从乡—城迁移为主，逐步进入到乡—城迁移和城—城迁移并存的阶段，同时前者比例将进一步下降而后者将进一步上升，城—城迁移将越来越重要，值得进一步关注和加强研究。

四、迁移人口在城市的空间分布

国内学者从城市角度考察迁移人口的空间分布主要是依据“五普”数据，因此本文不再做重复性工作，而是借鉴已有基于“五普”数据的研究结果，重点利用“六普”及最新监测数据与“五普”数据进行对比分析①。

（一）迁移人口向地级及以上城市集聚

根据“五普”数据，2000 年全国共有 663 个建制城市，包括 4 个直辖市、15 个副省级城市、244 个地级市和 400 个县级市，其中地级及以上城市共 263 个。从迁入地来看，迁移到县级市及以上城市的共 6604 万人，占全国总迁移人口的 83.86%。其中，263 个地级及以上城市的迁移人口总量达到 5207 万人，占全国城市迁移总量的 78.85%（王国霞等，2012）。

2010 年第六次全国人口普查时，全国共有 657 个城市，包括直辖市 4 个、副省级城市 15 个、地级市 268 个、地级及以上城市共 287 个、县级市 370 个。其中，江西省共青城市于 2010 年正式批准设立，由于缺少数据未纳入分析，因而，计算时县级市实际为 369 个②。同样从迁入地来看，对比 2000 年数据，2010 年迁移到县级市及以上城市的共 2.08 亿人，占全国总迁移人口的 79.8%，下降了约 4 个百分点。其中，268 个地级及以上城市的迁移总量约为 1.7 亿人，占全国向城市迁移总规模的 82.07%，相比 2000 年提高了 4.20 个百分点，表明 10 年间有更多的人口选择向地级及以上城市迁移。

迁移人口向地级及以上城市集聚的趋势，在乡—城迁移人口中表现得更明显。2015 年，在 1.69 亿迁移外出的农村劳动力中，有 1.09 亿人向地级及以上城市迁移（包括直辖市、省会城市和地级市），占总体迁移外出劳动力的 66.28%，比 2009 年提高了 2.98 个百分点；向小城镇及其他迁移的比例为 33.72%，比 2009 年下降了 2.98 个百分点。值得注意的是，向小城镇迁移的比例则提高了 0.99 个百分点（见表 3），由此可见，跨省迁移劳动力主要向地级及以上大中城市迁移，但小城镇在吸引人口就近迁移方面也发挥了积极作用。

（二）迁移人口向大城市及特大城市集聚

2010 年，向 500 万人及以上城市迁移的人口占全国向城市迁移规模的 76.20%（见表 4），而在 2000 年这一比例为 34.9%，提高了 41.3 个百分点。其中，向 6 个 1000 万人及以上城市（包括 4 个直辖市和广州、深圳 2 个副省级城市）迁移的人口占到全国向城市迁移规模的 42.91%，表明特大城市尤其是超大城市吸纳迁移人口的集聚效应显著。另外，向 200 万人及以上城市迁移人口占到全国向城市迁移规模的 97.38%，这些城市主要是省会城市、副省级城市以及东部沿海的一些城市，也是国内经济发展水平较高的城市。与此同时，人口在 100 万以下城市，尤其是 20 万以下的小城市则严重萎缩，其迁移规模不论按全国向城市迁移总量还是按全国迁移规模计算，所占比例均在 0.50% 以下。在统计中还发现，省会城市以

① 地级及以上城市按市辖区口径计算，由于没有进一步细分的县级市数据，对县级市使用全市口径。

② 2010 年云南省的蒙自县、文山县改制为县级市，计算时仍使用原县口径数据。

及一些经济较发达的城市是省内迁移人口的主要目的地。这表明，中短途迁移（即县外省内和乡外县内两种类型）主要集中于省会城市及副省级城市。

表3　按城市类型划分的外出农村劳动力流向分布

		合计	直辖市	省会城市	地级市	小城镇	其他
2015 年外出农民工总量（万人）		16884	1460	3811	5919	5621	73
其中：跨省流动		7745	1188	1752	3258	1473	73
省内乡外流动		9139	272	2059	2660	4148	0
外出农民工分布构成（%）	2009 年	100.00	9.10	19.80	34.40	32.30	4.40
	2015 年	100.00	8.65	22.57	35.06	33.29	0.43

资料来源：根据 2009 年和 2015 年《全国农民工监测调查报告》数据整理。

表4　2010 年按迁入地分组的建制市迁移人口规模

城市规模分组（万人）	城市个数（个）	迁入人口数（万人）	占全国向城市迁移规模比（%）	占全国迁移人口比（%）
1000 及以上	6	8935.68	42.91	34.24
500～1000	10	6932.01	33.29	26.57
200～500	35	4409.42	21.18	16.90
100～200	143	4057.01	19.46	15.53
50～100	270	3449.05	16.56	13.22
20～50	161	1255.84	5.89	4.70
20 以下	31	97.92	0.47	0.38

注：城市人口规模按常住人口计，由于普查数据为时点数据，与《中国城市统计年鉴》（2011）中的年末数据有些许差别，这里侧重比例变化，暂忽略不计。

资料来源：《中国 2010 年人口普查分县资料》。

进一步利用乡—城迁移人口（外出农民工）的数据分析（见表3）可以发现，6 年间乡—城迁移人口在不同级别城市的特征不同：流向直辖市的人口下降了 0.45 个百分点，这可能与我国直辖市控制人口规模的政策有较大关系；流向省会城市的比例提高了 2.77 个百分点，流向一般地级市的比例上升了 0.66 个百分点，而小城镇吸纳的人口则提高了 0.99 个百分点，其他类型城镇对迁移人口的吸纳则持续下降，下降比例约为 4 个百分点。这种变化与利用普查数据的分析结果基本一致，也即迁移人口主要流向大城市及特大城市，但小城镇在吸引人口就近迁移方面的作用逐步明显。

（三）城市迁移类型的空间分析

前文的分析表明，中国迁移人口在城市的迁移流向主要集中于地级及以上城市，并且有向大城市及特大城市集聚的倾向。为进一步观察城市的迁入及迁出活跃状况，本文借鉴刘盛和等（2010）的做法，按照净迁移率和总迁移率两个指标对城市进行分类，以分析迁移人口在城市层面的空间分布格局。

1. 指标构建

净迁移率反映一个城市属于净迁入还是净迁出城市，采用以下方法计算：

净迁移率（Net Migration Rate）= 净迁移量/城市常住人口 =（城市常住人口 - 城市户籍人口）/城市常住人口

总迁移率反映城市迁移人口的活跃程度，能够分辨出迁入与迁出规模均较大的城市，采用以下方法计算：

总迁移率（Gross Migration Rate）=

（迁入量＋迁出量）/总人口＝［迁入量＋（迁入量－净迁移量）］/城市常住人口①。

按照上述方法，基于《2010年中国人口普查分县资料》中656个县级市②及以上城市的总人口、户籍人口、迁入人口等数据，计算得到净迁移率和总迁移率两个指标值。在不考虑城市人口规模权重的前提下，按照10%的阈值计算将我国城市划分为以下几种类型③，如表5所示：

表5　城市迁移类型分类结果

划分标准	城市类型	城市个数
净迁移率＞0.1，且总迁移率＞0.1	净迁入活跃型城市	179个城市，其中123个地级及以上城市、56个县级市
－0.1≤净迁移率≤0.1，且总迁移率＞0.1	平衡活跃型城市	350个城市，其中141个地级及以上城市、209个县级市
净迁移率＜－0.1，且总迁移率＞0.1	净迁出活跃型城市	122个城市，其中23个地级及以上城市、99个县级市
总迁移率≤0.1	非活跃型城市	5个城市，均为县级市

由此可见，地级以及上城市主要为净迁入活跃型城市或迁入与迁出平衡活跃型城市，而且所有的地级及以上城市均属于迁移活跃型城市，即迁入量、迁出量或二者规模都很大，只有少量为净迁出活跃型城市。县级市则有近2/3为迁入量与迁出量平衡活跃型城市，其余主要为净迁出活跃型城市以及少量的非活跃型城市。

2. 空间分析

利用Arcgis10.2对净迁移率和总迁移率进行分级比较（图略），结果④表明，净迁入城市的分布与总迁移活跃型城市的分布大致吻合，在空间上表现出片状、带状和散点分布等多种类型。从东部地区来看，主要位于以上海、南京和杭州为核心的长三角地区，以广州、深圳为核心的珠三角地区，海峡西岸的厦门、泉州和漳州等城市，以及京津地区和山东半岛地区。中部地区主要位于武汉城市群和长株潭城市群。西部地区分布相对较为分散，主要包括乌鲁木齐、拉萨、成都和昆明等城市和直辖市重庆。在这些城市的周围则是一些迁入和迁出平衡型城市，例如，在京津冀地区，河北省地级市的迁移活跃程度远低于北京和天津两市。而非活跃型城市主要分布于中西部地区。

随着中国城镇化进程进入到以城市群为主体形态的阶段，未来中国人口迁移目的地将呈现分级结构。首先，都市圈、城市群及中西部地区省会城市将成为我国未来人口迁移的主要集聚地。统计结果显示，各省省会城市均是本省中短途迁移，即省内迁移的主要目的地。与此同时，东部地区以5个1000万人口以上的特大城市为核心（即北京、上海、天津、广州和深圳）发展起来的京津冀、长三角和珠三角城市群以及中部地区的长株潭、中原、关中天水和武汉城市群均属于人口净迁入型城市，迁入和迁出的活跃程度均较高。西部地区以重庆、成都、银川和乌鲁木齐等城市为核心呈现分散集聚的状况。其次，各地的小城镇将成为就近迁移的首选地。由于空间距离会对劳动力的迁移行为产生影响，

① 参考Gary和Robert（1989）、刘盛和等（2010）的计算方法。

② 江西省共青城市于2010年正式批准设立，由于缺少数据未纳入分析。

③ 国际经验认为，当区域流动人口占总人口的比重超过10%时即已整体上迈入人口流动性社会。转引自刘盛和等（2010）。

④ 本文使用的地级市底图共包括351个城市，包含了4个直辖市的县辖市以及一些少数民族地区，由于这些城市的数据缺失，导致出现大量缺省数据区域。

仍会有一定规模的劳动人口倾向于选择就近迁移。可以推断，随着新一轮的产业转移以及公共服务均等化进程的推进，各地小城镇公共服务水平提升的潜力较大，进而成为劳动力人口就近迁移的重要目的地。

根据迁移特征信息对各类城市汇总可以发现，中国城市的迁移活跃程度与城市的行政等级有较强的关联，即行政等级越高迁移活跃度越高（见表6）。首先，地级及以上城市全部为迁移活跃型城市。其次，净迁入活跃型城市包括了几乎所有的直辖市、副省级城市以及近1/3的一般地级市，县级市仅有56个；净迁出活跃型城市则以中西部地区的一般地级市及县级市为主。最后，平衡活跃型城市除了直辖市重庆市之外，其他均为一般地级市和县级市。国内有学者指出中国近年来大城市尤其是特大城市规模的快速扩张，与城镇化进程中的行政中心偏向紧密相关（魏后凯，2014），这与本文的结论一致。

表6　城市迁移类型分组　　单位：个

	城市行政等级					
	直辖市	副省级省会城市	副省级非省会城市	非副省级省会城市	一般地级市	县级市
净迁入活跃型城市（179）	3	10	5	18	87	56
净迁出活跃型城市（122）	0	0	0	0	23	99
平衡活跃型城市（350）	1	0	0	0	140	209
非活跃型城市（5）	0	0	0	0	0	5

综合来看，首先，迁移活跃型城市尤其是净迁入活跃型城市和平衡活跃型城市主要位于东部沿海地区，这些城市具有良好的对外贸易区位条件，也是国内较早进行对外开放的地区；其次，迁移人口在空间分布上呈现出以城市群为主体的格局，表明这些城市的城镇化水平相对较高，大量迁移人口的进入则形成了城市人口规模机械增长的主要来源；最后，迁移活跃度较高的城市行政等级相对较高，拥有更多的资源对城市的基础设施、公共服务进行完善，从而进一步强化了其产业集聚和人口吸纳能力。

五、结论与政策建议

本文通过第六次人口普查分县数据，对中国人口迁移的总体规模、流向、结构和空间分布进行了分析，结果发现：①中国人口迁移总体规模仍呈现不断扩大的趋势，迁入迁出与地区经济发展程度紧密相关；②迁移人口在空间分布上以东部地区为主的格局没有改变，但近年来中西部地区吸纳的迁移人口出现了快速增长，未来，随着中西部地区进入城镇化的快速推进时期，这一趋势将会进一步加强；③迁移人口出现了明显的结构性变化，即新生代农民工成为迁移人口的主力，城—城迁移人口的比例持续提升，这种结构性变化预示着对未来城镇化的质量提出了更高要求，值得深入研究；④迁移人口向地级及以上城市集聚，尤其是向大城市及特大城市集聚的现象显著，同时，小城镇在吸纳人口就近迁移方面发挥着积极作用；⑤从城市的迁移类型来看，城市的迁移活跃程度与其经济发展水平、行政等级等因素密切相关。

根据人口迁移的变化趋势及其空间格局，本文认为应加强以下三方面的建设：

首先，充分发挥城市群吸纳人口迁移的载体作用，促进区域人口合理均衡布局。随着中国城镇化进入到以城市群为主体形态的阶段，未来大城市及特大城市仍将是吸纳迁移人口的主体，在提升城市群集聚能力的同时应大力推动周边中小城市及小城镇的发展，促进人口均衡、合理分布，缓解特大城市压力。

其次，着力提升城镇化质量，适应迁移人口结构性变化的新要求。随着城镇化水平的不断提升，中国人口迁移的类型已经出现分化，由过去的乡—城迁移为主，逐步过渡到乡—城迁移、城—城迁移等多种类型并存的阶段。与此同时，乡—城迁移人口的结构也在发生改变，新生代农民工已成为迁移人口的主力，新生代农民工不仅关注就业机会和收入的提升，更关注个人的全面发展，更渴望融入城市生活。迁移人口的结构性变化对城市发展质量提出了更高要求，需要政府在教育、医疗、文化等公共服务领域给予更多的关注与投入。

最后，发挥政府“逆向”调节的作用，支持小城镇发展，逐渐减少对大城市及特大城市的“偏爱”。中国人口迁移流向与城市的行政等级密切相关，城市的行政等级差异意味着资源配置能力的差异，这种差异在市场力量作用下进一步放大，极大地影响不同等级城市的发展，直接导致了一些小城市及城镇的发展机会较少。因此，政府需要发挥“逆向”调节的作用，为小城镇争取更多的发展权，提升小城镇的公共服务与基础设施配套水平，充分发挥小城镇在吸纳人口就近迁移方面的作用。这也将有助于促进中国不同规模城市的协调发展。

参考文献

[1] 鲍常勇：《我国286个地级及以上城市流动人口分布特征分析》，《人口研究》2007年第6期，第67-75页。

[2] 蔡昉、张车伟、都阳：《2002年：中国人口与劳动问题报告》，北京：社会科学文献出版社，2002年，第58-59页。

[3] 蔡昉、顾宝昌：《中国人口与劳动问题报告 No.7》，北京：社会科学文献出版社，2006年，第44-45页。

[4] 蔡建明、王国霞、杨振山：《中国人口迁移趋势及空间格局演变》，《人口研究》2007年第5期，第9-19页。

[5] 查瑞传等：《人口普查资料分析技术》，北京：中国人口出版社，1991年，第290-329页。

[6] 陈丙欣、叶裕民：《中国流动人口的主要特征及对中国城市化的影响》，《城市问题》2013年第3期，第2-8页。

[7] 段成荣、吕利丹、邹湘江：《当前中国流动人口面临的主要问题和对策——基于2010年第六次全国人口普查数据的分析》，《人口研究》2013年第2期，第17-24页。

[8] 段成荣、杨舸：《中国流动人口的流入地分布变动趋势研究》，《人口研究》2009年第6期，第1-12页。

[9] 国家人口和计划生育委员会流动人口服务管理司：《中国流动人口发展报告》，北京：中国人口出版社，2010年，第26、48、61、122、204页。

[10] 国家人口和计划生育委员会流动人口服务管理司：《中国流动人口发展报告》，北京：中国人口出版社，2011年，第49页。

[11] 国家人口和计划生育委员会流动人口服务管理司：《中国流动人口发展报告》，北京：中国人口出版社，2012年，第3、13、43、107、124、138页。

[12] 国家卫生和计划生育委员会流动人口司：《中国流动人口发展分省报告》，北京：中国人口出版社，2013年，第3、11、20页。

[13] 国家卫生和计划生育委员会流动人口司：《中国流动人口发展报告》，北京：中国人口出版社，2014 年，第 4 - 7、11 - 16、24 - 35、53 - 57 页。

[14] 国务院人口普查办公室国家统计局人口和就业统计司：《中国 2010 年人口普查分县资料》，北京：中国统计出版社，2012 年，第 2 - 101、305 - 405 页。

[15] 李袁园：《中国省际人口迁移和区域经济发展研究——基于“六普”数据的分析》，吉林大学博士学位论文，2013 年，第 64 - 72 页。

[16] 刘妮娜、刘诚：《人口有序流动与有质量的城镇化》，《经济体制改革》2013 年第 6 期，第 13 - 17 页。

[17] 刘盛和、邓羽、胡章：《中国流动人口地域类型的划分方法及空间分布特征》，《地理学报》2010 年第 10 期，第 1187 - 1197 页。

[18] 刘玉：《中国流动人口的时空特征及其发展态势》，《中国人口资源与环境》2008 年第 1 期，第 139 - 144 页。

[19] D. 马达祖姆：《发展中国家农村向城市移民》，载于［美］埃得温·S. 米尔斯：《区域和城市经济学手册》第 2 卷，郝寿义、徐鑫、孙兵等译，北京：经济科学出版社，2003 年，第 28 章，第 327 页。

[20] 王春兰、杨上广：《中国区域发展与人口再分布新态势》，《地域研究与开发》2014 年第 1 期，第 158 - 163 页。

[21] 王国霞、秦志琴、程丽琳：《20 世纪末中国迁移人口空间分布格局——基于城市的视角》，《地理科学》2012 年第 3 期，第 273 - 281 页。

[22] 王文忠、沈思：《基于六普数据的年龄——迁移率模型研究》，《中国民族大学学报》（自然科学版）2014 年第 4 期，第 72 - 75 页。

[23] 王章辉、黄柯可：《欧美农村劳动力的转移与城市化》，北京：社会科学文献出版社，1999 年，第 1 - 356 页。

[24] 魏后凯：《中国城市行政等级与规模增长》，《城市与环境研究》2014 年第 1 期，第 4 - 17 页。

[25] 叶裕民、黄壬侠：《中国流动人口特征与城市化政策研究》，《中国人民大学学报》2004 年第 2 期，第 75 - 81 页。

[26] 张展新、杨思思：《流动人口研究中的概念、数据及议题综述》，《中国人口科学》2013 年第 6 期，第 102 - 112 页。

[27] 朱传耿、顾朝林、马荣华等：《中国流动人口的影响要素与空间分布》，《地理学报》2001 年第 5 期，第 549 - 560 页。

[28] Gary L P, Rober P L. Population Geography (Third Vertion) [M]. Kendall Hunt Publishing Company, 1989: 10 - 20.

[29] Puga D. Urbanization Patterns: European Versus Less Develope Countries [J]. Journal of Regional Science, 1998, 38 (2): 231 - 252.

[30] Pons J, E Paluzie, J Silverstre, et al. Testing the New Economic Geography: Migrations and Industrial Agglomerations in Spain [J]. Journal of Regional Science, 2007, 47 (2): 289 - 313.

Changing Trend and Spatial Pattern of Chinese Population Migration

Wang Ning

Abstract: Based on the sixth population census data and latest survey data, the paper makes comprehensive analyses of the changing trend and spatial pattern of migration from the perspective of nation, region and city. The analyses show that: ①compared with the period of the fifth population census, the overall size of the migration is still an increasing trend, the eastern regions are still the priority for migrating population' s choices, but the central and western regions appear rapid growth; ②the structural changes of generational differences in migration and the coming influence on urbanization, is worth in – depth study in the future; ③there is migration prefers for prefecture – level cities, especially large and mega – cities in the distribution pattern of the city, showing obvious spatial agglomeration tendency and hierarchical distribution structure; ④the active degree of migration in a city is closely related to economic development and administrative level. In the end, the paper suggests in – depth study on the structural changes and its potential influence on urbanization, and on how the cities to explore diversified urbanization modes in the central and western regions.

Key Words: Migration; The Sixth Population Census; The Scale of Migration; The Destination of Migration; The Configuration of Migration

□ 经济集聚、税收竞争与中国地方政府的税收努力程度

邓　明　魏后凯

摘　要：规范地方政府的税收竞争、合理引导地方政府的税收努力程度是当前中国财税改革面临的重要任务。本文通过构建一个基于税收努力程度的多阶段博弈模型，研究了经济集聚对于税收努力程度的影响，并基于1998～2007年的中国地级市层面数据，建立动态空间面板数据模型实证检验了论文的理论假设。本文研究结果表明，地方政府不是依据绝对的经济集聚水平，而是依据相对的经济集聚水平来征收“集聚租”，同时，不论是经济空间上“相邻”地区还是行政空间上“相邻”地区地方政府税收努力程度的提高，都会显著提高本地区的政府税收努力程度。

关键词：经济集聚；税收竞争；税收努力；空间计量模型

一、引言

对税收竞争的研究起源于Tiebout（1956）的“用脚投票”理论，该理论就隐含着税收竞争，认为在给定的公共品数量下，地方税收应当足够低，以吸引居民居住，而且，Tiebout认为，对可移动的居民进行竞争可提高居民福利。Tiebout的“用脚投票”理论中的政府竞争对象可以很自然地从居民扩展到其他一切可流动的资源和要素。但是，Oates（1972）对Tiebout理论提出质疑，他认为税收竞争会使各地政府为了吸引流动企业的投资而降低税率，从而政府无法筹集为提供最优的公共服务所需要的

基金项目：国家自然科学基金青年项目“人口老龄化下的技术进步方向与要素收入份额”（71503220）；中国博士后科学基金项目“城市间土地财政的竞争外溢与房价的空间传导”（2012M510670）；教育部人文社会科学研究一般项目“空间似无关回归模型、参数估计、设定检验及其应用”（13YJC910003）；福建省自然科学基金项目“基于样本数据内生的空间权重矩阵：理论与应用”（2014J01270）。

作者简介：邓明，湖南衡阳人，厦门大学经济学院副教授，硕士生导师，中国社会科学院城市发展与环境研究所博士后。魏后凯，湖南衡阳人，中国社会科学院农村发展研究所所长，研究员，博士生导师。

资金，因此，税收竞争将导致地方公共服务的产出无法达到最优。Zodrow 和 Mieskowski（1986）以及 Wilson（1986）借此发展并建立了标准的税收竞争模型，他们认为，在规模报酬不变和完全竞争的假设条件下，不同地域政府之间为争夺流动性资源而展开的横向税收竞争将导致均衡税率低于帕累托有效税率并将由此产生地方公共产品及服务供给不足。

根据上述标准税收竞争模型，日益增强的企业流动性将导致地方政府在税收竞争上出现竞次行为，以吸引生产性资源从而扩大区域内的税基。但是，随着地区分工日益专业化，产业集聚对地区经济的影响日益显著，在此背景下产生的新经济地理理论认为，随着商品和要素的流动性增强，集聚力也随之增强。结果，当阻碍企业流动的技术和行政障碍降低时，通过财政刺激来吸引企业的范围和能力事实上在不断衰减。这意味着，即便资本具有高度的流动性，集聚力的存在允许地方政府仍然可以继续对企业征收较高的税收，即政府可以对集聚经济形成的“集聚租”（Agglomeration Rent）征税，降低资本的流动性，而不必担心企业迁移到其他地区（Brülhart et al.，2012）。

针对产业集聚地区能够对“集聚租”征税的观点，Baldwin 和 Krugman（2004）较早地对产业集聚与税收竞争的关系进行了理论分析。他们设定存在两个同质辖区，其中一个辖区为产业集聚区，另一个辖区则不存在产业集聚，两者在税率设定上相互博弈。在博弈过程中，产业集聚辖区能够设定较高税率的同时保持地区产业集聚水平，而不存在产业集聚辖区则需要设定较低的税率以吸引产业集群的迁入。博弈均衡结果显示，不存在产业集聚的辖区最终会放弃设定较低税率吸引产业集群的努力，使得存在产业集聚辖区与不存在产业集聚辖区之间存在一个可以维持的税率差异。根据这一博弈过程，Baldwin 和 Krugman（2004）认为产业集聚会导致地区税率水平呈现先降后升的变动趋势。但他们考虑的是两个对称的辖区，与现实情况有一定的距离，Burbidge 等（2006）通过加入异质资本、Borck 和 Pflüger（2004）通过考虑部分集聚的情况，扩展了产业集聚的税收竞争模型。

大量的经验研究也证实了“集聚租”的存在，Brülhart 等（2012）通过对瑞士城市层级的企业区位选择模型进行估计发现，高税率确实会妨碍企业选址，但是这种妨碍效应对于那些存在空间集聚的部门要弱得多；Devereux 等（2007）调查了英国集聚经济对地方财政激励的敏感性，也证实了集聚租的存在；Charlot 和 Paty（2007）在对法国城市的研究中发现，税率和市场接近之间存在显著的正相关。

如果地方政府能够对集聚经济创造的“集聚租”征税而不必担心企业迁移到其他地区，就能够避免与其他地区的恶性竞争。这就为市场这只“无形之手”来指导地方政府实现自发的税收协调提供了具体的机制及实施的可能。因此，“集聚租”的存在为地方政府税收竞争提供了一个新的研究视角，这一点在当前中国的经济环境下显得尤为突出：一方面，改革开放近40年来，在全球化、城市化和倾向于沿海地区的经济政策的共同作用下，中国经济出现了非常明显的集聚趋势，第二次全国基本单位普查数据显示，在制造业部门的29个行业的销售收入中，东部地区所占份额超过90%的有4个行业，超过70%的有20个行业。另一方面，中国地方政府的税收竞争对于中国的地区经济速度和质量都有显著影响，在财政分权体制下，各地区被赋予相对独立的经济利益，在政治晋升和促进地区经济增长的目标诉求下，地方政府常常会通过税收手段展开经济竞争。地区间的税收竞争有助于减少地方政府对企业的直接干预，推进市场化改革进程，因而促进经济增长（Qian 和 Roland, 1998；Lin 和 Liu, 2000）；但招商引资中的税收优惠竞争，也造成地区税率不断下降，进而使地方公共品供给不足，从而影响经济增长质量（周黎安，2004；张晏和龚六堂，2005）。尽管 1994 年分税制改革以来，中国的地区间税收竞争已经少有 20 世纪 80 年代那种严重的地区割据行为，但土地优惠、税收返还等税收竞争行为依然广泛存在。在这样的背景下，研究中国的经济集聚对税收竞争的影响具有重要的意义。事实上，也有部分研究开始关注经济集聚对地方政府税收竞争行为的研究，雷根强和何慧敏（2009）基于 1978～2005 年中国省级面板数据的经验研究发现，与产业集聚相关的资源和设施、企业集聚以及市场规模因素都对地区的宏观税负产生正向的影响，地方政府征收了“集聚租”。而钱学锋等（2012）利用 1999～2007 年中国地级市工业企业层面的面板数据的检验研究则表明，城市集聚经济和产业集聚经济对企业税收负担没有显著影响，换言之，中国的地方政府并未对集聚经济创造的“集聚租”征税，“逐底竞争”仍然是中国地方政府之间税收策略互动行为的常态。

但是，研究中国地方政府的税收竞争不得不注意的一个事实，就是中国是一个税收立法权高度集中的国家，中国自改革开放以来，对税收立法权和税收政策一直强调税权集中、税法统一，中央政府几乎集中了所有税种的立法权、解释权、修订权，地方政府并不具有税收立法权，各地方的名义税率是相同的。因此，我们无法通过税率上的差异研究中国地方政府间的税收竞争。但同时我们也应该注意到，“急用先行”、“宜粗不宜细”一直是我国立法工作的指导思想，也是我国法律文件的特色，具体到财政分权方案来说，就是分税制以及与之相配套的税收法律体系，并没有缜密地限定各级政府的税收行为，而是给了地方政府足够大的弹性空间。从立法意图上说，地方政府不具有税收自主权，无权设定或变更税率，但实际上地方政府在税收政策上的“自由裁量权”比理论上所允许的要宽泛得多，而地方政府也不会放过任何一个对税收法律法规进行有利于本辖区的解释或操作的机会，更重要的是，由于中央政府与地方政府的信息不对称，地方政府在征税时，其努力程度存在较大差异，因此，各地区的实际税率也存在较大程度的差异，于是经常出现“中央决定名义税率、地方决定实际税率”的现象，安体富（2002）和乔宝云等（2006）的研究均表明，中国地方政府税收努力的变动使得法定税率与实际税率脱钩。因此，本文从税收努力程度的视角研究经济集聚对地方政府税收竞争的影响，意图挖掘经济集聚对地方政府税收努力程度的影响，为规范地方政府之间的税收竞争、引导地方政府的税收努力程度提供相应参考。

本文的研究结果发现，一个地区的城市化经济和地方化经济不会对地方政府的税收努力程度产生影响，但是，地方政府会根据该地区与其经济上“相邻”地区的经济集聚的相对大小而策略性地调整其税收努力程度，也就是说，地方政府不是依据绝对的经济集聚水平，而是依据相对的经济集聚水平来征收“集聚租”。同时，地方政府间的税收努力程度呈现显著的地区间策略互动，不论是经济空间上“相邻”地区还是行政空间上“相邻”地区的地方政府税收努力程度的提高，都会显著提高本地区的政府税收努力程度。本文余下部分内容安排如下：第二部分介绍理论模型；第三部分对经验分析中的样本、模型和变量进行说明；第四部分是实证结果及其解释；第五部分为本文的结束语。

二、理论模型

我们构建一个简单的动态博弈模型，来分析地方政府为吸引投资而展开的税收竞争，并形成实证分析所要验证的理论假设。我们所构建的博弈模型类似 Haufler 和 Wooton（2010）的理论框架，并尽量使理论模型与中国的实际情况相吻合。

我们考察两个地方行政区 $i\in\{1, 2\}$，每个地区有 l_i 个消费者，每个消费者无弹性地向生产部门供给 1 单位劳动力来获得工资收入 w。每个地区有两个生产部门：一是“地方化”生产部门，在一个不完全竞争的市场环境中使用劳动力作为可变投入来生产同质产品 a；二是生产部门，在完全竞争的市场环境中使用劳动力作为唯一的投入品生产计价商品（Numeraire Good）b。产品 a 在地区间的贸易成本（亦即运输成本）为τ；而计价商品 z 在地区间的贸易成本为零，从而确保不同地区间的实际工资水平 w 相同。地区 1 和地区 2 的地方政府目标是通过税收政策来吸引位于第三地区的 n 个“地方化”生产部门企业到本地区来投资。

由于中国是一个税收立法权高度集中的国家，各地的税率是相同的，令其为 t，地方政府在税率方面并没有政策空间，但是由于中央政府与地方政府的信息不对称，地方政府在征税时，其努力程度存在较大差异，各地区的实际税率也存在较大程度的差异，呈现一种“中央决定名义税率、地方决定实际税率”的状态。假设地区 i 地方政府的税收努力程度为 e_i，则该地区的实际税率为 $tf(e_i)$，其中，$f(\cdot)$ 为过原点的单调递增函数。该动态博弈模型的博弈过程如下：首先，每个地方政府决定其税收努力程度 e_i；其次，位于第三方的 k 个企业做出其企业选址决定；最后，则是企业的生产和消费者的消费行为。我们从第三个阶段开始来分析该博弈模型的均衡。

代表性消费者从消费商品 a 和 b 中获得个人效用，假设两个地区消费者的个人偏好假设是相同的，其效用函数形式如下：

$$u_i=\lambda a_i-\gamma a_i^2+b_i,\ \lambda,\ \gamma>0,\ i\in\{1,\ 2\} \quad (1)$$

在上述消费者效用函数中，我们假设消费者对同质产品 a 的边际效用递减，而对计价产品 b 的边际效用保持不变。

假设地区 i 的总税收 T_i 完全重新分配给居住在该地区的消费者；除了上述收入外，消费者没有其他收入，生产过程中产生的利润由居住在第三个地区的资本持有者得到。因此，地区 1 和地区 2 的每个消费者的预算约束可以表示为：

$$w+T_i/l_i=b_i+p_ia_i \quad (2)$$

其中，p_i 是商品 a 在地区 i 的价格。最大化消费者的效用，可以得到消费者对商品 a 的需求函数：

$$\lambda-2\gamma a_i=p_i \quad (3)$$

将每个消费者对商品 a 的需求加总即可得到整个市场对商品 a 的总需求 A_i：

$$A_i=l_i(\lambda-p_i)/2\gamma \quad (4)$$

n 个外部企业在进入地区 1 或地区 2 时都面临着相同而且固定的成本，这些成本包括选址成本、安装生产设备的成本、购买机器设备的成本等，假设这些成本非常之高以至于每个企业只能在地区 1 或地区 2 设立一个工厂。假设在地区 1 和地区 2 现有 m_i 个企业从事着产品 a 的生产，并且总共雇佣了 l_i^a 个消费者进行生产；已有企业在新企业进入之前已经做好选址决定且无法更改，并且其生产的产品服务于地区 1 和地区 2 两个市场。

根据经济地理学的观点，不论是从早期的 Marshall（1890），还是近年的 Konrad 和 Kovenock（2009），经济集聚都能带来这样一个效应：对于新进入某个地区的企业，如果该企业选址靠近其他类似企业，那么该地区的相同企业的集聚能降低新进入企业的进入成本。为了处理这种经济集聚给新进入企业带来的作用，我们沿用 Konrad 和 Kovenock（2009）的做法，假定当地区 a 和地区 b 的新进入企业邻近地区内原有的 m_i 个生产企业时，其进入成本 c 会更低。例如，当新进入企业选址在经济活动规模足够大的地区时，该企业可能获益于进入地区的交通基础设施、通信基础设施等已有条件。因此，新进入企业的固定成本为：

$$C_i = c - \alpha l_i^a - \beta l_i \tag{5}$$

αl_i^a 度量了新进入企业从进入地区的同类企业总就业量中的获益，亦即进入地区同类企业集聚带来的进入成本优势，即集聚经济中的地方化经济（Localization Economy）；βl_i 度量了新进入企业从进入地区所有各类企业总就业量中的获益，亦即进入地区总的经济集聚带来的进入成本优势，即集聚经济中的城市化经济（Urbanization Economy）。根据 Brander 和 Krugman（1983）提出的相互倾销模型（Reciprocal Dumping Model），每家企业都会非合作性地选择在每个市场中销售的产品数量，因此，地区 i 的企业的税前利润为：

$$\pi_i = (p_i - w)a_{ii} + (p_j - w - \tau)a_{ji},\ i \in \{1, 2\},\ i \neq j \tag{6}$$

式中，p_i 是地区 i 的企业在本地区销售 a 产品的价格，p_j 表示地区 i 的企业在地区 j 销售 a 产品的价格，a_{ii} 表示地区 i 的企业在本地区销售 a 产品的数量，a_{ji} 表示地区 i 的企业在地区 j 销售 x 产品的数量。由于存在运输成本，因此，地区 i 的企业生产的产品售往地区 j 时，其边际成本要在工资成本 w 的基础上加上运输成本 τ。

结合式（4）的市场总需求 A_i，最大化式（6）的利润函数，可以得到地区 i 的生产企业在两个市场的销售数量分别为：

$$A_{ii} = \frac{l_i(\lambda - w + \tau(n_j + m_j))}{2\gamma(1 + n + m)};$$

$$a_{ji} = \frac{l_i(\lambda - w - \tau(1 + n_j + m_j))}{2\gamma(1 + n + m)} \tag{7}$$

其中，$n = n_1 + n_2$，$m = m_1 + m_2$。将式（7）代入到式（4）的市场需求函数即可得到 a 产品在 1、2 两个市场上的均衡价格分别为：

$$p_i = \frac{\lambda + w(n + m) + \tau(n_j + m_j)}{1 + n + m};\quad i \neq j;\quad i,\ j \in \{1,\ 2\} \tag{8}$$

将式（8）的均衡价格和式（7）的产量函数代入到式（6）的利润函数即可得到地区 i 的企业的最优税前利润为：

$$\pi_i = \frac{l_i[\lambda - w + \tau(n_j + m_j)]^2 + l_j[\lambda - w - \tau(n_j + m_j)]^2}{2\gamma(1 + n + m)^2};\quad i \neq j;\ i,\ j \in \{1,\ 2\} \tag{9}$$

在博弈模型的第二阶段，n 个新进入企业根据其在地区 1 和地区 2 的税后利润来做出其选址决定，其税后利润为：

$$\prod\nolimits_i = \pi_i - C_i - tf(e_i);\ i \in \{1,2\} \tag{10}$$

求解区位均衡 $\prod_i - \prod_j = 0$ 即可得到进入地区 i 的企业的均衡数量为：

$$n_i^* = -\frac{\rho t(f(e_i) - f(e_j))}{2l\tau^2} + \frac{\rho\alpha(l_i^2 - l_j^a)}{2l\tau^2} + \frac{(\phi\tau + \rho\beta)(l_i - l_j)}{2l\tau^2} + \frac{n - \theta}{2} \tag{11}$$

其中，$\rho = 2\gamma(1+n+m) > 0$，$\phi = 2(\lambda - w) - \tau > 0$，$l = l_1 + l_2$ 是两个地区的总劳动力数量，$\theta \equiv h_i - h_j$ 度量的是地区 i 和地区 j 之间企业数量的初始差异，也体现了两个地区在集聚程度上的差异。式（11）中右边的第一项体现了地方政府税收努力程度对新进入企业的抑制作用，地方政府的税收努力程度越高，企业进入该地区所能获得的税后利润越低，从而阻碍企业进入该地区。

在博弈模型的第一阶段，地方政府非合作性地选择各自的最优税收努力程度来最大化本地居民的工资收入与税收收入之和，即

$$W_i = tf(e_i)(n_i + m_i) + wl_i \qquad (12)$$

将地方政府的目标函数对税收努力程度求导可得：

$$\frac{\partial W_i}{\partial e_i} = tf'(e_i)(n_i + m_i) + tf(e_i)\frac{\partial n_i}{\partial e_i} = 0 \qquad (13)$$

前文设定 $f(\cdot)$ 为过原点的单调递增函数，设定其具体形式为 $f(e) = ke$，$k > 0$。将式（11）的均衡数量代入到式（13）中即可得到地方政府的税收努力程度反应函数，其表达式如下：

$$e_i = \frac{1}{k}\left[\frac{e_j}{2} + \frac{\alpha(l_i^a - l_j^b)}{2t} + \frac{(\tau\phi + \rho\beta)(l_i - l_j)}{2t\rho} + \frac{\tau^2 l(n+m)}{2t\rho}\right] \qquad (14)$$

其中，$h(\cdot)$ 是 $f(\cdot)$ 的反函数，由于 $f(\cdot)$ 是单调递增的函数，因此 $h(\cdot)$ 同样为一个单调递增的函数；此外，在式（14）中，$\partial e_i / \partial l_i > 0$，$\partial e_i / \partial l_i^a > 0$。

我们的研究目的在于分析经济集聚对地方政府税收努力程度的影响，根据式（14），经济集聚——不论是城市化经济（l_i）还是地方化经济（l_i^a）——对本地区地方政府的税收努力程度都有正向的刺激作用，这是因为选址在集聚程度高的地区的企业能够获得“集聚租”，从而减小了税收增加对于企业生产成本的负面影响，因此地方政府有征收“集聚租”的冲动，进而提高了其税收努力程度。

由此可以得到本文的第一个理论假设：

H1：一个地区的经济集聚对该地区地方政府的税收努力程度有正向的刺激作用，该刺激作用通过城市化经济和地方化经济两个途径产生作用。

此外，根据式（14）可得：

$$\frac{\partial e_i}{\partial(l_i - l_j)} > 0；\frac{\partial e_i}{\partial(l_{ix} - l_{jx})} > 0 \qquad (15)$$

式（15）意味着，如果相对于其相邻地区，一个地区的经济规模或是行业集聚程度（亦即城市化经济和区位化经济）越高，那么相对而言，该地区对于新进入企业而言吸引力更大。换言之，如果相对于其相邻地区，一个地区的经济规模或是行业集聚程度足够大的话，那么新进入企业没有动机进入相邻地区，此时，该地区的地方政府可以不考虑相邻地区的税收努力程度对新进入企业的影响而提高其自身的税收努力程度。反过来，如果相对于其相邻地区，一个地区的经济规模或是行业集聚程度没有足够的优势的话，那么该地区吸引新进入企业的手段主要靠税收优惠，因而其税收努力程度会相对较低。因此，我们提出了如下的第二个理论假设：

H2：如果一个地区相对于相邻地区的经济集聚程度越高，那么经济集聚对该地区地方政府的税收努力程度的刺激作用就越大，反之亦然。

如果说第一个理论假设是从绝对水平上考察经济集聚对地方政府税收努力的影响，那么第二个理论假设则是从相对水平上考察经济集聚对地方政府税收努力程度的影响。

此外，关注中国地方政府的税收行为，不得不考虑地方政府间的税收竞争。在以"经济分权、政治高度集权"为特征的"中国式分权"下，各地区被赋予相对独立的经济利益，但在政治晋升的激励下，地方政府常常会通过税收手段展开经济竞争。在中国这样一个投资拉动型经济增长非常典型的国家，地区间税收竞争的首要目标是通过招商引资来推动当地经济增长。因此，在政治晋升的激励下，为通过吸引资本进入而获得更高的经济增长，地方政府的税收努力程度不仅会受到该地区经济集聚的绝对水平和相对水平的影响，还会同相邻地区的税收努力程度高度相关，事实上，观察式(14)可以发现，$\partial e_i/\partial e_j>0$，因此，我们提出如下的第三个理论假设：

H3：一个地区的地方政府税收努力程度与其相邻地区的地方政府税收努力程度高度相关，相邻地区地方政府税收努力程度越低，该地区地方政府税收努力程度越低，反之亦然。

因此，根据前面的三个理论假设，我们总结了本文所研究的影响地方政府税收努力程度的三个因素：一是地方政府辖区内经济集聚的绝对水平，包括"城市化经济"和"地方化经济"；二是相对于相邻地区，该地区经济集聚的相对水平；三是相邻地区地方政府的税收努力程度。

三、模型、样本与数据

（一）实证模型及其估计方法

为了对上述理论假设进行检验，我们构建如下的动态空间面板数据模型：

$$taxeff_{it}=\alpha_1 local_{it}+\alpha_2 urban_{it}+\alpha_3(local_{it}/\sum_{j\neq i}w_{ij}local_{jt})+\alpha_4(urban_{it}/\sum_{j\neq i}w_{ij}urban_{jt})+\alpha_5 taxeff_{it-1}+\lambda\sum_{j\neq i}w_{ij}taxeff_{jt}+\beta X_{it}+\varepsilon_{it} \tag{16}$$

其中，$taxeff_{it}$是地区i的地方政府在时期t的税收努力程度，*local*度量了经济集聚中的地方化经济，*urban*度量了经济集聚中的城市化经济，λ为空间自回归系数，用以度量地区间税收竞争的方向和强度，w_{ij}（$i\neq j$）为空间权重矩阵W中的第（i，j）个元素，用以度量地区i和地区j之间的空间距离的大小，$w_{ii}=0$，系数α_1和α_2的方向与显著性程度用于检验前文的理论假设1；系数α_3和α_4的方向与显著性程度用于检验前文的理论假设2；空间自回归系数λ的方向和显著性程度用于检验前文的理论假设3。此外，我们还在模型中引入了努力程度的滞后项，这是考虑到税收努力程度作为政府行为可能存在的惯性特征。ε_{it}为随机扰动项，考虑到遗漏的解释变量可能存在的空间相关性，我们假定ε_{it}存在空间相关性，并满足如下设定：

$$\varepsilon_{it}=\rho\sum_{j\neq i}m_{ij}\varepsilon_{ij}+u_{ij},u_{it}=\eta_i+v_{it},v_{it}\square iid(0,\sigma_v^2) \tag{17}$$

其中，m_{ij}（$i\neq j$）为空间权重矩阵M中的第（i，j）个元素，η_i用于测度可能存在的个体固定效应。对于不包含因变量空间滞后项的动态面板数据模型，传统的估计方法主要是Arellano和Bond（1991）提出的差分GMM方法（DIFF-GMM）以及Blundell和Bond（1998）提出的系统GMM方法（SYS-GMM）。Elhorst（2010）将差分GMM方法扩展到包含因变量空间滞后项的动态空间面板数据模型中，但是，其研究认为使用这种方法估计动态空间面板数据模型可能导致严重的估计偏误，尤其是对空间自回归系数的估计。而Kukenova和Monteiro（2008）以及Jacobs等（2009）则将系统GMM方法扩展到动态空间面板数据模型的估计中，发现相对于差分 GMM 方法，该方法能有效地减少空间滞后项系数的估计偏误，因此，本文也采用系统 GMM 方法来估计式（16）。将式（16）和（17）写成如下的矩阵形式：

$$taxeff_t = z_t\theta + \varepsilon_t,\ \varepsilon_t = \rho M\varepsilon_t + u_t,\ u_t = I_N\eta + v_t \tag{18}$$

其中，

$$z_t \equiv \left[local_t,\ urban_t,\ \frac{local_t}{W \cdot local_t},\ \frac{urban_t}{W \cdot urban_t},\ Wtaxeff_t,\ taxeff_{t-1},\ X_t \right]$$

为解释变量矩阵，$\theta \equiv [\alpha_1,\ \alpha_2,\ \alpha_3,\ \alpha_4,\ \alpha_5,\ \lambda,\ \beta']'$ 为参数向量。具体而言，参数估计通过如下几步来实现（Jacobs et al.，2009）：

第一步，对式（16）取一阶差分，以从扰动项中消除个体效应，得到：

$$\Delta taxeff_t = \Delta z_t\theta + \Delta\varepsilon_t \tag{19}$$

将式（18）与式（19）联立得到：

$$\begin{bmatrix} taxeff_t \\ \Delta taxeff_t \end{bmatrix} = \begin{bmatrix} z_t \\ \Delta z_t \end{bmatrix}\theta + \begin{bmatrix} \varepsilon_t \\ \Delta\varepsilon_t \end{bmatrix} \tag{20}$$

为了表述方便，我们将式（20）写成如下形式：

$$taxeff_t^{BB} = z_t^{BB}\theta + \varepsilon_t^{BB} \tag{21}$$

第二步，利用 SYS－GMM 方法得到式（18）的参数估计量，并获得残差向量：

$$\hat{\theta}^{SBB} = [z^{BB\prime}H^{SBB}A^{SBB}H^{SBB\prime}z^{BB}]^{-1}z^{BB\prime}H^{SBB}A^{SBB}H^{SBB\prime}z^{BB} \tag{22}$$

其中，$A^{SBB'} = [H^{SBB'}H^{SBB}]^{-1}$。$H^{SBB}$ 定义为 $H^{SBB} = \begin{bmatrix} H_D & 0 \\ 0 & H_L \end{bmatrix}$，其中，$H_D$ 为一阶差分方程（19）的工具变量矩阵，由如下的矩阵条件得到：

$$E[taxeff'_{t-s}\Delta v_t] = 0,\ E[(W\tilde{z}_t)\Delta v_t] = 0,\ E[\tilde{z}_t\Delta v_t] = 0 \tag{23}$$

其中，$t=3,4,\cdots,T$；$s=2,3,\cdots,T-1$；$\tilde{z}_t$ 为不包含被解释变量空间滞后项的解释变量矩阵，即

$$\tilde{z}_t \equiv \left[local_t,\ urban_t,\ \frac{local_t}{W \cdot local_t},\ \frac{urban_t}{W \cdot urban_t},\ taxeff_{t-1},\ X_t \right]$$

H_L 为水平方程（18）的工具变量矩阵，由如下的矩阵条件得到：

$$E[\Delta taxeff'_t\Delta v_{t-s}] = 0,\ E[(W\Delta\tilde{z}_t)v_{t-s}] = 0,\ E[\Delta\tilde{z}_t v_{t-s}] = 0 \tag{24}$$

第三步，利用式（22）的 SYS－GMM 估计量，得到式（18）的残差估计量 $\hat{\varepsilon}_t = taxeff_t - z_t\hat{\theta}^{SBB}$，此时，此时 z 只包含变量的水平值。将该残差估计量代到如下由 Kapoor 等（2007）所提出的总体矩条件中，即可得到扰动项空间自回归系数 ρ 和扰动项 v 的方差 σ_v^2 的一致估计量。

第四步，将第三步中所得到的 ρ 的一致估计量 $\hat{\rho}$ 作 Cochrane－Orcut 变换，以解决扰动项 ε 的非球形扰动问题，对变换后的数据再一次估计得到最终的估计量。

（二）样本

我们所使用的样本数据是中国地级市的数据，该数据中包括了中国大陆 31 个省、自治区与直辖市的 287 个地级市及以上行政区的样本。由于四大直辖市与地级城市无论从城市规模还是从人均 GDP 来看，都相差甚远，我们将四大直辖市排除在观察样本外。此外，由于西藏拉萨的数据缺失严重，予以剔除。因此，本文的分析对象包括 267 个地级市和 15 个副省级市，其中地级市的范围是其下辖的区、县及县级市。出于数据获取方面的考虑，我们所使用的数据是 1998～2007 年共 10 年

的面板数据①。

（三）变量选取与测度

1. 税收努力程度的测度

我们讨论模型（16）中被解释变量税收努力程度（*taxeff*）的构建。20世纪60年代IMF学者首先提出用税收努力指标来进行国际间税收比较，在这些文献中，他们认为某地区税收比率 tax/Y（其中 tax 表示实际税收收入，Y 为GDP）取决于两个因素：一是税收能力，指该地区将法定税率应用于实际税基所产生的税收收入，表示为 tax^*/Y，其中，tax^* 表示预期税收收入；二是征税努力，指该地区的地方政府实际运用其税收能力获取税收收入的程度，用 *taxeff* 度量，其关系可以表示为如下的函数：

$$tax/Y = f(tax^*/Y,\ taxeff) \qquad (25)$$

根据式（25），可以推导出税收努力程度 *taxeff* 的表达式如下：

$$taxeff = tax/tax^* \qquad (26)$$

税收努力定义为实际征收税收除以预期税收收入。但是，预期税收收入（抑或税收能力）② 是一个不可观测的变量，吕冰洋和郭庆旺（2011）将预期税收收入定义为一国应当能征收上来的税收数额。在进行预期税收收入的估算时，往往由于对税收能力的理解和定义不同而采用不同的测算方法。国际上比较常用的方法有美国政府间关系咨询委员会（ACIR17F）的代表性税制法（Representative Tax System，RTS）和国际货币基金组织（IMF）的基于回归的税收努力指数模型（Regression－based Tax Effort Index Model，TE/R）③ 等。本文采用基于回归的方法来测算中国地方政府的预期税收收入。对于影响税收能力的因素，除了传统的GDP因素外，Ansari（1982）认为人口密度大则征税的成本相对较低，但Teera和Hudson（2004）则认为高人口密度对应高的支出需求从而要求更高的税收能力。结合既有研究经验，本文利用各地区的GDP、人口密度、经济开放度、产业结构、固定资产投资和城市化水平作为解释变量来测算各地区的税收能力：

$$tax_{it} = \beta_0 + \beta_1 GDP_{it} + \beta_2 pd_{it} + \beta_3 open_{it} + \beta_4 ind_{it} + \beta_5 inv_{it} + \beta_6 urban\_pop_{it} + \varepsilon_{it} \qquad (27)$$

其中，*tax* 是各地区的预算内财政收入，*GDP* 为各地区的国内生产总值，*pd* 为人口密度，*open* 表示经济开放度，用各地区的外商直接投资来度量，*ind* 表示产业结构，用各地区第三产业产值占 *GDP* 比重来度量，*inv* 为各地区的固定资产投资，*urban_ pop* 表示城市化水平，用各地区的非农业人口占比来度量。上述变量中，税收收入的数据来自各年度的《中国地市县财政统计资料》，其余变量的数据均来自《中国城市统计年鉴》。对于式（27）的面板数据模型，我们分别使用混合回归、固定效应回归和随机效应回归，估计结果如表1所示：

根据表1中的Hausman检验结果，我们选择固定效应模型来估计 *tax*，此外，在变量选取中，考虑到 *pd* 并不显著，我们在列（4）提供了剔除该变量的固定效应模型的估计结果。因此，我们以列（4）中的参数估计结果来拟合各地区在各时期的税收收入 tax^*，将其代入到式（28）中即可得到282个地区在不同时期上的税收努力程度。表2和表3列出了不同时间和不同省份的税收努力程度的描述统计结果。

① 这是由于目前所得到的《中国工业企业统计数据库》中的数据是1998～2007年的数据。

② 由于税收能力被定义为预期税收收入与GDP的比值，而GDP的数据可以根据官方统计数据得到，因此对税收能力的估算实际上就等同于预期税收收入的估算。

③ 也称为税柄法（Tax Handles）。

表 1　预期税收收入的估算结果

	（1）混合回归	（2）固定效应回归	（3）随机效应回归	（4）剔除后的固定效应回归
constant	－260262. 3 *** (16454. 77)	－190189. 2 *** (23023. 42)	－223581. 6 *** (20605. 8)	－186373. 2 *** (22708. 12)
GDP_{it}	0. 0614792 *** (0. 0014402)	0. 050553 *** (0. 0014909)	0. 0539358 *** (0. 0013786)	0. 0507541 *** (0. 0014774)
pd_{it}	－17. 85475 *** (6. 246312)	－7. 419034 (7. 383221)	－6. 739471 (6. 589475)	
$open_{it}$	1. 159006 *** (0. 105227)	0. 4012427 *** (0. 139893)	0. 7852833 *** (0. 120165)	0. 4081858 *** (0. 1397227)
ind_{it}	3581. 464 *** (437. 8838)	2067. 477 *** (615. 8039)	2693. 217 *** (527. 4562)	1992. 624 *** (611. 2834)
inv_{it}	－0. 014482 *** (0. 0030629)	0. 0093471 *** (0. 0030061)	0. 0017595 (0. 002815)	0. 009219 *** 0. 0030034
$urban\_pop_{it}$	211910. 5 *** (19028. 5)	221747. 9 *** (26551. 17)	224969. 9 *** (22656. 23)	205606. 1 *** (21140. 46)
N	2529	2529	2529	2529
R^2	0. 8772	0. 8710	0. 8749	0. 8708
Hausma 检验	chi2 = 6. 60；Prob > chi2 = 0. 0860			

注：估计量下方括号中为参数估计量的标准差。*、** 和 *** 分别表示在 10%、5% 和 1% 的显著性水平下显著，下同。

表 2　税收努力程度的描述统计（按时间）

年份	Obs	Mean	Std. Dev.	Min	Max
1998	202	0. 9991471	0. 3833834	0. 3440527	1. 941489
1999	231	0. 9680918	0. 3912429	0. 4065652	1. 989353
2000	256	1. 034461	0. 3949333	0. 4506521	1. 991753
2001	262	0. 9655245	0. 3922848	0. 3325497	1. 904532
2002	262	1. 202084	0. 3425305	0. 5823233	2. 085659
2003	278	1. 19502	0. 3154756	0. 6902647	2. 143
2004	263	1. 188729	0. 3034653	0. 6884682	2. 382269
2005	262	1. 395267	0. 296997	0. 8888791	2. 541731
2006	264	1. 316028	0. 2888154	0. 8061776	2. 296795
2007	249	1. 367974	0. 2918499	0. 8067444	2. 334024
ALL	2529	1. 169103	0. 3738266	0. 3325497	2. 541731

从表 2 中可以看出，在 1998 ~ 2007　年，中国地方政府的财政努力程度在不断

提高，在2005年达到最大值。而从表3中可以看出，除了西部的贵州、陕西和云南几个省份的税收努力程度较高之外，在其余地区，经济发展水平越高的地区，其税收努力程度也越高，这一点与乔宝云等（2006）和胡祖铨等（2013）的结论是一致的，我们将在后文对其原因进行分析。

表3 税收努力程度的描述统计（按地区）

地区	Obs	Mean	Std. Dev.	Min	Max
河北	106	0.9922471	0.2565222	0.4704933	1.757935
山西	114	1.04922	0.293518	0.3325497	1.989353
内蒙古	72	1.135638	0.3090031	0.5106235	2.035589
辽宁	140	1.096309	0.3446173	0.4499996	1.923259
吉林	79	0.9530131	0.243329	0.518338	1.540815
黑龙江	116	0.9754831	0.2947569	0.4526156	2.057919
江苏	101	1.300713	0.4458538	0.371101	2.143
浙江	108	1.375651	0.3476167	0.3626924	1.982934
安徽	161	1.209747	0.4192332	0.3933235	2.171921
福建	85	1.27118	0.2820823	0.5354885	2.223333
江西	129	1.174772	0.300929	0.515888	1.931391
山东	166	1.223385	0.3539593	0.3945467	2.349982
河南	166	1.082637	0.3375266	0.3857923	1.916974
湖北	94	1.346642	0.4285533	0.5773779	2.296795
湖南	129	1.143777	0.3256233	0.4605066	2.199458
广东	141	1.270003	0.4452481	0.4065652	2.332043
广西	164	1.128035	0.319087	0.5619521	1.967683
海南	20	1.01639	0.3550585	0.5013718	1.749506
四川	149	1.160757	0.3086962	0.3658432	1.918545
贵州	38	1.411718	0.42795	0.6435187	2.164789
陕西	55	1.465825	0.4614928	0.3500593	2.334024
云南	88	1.2314	0.3990814	0.3733934	2.30511
甘肃	57	1.146961	0.478644	0.5220741	2.541731
青海	10	0.8933102	0.2179646	0.5660778	1.267862
宁夏	27	1.008089	0.386281	0.5376746	2.234623
新疆	14	1.102362	0.3950504	0.5216026	1.709329

2\. 集聚经济的测度

在很多文献中，城市化经济通常用非农就业人口的密度来表示（Ciccone 和 Hall，1996；范剑勇，2006）。我们也采用这种方法来定义城市集聚经济，具体计算公式为：

$urban$ = （非农就业人口数量/城市土地面积）[①] （28）

为了不使得该变量的估计值过小，我们将其单位设为：万人/平方千米。利用《中国城市统计年鉴》提供的数据，我们可以很容易地计算出不同地级市各年的城市集聚经济。

对于地方化经济，首先挑选出每个地区中企业数量最多的三个四分位行业，然后用每个地区企业数量最多的三个行业的工业增加值占全国行业总的工业增加值的比重来度量地方化经济，具体公式为：

$$local_i = \frac{industry_{i1}^k}{\sum_i industry_i^k} + \frac{industry_{i2}^l}{\sum_i industry_i^k} + \frac{industry_{i3}^m}{\sum_i industry_i^k} \quad (29)$$

其中，$industry$ 表示四分位行业，下标 i 表示地区，$industry_{i1}^k$ 表示地区 i 中企业数量最多的行业，其所处的行业为行业 k，式（29）等号右边的后两个表达式与此类似。计算地方化经济所需要的数据来自于《中国工业企业数据库》。

3. 其他控制变量的选取

（1）转移支付（*tran*）。现有文献关于转移支付与地方政府财政努力间关系的研究主要是围绕“粘蝇纸效应”（Flypaper Effect）而展开的，即地方政府对待中央政府总量拨款所带来的预算支出没有像对待本地税收收入增长带来的预算支出那样节约使用（Hines & Thaler，1995；Brennan & Pincus，1996）。在实证研究方面，乔宝云等（2006）的研究发现税收返还和总量转移支付都抑制了地方的税收努力，同时还发现富裕地区和贫穷地区的反应是不同的。转移支付对税收努力程度的消极作用主要出现在富裕地区和人口大省，而对于少数民族地区则显示出了正面作用。张恒龙和陈宪（2007）的研究发现，税收返还对地方财政努力度的影响是正的，而财力性转移支付和专项转移支付对地方的财政努力的激励作用都是负的。范子英（2011）认为由于征税具有成本，地方政府往往倾向于利用转移支付替代本地税收，从而转移支付降低了地方政府财政努力。胡祖铨等（2013）的研究则表明，总量性质转移支付、均等性质转移支付对地方征税努力存在着抑制作用，配套性质转移支付则能增进地方征税努力，但激励效果远小于总量性质转移支付和均等性质转移支付。目前，学术界对转移支付的测度基本采用转移支付占地方财政支出比重来刻画，相比转移支付占地方政府预算内收入而言，这一比重反映了地方政府提供公共产品和服务时对中央政府转移支付的依赖程度，本文也遵循这一测度方法。在乔宝云等（2006）的模型中采用财政支出与财政收入差额占财政支出的比重刻画转移支付，其内在含意是地方政府财政支出不足的弥补完全来自中央政府的转移支付，这样的测度与我们采用的测度指标基本一致，但是当地方政府上年有财政结余时，则会存在高估转移支付的依赖程度。因此，本文采用地方政府得到的转移支付总量占地方一般预算支出的比重来刻画转移支付依赖。

转移支付测度方法为：$tran$ = 地方政府得到的转移支付总量/地方一般预算支出。

测度转移支付的数据来自各年度的《中国地市县财政统计资料》。

（2）财政供养人口比重（*fis_ scale*）。政府财政压力是影响税收努力程度的重要因素，而财政供养人口是政府财政压力的

① 由于此处度量的是城市化经济，因此，此处的非农就业人口数量和城市土地面积核算的都是市辖区范围内的。

重要来源。考虑到不同人口规模的省份其财政供养人口存在差异，所以，我们采用财政供养人口占总人口比重来度量财政供养人口方面的压力，其中，财政供养人口的数据来自《中国地市县财政统计资料》，而总人口的数据来自《中国城市统计年鉴》。

4. 空间权重矩阵的设置

为了度量某一地区地方政府与其相邻地区的地方政府在税收上的竞争行为，我们需要构建空间权重矩阵，但是，此处的“相邻”是一种广义上的“相邻”，既包含地理空间上的相邻，也包含经济空间上的相邻，还包括行政区划上的相邻。根据前文分析，中国地方政府的税收竞争根植于“中国式分权”所带来的晋升激励，因此，税收竞争更多地产生在经济发展状况相近的地区之间或者是行政等级类似的地区之间，而非地理空间。基于此，本文分别构建基于经济空间的空间权重矩阵和基于行政空间的空间权重矩阵。其中，基于经济空间的空间权重矩阵 W_1 设置如下：

$$w_{ij} = \frac{(1/D_{ij})}{\left[\sum_{j=1}^{N}(1/D_{ij})\right]} \tag{30}$$

其中，D_{ij}为地区 i 地区 j 之间的经济距离，$D_{ij}=0$，对于经济距离的度量，我们采用如下的方式：$D_{ij} = |\overline{GDP}_i - \overline{GDP}_j|$，$\overline{GDP}_i$ 表示地区 i 在样本年度里的 GDP 的平均值，该数据来源于各年度的《中国城市统计年鉴》。此外，我们的研究样本包括 267 个地级市和 15 个副省级市，地级市和副省级市之间在行政级别上存在差别，因此，在寻找参照目标时也会有所针对，因此，我们设定如下的空间权重矩阵 W_2：如果地区 i 和地区 j 均为副省级城市或者地区 i 和地区 j 处于同一省份之内，则 $w_{ij}=1$①，其他情形是，取 $w_{ij}=0$。

四、实证分析结果

（一）基准回归

我们不考虑被解释变量和扰动项的空间滞后项，对式（16）进行估计。此时，尽管解释变量中包含解释变量的空间滞后项，但该滞后项与一般的解释变量并无两样，因此，该模型只是一般的面板数据模型。

表 4 给出的是不包含被解释变量空间滞后项以及时期滞后项的基准回归结果。

表 4　基准回归模型的估计结果

	混合回归		固定效应②	
	（1）	（2）	（3）	（4）
constant	1.116936***	1.114095***	1.121587***	1.121372***
	(0.015259)	(0.014727)	(0.018580)	(0.018312)
local	-0.183927	-0.159300	-0.0130248	-0.014871
	(0.244392)	(0.119328)	(0.060395)	(0.058432)

① 做出这一设定的原因在于，地方政府选择参照目标时，通常选择同一行政级别的参照目标，如副省级城市更多的时候选择副省级城市作为参照目标，但这种选择对于 267 个地级市可能并不明显，因此，我们考虑到另一种选择依据，即同一省份内的地区可能互为参照目标。

② 由于表中列出的 Husman 检验的结果拒绝了模型设定为随机效应模型的原假设，故没有列出随机效应模型的估计结果。

续表

	混合回归		固定效应	
	(1)	(2)	(3)	(4)
urban	0.003927 (0.007449)	0.003028 (0.013937)	0.002871 (0.009207)	0.002499 (0.007832)
local/W1 · local	0.028302 ** (0.015127)		0.039297 *** (0.009318)	
urban/ W1 · urban	0.008438 * (0.004502)		0.007982 * (0.004266)	
local/W2 · local		0.001923 (0.004931)		0.002382 (0.005090)
urban/ W2 · urban		0.003299 (0.002803)		0.002740 (0.002087)
tran	-0.0114456 * (0.006030)	-0.01848 ** (0.007509)	-0.009229 ** (0.004611)	-0.007309 *** (0.002226)
fis_ scale	0.155093 *** (0.059581)	0.152577 *** (0.051544)	0.122932 *** (0.040210)	0.127936 *** (0.047322)
N	2078	2078	2078	2078
时间效应	—	—	控制	控制
个体效应	—	—	控制	控制
R^2	0.4392	0.4502	0.4813	0.4802
Hausma 检验	—	—	chi2 = 47.9832; Prob > chi2 = 0.0000	chi2 = 52.0076; Prob > chi2 = 0.0000

表4的回归结果显示，无论是哪种集聚经济，都未能有效改变地方政府的税收努力程度，这与现有的研究文献是不一致的。Devereux等（2007）的研究均发现集聚经济会提高地方政府的税率，而钱学峰等（2012）的研究则认为中国的地方政府非但没有对集聚租征税，反而是在面对经济集聚时采用降低企业税收负担的行动，我们的研究则发现地方政府的税收努力程度不会随经济集聚程度的改变而改变。但是，表4中变量 *local/W1 · local* 和 *urban/W1 · urban* 的估计结果均显著为正，这说明当一个地区的经济集聚水平高于其经济"相邻"地区的经济集聚水平时，地方政府会提高其税收努力程度，亦即对经济集聚征收"集聚租"，从而说明理论假设2在中国地区层面是存在的；但是，*local/W2 · local* 和 *urban/W2 · urban* 的系数并不显著，说明行政上"相邻"地区的经济集聚水平不会对本地区政府的税收努力程度产生影响。综上可以发现，中国的地方政府不会针对该地区的绝对经济集聚改变税收努力程度，而是会比照本地区的经济集聚水平与"相邻"地区的经济集聚水平而策略性地改变税收努力程度，因此，我们认为，地方政府不会对"绝对集聚"征收"集聚租"，但是会对"相对集聚"征收"集聚租"，这种"相对集聚"建立在经济

空间上的“相邻”之上。对于这一结果，我们认为可能的解释在于：

事实上，在西方国家的财政分权制度下，地方政府有足够的激励来降低税率从而吸引生产资源、增加本地区的税基，但是，集聚经济的存在使得地方政府可以对集聚经济租税，这一点在前文已有充分论述，而且得到大量经验研究的支持。但是，“中国式分权”的核心内涵是经济分权与垂直的政治治理体制相结合而产生的激励制度（Blanchard & Shleifer，2001），经济分权的积极意义在于向地方政府和企业提供了经济发展的激励，在分散的财政体制下，由于要素流动下的财政竞争增加了政府援助国有企业的机会成本，地方政府不再有激励向经营绩效不佳的国有企业提供援助，结果是所谓“市场维持型联邦主义”的确立（Weingast，1995；McKinnon，1997；Qian & Roland，1998）。但经济上的分权还不足以构成中国式分权的全部内涵，中国的财政分权是在垂直的政治管理体制下演绎出的财政分权。Blanchard 和 Shleifer（2001）认为，在中国，中央政府有足够的能量来对地方进行奖惩，地方政府官员因而不得不追随中央政府的政策导向。经济分权与垂直的政治治理体制相结合而产生的激励制度，再加上 20 世纪 80 年代初期实施的领导干部选拔和晋升标准的重大改革，使得地方政府致力于当地经济发展以获得政治上的晋升，形成围绕 GDP 增长而进行的“晋升锦标赛”（周黎安，2004；张军，2005）。在为 GDP 竞争的背景下，中国的地方政府不会根据本地区的经济集聚水平而贸然提高税收努力程度，因为这样会影响其地区 GDP，从而影响地方政府官员在标杆竞争中的位次，这一点已被钱学峰等（2012）的研究所证实①。但是，由于地方政府官员在竞争中遵循的是一种标杆竞争，即看重在竞争中的相对位次，因此，当一个地区的经济集聚水平高于其经济上“相邻”地区（亦即竞争地区或是标杆竞争中位次相近的地区）的经济集聚水平时，该地区就会策略性地提高税收努力程度，从而增加税收收入，提高公共产品的供给水平。事实上，这种根据相对集聚水平来调整税收努力程度的行为是导致地方政府之间的恶性税收竞争的原因之一，因为地方政府不是根据自身的经济集聚水平，而是根据其与“相邻”地区的经济集聚水平来调整税收努力程度。

此外，表 4 的估计结果表明，财政供养人口比重会显著提高地方政府的税收努力程度，这也佐证了财政供养人口是地方政府财政压力的重要来源之一。因此，缩小政府规模、减少财政供养人口并推进政府结构改革，是缓解地方政府财政压力、降低各地方实际税率的一个重要途径。而转移支付水平的提高则会显著降低地方政府的税收努力程度，从而证实了“粘蝇纸效应”在中国地级市层面同样存在，即中央转移支付抑制了地方政府的税收努力程度，导致税收收入流失和全国税制不统一；此外，考虑到经济发展落后地区所获得转移支付占财政支出比重要高于经济发达地区，因此，经济落后地区的地方政府的税收努力程度也就越低，该结论与表 3 中对税收努力程度的分地区描述统计结果也保持一致。因此，为了避免转移支付对税收努力的消极影响，中央要对转移支付制度进行必要的改进，如在转移支付的公式中增加税收努力的权重（范子英，2013）。

① 钱学峰等（2012）还从国内市场分割、城市集聚经济的不成熟以及“政策租”等角度分析了地方政府没有对经济集聚征税的原因。

（二）动态面板数据模型回归

在表5中，我们引入了税收努力程度的一阶滞后项，试图检验地方政府的税收努力程度是否存在惯性特征。目前，一般的动态面板数据模型的估计方法主要有两种：差分 GMM（Generalized Methods of Moment）和系统 GMM。差分 GMM 估计仅对差分方程进行估计，因此可能损失一部分信息。系统 GMM 则同时对水平方程和差分方程进行估计，并以差分变量的滞后项作为水平方程的工具变量，以水平变量的滞后项作为差分方程的工具变量。该方法由于利用了更多的样本信息，在一般情况下比差分 GMM 估计更有效。而且，系统广义矩估计法是目前最好的同时解决被解释变量动态变化、解释变量内生性问题并同时控制地区和时间固定效应的面板数据估计方法（Madariaga & Poncet，2007），因而我们采用系统 GMM 方法进行估计。但系统 GMM 方法的有效性是有前提的，即新增工具变量是有效的。为验证工具变量的有效性，我们对估计结果进行了 Sargan 检验，并对残差项是否存在一阶和二阶序列自相关进行了检验。系统 GMM 可分为一步法（One－step System GMM）和两步法（Two－step System GMM）估计。相比一步法，两步法不容易受到异方差的干扰，但是在有限样本条件下，两步法的标准误可能产生向下偏倚。对此，本文利用 Windmeijer（2005）的方法对两步法标准差的偏差进行矫正。

表5　动态面板数据模型的回归结果

	(1)	(2)
constant	1.104133*** (0.080197)	1.11883*** (0.082736)
local	－0.169832 (0.267433)	－0.164027 (0.248700)
urban	0.004507 (0.006958)	0.004410 (0.009892)
local/W1 · local	0.028178** (0.016028)	
urban/ W1 · urban	0.008511* (0.004692)	
local/W2 · local		0.001593 (0.003964)
urban/ W2 · urban		0.002490 (0.003082)
tran	－0.012098* (0.006648)	－0.014763** (0.007327)
fis_ scale	0.158032*** 0.048111	0.157393*** 0.050503
taxeff（－1）	－0.093292*** (0.020006)	－0.0822707*** (0.019832)
N	1806	1806
时间效应	控制	控制
个体效应	控制	控制
AR（1）检验 p 值	0.0017	0.0026
AR（2）检验 p 值	0.4738	0.4802
Sargan 检验 p 值	0.1584	0.1640

表5与表4中解释变量的符号和显著性水平基本一致，说明本文结论对不同的计量回归方法是稳健的。从动态面板数据模型的检验结果来看，AR（2）检验的 p 值均小于0.1，说明残差项存在显著的一阶自相关，而 AR（2）检验的 p 值均大于0.4，说明残差项不存在二阶自相关，符合模型的设定条件；此外，Sargan 检验的 p 值均大于0.1，说明残差项与解释变量不相关，工具变量是合理的。此外，表5中 *taxeff*（－1）的系数估计结果为负，且在1%的显著性水平下显著，说明地方政府的

税收努力呈现出显著的高低交替特征，上一年份的高税收努力程度通常伴随着下一年份的低税收努力程度，因为上一年度的高税收努力程度会减小政府的财政压力，因此在下一年度，通常会适时地降低税收努力程度。

（三）空间动态面板数据模型回归

在表6中，我们报告了对式（16）的完整估计结果，既包含了被解释变量的时间滞后项，也包含了被解释变量的空间滞后项，并使用前文第三部分所介绍的系统GMM方法进行估计。

表6　动态空间面板数据模型的回归结果

	（1）	（2）
constant	1.084393 *** （0.098304）	1.094844 *** （0.094060）
local	−0.170382 （0.302939）	−0.171143 （0.315045）
urban	0.003983 （0.007109）	0.003900 （0.007504）
local/W1 · local	0.025013 *** （0.00702）	
urban/ W1 · urban	0.007105 * （0.004089）	
W1taxeff	0.162834 *** （0.059443）	
local/W2 · local		0.001184 （0.004892）
urban/ W2 · urban		0.002093 （0.019843）
W2taxeff		0.200932 *** （0.049983）
tran	−0.014997 * （0.008347）	−0.015038 * （0.008630）

续表

	（1）	（2）
fis_ scale	0.161073 *** （0.040389）	0.161283 *** （0.039720）
taxeff（−1）	−0.081837 *** （0.021739）	−0.081076 *** （0.017635）
N	1806	1806
时间效应	控制	控制
个体效应	控制	控制
AR（1）检验p值	0.0038	0.0032
AR（2）检验p值	0.4023	0.4110
Sargan检验p值	0.1840	0.1844

将表6的回归结果与表4、表5的回归结果对比可以发现，原有的解释变量估计结果的方向和大小均未改变，只是个别解释变量的显著性程度有所改变，因此，我们的估计结果是相对稳健的。我们所关注的是表6中新增加的被解释变量空间滞后项的估计结果，从表6中可以发现，基于经济距离的空间滞后项的系数估计结果为0.162834，且在1%的显著性水平下显著，说明一个地方的政府税收努力程度会受到与其经济上“相邻”地区的政府税收努力程度的影响，“相邻”地区的税收努力程度每增加1个单位，该地区的税收努力程度会上升0.162834个单位；此外，尽管基于行政距离的“相对集聚”水平不会对地方政府的税收努力程度产生影响，但基于行政距离的空间滞后项的系数估计结果为0.200932，在1%的显著性水平下显著，说明一个地方的政府税收努力程度还会参照行政上与其“相邻”地区的政府税收努力程度的改变而改变。因此，不论是基于经济距离还是基于行政距离，理论假设3在中国地区层面都是成立的。该结果与现有的中国地方政府税收竞争的研究结

果是较为吻合的，例如沈坤荣和付文林（2006）、郭杰和李涛（2009）基于中国省际面板数据均发现中国地方政府在税收收入方面存在显著的策略互动，一个地区的税收收入会对“相邻”地区的税收收入产生显著的正向溢出效应。本文的结果虽然与这些研究保持了结论上的一致，但本文的研究是从税收努力程度而不是最终的税收收入的解读考察地方政府关于税收的策略互动行为，由于最终的税收收入不仅受到地方政府的行为影响，还受到很多其他因素的影响，因此，从税收努力程度的角度进行分析更能够发现出地方政府的行为特征，能够更好地描述出地方政府行为的策略互动性。

（四）稳健性检验

在估计地方政府税收努力程度的式（29）中，我们引入了各地区的国内生产总值，国内生产总值对预期税收收入的影响在于前者体现了一个地区的税基。但正如胡祖铨等（2013）所言，对地方政府税收努力程度的研究应当剔除国税收入的作用，因为后者不属于地方政府可直接支配的，对地方政府的税收努力程度的影响较小。国税收入主要来自增值税，而增值税的税基则主要对应着第二产业①。因此，类似胡祖铨等（2013）等的处理，我们在估计地方政府的税收努力程度时，将式（29）中的国内生产总值改为第一产业和第三产业的国内生产总值，重新对式（29）进行估算，并在此基础上重新估算地方政府的税收努力程度，进而对式（16）进行再次估算，检验估计结果的稳健性。对比表7与表6的结果可以发现，解释变量的方向和显著性水平没有发生根本性的变化，只是个别解释变量的大小和显著性水平有所变动，具体表现为：表7中转移支付的估计结果的绝对值要大于表6中的估计结果，说明在剔除国税的干扰后，转移支付对地方政府的税收努力程度的抑制作用体现得更为明显；此外，在表7中，*local/W2 · local* 的系数为正，且在5%的显著性水平下显著，说明当一个地区的地方化经济高于其行政上“相邻”地区时，会对地方化经济征收“集聚租”。总体来看，对照表7的回归结果，前文表6的回归结果是相对比较稳健的。

表7 动态空间面板数据模型的回归结果
——基于改变税基后的税收努力程度

	(1)	(2)
constant	0.673624*** (0.027468)	0.684392*** (0.029873)
local	−0.087323 (0.073842)	−0.082893 (0.315045)
urban	0.010673 (0.059482)	0.010876 (0.060511)
local/W1 · local	0.058722*** (0.011387)	
urban/ W1 · urban	0.038123** (0.001995)	
W1taxeff	0.097632*** (0.024834)	
local/W2 · local		0.002870** (0.001614)

① 1994年的分税制改革确定了中央与地方政府之间的税种划分及收入共享安排。其中增值税作为第一大税种，被设定为共享税，中央占75%，省以下仅占25%；营业税则被作为地方政府的主体税种。根据1993年《国务院关于实行分税制财政管理体制的决定》，除了铁道部门、各银行总行、保险总公司集中缴纳的营业税归属中央收入外，其他营业税收入归属地方政府。由此可认为，除特殊规定外，地方政府总体上享有营业税收入的100%分成。在我国，增值税与营业税都属于流转税，但两者征税范围不同：增值税是对中国境内销售货物或者提供加工、修理修配劳务以及进口货物的行为进行征税；营业税是对劳务、转让无形资产或者销售不动产的行为进行征税。总体而言，增值税主要对应于第二产业，营业税则主要对应于第三产业。

续表

	(1)	(2)
urban/ W2 · urban		0.000316 (0.005329)
W2taxeff		0.104337 ** (0.049308)
tran	-0.030271 *** (0.006483)	-0.029933 *** (0.006409)
fis_ scale	0.180394 *** (0.037624)	0.181117 *** (0.037973)
taxeff (-1)	-0.074932 ** (0.037321)	-0.075119 ** (0.003708)
N	1806	1806
时间效应	控制	控制
个体效应	控制	控制
AR (1) 检验 p 值	0.0083	0.0079
AR (2) 检验 p 值	0.3873	0.3922
Sargan 检验 p 值	0.2019	0.1950

五、结束语

当前中国的地方政府税收竞争被大量研究发现是导致城乡差距扩大、市场分割、重复建设和公共事业公平缺失等一系列经济扭曲的重要原因，并认为危及了国民经济的稳定协调和可持续增长（沈坤荣和付文林，2006；钱学峰等，2012），但是，以转移支付为主要手段的协调机制也未能有效地协调好地方政府的税收竞争，因此，寻求其他途径的税收协调机制显得尤为重要，而新经济地理学关于经济集聚与税收竞争的研究为我们提供了较好的思路，也引起了国内学者的关注（雷根强和何惠敏，2009；钱学峰等，2012），但是，在中国制度背景下研究经济集聚与税收竞争的关系不能忽略的一个事实是，中国的地方政府没有税收立法权，但是，在“中国式分权”的制度背景下，中央政府给地方政府留下了较大的税收自由裁量权，因此，地方政府展开税收竞争的主要手段则体现为地方政府的税收努力程度。基于这样的背景，本文构建一个基于税收努力程度的多阶段博弈模型，从理论上研究了以城市化经济和地方化经济为主要特征的集聚经济对中国地方政府税收努力程度的影响。为了验证本文的理论假设，我们基于1998～2007年的中国地级市层面的宏观以及微观数据，构建动态空间面板数据模型，实证研究了经济集聚对地方政府税收努力程度的影响，研究结果表明：

第一，一个地区的城市化经济和地方化经济不会对地方政府的税收努力程度产生影响，换言之，地方政府不会对该地区的经济集聚征收“集聚租”。但是，地方政府会根据该地区与其经济上“相邻”地区的经济集聚的相对大小而策略性地调整其税收努力程度，当一个地区的经济集聚水平高于与其经济上“相邻”地区的经济集聚水平时，该地区的地方政府会提高其税收努力程度。因此，地方政府不是依据绝对的经济集聚水平，而是依据相对的经济集聚水平来征收“集聚租”。

第二，地方政府间的税收努力程度呈现显著的地区间策略互动，不论是经济空间上“相邻”地区还是行政空间上“相邻”地区的地方政府税收努力程度的提高，都会显著提高本地区的政府税收努力程度。区别于已有的关于税收竞争的文献，我们从税收努力程度的角度研究税收竞争，因此可以发现地方政府的行为特征，从而更好地描述出地方政府行为的策略互动性，对现有关于税收竞争的文献提供一个更好的补充。

第三，转移支付以及地方政府的财政供养人口会显著影响地方政府的税收努力程度。其中，如同已有的研究发现一样，我们发现转移支付确实显著抑制了地方政府的税收努力程度，尤其是在当我们剔除了税基中的第二产业重新估算税收努力程度之后，这一点体现得更明显，因此，“粘蝇纸效应”在中国地级市层面同样是存在的；同样，与我们所预期一样，财政供养人口占比作为地方政府财政压力的重要来源，显著提高了地方政府的税收努力程度。

我们的研究意图在于挖掘影响地方政府税收努力程度以及税收竞争的因素，为规范地方政府的税收竞争、引导地方政府的税收努力提供参考，就研究发现而言，我们认为应当强化市场机制对政府税收努力程度的引导作用。我们的研究发现，绝对的经济集聚水平并未对地方政府的税收努力程度发挥作用，只有相对的经济集聚水平对地方政府税收努力程度产生作用，而且地方政府之间的税收努力程度也存在显著的策略互动性，这些现象都是由于“中国式分权”为地方政府提供的 GDP 竞争激励和为地方政府官员提供的晋升激励导致的，而市场因素在引导地方政府的税收努力方面没有发挥出作用。此外，以相对的经济集聚水平和“相邻”地区的税收努力程度来策略性地调整地方政府税收努力程度是导致恶性的税收竞争的重要来源，因为这种税收努力程度的调整不是基于自身的发展水平，而是基于在标杆竞争中处于相近位置的地区的发展水平。因此，必须改进当前的激励机制，“做对激励”，改进当前对地方政府的绩效评估和考核机制，破除“唯 GDP”的政绩观，更多地引入其他目标的权重，如社会发展、环境保护、降低收入差距，等等。

参考文献

[1] Ansari M. Determinants of Tax Ratio: A Cross - Country Analysis [J]. Economic and Political Weekly, 1982 (19): 1035 - 1042.

[2] Arellano M. and Bond S. Some Tests of Specification for Panel Data: Monte Carlo Evidence and an Application to Employment Equations [J]. Review of Economic Studies, 1991, 58 (2): 277 - 297.

[3] Baldwin R. and Krugman P. Agglomeration, Integration and Tax Harmonisation [J]. European Economic Review, 2004, 48 (1): 1 - 23.

[4] Blanchard O. and Shleifer A. Federalism with and without Political Centralization: China versus Russia [J]. IMF Staff Papers, 2001 (48): 171 - 179.

[5] Blundell R. and Bond S. Initial Conditions and Moment Restrictions in Dynamic Panel Data Models [J]. Journal of Econometrics, 1998, 87 (1): 115 - 143.

[6] Brander J. and Krugman P. A "Reciprocal Dumping" Model of International Trade [J]. Journal of International Economics, 1983, 15 (3 - 4): 313 - 321.

[7] Brennan G. and Pincus J. J. A Minimalist Model of Federal Grants and Flypaper Effects [J]. Journal of Public Economics, 1996, 61 (2): 229 - 246.

[8] Brülhart M., Jametti M. and Schmidheiny K. Do Agglomeration Economies Reduce the Sensitivity of Firm Location to Tax Differentials? [J]. Economic Journal, 2012, 122 (563): 1069 - 1093.

[9] Burbidge J., Cuff K. and Leach J. Tax Competition with Heterogeneous Firms [J]. Journal of Public Economics, 2006, 90 (3): 433 - 549.

[10] Charlot S. and Paty S. Market Access Effect and Local Tax Setting: Evidence from a French Panel Data [J]. Journal of Economic Geography, 2007, 7 (3): 247 - 263.

[11] Ciccone A. and Hall R E. Productivity and the Density of Economic Activity [J]. American Economic Review, 1996, 86 (1): 54 - 70.

[12] Devereux M. P., Rachel G. and Helen S. Firm Location Decisions, Regional Grants and Agglomeration Externalities [J]. Journal of Public Economics, 2007, 91 (3 - 4): 413 - 435.

[13] Elhorst J. P. Dynamic Panels with Endog-

enous Interaction Effects When T is Small [J]. Regional Science and Urban Economics, 2010, 40 (5): 272 - 282.

[14] Haufler A. and Wooton I. Competition for Firms in an Oligopolistic Industry: The Impact of Economic Integration [J]. Journal of International Economics, 2010, 80 (2): 239 - 248.

[15] Hines J. R. and Thaler R. H. Anomalies: The Flypaper Effect [J]. Journal of Economic Perspectives, 1995, 9 (4): 217 - 226.

[16] Jacobs J. P. A. M., Ligthart J. E. and Vrijburg H. Dynamic Panel Data Models Featuring Dynamic Panel Data Models Featuring Endogenous Interaction and Spatially Correlated Errors [C]. Discussion Paper 2009 - 92, Tilburg University, Center for Economic Research, 2009.

[17] Kapoor M., Kelejian H. and Prucha I. Panel Data Models with Spatially Correlated Error Components [J]. Journal of Econometrics, 2007, 140 (1): 97 - 130.

[18] Konrad K. A., Kovenock D. Competition for FDI with Vintage Investment and Agglomeration Advantages [J]. Journal of International Economics, 2009, 79 (2): 230 - 237.

[19] Kukenova M. and Monteiro J - A. Spatial Dynamic Panel Model and System GMM: A Monte Carlo Investigation [C]. MPRA Paper 11569, University Library of Munich, Germany, 2008.

[20] Lin J. Y. and Liu Z. Fiscal Decentralization and Economic Growth in China [J]. Economic Development and Cultural Change, 2000, 49 (1): 1 - 21.

[21] McKinnon R. Market - Preserving Fiscal Federalism in the American Monetary Union [C]. In Blejer, M. I. and Ter - Minassian, T. (eds.), Macroeconomics Dimensions of Public Finance [M]. Routledge, 1997.

[22] Madariaga N. and Poncet S. FDI in Chinese Cities: Spillovers and Impact on Growth [J]. World Economy, 2007, 30 (5): 837 - 862.

[23] Marshall A. Principles of Economics [M]. London: Macmillan, 1890.

[24] Oates W. E. Fiscal Federalism [M]. New York: Harcourt Brace Jovanovic, 1972.

[25] Qian Yingyi, Roland G. Federalism and the Soft Budget Constraint [J]. American Economic Review, 1998, 88 (5): 1143 - 1162.

[26] Teera J. M. and Hudson J. Tax Performance: A Comparative Study [J]. Journal of International Development, 2004, 16 (5): 785 - 802.

[27] Tiebout C. A Pure Theory of Local Expenditure [J]. Journal of Political Economy, 1956, 64 (5): 416 - 424.

[28] Weingast B. The Economic Role of Political Institutions: Market - Preserving Federalism and Economic Development [J]. Journal of Law and Economic Organization, 1995, 11 (1): 1 - 31.

[29] Wilson John D. A Theory of Interregional Tax Competition [J]. Journal of Urban Economics, 1986, 19 (3): 296 - 315.

[30] Windmeijer F. A Finite Sample Correction for the Variance of Linear Efficient Two - Step GMM Estimators [J]. Journal of Econometrics, 2005, 126 (1): 25 - 51.

[31] Zodrow G. R., Mieszkowski P. Pigou, Tiebout, Property Taxation, and the Underprovision of Local Public Goods [J]. Journal of Urban Economics, 1986, 19 (3): 356 - 370.

[32] 安体富. 如何看待近几年我国税收的超常增长和减税问题 [J]. 税务研究, 2002 (8).

[33] 范剑勇. 产业集聚与地区间劳动生产率差异 [J]. 经济研究, 2006 (11).

[34] 范子英. 中国的财政转移支付制度: 目标、效果及遗留问题 [J]. 南方经济, 2011 (6).

[35] 郭杰, 李涛. 中国地方政府间税收竞争研究——基于中国省级面板数据的经验证据 [J]. 管理世界, 2009 (11).

[36] 胡祖铨, 黄夏岚, 刘怡. 中央对地方转移支付与地方征税努力——来自中国财政实践的证据 [J]. 经济学 (季刊), 2013, 12 (3).

[37] 雷根强, 何惠敏. 产业集聚对我国区域

税收竞争的影响——对我国省际面板数据的检验［J］．税务研究，2009（9）．

［38］吕冰洋，郭庆旺．中国税收高速增长的源泉：税收能力和税收努力框架下的解释［J］．中国社会科学，2011（2）．

［39］钱学峰，黄玖立，黄云湖．地方政府对集聚租征税了吗？——基于中国地级市企业微观数据的经验研究［J］．管理世界，2012（2）．

［40］沈坤荣，付文林．税收竞争、地区博弈及其增长绩效［J］．经济研究，2006（6）．

［41］乔宝云，范剑勇，彭骥鸣．政府间转移支付与地方财政努力［J］．管理世界，2006（3）．

［42］张恒龙，陈宪．政府间转移支付对地方财政努力与财政均等的影响［J］．经济科学，2007（1）．

［43］张军．中国经济发展：为增长而竞争［J］．世界经济文汇，2005（4）．

［44］张晏，龚六堂．分税制改革、财政分权与中国经济增长［J］．经济学（季刊），2005，5（1）．

［45］周黎安．晋升博弈中政府官员的激励与合作——兼论我国地方保护主义和重复建设问题长期存在的原因［J］．经济研究，2004（6）．

□ Economic Agglomeration, Tax Competition and Tax Effort of Local Government

Deng Ming　Wei Houkai

Abstract: Chinese central government has faced with the significant task of standardizing tax competition and guiding tax effort of local governments. This paper constructs a multi – step game model based on tax effort to research the impact of economic integration on tax effort. Utilizing data of prefecture – level cities from 1998 to 2007, we estimate the theoretical assumption by the dynamic spatial panel data model. Our study shows that, local governments tax on agglomeration according to relative economic agglomeration levels instead of absolute economic agglomeration levels. Further, local governments' tax effort would be strengthened by the improvement of tax efforts of other regions' government adjacent to from either economic space or administrative space.

Key Words: Economic Agglomeration; Tax Competition; Tax Effort; Spatial Econometrics Models

企业管理篇

□ 企业并购中的管理者过度自信效应：一个文献综述

李井林　周献敏　杨　超

摘　要： 随着财务理论的深入发展，传统财务学引发的一系列金融异象引发人们开始关注行为财务学，管理者过度自信便是常见的管理者非理性行为。学者们在如何有效量化管理者过度自信以及管理者过度自信对企业并购决策、并购融资政策、并购溢价决策与并购绩效的影响方面进行了深入的研究。本文通过对企业管理者过度自信的并购效应的现有研究成果进行了系统梳理和分析，以期帮助管理者在决策时能有效地干预非理性行为偏差，从而降低错误的判断和决策所造成的价值损失。

关键词： 企业并购；管理者过度自信；文献综述

一、引言

企业成长分为内部成长与外部并购两种实现方式，与内部成长方式相比，外部并购扩张成为企业快速成长的重要方式，Stiglcr（1950）甚至认为美国大型公司主要是通过外部并购而非内部扩张成长起来的。正因如此，并购行为及其经济后果引起了理论与实务界的广泛关注和大量研究，并主要从影响因素与经济后果两条主线展开。企业并购的驱动因素方面，主要存在协同效应观、代理观以及管理者自负观；企业并购绩效方面，研究发现企业并购普遍存在败绩现象，国内外学者将这种现象称为“并购绩效之谜”（Agrawal，2000；张新，2003；郝颖等，2005；巫和懋和张晓明，2009）。既然如此，作为企业并购的参与和决策者，管理者为何还要成为并购的拥趸？管理者个人特质又对企业并购行为及其经济后果产生何种影响？因此，管理者作为企业制胜与永续经营的关键，了解其个人特质对企业并购行为及其经济后果的影响，是财务理论与实务的重要研究课题，

基金项目：湖北省教育厅人文社会科学研究项目“市场错误定价、管理者过度自信与并购投融资行为研究”（16Q200）。

作者简介：李井林，湖南永州人，中国社会科学院工业经济研究所博士后，研究领域为公司理财、并购重组与企业社会责任；周献敏，山西阳泉人，湖北经济学院硕士研究生，研究领域为公司理财与并购重组；杨超，辽宁大连人，博士，辽宁师范大学讲师，研究领域为并购重组与公司治理。

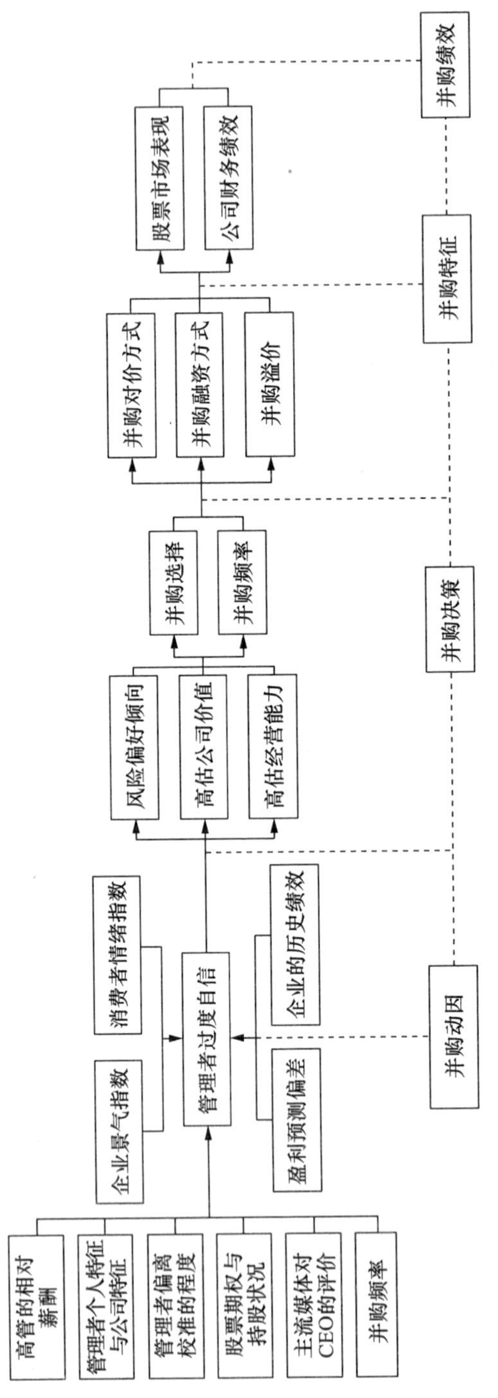

图 1　文献综述的逻辑框架

尤其关乎企业并购后的市场估值与财务绩效是否来自企业家的个人特质与策略选择的相互谋合，更是有意义且有趣的议题。

学者们主要基于决策主体的理性与非理性假设对管理者个人特质对企业并购行为及其经济后果的影响进行分析，即理性经济人的道德风险行为与非理性行业人的过度自信认知偏差。基于理性经济人假设的委托代理理论为并购动因与并购败绩给出了管理者代理观的解释，但是难以解释管理者与股东的目标函数一致时的并购决策及其败绩现象。传统经典财务理论以理性经济人作为研究并购动因与绩效的前提，忽略了管理者作为行为人的心理特征对于并购决策及其绩效的重要作用。因此，将管理者行为理论引入财务学的研究中就显得极为重要。近年来，学者们基于管理者非理性行为人假设，从过度自信的认知偏差视角对以上困惑提出了行为财务学解释（Malmendier and Tate，2008）。因此，本文从管理者过度自信理论着手，对管理者过度自信的度量以及并购决策、并购融资政策、并购溢价决策与并购绩效中的管理者过度自信效应的研究成果进行系统梳理，并提出未来研究展望，以期为进一步理解并购行为动因、结构特征与经济后果提供更为广阔的视野。本文综述内容可以总结为如图1所示的逻辑框架。

二、管理者过度自信的度量

Roll（1986）将并购竞赛和赢者诅咒联系起来，首次将管理者的非理性“自负假说”用于解释为何公司管理者会发起价值毁损的并购活动。随后的学者们在Roll（1986）的管理者自负假说的基础上，量化管理者过度自信水平，实证研究了管理者过度自信的公司投融资效应，以期深入地检验管理者过度自信假说。其中将管理者过度自信的研究推向新高度的当属Malmendier和Tate所连续发表的系列文章，在Malmendier和Tate（2008）的文章中，他们采用了两种方法来度量管理者的过度自信：CEO个人对公司的过度投资行为，即推迟执行股票期权，以及主流商业媒体对管理者的评价。他们研究发现相比于理性的CEO，过度自信的CEO发起并购交易的概率高出65%，而且当公司发起多元化并购且不需要外部融资时，这种效应会更大。然而，管理者过度自信的并购效应的深入研究取决于有效度量管理者过度自信程度，其也是检验过度自信假说最难以解决的关键问题，这也阻碍了自Roll（1986）对管理者过度自信的并购效应的开创性研究之后的实证研究的有效开展，对管理者过度自信相关研究的开展提出了挑战。但是，由于管理者过度自信问题研究的重要性，自20世纪末以来，学者们对其有效度量问题进行了不断的探索与创新，并尝试性地提出了一系列管理者过度自信的新度量方法，以增强管理者过度自信问题相关研究结论的稳健性，本文对管理者过度自信度量指标的代表性研究成果进行了系统梳理与归纳总结，如表1所示。

表1　管理者过度自信构建与度量的代表性文献列表

过度自信变量构建	过度自信变量度量	作者
CEO的相对薪酬	CEO相对于公司其他管理者的薪酬越高，越易过度自信	Hayward 和 Hambrick（1997） 姜付秀等（2009）

续表

过度自信变量构建	过度自信变量度量	作者
CEO 持股状况	管理者持有行权期内公司股票或股票期权数量的变化情况	Malmendier and Tate（2008）
盈利预测偏差	预测的盈利水平超过实际的盈利水平，说明 CEO 过度自信	Lin 等（2005） 余明桂等（2006） 姜付秀等（2009）
管理者校准偏差的程度	过度自信的管理者会对变量的置信区间估计得太狭窄： （1）计算管理者所设置的股票市场预期收益率的置信区间 （2）实际股票收益率是否落在原估计的狭窄置信区间内 （3）明确管理者对预期收益率是否存在偏差校准 （4）判断管理者是否过度自信	Ben – David 等（2007）
并购频率	特定期间内发起的并购次数	Doukas 和 Petmezas（2007）
企业的历史绩效	（并购前一年内股票价格的增加值 + 股利）/ 期初股票价格	Hayward 和 Hambrick（1997）
主流媒体对 CEO 评价	（1）评价分为六类：完全正面、主要是正面、中性、主要是负面、完全负面、无评价 （2）分别赋值为 3、2、1、–1、–2 以及 0 （3）每个 CEO 的所有分值相加，分值越高说明过度自信程度越高	Hayward 和 Hambrick（1997）
	（1）评价分为三类：a. 自信，b. 乐观，c. 可靠、谨慎、保守、务实、节俭、守纪律、认真、不自信、不乐观 （2）$(a+b)/c$，比例越大，过度自信程度越高	Brown 和 Sarma（2007）
	（1）评价分为五类：a. 自信，b. 乐观，c. 不自信，d. 不乐观，e. 可靠、谨慎、务实、保守、稳健、节俭 （2）$a+b>c+d+e$，赋值为 1，管理者过度自信；否则赋值为 0	Malmendier 和 Tate（2008） Malmendier 等（2011）
企业景气指数	企业家对当前企业生产经营状况的综合判断和对未来发展变化的预期	余明桂等（2006）
消费者情绪指数	反映管理者对于未来企业和市场等的预期状况	Oliver（2005）
管理者过度自信指数	结合总经理年龄、学历、教育背景及任职时间四个过度自信代理变量，采用主成分分析法，构建管理者过度自信指数	江伟（2010）
	结合可能导致 CEO 过度自信的个人特征、公司特征、董事会特征变量，采用主成分分析法，构建管理者过度自信指数	饶育蕾和贾文静（2011）

三、管理者过度自信对企业并购的影响

（一）管理者过度自信与并购决策

1. 管理者过度自信与并购选择

与并购动机的代理观不同的是，基于管理者非理性行为人假设的“管理者过度自信”假说认为管理者与股东目标函数一致，并购动机为管理者过度自信所导致的认知偏差而非管理者自利，公司所发起的并购交易可能是自负的管理者良好初衷的结果。Roll（1986）开创性地提出了并购动机的管理者自负假说，认为过度自信的管理者往往会高估并购协同效应并支付过高的并购溢价，从而导致价值毁损的并购交易活动发生。Heaton（2002）继 Roll（1986）之后发表了一篇基于管理者过度自信假说下的非效率投资研究的经典性论文，该文研究发现在不同的自由现金流水平下，管理者过度自信会分别导致过度投资和投资不足行为的发生。Brown 和 Sarma（2007）认为管理者权力与其过度自信心理在影响并购决策时同样重要。Malmendier 和 Tate 自 2002 年以来连续发表了一系列关于管理者过度自信的文章，其中关于管理者过度自信的并购效应的文章为 Malmendier 和 Tate（2008）。他们实证检验了公司并购行为的管理者非理性动机，研究发现，CEO 越过度自信，发起并购交易活动的概率越高，过度自信的 CEO 确实在其任期内至少发起了一次并购交易活动，而且当公司内部资金充裕时，CEO 过度自信的并购动机效应更为显著。Doukas 和 Petmezas（2007）不仅发现了管理者过度自信的并购决策效应，而且认为公司连续并购绩效减少现象的产生缘于管理者自我归因偏差所导致的过度自信。Billett 和 Qian（2008）也证实了管理者自我归因偏差的存在，进一步支持了管理者并购决策的过度自信假说。因此，管理者过度自信假说应该是并购动因理论的一个重要组成部分。然而，基于西方情境下的管理者过度自信假说是否适用于解释中国公司的并购行为与经济后果呢？事实上，我国传统文化、快速发展的资本市场以及有待完善的公司内外部治理机制都促进了中国公司管理者过度自信认知偏差的产生。在我国特有的制度环境下，过度自信的管理者也存在非效率的过度投资行为（郝颖等，2005），管理者过度自信也是并购决策的重要驱动因素（傅强和方文俊，2008；李善民和陈文婷，2010；史永东和朱广印，2010；黄群慧等，2015）。

2. 管理者过度自信与并购频率

虽然并购是公司的一项复杂投资事项，并存在普遍败绩现象，但是管理者们却为何乐此不疲地发起并购活动，甚至出现连续并购现象？基于理性经济人假设的传统委托代理观解释乏力，而行为财务学则从管理者非理性行为人的假设出发，认为管理者过度自信是企业连续并购的重要驱动因素。因此，学者们在后续的实证研究中也将并购频率作为管理者过度自信的替代变量。在连续并购中，若某次并购成功，管理者则将其归功于自身能力；反之，若某次并购失败，管理者则将其归因于外部客观因素（Doukas and Petmezas，2007），即在连续并购中管理者存在自我归因偏差现象。因此，随着并购次数的增加，管理者会逐渐增强其过度自信心理。Doukas 和 Petmezas（2007）认为自我归因偏差解释了 CEO 过度自信所导致的连续并购绩效的减少现象。他们认为并购次数一方面可以产生学习效应，另一方面也会产生过度自信效应，但是当 CEO 并购决策次数远未达到可以产生学习效应的次数时，过度自信效应比学习效应更能解释连续并购绩效的

减少现象。在我国的制度背景下，谢海东（2006）认为管理者的过度自信导致了公司连续并购以及并购效率低下。吴超鹏等（2008）也研究发现管理者的过度自信会导致连续并购绩效的显著减少，支持了Doukas和Petmezas（2007）的研究结论。施继坤等（2014）研究发现在上市公司频繁并购的诱因中，管理层的过度自信具有“杠杆效应”，即管理层过度自信的心理状态会增强其实施高频率并购活动的意愿。

（二）管理者过度自信与并购融资政策

1. 管理者过度自信与并购对价方式

并购的管理者过度自信假说认为过度自信管理者会高估并购协同效应，同时也会认为由于公司股票价格并未反映长期并购收益导致市场估价偏低。因此，忠于现有股东的过度自信管理者会在公司现金流充裕时选择现金对价并购（Heaton，2002；Malmendier and Tate，2008）。Heaton（2002）研究指出：一方面，过度自信管理者会对公司未来绩效好转的预期过于乐观，如果其比其他竞购者对并购项目更乐观，则他会认为公司股价被市场低估，因此不愿意进行股权融资，导致企业并购不足。另一方面，当企业现金流充裕时，过度自信管理者则可能倾向采用现金对价的方式误选NPV为负的并购项目；过度自信管理者会高估并购所产生的现金流，从而误选NPV为负的并购项目。Malmendier和Tate（2008）在控制了公司估值情况、Tobin's Q、CEO持股情况与期权持有情况、并购规模、融资约束程度以及时间效应后，Logit回归结果显示价值低估公司的过度自信CEO确实倾向选择现金对价方式。

2. 管理者过度自信与并购融资方式

已有的研究文献表明，管理者过度自信的融资效应遵循资本结构优序融资理论，而且在并购情境下仍然如此。当公司内部现金流充裕时，过度自信的管理者往往比理性管理者更倾向于内部融资；当公司需要外部融资时，由于过度自信管理者认为公司股价被市场低估，因而过度自信管理者相比于理性管理者会偏好于债务融资（Malmendier et al.，2011）。过度自信管理者的优序融资现象也得到了经验证据的支持（Fama and French，2002；Malmendier and Tate，2005；黄莲琴，2010）。同样，在并购情境下，一方面，由并购决策的管理者过度自信效应所导致的过度投资行为使得公司面临内部现金流不足；另一方面，过度自信管理者认为公司股价被市场低估以及高估并购收益。因此，过度自信管理者在进行并购融资决策时会倾向于选择成本较低的债务融资。由于学者们将并购对价方式视为并购融资方式，因而忽视了对并购融资方式选择的影响因素与经济后果的研究（Martynova and Renneboog，2009）。

（三）管理者过度自信与并购溢价决策

并购决策的管理者自负假说认为过度自信管理者不仅高估其成功完成并购交易的能力及并购协同效应，而且低估了并购潜在风险，导致其为目标企业支付过高价格，最终导致并购败绩，陷入“赢者诅咒”（Roll，1986）。Berkovitch和Narayanan（1993）认为在并购动机的管理者过度自信假说下，过度自信的管理者相信其对目标公司的估价出于市场估价，因而导致其愿意为目标公司支付溢价，因此，并购溢价是由于并购公司对目标公司的错误估价所导致的。Hayward和Hambrick（1997）对Roll（1986）并购的管理者过度自信假说进行了实证检验，研究发现CEO过度自信水平与并购溢价程度显著正相关，而且这种正向关系在董事会治理缺失的情况下会得到强化。Hietala等（2003）研究发现企业并购过程中的过度支付与管理者过度自信相关，而与代理理论的激励问题不相关，管理者的过度自信导致更高的并购溢价。Malmendier 和 Tate（2008）发现由于过度自信管理者高估自身能力而过高地支付了并购溢价，进而导致毁损企业价值。

（四）管理者过度自信与并购绩效

国内外学者在管理者过度自信的并购经济后果效应研究方面取得了丰硕的成果，并基本上得到了一致的研究结论，即过度自信管理者所发起的并购交易为目标公司股东创造了财富，而未为并购公司股东创造财富（Hayward and Hambrick，1997；Malmendier and Tate，2008；Liu and Taffler，2009）。Hayward 和 Hambrick（1997）研究发现由于过度自信管理者支付了过高的并购溢价，从而给股东带来价值毁损。与 Hayward 和 Hambrick（1997）的研究结论一致，Malmendier 和 Tate（2008）研究发现，由于过度自信管理者高估并购协同效应而过高地支付了并购溢价，因而导致并购公司价值毁损，而且当企业内部资金充裕时，较高并购溢价所导致的并购公司价值毁损效应更为显著。Liu 和 Taffler（2009）借鉴 Malmendier 和 Tate（2008）的研究，从并购公司和目标公司两个维度考察了过度自信管理者的并购经济后果效应，研究结果显示，并购公司管理者过度自信负向影响了并购短期绩效和长期绩效，而且当并购公司规模较大时，这种负向影响效应更为显著；目标公司管理者过度自信对并购公司短期并购绩效的影响显著为负；当并购公司与目标公司的管理者同时存在过度自信的心理偏差时，管理者过度自信对并购公司短期并购绩效的负向影响更为显著。在我国制度环境下，学者们也得到了管理者过度自信对并购绩效存在显著负向影响的研究结论（吴超鹏等，2008；李善民和陈文婷，2010；谢玲红等，2012；黄群慧等，2015）。吴超鹏等（2008）考察了连续并购的管理者过度自信效应和学习效应，发现管理者的学习行为可以抑制过度自信对连续并购绩效的负向影响，支持了 Doukas 和 Petmezas（2007）的研究结论。谢玲红等（2012）研究发现管理者过度自信（并购次数）与并购短期及长期绩效均呈负相关关系，支持了 Liu 和 Taffler（2009）的研究结论。黄群慧等（2015）发现并购公司管理者的“自大效应”会负向影响并购整体绩效。

四、文献述评与研究展望

（一）文献述评

行为公司财务是在传统经典财务理论的基础上，通过放松理性经济人假设，基于决策主体非理性行为人假设，试图从人的心理与行为层面来阐释企业财务政策及其经济后果。行为公司财务现有研究已基本形成从企业内部管理者非理性与外部投资者非理性的研究假设出发，构建了公司财务政策及其经济后果的研究框架，通过理论分析和实证检验证实了企业投融资政策及其经济后果与市场投资主体和公司管理主体的心理特征及其行为特征密切相关。既有研究成果一方面揭示了财务决策主体心理特征及其行为特征对企业投融资行为及其经济后果的影响，有助于解释某些传统经典财务理论难以回答的金融“异象”；另一方面对于治理现实中的投融资扭曲行为也具有非常重要的意义，启发我们通过加强公司内外部治理结构及其机制等途径，抑制决策主体非理性心理特征及其行为特征对企业投融资行为及其经济后果的不利影响。

过度自信是公司管理者非理性心理特征非常重要的组成部分，管理者过度自信对企业投融资行为及其经济后果存在重要影响作用，学者们在管理者过度自信的度量及其投融资政策效应的研究方面也进行了大量研究，取得了丰硕成果。并购重组是一项复杂且重要的公司财务政策，从管理者过度自信的并购效应的国内外研究文献来看，学者们在并购决策、并购融资政策、并购溢价以及并购绩效等方面对公司管理者过度自信的并购效应进行了深入的研究，为公司并购过程中管理者非理性心理及其行为特征的理论和实践的探讨奠定了一定的基础。通过对以往文献的回顾，我们可以得到如下启示：

（1）基于理性经济人假设的委托代理理论认为并购行为可能缘于管理者的代理动机，但管理者过度自信假说认为公司管理者是忠于股东的，与股东的目标函数一致，此时传统委托代理观下的激励机制便不能抑制并购的管理者过度自信动机的负向影响。由于过度自信管理者高估并购协同效应，低估并购潜在风险与损失，从而使得所发起的并购交易毁损公司价值。因此，基于管理者非理性心理的管理者过度自信的公司投融资效应的实证研究为改进激励机制提供了经验依据，同时也补充发展了委托代理理论。

（2）从已有的文献来看，虽然管理者过度自信对并购行为及其经济后果影响的研究取得了一些程式化的结论，譬如，管理者过度自信驱动并购决策，过度自信管理者的并购支付方式和融资方式选择偏好（更倾向于选择现金支付方式和债务融资方式），过度自信管理者往往作出过高的并购溢价决策，以及过度自信管理者通常会发起负向的并购经济后果。但所形成的研究成果有待补充与发展，有待学者们加以系统的研究。学者们大多基于市场理性假设条件下研究管理者非理性心理及行为特征视角下的企业并购行为及其经济后果，如管理者过度自信的并购效应研究，未来还需要进一步放松市场理性假设，研究非理性市场（如投资者情绪与市场错误定价）条件下的管理者非理性心理及行为特征的并购效应，拓宽企业并购行为及其经济后果的非理性心理及行为特征研究视野。

（3）国内学者们在进行管理者过度自信的相关研究时也取得了很大的突破和成果，其存在的不足之处在于国内学者的大多研究都是对国外制度背景下的相关理论的介绍和归纳，缺乏结合我国特有的制度背景下的管理者过度自信的心理和行为特征进行系统的探讨和总结，特别是缺乏基于我国现有数据特征的经验研究。一方面是由于我国资本市场有待进一步发展成熟，相关研究数据难以获得，这与国外成熟的资本市场存在较大的差距；另一方面是由于我国学者对行为财务学的相关研究起步较晚，处于模仿阶段，还并未构建好基于中国特有的制度背景下的成熟研究框架。此外，由于管理者过度自信的有效度量是这一研究领域的一个困难且关键性问题，从国内既有文献所采用的度量方法来看，其在我国还难以得到很好的应用，这时就需要广大的学者们不断去探索构建适合我国具体实际情况的度量指标。

（二）研究展望

（1）在公司财务政策中，财务学者同公司管理者之间的最大分歧可能在于对并购的理解。Brealey 和 Myers（2003）在其经典的公司财务教科书中将如何解释并购浪潮列为十大未解决的公司财务问题之一。在并购浪潮中，公司管理者们关注最多的就是并购“协同效应”，即并购创造价值的源泉在于协同效应。并购“协同效应”是管理者们的馅饼还是陷阱？什么原因导致公司管理者们深信他们所发起的并购能创造价值，并深信并购协同效应的存在？公司管理者们热衷于并购的动机是什么？公司管理者们在并购浪潮的驱动因素中发挥何种作用？传统公司财务理论可以部分解释并购个案发生的原因，但它对并购浪潮现象的解释乏力。行为财务学独辟蹊径，放松了传统公司财务理论的理性经济人假设，提出决策主体是非理性的假设，并从决策主体的理性与非理性假设两个维度来试图解释并购及并购浪潮。一种观点认为市场是理性的，管理者的非理性驱动并购；另一种观点则认为公司管理者是理性的，市场的非理性驱动并购。国内外学者们大多从管理者非理性（投资者理性）或投资者非理性（管理者理性）的单一视角来考察非理性行为对并购决策、并购融资政策、并购溢价决策以及并购绩效的影响，少有学者考虑两种决策主体非理性行为共同作用的影响，即将管理者非理性（如管理者过度自信）和投资者非理性（如市场错误定价）两者结合起来考察非理性行为对并购行为及其经济后果的影响。因此，学者们应尝试基于行为财务学理论，构建公司并购的非理性行为研究框架，考察投资者非理性（管理者理性）和管理者非理性（投资者理性）对公司并购活动的共同影响，以期为并购浪潮、并购融资政策、并购溢价决策以及并购败绩提供行为解释。

（2）拓展企业并购行为的研究路径，将管理者过度自信与并购决策、并购特征以及产生的经济后果之间的关系嵌入同一研究框架进行理论分析和经验检验。既往研究或只关注并购动因，或并购交易结构的一个维度，但由于并购融资政策是完成并购交易的重要影响因素，并购公司只有在支付并购对价后才能取得目标公司控制权；同时，目标公司只有在获得较高的并购溢价程度时才愿意出让控制权。由于并购双方存在信息不对称问题，并购公司管理者可能会出于高估并购收益，低估潜在并购风险而支付过高并购溢价。因此，应构建管理者过度自信的并购效应研究的“行为—结构—结果”框架，即基于“并购行为（并购选择和并购频率）—并购结构（并购融资和并购溢价）—并购结果（并购绩效）的管理者过度自信分析框架”，深入系统地探讨管理过度自信对并购行为及其经济后果的影响机理，打开公司管理者财务决策的黑匣子，拓展并购行为及其经济后果在决策主体非理性行为人假设下的研究路径，为行为财务学的理论与实证研究提供可供借鉴的清晰思路，从而丰富和拓展企业投融资、管理者行为、公司治理等相关理论。

（3）中国情境下的公司管理者过度自信的并购效应研究。近些年来，我国处于经济高速发展时期，企业并购行为频发，并购浪潮进入中国时代，管理者过度自信的心理和行为特征更为明显。同时，通过对已有研究文献的回顾表明，管理者过度自信不仅会影响公司并购的行为与结构，还会影响到并购结果。因此，公司必须高度重视管理者过度自信这一心理与行为特征对公司并购活动的影响，而这将为企业采取合理的方式抑制管理者过度自信所带来的不利影响、提高并购绩效提供一种全新的治理思路。然而，管理者过度自信在中国的理论研究和应用研究较为薄弱，当前该领域的研究更多的还是重复国外的研究，而没有很好地结合中国公司管理者的心理特征和制度背景展开分析。中国公司管理者的融资行为、投资行为因受中国政治、经济、文化环境的影响而与西方国家存在较大差异，因而需要结合中国国情开展管理者过度自信的应用研究。

参考文献

[1] Agrawal A, Jaffe J F. The Post Merger Performance Puzzle [J]. Advances in Mergers & Acquisitions, 2000 (1): 7-41.

[2] Brealey R A, Myers S C. Principles of Corporate Finance (7th Ed.) [M]. McGraw - Hill Education Press, 2003.

[3] Berkovitch E, Narayanan M P. Motives for Takeovers: An Empirical Investigation [J]. Journal of Financial & Quantitative Analysis, 1993, 28 (3): 347 - 362.

[4] Brown R, Sarma N. CEO Overconfidence, CEO Dominance and Corporate Acquisitions [J]. Journal of Economics & Business, 2007, 59 (5): 358 - 379.

[5] Ben - David I, Graham J R, Harvey C R. Managerial Overconfidence and Corporate Policies [R]. NBER Working Papers, 2007.

[6] Oliver B R. The Impact of Management Confidence on Capital Structure [R]. SSRN Working Paper, 2005.

[7] Billett M T, Qian, Yiming. Are Overconfident CEOs Born or Made? Evidence of Self - Attribution Bias from Frequent Acquirers [J]. Management Science, 2008, 54 (6): 1037 - 1051.

[8] Doukas J A, Petmezas D. Acquisitions, Overconfident Managers and Self - attribution Bias [J]. European Financial Management, 2007, 13 (3): 531 - 577.

[9] Fama E F, French K R. Testing Trade - Off and Pecking Order Predictions about Dividends and Debt [J]. Review of Financial Studies, 2002, 15 (1): 1 - 33.

[10] Hayward M L A, D C Hambrick. Explaining the Premiums Paid for Large Acquisitions: Evidence of CEO Hubris. Administrative Science Quarterly, 1997, 42 (1) : 103 - 127.

[11] Heaton J B. Managerial Optimism and Corporate Finance [J]. Financial Management, 2002, 31 (2): 33 - 45.

[12] Hietala P, Kaplan S N, Robinson D T. What Is the Price of Hubris? Using Takeover Battles to Infer Overpayments and Synergies [J]. Financial Management, 2003, 32 (3): 5 - 31.

[13] Lin Y H, Hu S Y, Chen M S. Managerial Optimism and Corporate Investment: Some Empirical Evidence from Taiwan [J]. Pacific - Basin Finance Journal, 2005, 13 (5): 523 - 546.

[14] Liu Y, Taffler R. CEO Narcissism in M&A Decision - Making and Its Impact on Firm Performance [R]. SSRN Working Paper, 2009.

[15] Malmendier U, Tate G. CEO Overconfidence and Corporate Investment [J]. Journal of Finance, 2005, 60 (6): 2661 - 2700.

[16] Malmendier U, Tate G. Who Makes Acquisitions? CEO Overconfidence and the Market's Reaction [J]. Journal of Financial Economics, 2008, 89 (1): 20 - 43.

[17] Malmendier U, Tate G, Yan J. Overconfidence and Early - Life Experiences: The Effect of Managerial Traits on Corporate Financial Policies [J]. Journal of Finance, 2011, 66 (5): 1687 - 1733.

[18] Martynova M, Renneboog L. What Determines the Financing Decision in Corporate Takeovers: Cost of Capital, Agency Problems, or the Means of Payment? [J]. Journal of Corporate Finance, 2009, 15 (3): 290 - 315.

[19] Roll R. The Hubris Hypothesis of Corporate Takeovers [J]. Journal of Business, 1986, 59 (2): 197 - 216.

[20] Stigler G J. Monopoly and Oligopoly by Merger [J]. American Economic Review, 1950, 40 (2): 23 - 34.

[21] 傅强，方文俊．管理者过度自信与并购决策的实证研究[J]．商业经济与管理，2008 (4): 76 - 80.

[22] 郝颖，刘星，林朝南．我国上市公司高管人员过度自信与投资决策的实证研究[J]．中国管理科学，2005 (5): 143 - 148.

[23] 黄莲琴．CEO 过度自信与公司融资行为研究[M]．北京：中国财政经济出版社，2010.

[24] 黄群慧，孙亮，张娟．国有企业并购中“自大效应”的量化研究[J]．经济与管理研究，2015 (6): 104 - 111.

[25] 姜付秀，张敏，陆正飞，陈才东．CEO 过度自信、企业扩张与财务困境[J]．经济研究，

2009（1）：131－143.

［26］江伟．管理者过度自信、融资偏好与公司投资［J］．财贸研究，2010，21（1）：130－138.

［27］李善民，陈文婷．企业并购决策中管理者过度自信的实证研究［J］．中山大学学报（社会科学版），2010（5）：192－201.

［28］饶育蕾，贾文静．影响CEO过度自信的因素分析——来自我国上市公司的经验证据［J］．管理学报，2011（8）：1162－1167.

［29］史永东，朱广印．管理者过度自信与企业并购行为的实证研究［J］．金融评论，2010（2）：38，73－82.

［30］施继坤，刘淑莲，张广宝．管理层缘何频繁发起并购：过度自信抑或私利［J］．华东经济管理，2014（12）：84－90.

［31］吴超鹏，吴世农，郑方镳．管理者行为与连续并购绩效的理论和实证研究［J］．管理世界，2008（7）：126－134.

［32］巫和懋，张晓明．中国上市公司收购方损益之探究［R］．北京大学中国经济研究中心工作论文，2009.

［33］谢海东．基于过度自信理论的公司购并行为分析［J］．现代财经（天津财经大学学报），2006，26（10）：37－40.

［34］谢玲红，刘善存，邱菀华．管理者过度自信对并购绩效的影响——基于群体决策视角的分析和实证［J］．数理统计与管理，2012（1）：122－133.

［35］余明桂，夏新平，邹振松．管理者过度自信与企业激进负债行为［J］．管理世界，2006（8）：104－112.

［36］张新．并购重组是否创造价值？——中国证券市场的理论与实证研究［J］．经济研究，2003（6）：20－29.

□ Managerial Overconfidence in Mergers and Acquisitions: A Literature Review

Li Jinglin　Zhou Xianmin　Yang Chao

Abstract: With the development of financial theory, a series of financial anomalies caused by traditional finance cause people to pay attention to behavioral finance, and managers' overconfidence is a common irrational behavior of managers. Scholars have done a deep research on how to effectively quantify managers' overconfidence and the role of managerial overconfidence in decision, financing policy, premium decision and performance of mergers and acquisitions. The paper summarizes and analyzes current research achievements of the overconfidence effect in mergers and acquisitions, in order to help managers to effectively intervene the irrational behavior deviation in decision－making, thereby reducing the value loss caused by the wrong judgment and decision.

Key Words: Mergers and Acquisitions; Managerial Overconfidence; Literature Review

□ 制度环境与“大众创业、万众创新”：来自跨国经验证据*

余泳泽

摘 要：本文以世界银行 191 个国家 1996～2014 年的非均衡面板数据，从国家层面分析了制度环境和政府效能对创新创业活动的影响。研究发现：①一个国家法律对投资者保护越完善、政府对腐败监察力度越高越有利于稳定企业预期，激发企业的创新创业行为。②政府效能的提升可以显著改善企业的创新创业活动，降低企业注册成本、减少不必要的政府干预、缩短企业各项环节审批的时间将有利于促进企业的创新创业活动。③法律对投资者保护程度、对腐败的监管程度等制度环境对高收入国家的创新活动影响更加明显。政府效能对中等收入国家创业活动影响更加显著。④无论是政府效能还是法律对投资者保护以及腐败监管等制度环境，成功跨越“中等收入陷阱”的高收入国家环境质量都明显高于中等收入国家。中国在创新创业的制度环境上仍远低于发达国家水平。本文从国家层面丰富了制度环境、政府效能与创新创业关系研究的经验证据，研究结论可以为中国实施“大众创业、万众创新”战略提供政策经验证据。

关键词：制度环境；政府效率；创新；创业

一、引言

改革开放以来，中国经济取得了举世瞩目的成就。但是，随着全球经济增长速度的放缓，中国经济也步入了“新常态”的发展阶段。创新驱动发展的实施是中国经济面对“新常态”的一项重要战略，中国政府适时推出了“大众创业、万众创新”的重要举措。中央领导多次强调，要以“大

基金项目：国家自然科学基金青年项目“创新模式优化与区域全要素生产率提升：基于创新价值链与空间外溢视角”（71403115）和中国博士后基金特别资助“中国式分权、适宜性创新模式与全要素生产率提升”（2015T80176）以及江苏省高校优势学科、江苏现代服务业协同创新中心、江苏省高校品牌专业。

作者简介：余泳泽，河北承德人，南京财经大学产业发展研究院副教授、副院长，中国社科院工经所博士后，在国务院参事室挂职。研究方向为技术创新与产业成长。

* 本文曾刊登于《南开经济研究》2018 年第 1 期。

众创业、万众创新”激发新活力、新动力，使各种要素更加公平、自由、快捷地进行有效配置，促进经济保持中高速增长。从既有研究来看，创新创业对于经济增长的重要影响已经得到学术界的一致认同，并且近年来受到越来越广泛的关注（Beugelsdijk & Noorderhaven，2004；李宏彬等，2009）。那么，从跨国经验看，到底什么样的制度环境可以有效促进创新创业活动？本文的实证研究试图通过跨国经验证据的验证，帮助中国寻找实施“大众创业、万众创新”的政策着力点。

制度学派认为资本积累、技术进步等因素与其说是经济增长的原因，不如说是经济增长的本身，经济增长的根本原因是制度的变化。无论是制度经济学派还是新制度经济学派，都强调了制度环境对一国经济增长与质量的重要作用。越来越多的证据表明，创新创业越活跃的区域在后续阶段有着更显著的经济增长，制度对于创新创业的重要性已受到广泛认可（Acemoglu et al.，2005；McMullen et al.，2008；鲁桐和党印，2015）。North（1990）认为制度可以分为正式与非正式制度。在正式制度方面，新制度经济学家认为制度作为一种激励，从根本上激励了创新的产生（Acemoglu et al.，2005）。在非正式制度方面，Baumol（1990）和North（2005）从正式制度视角研究了创业活动，却忽视了非正式制度的重要价值。关系网络可作为重要的非正式机制来弥补正式制度缺陷（Sun et al.，2010）。此外，部分学者还研究了正式制度与非正式制度相结合共同影响企业的创新创业活动（马光荣和杨恩艳，2011；De Clercq et al.，2013；Kim & Li，2014；施丽芳等，2014）。

已有研究从正式制度环境和非正式制度环境两个维度研究了制度环境对创新创业的影响。本文对既有研究的贡献主要有两点：一是脱离单个样本国家的限制，以世界银行 191 个国家和地区 1996～2014 年的数据考察了制度环境对创新创业的影响，并将国家进行分类，分别观察不同类型的国家制度环境对创新创业影响的差异，研究从国家层面丰富了制度环境与创新创业关系研究的经验证据，弥补了既有研究文献的不足；二是将创新和创业相结合，并将制度按照正式制度和非正式制度的框架，将制度环境分为政府治理环境、社会文化环境和政府效能三个维度的指标，更加综合性地考察了制度环境对创新创业的影响，丰富了新制度经济学关于促进或阻碍创新创业活动的相关研究。研究结论可以为中国实施“大众创业、万众创新”战略提供政策经验证据。

二、理论分析与研究假说

新制度经济学认为制度环境是一系列用来建立生产、交换与分配关系的基本法律、法规和习俗及其实施机制的集合，可以通过一系列行为规则界定微观行为主体选择的空间，从而实现激励和约束经济利益主体行为的目标。制度经济学代表人物 North 将制度分为正式制度与非正式制度，正式制度指的是一个国家以编码形式存在的法律、法规等。而非正式制度则是以非正式形式存在的共同行为准则、价值观、信仰和文化等。North（1990）强调了正式制度对经济增长的重要作用。Scott（1995）将制度环境进一步划分为规制、规范和认知三个维度。良好的制度环境可以稳定企业家创新创业的预期，为企业家在企业发展过程中提供一个良好的行为规范并降低交易成本。而差的制度环境只能迫使企业由生产性行为转向非生产性行为。

创新和创业是两个相互支撑、相互促进的社会活动，只有包含创新的创业才更有持续性，创业成功的概率才能提高。一个地区创新创业活动不仅与本国的法律法规、市场准入政策、政府支持力度等关系密切，也与本地区的国民创业精神、创新文化、政府治理水平等密切相关。

在正式制度与创新创业关系研究中，有关投资者保护制度与创新创业关系的研究受到了较多的关注。其中，法律对投资者保护最重要的一项制度就是知识产权制度。加强知识产权保护一方面可以激励本国企业自主创新，另一方面则增强了发达国家的技术垄断，不利于技术外溢效应的发挥。对于发达国家而言，加强知识产权保护则可以有利于进一步激励本国企业自主创新，提升一个国家的创新水平。有研究表明，企业家是否从事于生产性或非生产性活动取决于企业所在地区的制度环境，有效的产权保护及融资等将有利于企业家的生产性行为（Baumol，1990）。政府对企业家创业的友善和产权保护程度会对企业家决策产生重大影响（Frye & Shleifer，1997）。Allred 和 Park（2007）的研究发现，发达国家的知识产权保护力度与技术创新之间存在 U 形的变化关系，而在发展中国家过度的知识产权保护不利于企业的技术创新。为此，Park（2008）提出了最优知识产权保护假说。同时，健全的专利许可制度、完善的知识产权交易市场都可以强化专利向产品转化的流通速度，为基于创新的创业提供了更多的资源和机会。正式制度中的法律环境可以有效加强投资者的保护力度，进而影响公司治理结构和影响企业的技术创新活动。在投资者保护良好的国家，更多的企业会将剩余资金用于创新创业活动，而在投资者保护较差的地区，投资者往往将剩余资金更多地投向非生产性行为，进而不利于创新创业活动。但是，中国的制度环境有一定的独特性，无论是法律、法规还是政府政策，都体现为知识产权的弱保护，使企业的创新很难达到期望收益（Tang & Tang，2012）。支持市场的正式制度，如有效的法律系统尚未成熟，市场竞争的规则很难预测（Hoskisson et al.，2000），侵犯专利和版权、契约和合同往往得不到有效的履行以及不公平竞争行为等普遍存在（Li 和 Zhang，2007）。中国企业在运营过程中往往面临制度失效，缺乏成熟的合同法、财产法等正式制度（Xin & Pearce，1996），这也导致产权不明晰（Hoskisson et al.，2000；Park & Luo，2001）。中国在正式制度上的缺失是造成中国创新创业活动匮乏的一个重要原因。

正式制度的实施还需要政府具有较高的效能，一项好的制度可以促进创新创业，但一项好的制度存在执行偏差的时候，也会阻碍创新创业活动。所以，政府的治理水平也会显著影响企业创新创业活动。在政府治理水平低下的地区，创业过程中往往会面临诸多审批与许可环节，企业的创业成本中如果包含更多的寻租成本、时间成本和效率损失的话，无疑会提高创业的门槛。张龙鹏等（2016）的研究就表明行政审批的程序过多、效率过低和时间过程将严重影响居民的商业创业行为。在创业过程中，若政府的准入规制较高，势必不利于企业家的创业活动。陈刚（2015）研究显示，政府管制显著降低了个人的创业概率。同样，政府治理水平的低下也会显著影响企业的创新行为，试想企业在创新过程中面临诸多限制，在创新成果转化过程中面临诸多要素约束，在侵权付之于司法保护过程中面临诸多壁垒，企业的创新意愿和创新热情势必遭到打击。在中国，由于合同法、产权保护法等相关的正式制度不完善，使得一些有利于投资者保护的法律法规在实际操作中要么面临无法可依，要么面临执行困难，难以有效地规制企业的行为（姜翰等，2009）。同时，中国各地方政府在法律解读与执行上存在明显差异（Zhou & Poppo，2010），使得各地区在创新创业上的正式制度环境也存在明显差异。由于缺乏强有力的法制体系及其执行机制，使得机会主义等行为增加（Nelson et al.，1998），这将不利于全社会的创新创业行为。

在非正式制度中，社会文化也会显著地影响一个地区的创新创业活动。社会文化是一个社会群体由于共同的语言、历史和信仰以及制度系统而形成的共享的对世界的经验看法，对群体内人们的心智模式和行为方式的影响最深刻和持久。文化的核心是社会传统价值观和信念的集合体（Tsui A.，2007），包括个体主义与集体主义、权力距离、不确定性规避、长期导向与短期导向（Hofstede，1980；Hofstede & Hofstede，2005）。Huffinan 和 Hegarty（1993）研究发现，社会文化会影响创新主体的创新意愿和行为，直接影响企业管理人员的决策模式偏好。良好的创新氛围，容忍失败与鼓励创新创业的社会文化对于激发创新创业行为具有重要的影响，并会提升企业的创新绩效。反过来，创新绩效的提升与创业榜样的力量可以在一定程度上改善创新创业氛围。从某种意义上讲，企业创业创新是一项社会活动，是隐含价值的社会实践，社会文化因素对创新创业具有建构和塑造作用。创新创业是科技与社会文化的有机结合。科技伦理学研究表明，科技创新的主体是人，无论是科学技术的研究、变革和创新，还是科学技术成果的应用，都是人有目的的实践活动，绝对离不开伦理观念和伦理规范的指导。中国独特的文化环境主要表现为集体主义、社会网络、风险规避、高权力距离等方面（Su，1999；Lau et al.，2010；Zhang & Wong，2008），并深刻地影响着创新创业活动。经验数据表明，创新创业活跃地区往往是创新创业社会文化丰富的地区。例如，中国的深圳、温州、宁波等地之所以能够成为中国创新创业的热土，除了这些地区良好的正式制度环境外，一个重要的原因在于这些地区具有容忍失败、诚实守信、敢为人先的创新创业文化氛围。黎常（2014）研究显示，创业失败的社会烙印和创业角色榜样显著影响着区域创业活动。此外，非正式制度中的社会关系网络对创业的影响也较显著，研究表明，创业资金、首份订单都主要来自创业者的社会关系网络。社会网络是一种信息共享和获得资源的途径（Aldrich et al.，1998）。

研究显示，企业获取资源的途径主要有两条：一是通过创新获得发展资源；二是通过谋求政治关联来获得发展。作为利润最大化的市场经济理性人，企业在市场经济发展充分的地区，往往更愿意通过创新获得比较优势，继而摄取最大化利润。而在政府作为稀缺资源支配者的地区，企业往往更愿意通过谋求政企关联获得发展资源。作为理性经济人，企业在发展中的资源投入一定的情况下，当获取政治关联的收益较高或成本较低时，企业就会主动谋求政治关联而减少创新投入。发展中国家的企业与成熟市场经济中的企业相比，一个显著的差别是发展中国家的企业往往通过获得政治关联来推动企业成长。寻求政治关联和提高创新能力是企业发展的两个互为替代的手段（党力等，2015）。创业者拥有可利用的强联系社会资本越丰富，创业的可能性以及取得成功的可能性也就越大。较多学者的研究都证实，受儒家文化的影响，中国创业者或管理者关系利用倾向较高，并对其经济活动产生深远的影响（Yang，1994；Li & Zhang，2007）。关系网络成为中国转型经济背景下获取资源最重要的途径（Li & Zhang，2007；Sheng et al.，2011），特别是构建政治关系成为企业能否顺利成长的关键要素。由于创新活动的不确定性、复杂性决定了创新具有相当大的风险和沉没成本，对于风险规避企业而言，寻求政治关联可以使其轻松获得稀缺生产要素，寻租活动会诱导企业家资源配置的变化，使企业家丧失企业家创新创业精神，从而导致全社会创新创业精神缺失。Murphy 等（1993）认为公共部门寻租（包括市场准入、进口许可证等）对经济的影响在于打击创新。腐败影响了企业家才能配置，诱使企业家进行寻租甚至犯罪等非生产性行为（Acemoglu & Verdier，1998）。官员的腐败会导致其为获得腐败收入刻意延迟行政程序（Myrdal，1968），诱发企业支出大量的寻租成本（Krueger，1974），因腐败的隐秘性和不确定性带来极高的交易费用，这些都不利于企业的正常经营。尤其是在国有经济占比较高的地区和国家，国有资本与政府具有天然的联系，通过制度的设计阻碍或者干预私营资本的进入。而私营企业为了克服制度上的障碍，往往通过寻租而建立政企关系以争取相关的要素资源和产权保护。但是有研究显示，腐败可以通过替代性资源配置（Leff，1964），减少审批和执行程序（Lui，1985），获取低价的稀缺资源（Beck & Maher，1986），避免弱产权保护体制中免遭掠夺（Acemoglu & Johnson，2003）等方式促进企业的发展。Dreher 和 Gassebner（2013）利用世界银行进行企业调查所提供的 43 个国家面板数据研究发现，准入规制越高，创业水平越低，而向政府官员行贿却能够规避烦琐程序，并显著地提高企业家的创业活动。

由于中国政府对稀缺资源的控制以及资本市场不完善（Li et al.，2008），企业在获取资源的过程中更多的来自关系网络，形成了独特的中国式政企关系网络（Bian，1997；Li & Zhang，2007；Sheng et al.，2011）。在中国，由于正式制度的缺失，地方政府在资源配置中起到了关键性作用，深刻地影响市场结构和企业竞争力（Hillman & Wan，2005），与其他转型经济国家一样，这些特殊的权力可能产生一些官僚化现象（Aidis et al.，2008）。李雪莲等（2015）研究就显示，有职位的公务员家庭显著增加了创业概率。在控制了企业各特征变量后，公务员且有职位和家庭的创业获得了明显超过企业平均利润的投资回报。吴一平和王健（2015）研究显示，政治网络对创业具有正面影响，但只会在制度环境较差的国家才会存在。魏下海等（2015）利用 2012 年中国私营企业调查数据研究发现，公关招待费支出（寻租）显著增加了企业开工机会，而摊派费支出（抽租）显著减少了企业开工机会。黄玖立和李坤望（2013）的研究也证实招待费的确被企业用作不正当竞争的手段，贿赂可以给企业带来繁荣，招待费支出越多，企业获得的政府订单也越多。贿赂促进了企业成长（Wang & You，2012）。根据 2012 年世界银行对中国 2700 家企业的调查数据显示，42.2%的企业愿意给官员送礼以保护合同执行，这一比例远远高于同期亚太其他国家和地区的水平。在正式制度缺失的情况下，企业家会转而寻求非正式制度来减少由于正式制度缺失所带来的不确定性和风险，非正式制度在一定程度上弥补了正式制度的缺失（Aidis et al.，2008）。但是，嵌入政治关联的非正式制度的存在会在一定程度上削弱企业的创新激励，不利于激发整个社会的创新创业活动。

基于以上理论机制的分析，本文将利用世界191个国家和地区1996～2014年的数据，验证以下假说，借此为中国实施“大众创业、万众创新”提供可供参考的经验证据。

假说1：包含法律法规完善、政府腐败监管、政治稳定等在内的政府治理环境会显著地影响一个地区的创新创业水平。

假说2：包含社会包容性、民主自由化程度等社会文化环境会显著地影响一个地区的创新创业水平。

假说3：包含注册成本、行政审批时间等政府效能环境会显著地影响一个地区的创新创业水平。

三、数据、变量与模型

（一）数据与变量

本文的数据主要来自世界银行“世界发展指标”和“全球治理指标”数据库，时间节点为1996～2014年，包含191个国家和地区。变量与数据处理方式如下：

（1）因变量。在创新指标方面，一国的技术创新可以分为创新投入和创新产出两个方面。本文选取了研发支出占GDP比重和每百万研发人员数量度量创新投入水平，以居民专利申请数量和非居民专利申请数量度量创新的产出水平。在创业指标方面，本文选取了新企业密度（15～64岁每1000人中的新注册企业数量）作为衡量创业方面的指标。

（2）自变量。根据以上三个假说，本文选取的自变量主要包括政府治理环境、社会文化环境和政府效能三个维度的指标。根据研究数据的可得性，政府治理环境采用“全球治理指标”中法律对投资者保护程度、政府对腐败的监管指数以及政治稳定指数予以度量。社会文化环境采用了“世界发展指标”中的社会包容性与公平政策以及“全球治理指标”中的民主自由权利指数予以度量。政府效能指标采用了“世界发展指标”中企业注册成本占人均国民总收入比重、创办企业的天数以及“全球治理指标”中的政府效率指标予以度量。

（3）控制变量。影响一个国家和地区的创新创业的其他因素较多，结合已有研究结论，本文选取了人均GDP代表经济发展水平，第二产业比重代表产业结构，每百人互联网用户代表基础设施水平，外商投资净流入占GDP比重代表外商投资水平。这里需要说明的是，本文还选取了城市化水平、进口占GDP比重、教育投入占GDP比重等其他控制变量，但是通过相关系数矩阵分析，这些变量与以上四个控制变量具有较强的共线性，为了避免对核心解释变量的回归系数干扰，本文从经济发展水平、产业结构、基础设施水平和外商投资水平四个方面选择了影响创新创业活动最为重要的四个控制变量。

以上变量定义如表1所示。

表1　变量定义

	变量名称	变量代码	变量定义
因变量	创新资金投入	*CRD*	研发支出占*GDP*比重（%）
	创新人员投入	*HRD*	每百万研发人员数量对数值

续表

	变量名称	变量代码	变量定义
因变量	居民创新产出	*Re_patent*	居民人均专利申请数量对数值
	非居民创新产出	*Non_Repatent*	非居民人均专利申请数量对数值
	新企业密度	*Density*	15~64 岁每 1000 人中的新注册企业数量对数值
自变量	法律对投资者保护	*Legal*	法律法规对投资者保护指数
	政府对腐败监管程度	*Corruption*	政府对腐败的监管指数
	政治稳定性	*Political*	一国政权动摇或者推翻的可能性
	民主自由权利	*Freedom*	民主自由权利指数
	社会包容性程度	*Inclusiveness*	社会包容性与公平政策指数
	企业注册成本	*Registration*	企业注册成本占人均国民收入比重（%）
	创办企业难易程度	*Business*	创办企业所需的天数对数值
	政府效能	*Efficiency*	政府效率指数
控制变量	经济发展程度	*GDP*	人均 *GDP*（美元）对数值
	产业结构	*Industry*	第二产业比重（%）
	基础设施水平	*Infrastructure*	每百人互联网用户对数值
	外商投资水平	*FDI*	外国直接投资净流入占 *GDP* 比重（%）

由于以上变量在世界银行“世界发展指标”和“全球治理指标”数据库中并不完整，会出现某些国家在某些年份缺失，一些国家在某个年度的一些变量缺失。以上变量形式是一个非均衡面板数据。此外，“全球治理指标”数据库仅在 2002 年以后提供了连续年度数据指标，在此之前为每两年公布一次（1996 年、1998 年和 2000 年），为了得到连续样本数据，本文对 1997 年、1999 年和 2001 年的数据采用插值法得出。最终本文得到了 1996~2014 年 191 个国家和地区的非均衡面板数据。已有数据中部分数据更新不一致，本文在统计性描述中给出了不同变量的统计年份。为了消除异方差的影响，本文对相关变量进行了对数化处理。为了消除异常值的影响，本文对连续变量在 1% 的水平上进行了 Winsorize 处理。

从变量的统计性描述特征来看，研发支出占 GDP 比重最高为 4.48%，最低为 0.1%，不同国家研发投入差异较大，从每百万研发人员数量来看，最大值为 8282 人，最小值仅为 6 人，同样表明不同国家创新能力差异明显。这种创新水平上的差异也表现为居民和非居民专利申请量上的差异。从创业指标上看，由于创业环境上的差异，不同国家创业的热情也存在较大差异。15~64 岁每 1000 人中的新注册企业数量最多的国家达到了 44.13 个，而最少的国家几乎不存在创业现象。在创新创业制度环境方面，无论是正式制度环境还是非正式制度环境，不同国家也表现出较大的差异。以上变量的统计性描述特征如表 2 所示。

表 2　变量统计性描述

变量	样本量	最大值	最小值	标准差	均值	数据年份
CRD	1425	4.48	0.01	0.93	0.94	1996～2013
HRD	1100	8282.00	6.00	1848.27	1927.56	1996～2013
Re_patent	1684	704936.00	1.00	49449.08	10540.35	1996～2013
Non_Repatent	1751	283781.00	1.00	21942.68	5779.04	1996～2013
Density	1084	44.13	0.00	4.78	3.29	2004～2014
Legal	3589	2.12	−2.67	0.99	−0.04	1996～2014
Corruption	3529	2.59	−1.92	1.01	−0.02	1996～2014
Political	3533	1.67	−3.32	0.98	−0.05	1996～2014
Freedom	3571	1.83	−2.28	1.00	−0.04	1996～2014
Inclusiveness	3181	4.30	1.50	0.50	3.32	2005～2014
Registration	1932	1540.20	0.00	105.92	52.72	2003～2014
Business	1947	697.00	0.50	53.83	36.11	2003～2014
Efficiency	3529	2.43	−2.48	1.00	−0.02	1996～2014
GDP	3477	158602.52	73.83	17796.35	11015.56	1996～2014
Industry	3181	96.74	3.48	13.06	28.99	1996～2014
Infrastructure	3467	98.16	0.00	25.87	21.61	1996～2014
FDI	3374	466.56	−82.89	12.22	5.05	1996～2014

（二）实证模型

根据以上变量，本文设计的基本计量回归模型如下：

$$CRD_{it} = \alpha + GovEnv_{it} + SocEnv_{it} + Goveffi_{it} + Controls_{it} + \varepsilon_{it} \quad (1)$$

$$\ln(HRD)_{it} = \alpha + GovEnv_{it} + SocEnv_{it} + Goveffi_{it} + Controls_{it} + \varepsilon_{it} \quad (2)$$

$$\ln(Re\_patent)_{it} = \alpha + GovEnv_{it} + SocEnv_{it} + Goveffi_{it} + Controls_{it} + \varepsilon_{it} \quad (3)$$

$$\ln(Non\_Repatent)_{it} = \alpha + GovEnv_{it} + SocEnv_{it} + Goveffi_{it} + Controls_{it} + \varepsilon_{it} \quad (4)$$

$$\ln(Density)_{it} = \alpha + GovEnv_{it} + SocEnv_{it} + Goveffi_{it} + Controls_{it} + \varepsilon_{it} \quad (5)$$

以上计量模型中，因变量符号意义如表 1 所示。其中每百万研发人员数量、居民人均专利申请数量、非居民人均专利申请数量、15～64 岁每 1000 人中的新注册企业数量四个变量取了对数值。自变量中 $GovEnv_{it}$ 代表政府治理环境，包括法律对投资者保护程度、政府对腐败的监管指数以及政治稳定指数。$SocEnv_{it}$ 代表社会文化环境，包括社会包容性与公平政策以及民主自由权利指数。$Goveffi_{it}$ 代表政府效能，包括企业注册成本占人均国民总收入比重、创办企业的天数和政府效率。

由于变量样本量上的差异，样本数据是一个典型的非均衡面板数据。对此回归的计量模型首先采用了混合最小二乘法（Pool OLS）；其次为了不舍弃面板数据所包含的信息，还采用了面板广义最小二乘法进行回归；最后考虑因变量很多是由一个离散点与一个连续分布组成的混合分布形式，还采用了 Tobit 回归进行稳健性检验。

四、基本结果与分析

（一）制度环境与创新活动实证结果

为了便于观察制度环境与创新活动之间的线性关系，首先对几个核心制度环境变量与创新活动变量进行了散点图分析。如图 1 ~ 图 8 所示。

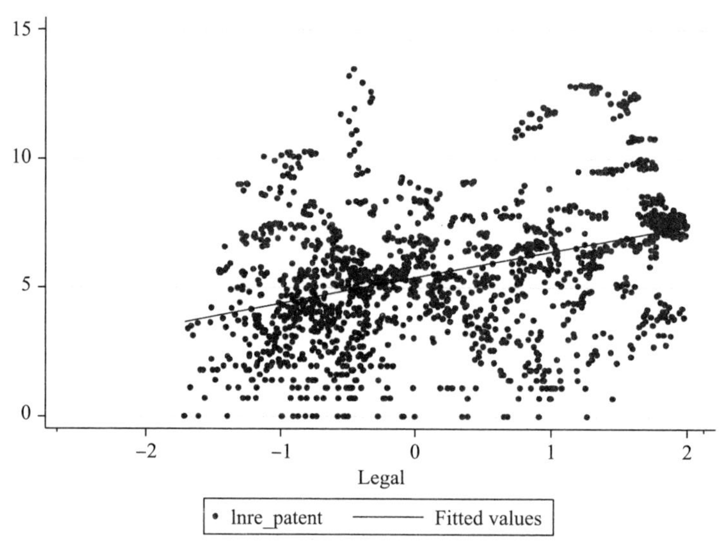

图 1　法律法规对投资者保护与居民专利申请散点图

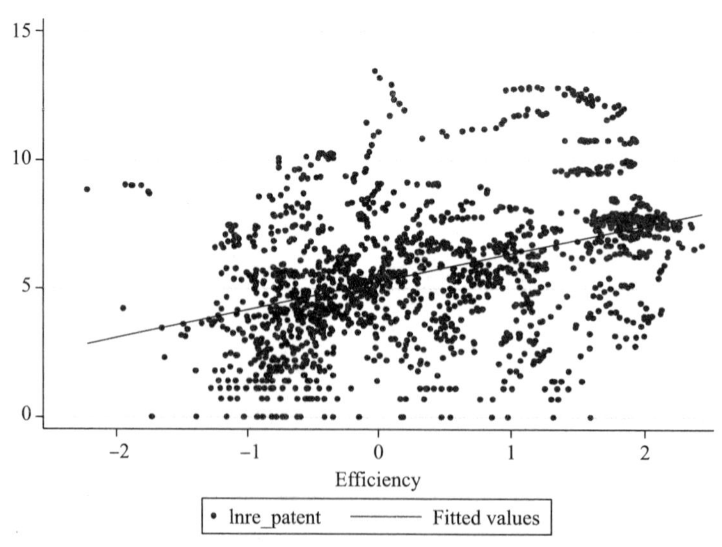

图 2　政府效能与居民专利申请散点图

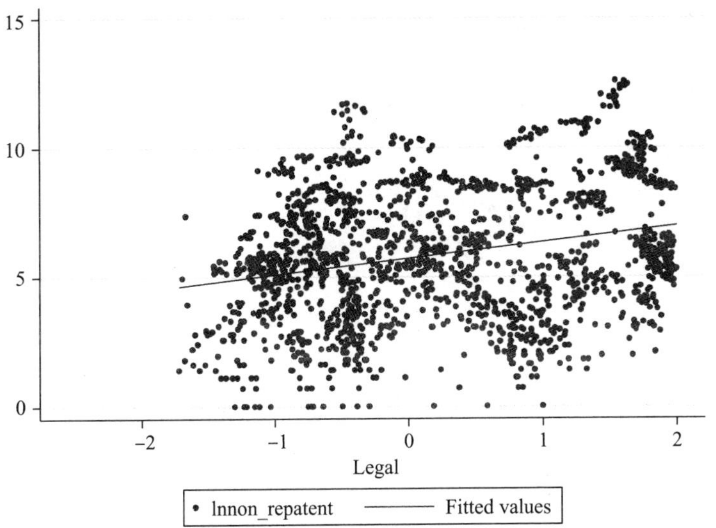

图 3　法律法规对投资者保护与非居民专利申请散点图

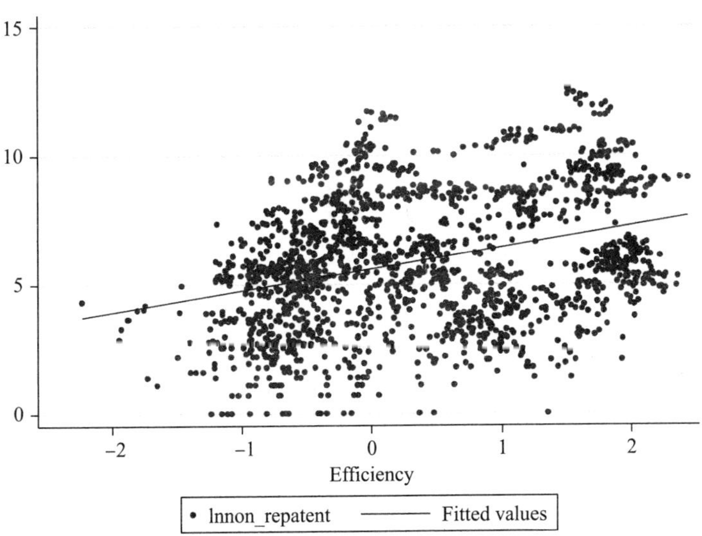

图 4　政府效能与非居民专利申请散点图

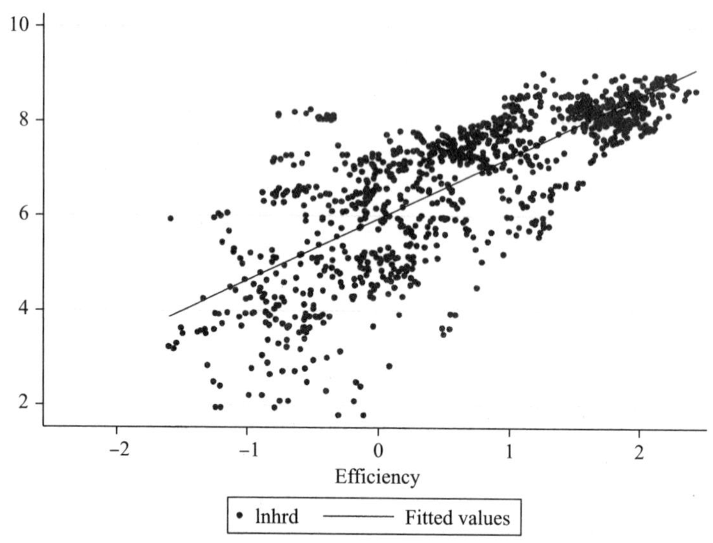

图 5 法律法规对投资者保护与研发人员散点图

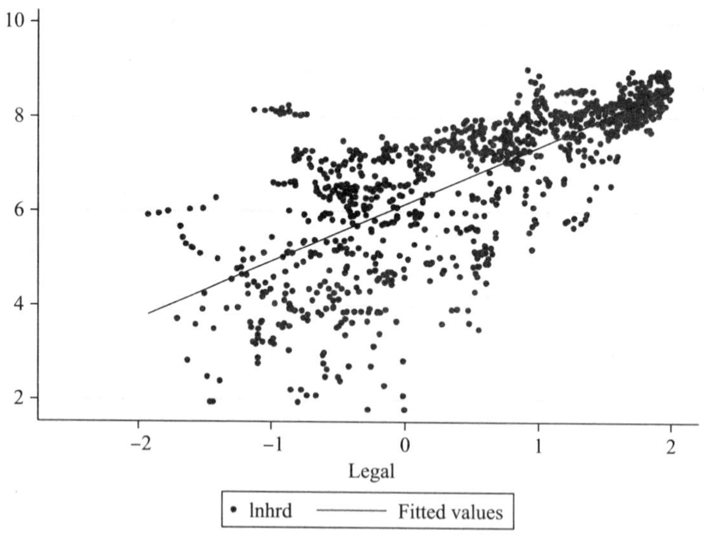

图 6 政府效能与研发人员散点图

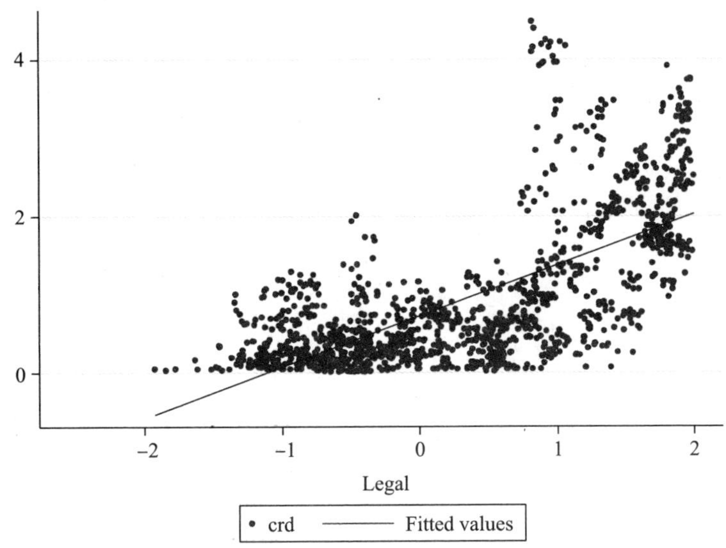

图 7　法律法规对投资者保护与研发投入散点图

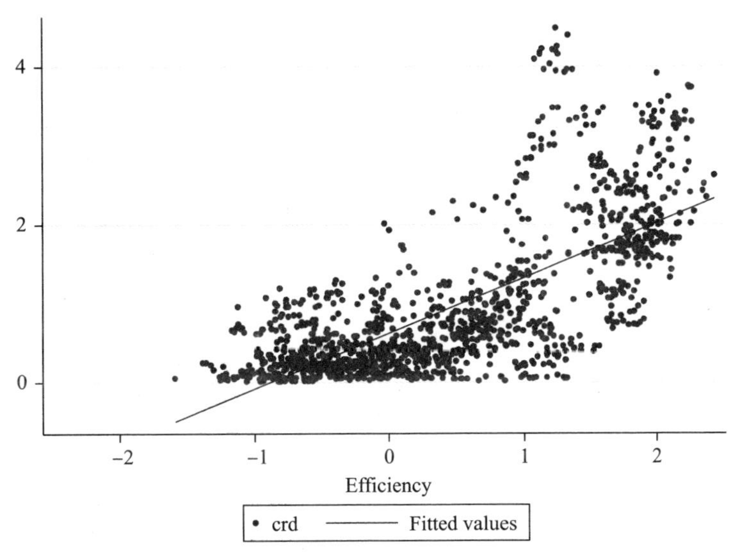

图 8　政府效能与研发投入散点图

从以上核心制度环境与创新活动的散点图来看，法律对投资者的保护和政府效率的提升可以显著促进创新活动。接下来，本文将采用以上实证模型对制度环境与创新活动进行计量回归。为了增大样本容量，部分克服多重共线性问题①，本文对政府治理环境、社会文化环境和政府效能三个维度的指标分别作为核心解释变量进行回归，混合回归结果如表 3 和表 4 所示。

① 本文对核心解释变量进行 VIF 检验显示，多个核心解释变量之间存在一定共线性问题。同时，由于数据库指标中部分年份部分国家数据的缺失，造成了多个核心解释变量匹配到的数据容量较小。所以，为了从政府治理环境、社会文化环境和政府效能三个维度分析制度环境对创新创业活动的影响，同时避免数据样本量过小造成的回归结果不稳健的问题，本文采用了核心解释变量分别与创新创业指标进行回归。

表 3　制度环境对创新活动产出的影响结果

	制度环境对居民专利申请的影响						制度环境对非居民专利申请的影响					
	(1)	(2)	(3)	(4)	(5)	(6)	(1)	(2)	(3)	(4)	(5)	(6)
Legal	0. 674***						0. 730***					
	(6. 18)						(6. 55)					
Corruption		0. 386***						0. 283***				
		(3. 68)						(2. 59)				
Political			0. 496***						0. 944***			
			(5. 22)						(9. 87)			
Freedom				0. 639**						0. 838**		
				(2. 27)						(2. 34)		
Inclusiveness				1. 326***						0. 685		
				(2. 91)						(1. 21)		
Registration					-0. 013***						-0. 006**	
					(-5. 49)						(-2. 38)	
Business					-0. 030						-0. 062	
					(-0. 33)						(-0. 59)	
Efficiency						0. 399***						0. 881***
						(2. 94)						(6. 39)
GDP	0. 718***	0. 851***	1. 018***	0. 770**	0. 598***	0. 574***	0. 593***	0. 507***	1. 097***	0. 604	0. 656***	0. 196**
	(3. 18)	(4. 30)	(14. 55)	(2. 15)	(6. 68)	(6. 26)	(6. 79)	(5. 98)	(15. 51)	(1. 32)	(6. 36)	(2. 10)
Industry	0. 056***	0. 057***	0. 030***	0. 062***	0. 023***	0. 041***	0. 050***	0. 038***	0. 024***	0. 039*	0. 040***	0. 044***
	(8. 35)	(8. 36)	(4. 57)	(3. 42)	(3. 16)	(5. 97)	(7. 74)	(5. 56)	(3. 88)	(1. 75)	(4. 86)	(6. 68)
Infrastructure	0. 013***	0. 015***	0. 005**	0. 013	0. 011**	0. 006*	-0. 004	-0. 012***	-0. 012***	-0. 006	0. 008	-0. 013***
	(4. 20)	(5. 04)	(2. 08)	(0. 90)	(2. 18)	(1. 90)	(-1. 15)	(-3. 85)	(-3. 76)	(-0. 31)	(1. 48)	(-4. 26)
FDI	-0. 046***	-0. 045***	-0. 041***	-0. 030	-0. 029***	-0. 045***	-0. 035***	-0. 036***	-0. 028***	-0. 107***	-0. 017**	-0. 036***
	(-6. 96)	(-6. 86)	(-6. 35)	(-0. 91)	(-3. 99)	(-6. 99)	(-5. 19)	(-5. 32)	(-4. 26)	(-2. 83)	(-1. 95)	(-5. 41)
样本量	1515	1647	1515	170	842	1515	1565	1563	1565	178	869	1563
调整后的 R^2	0. 2392	0. 1305	0. 2815	0. 1384	0. 3510	0. 2727	0. 1318	0. 1349	0. 1822	0. 0500	0. 0906	0. 1533

注：*、**、***分别代表通过 10%、5%和 1%的显著性检验。括号内为 t 值。

从表3的制度环境对创新产出的影响结果可以直观地看出：①法律对投资者的保护变量无论是与居民专利申请量还是非居民专利申请量的回归结果都显著为正，且通过了1%的显著性检验，这说明法律对投资者的保护可以显著促进创新产出活动。②国家对腐败的监管程度越高越能促进创新产出，表现为国家对腐败的监管指数无论是与居民专利申请量还是与非居民专利申请量的回归结果都显著为正，且分别通过了1%和5%的显著性检验。③国家政权越稳定越有利于创新活动产出，表现系数通过了1%的显著性检验。④以社会包容性与公平政策以及民主自由权利为代表的社会文化也会显著促进了创新活动产出，表现为系数通过了5%的显著性检验，且系数为正。⑤以企业注册成本和创办企业的天数为代表的政府效能越低，一个国家的创新产出水平也就越低，表现为系数为负，且通过了显著性检验。⑥政府效率指标无论是与居民专利申请量还是非居民专利申请量的回归结果都显著为正，且通过了1%的显著性检验，这说明政府效能的提升可以显著促进创新产出活动。此外，控制变量中工业化水平以及基础设施水平都在一定程度上促进了创新产出活动。

从表4的制度环境对创新投入活动的影响结果可以直观地看出：①法律对投资者的保护变量无论是与创新人员投入还是与创新资金投入的回归结果都显著为正，且通过了1%的显著性检验，这说明法律对投资者的保护可以显著促进创新投入活动。②国家对腐败的监管程度越高越能促进创新投入，但是对创新人员投入的激励效果略低，表现为系数只通过了10%的显著性检验。③国家政权越稳定越有利于创新活动投入，表现为系数为正且通过了显著性检验。④以社会包容性与公平政策以及民主自由权利为代表的社会文化对创新活动投入的影响并不显著，只是在创新资金投入有一定的促进作用。⑤以企业注册成本和创办企业的天数为代表的政府效能越低，一个国家的创新投入水平也就越低，尤其表现在企业注册成本越高越不利于研发人员的投入规模。⑥政府效率指标无论是与创新人员投入还是与创新资金投入的回归结果都显著为正，这说明政府效能的提升可以显著促进创新投入活动。此外，控制变量中工业化水平以及基础设施水平都在一定程度上促进了创新投入活动，尤其是基础设施环境的改善可以显著促进创新投入。

以上制度环境与创新活动关系的实证结果表明：①企业的创新行为与一个国家的法律环境、政治环境以及腐败治理等正式制度密切相关，一个国家法律对投资者保护越完善、政治环境越稳定以及对腐败监察力度越高越有利于企业的创新行为。这主要源于稳定而优良的正式制度环境可以稳定企业的创新活动预期，激发企业的创新行为。②以社会包容性与公平政策以及民主自由权利为代表的社会文化在一定程度上可以激发全社会的创新活动，容忍失败、敢于创新的社会文化是激发企业创新活动的重要方面。③政府工作效能的提升可以显著改善企业的创新活动，降低企业注册成本、减少不必要的政府干预、缩短企业各项环节审批的时间将有利于促进企业的创新活动。

（二）制度环境与创业活动实证结果

为了便于观察制度环境与创业活动之间的线性关系，本文首先对几个核心制度环境变量与创业活动变量进行了散点图分析。如图9～图14所示。

表 4　制度环境对创新活动投入的影响结果

	制度环境对创新人员投入的影响						制度环境对创新资金投入的影响					
	(1)	(2)	(3)	(4)	(5)	(6)	(1)	(2)	(3)	(4)	(5)	(6)
Legal	0.280***						0.488***					
	(5.02)						(14.64)					
Corruption		0.080*						0.485***				
		(1.65)						(16.87)				
Political			0.198***						0.168***			
			(4.32)						(5.60)			
Freedom				-0.354						0.191***		
				(-1.44)						(5.07)		
Inclusiveness				0.539						0.035		
				(1.45)						(0.57)		
Registration					-0.006***						0.003	
					(-7.12)						(1.27)	
Business					-0.065						-0.030	
					(-1.57)						(-1.01)	
Efficiency						0.393***						0.439***
						(6.28)						(14.67)
GDP	0.630***	0.728***	0.693***	0.735**	0.529***	0.555***	0.118***	0.392***	0.191***	0.233***	0.188***	0.067***
	(16.08)	(18.88)	(21.22)	(2.18)	(12.14)	(12.68)	(2.81)	(3.12)	(9.19)	(2.77)	(6.67)	(5.60)
Industry	0.005	0.002	0.002	0.025	0.015	0.006*	0.004**	0.006*	0.003	0.001	0.009**	0.005***
	(1.59)	(0.53)	(0.76)	(1.04)	(1.15)	(1.85)	(2.04)	(1.62)	(1.47)	(0.57)	(2.03)	(2.84)
Infrastructure	0.010***	0.010***	0.010***	0.029*	0.020***	0.010***	0.009***	0.009***	0.010***	0.000	0.017***	0.007***
	(7.13)	(7.75)	(7.91)	(1.91)	(8.67)	(7.54)	(10.46)	(11.41)	(11.60)	(0.08)	(11.15)	(8.18)
FDI	-0.005**	-0.005*	-0.006**	0.006	-0.006**	-0.005**	-0.011***	-0.011***	-0.011***	-0.003	-0.009***	-0.011***
	(-2.03)	(-1.86)	(-2.21)	(0.18)	(-2.11)	(-2.00)	(-6.84)	(-7.12)	(-6.35)	(-1.31)	(-4.14)	(-7.07)
样本量	1018	1018	1018	175	618	1018	1287	1287	1287	131	742	1287
调整后的 R^2	0.6963	0.6895	0.6943	0.4268	0.7859	0.7004	0.5715	0.5907	0.5117	0.1871	0.6506	0.5990

注：*、**、***分别代表通过10%、5%和1%的显著性检验。括号内为 t 值。

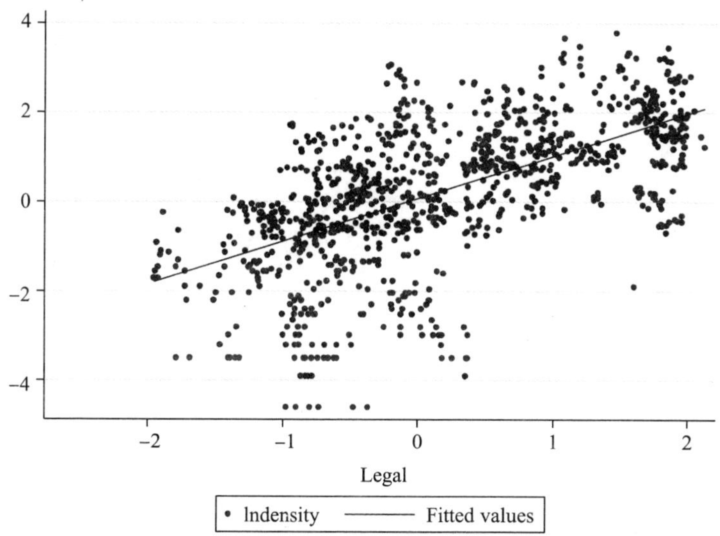

图 9　法律法规对投资者保护与创业活动散点图

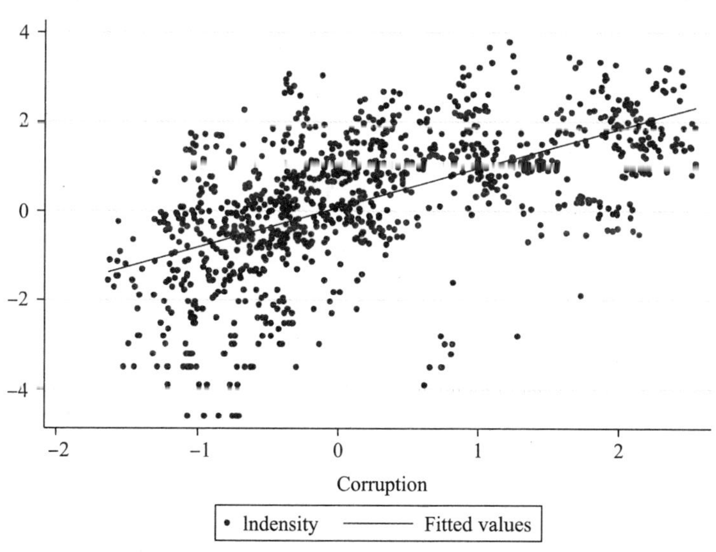

图 10　政府对腐败监管与创业活动散点图

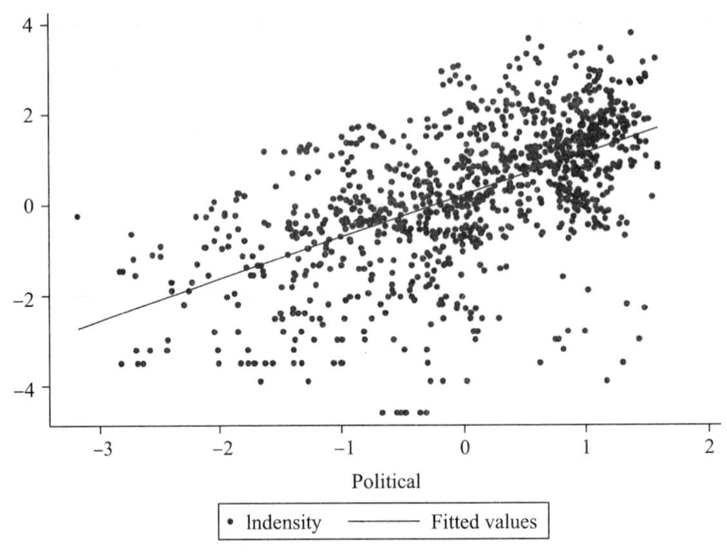

图 11　政治稳定性与创业活动散点图

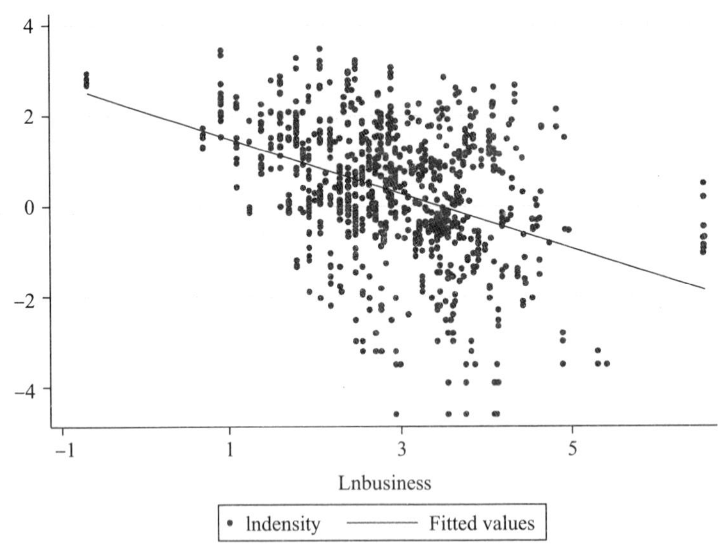

图 12　创办企业难易程度与创业活动散点图

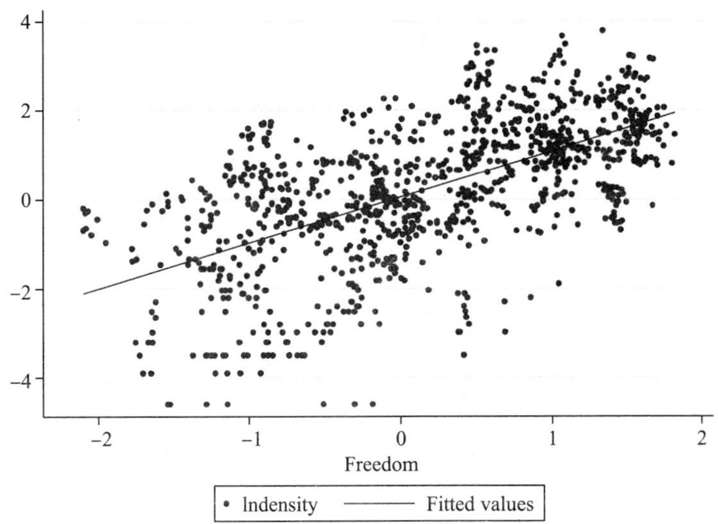

图 13　民主自由权利与创业活动散点图

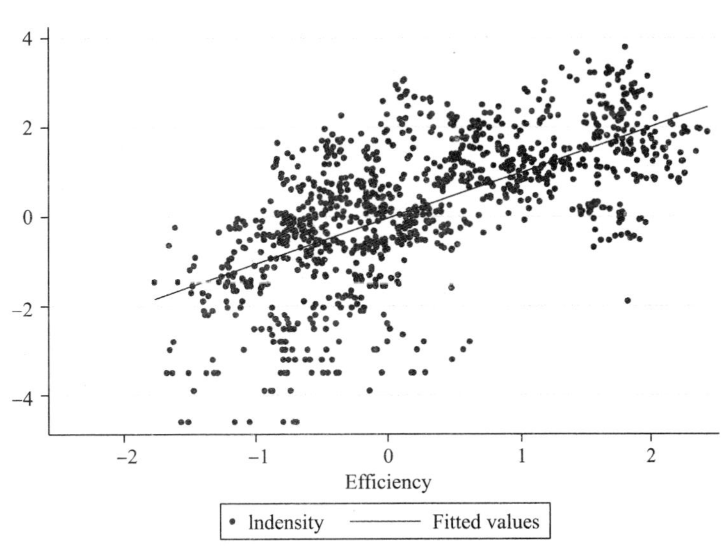

图 14　政府效能与创业活动散点图

从以上核心制度环境与创业活动的散点图来看，法律对投资者的保护、政治稳定性、政府对腐败的监管力度、民主自由权利以及政府效率提升都可以显著促进全社会创业活动。但是创办企业的难度直接降低了创业的意愿。接下来，本文将采用以上实证模型对制度环境与创业活动进行计量回归。为了增大样本容量，部分克服多重共线性问题，本文对政府治理环境、社会文化环境和政府效能三个维度的指标分别作为核心解释变量进行回归，混合回归结果如表 5 所示。

表 5 制度环境对创业活动的影响结果

	(1)	(2)	(3)	(4)	(5)	(6)	(7)	(8)
Legal	0.465 *** (7.35)							
Corruption		0.384 *** (6.70)						
Political			0.530 *** (10.66)					
Freedom				0.611 *** (10.66)				
Inclusiveness					0.455 ** (2.33)			
Registration						-0.002 *** (-5.99)		
Business							-0.207 *** (-4.90)	
Efficiency								0.602 *** (8.66)
GDP	0.784 *** (14.51)	0.777 *** (14.87)	0.621 *** (12.48)	0.632 *** (12.22)	0.698 *** (5.90)	0.635 *** (14.29)	0.702 *** (15.85)	0.758 *** (13.53)
Industry	0.000 (-0.10)	-0.001 (-0.26)	-0.004 (-1.10)	-0.009 *** (-2.53)	-0.022 *** (-2.98)	-0.023 *** (-6.77)	-0.017 *** (-4.95)	-0.002 (-0.68)
Infrastructure	0.019 *** (8.80)	0.021 *** (10.00)	0.021 *** (13.30)	0.018 *** (10.06)	0.017 ** (2.08)	0.012 * (1.85)	0.016 *** (2.48)	0.015 *** (6.52)
FDI	0.015 *** (4.24)	0.015 *** (4.33)	0.013 *** (3.75)	0.017 *** (5.07)	0.061 *** (3.90)	0.011 *** (2.89)	0.011 *** (2.79)	0.015 *** (4.36)
样本量	1000	1000	1000	1000	267	909	909	1000
调整的 R^2	0.4081	0.4029	0.4400	0.4268	0.3954	0.5110	0.5048	0.4197

注：*、**、*** 分别代表通过 10%、5% 和 1% 的显著性检验。括号内为 t 值。

从表5的制度环境对创业活动的影响结果可以直观地看出：①法律对投资者的保护变量与新成立企业密度变量的回归结果都显著为正，且通过了1%的显著性检验，这说明法律对投资者的保护可以显著促进创业活动。②国家对腐败的监管程度越高越能促进创业活动，表现为系数为正且通过了1%的显著性检验。③国家政权越稳定越有利于创业活动，系数通过了1%的显著性检验。④以社会包容性与公平政策以及民主自由权利为代表的社会文化有力激发全社会的创业活动，系数为正且通过了1%的显著性检验。⑤以企业注册成本和创办企业的天数为代表的企业创业难易程度直接影响着社会的创业活动，表现为系数显著为负。这说明企业注册越难越不利于创业活动。⑥政府效率变量系数为正且通过了1%的显著性检验，政府效率越高创业活动越活跃。此外，控制变量中一个国家经济越发达创业活动也就越活跃，基础设施水平在一定程度上促进了企业的创业活动，外商直接投资净流入越高越有利带动创业活动。

从以上实证结果可以得出以下结论：①一个国家的创业活动与法律环境、政治环境以及腐败治理等正式制度密切相关，一个国家法律对投资者保护越完善、政治环境越稳定以及对腐败监察力度越高越有利于激发全社会的创业活动。这主要源于稳定而优良的正式制度环境一方面减少了创业活动的不确定性风险，另一方面可以有效提高创业的成功率。②社会文化氛围对创业活动有显著影响，以社会包容性与公平政策以及民主自由权利为代表的社会文化在一定程度上可以激发全社会的创业活动。容忍失败、敢于创新的社会文化是激发全社会创新创业的重要方面。③企业审批与注册成本的降低可以有效地促进创业活动，政府工作效能的提升也可以显著提升企业的创业活动。企业注册成本的降低、政府干预的减少、审批时间与环节的缩短都将有利于促进全社会的创业活动。

（三）稳健性检验

由于本文选择的数据是一个典型的非均衡面板数据，虽然面板数据中缺失数据较多，但是为了不舍弃面板数据所包含的信息，本文采用了面板广义最小二乘法进行了稳健性检验。同时，考虑因变量很多是由一个离散点与一个连续分布组成的混合分布形式，本文还采用了Tobit回归进行稳健性检验①。

关于计量模型中可能存在的内生性问题，对于因果内生性而言，本文认为政府治理环境、社会文化环境和政府效能三个维度都是一个国家和地区的外部制度环境，具有很强的外生性，基本上不会受到一个国家创新创业活动的影响。所以从因果内生性来看，本文可以基本排除由于互为因果关系而导致的内生性问题。而对于由于遗漏变量而产生的内生性而言，本文的计量模型尽量从多个角度对可能影响一个国家创新创业活动的变量进行了控制，尽量避免了由于遗漏变量所导致的内生性问题。本文的稳健性检验结果如表6和表7所示。

① 限于篇幅，本文未列出Tobit模型回归结果。

表 6　考虑异方差和时间效应的面板 GLS 下制度环境对创新活动的影响结果

	制度环境对居民专利申请的影响						制度环境对创新资金投入的影响					
	(1)	(2)	(3)	(4)	(5)	(6)	(1)	(2)	(3)	(4)	(5)	(6)
Legal	0. 607 ***						0. 365 ***					
	(5. 88)						(12. 36)					
Corruption		0. 357 ***						0. 373 ***				
		(3. 79)						(14. 34)				
Political			0. 102						0. 139 ***			
			(1. 12)						(5. 21)			
Freedom				0. 611 ***						0. 189 ***		
				(2. 58)						(5. 28)		
Inclusiveness				1. 065 **						0. 031		
				(2. 42)						(0. 55)		
Registration					-0. 014 ***						0. 000	
					(-6. 22)						(-0. 49)	
Business					-0. 130						-0. 023	
					(-1. 38)						(-1. 04)	
Efficiency						0. 855 ***						0. 262 ***
						(8. 01)						(4. 79)
GDP	0. 664 ***	0. 781 ***	0. 879 ***	0. 590 ***	0. 372 ***	0. 399 ***	0. 166 ***	0. 332 ***	0. 198 ***	0. 011	0. 016	0. 041 ***
	(7. 76)	(9. 34)	(11. 78)	(4. 19)	(3. 66)	(5. 61)	(2. 98)	(2. 99)	(3. 17)	(1. 27)	(0. 5)	(2. 62)
Industry	0. 053 ***	0. 053 ***	0. 049 ***	0. 050 ***	0. 027 ***	0. 054 ***	0. 003 *	0. 005 ***	0. 000	0. 002	0. 097 *	0. 049 *
	(8. 00)	(7. 88)	(7. 36)	(3. 4)	(3. 72)	(8. 16)	(1. 7)	(2. 94	(0. 16)	(0. 73)	(1. 68)	(1. 73)
Infrastructure	0. 033 ***	0. 041 ***	0. 058 ***	0. 031 **	0. 023 ***	0. 025 ***	0. 016 ***	0. 015 ***	0. 025 ***	-0. 002	0. 004 **	0. 002
	(7. 18)	(9. 14)	(15. 34)	(2. 28)	(4. 13)	(5. 34)	(13. 16)	(12. 85)	(25. 36)	(-0. 74)	(2. 26)	(1. 26)
FDI	-0. 045 ***	-0. 043 ***	-0. 040 ***	-0. 051 ***	-0. 029 ***	-0. 045 ***	-0. 011 ***	-0. 011 ***	-0. 011 ***	-0. 004 *	-0. 002 **	-0. 001
	(-6. 78)	(-6. 57)	(-6. 06)	(-1. 64)	(-4. 05)	(-6. 92)	(-6. 68)	(-6. 91)	(-6. 19)	(-1. 84)	(-2. 11)	(-0. 34)
样本量	1515	1647	1515	170	842	1515	1287	1287	1287	131	742	1287

注：*、**、*** 分别代表通过 10%、5% 和 1% 的显著性检验。括号内为 z 值。

表 7 考虑异方差和时间效应的面板 GLS 下制度环境对创业活动的影响结果

	(1)	(2)	(3)	(4)	(5)	(6)	(7)	(8)
Legal	0.413*** (5.88)							
Corruption		0.329*** (5.25)						
Political			0.500*** (9.81)					
Freedom				0.584*** (9.64)				
Inclusiveness					0.558*** (2.76)			
Registration						-0.003*** (-8.12)		
Business							-0.192*** (-4.00)	
Efficiency								0.579*** (7.27)
GDP	0.711*** (7.34)	0.675*** (12.87)	0.609*** (12.99)	0.563*** (9.20)	0.661*** (3.54)	0.609*** (5.29)	0.678*** (10.81)	0.751*** (11.50)
Industry	-0.001 (-0.26)	-0.002 (-0.44)	-0.004 (-1.20)	0.008** (2.31)	-0.016* (-2.03)	-0.011 (-3.09)	-0.002 (-0.58)	-0.002 (-0.72)
Infrastructure	0.021*** (8.38)	0.024*** (9.75)	0.023*** (13.21)	0.019*** (9.59)	0.055*** (7.65)	0.029*** (19.73)	0.029*** (18.14)	0.016*** (5.72)
FDI	0.015*** (4.13)	0.015*** (4.22)	0.012*** (3.60)	0.017*** (4.90)	0.081*** (5.01)	0.015*** (3.53)	0.015*** (3.57)	0.015*** (4.25)
样本量	1000	1000	1000	1000	267	909	909	1000
调整后的 R^2	0.4081	0.4029	0.4400	0.4268	0.3954	0.5110	0.5048	0.4197

注：*、**、***分别代表通过10%、5%和1%的显著性检验。括号内为 z 值。

表 6 和表 7 的结果显示，在不舍弃面板数据所包含信息的情况下，采用面板广义最小二乘法估计出的结果与混合面板回归结果基本相同，只是部分结果的系数有所降低，少部分结果的显著性有所减弱。这表明采用面板数据模型得出的结论也是稳健的。

五、制度环境影响创新创业活动的差异性研究

（一）不同收入国家制度环境影响创新创业活动的差异

按世界银行公布的数据，2015 年人

均国民总收入低于 1045 美元为低收入国家，在 1045 ~ 4125 美元为中等偏下收入国家，在 4126 ~ 12735 美元为中等偏上收入国家，高于 12736 美元为高收入国家。按照划分标准，本文将考察不同收入国家下制度环境影响创新创业活动有何不同。

从表 8 的实证结果来看，制度环境对不同收入国家的创新产出活动的影响存在较大差异，主要表现在以下几个方面：①法律对投资者的保护可以更加明显地促进高收入国家的创新产出活动，系数及显著性明显高于中等收入国家。这说明从投资者保护这一法律制度而言，发达国家法律制度完善可以更有效地促进创新活动，而处于中等收入国家较强的包括知识产权法律在内的法律制度可能不一定能够促进创新产出。这也在一定程度上验证了最优知识产权保护假说。②对腐败的监管程度可以显著促进高收入国家的创新产出，但是对中等收入国家的创新产出没有显著影响。这说明在高收入国家，较强的腐败监管可以显著促进创新活动，但是对于中等收入国家而言，对腐败的监管不一定促进创新活动，在一些发展中国家腐败所形成的政企稳定关系可以在一定程度上缓解创新的不确定预期，在法律弱保护的环境下，可以在一定程度上促进企业的创新行为。③包含民主自由权利在内的社会文化对创新活动的影响也只发生在高收入国家，对于低收入国家影响不显著。这说明社会文化氛围越好的发达国家创新活动越活跃，而在中等收入国家中社会文化氛围对创新的影响远远低于其他正式制度因素。④政府效能无论是在高收入国家还是在中等收入国家都显著地促进了社会的创新活动产出。但是在中等收入国家表现得更加明显，其回归系数比高收入国家回归系数明显大。这说明在中等收入国家政府效能的提升可以更加显著地提升一个国家的创新产出水平。

从表 9 的实证结果来看，制度环境对不同收入国家的创新投入的影响存在较大差异，主要表现在以下几个方面：①法律对投资者的保护可以更加明显地促进高收入国家的创新投入，系数明显高于中等收入国家。这说明就投资者保护这一法律制度而言，发达国家法律制度完善可以有效地稳定创新投入的不确定性预期，而在中等收入国家法律对投资者保护的稳定性预期还受到其他因素的干扰，不能很强地促进企业的创新投入。②对腐败的监管程度可以显著地促进创新的投入，但是高收入国家的效果会更加明显。这也在一定程度上反映了企业为了获得创新投入的稳定性预期，与政府形成紧密的政企关系是一个非常重要的方面。在法律弱保护的环境下，较稳定的政企关系可以在一定程度上促进企业的创新行为。③包含民主自由权利在内的社会文化对创新投入的影响在不同类型的国家都显著存在，但是在高收入国家效果会更加明显。这说明社会文化氛围越好的发达国家创新活动越活跃，而在中等收入国家中社会文化氛围对创新的影响远远低于其他正式制度因素。④包括企业注册成本、注册企业难易程度等指标对创新投入的影响在高收入国家基本上不存在，但是在中等收入国家却显著存在。这说明高收入国家企业成立与发展门槛条件较低，而低收入国家则较高，这不利于企业的创新行为。⑤政府效能无论是在高收入国家还是在中等收入国家都显著地促进了社会的创新活动投入。但是在高收入国家表现得更加明显，其回归系数比中等收入国家回归系数明显大。

从以上制度环境对不同收入等级国家

表 8　不同收入国家制度环境影响居民专利申请量的差异表现

	高收入国家						中等收入国家					
	(1)	(2)	(3)	(4)	(5)	(6)	(1)	(2)	(3)	(4)	(5)	(6)
Legal	0.982*** (3.65)						0.204* (1.76)					
Corruption		0.310* (1.87)						−0.046 (−0.38)				
Political			1.025*** (3.98)						0.030 (0.33)			
Freedom				0.668*** (3.01)						−0.001 (−0.01)		
Registration					0.033* (1.77)						−0.017*** (−7.58)	
Business					0.173 (1.14)						−0.083 (−0.73)	
Efficiency						0.590*** (2.45)						0.609*** (4.89)
Industry	0.007 (0.52)	0.004 (0.31)	0.002 (0.14)	0.011 (0.82)	−0.015 (−1.20)	0.007 (0.54)	0.083*** (11.04)	0.082*** (10.97)	0.082*** (11.00)	0.082*** (10.60)	0.060*** (6.85)	0.081*** (10.85)
Infrastructure	0.005 (1.11)	0.008* (1.74)	0.010** (2.28)	0.008* (1.85)	0.041*** (4.66)	0.007 (1.60)	0.018*** (4.67)	0.021*** (5.57)	0.021*** (5.64)	0.021*** (5.51)	0.013*** (2.98)	0.012** (3.05)
FDI	−0.048*** (−6.18)	−0.047*** (−6.03)	−0.042*** (−5.44)	−0.044*** (−5.68)	−0.034*** (−4.00)	−0.047*** (−6.04)	−0.052*** (−3.08)	−0.048*** (−2.83)	−0.047*** (−2.75)	−0.048*** (−2.87)	−0.032* (−1.84)	−0.055*** (−3.29)
样本量	490	490	490	490	287	490	1025	1025	1025	1025	555	1025

注：*、**、*** 分别代表通过 10%、5% 和 1% 的显著性检验。括号内为 t 值。

表 9　不同收入国家制度环境影响创新投入的差异表现

	高收入国家						中等收入国家					
	(1)	(2)	(3)	(4)	(5)	(6)	(1)	(2)	(3)	(4)	(5)	(6)
Legal	1.121*** (15.55)						0.106*** (5.35)					
Corruption		0.645*** (13.19)						0.093*** (4.33)				
Political			0.695*** (8.26)						0.067*** (4.28)			
Freedom				0.685*** (9.62)						0.043*** (2.59)		
Registration					0.005 (0.79)						-0.001** (-2.41)	
Business					0.035 (0.59)						-0.01 (-0.53)	
Efficiency						1.004*** (15.19)						0.165*** (7.65)
Industry	0.013*** (4.10)	0.012*** (3.58)	0.003 (0.72)	0.014*** (3.59)	-0.009** (-2.29)	0.016*** (4.85)	0.004*** (3.45)	0.004*** (3.60)	0.004*** (3.29)	0.005*** (3.75)	-0.002 (-1.40)	0.004*** (2.99)
Infrastructure	0.009*** (6.96)	0.011*** (8.28)	0.014*** (9.90)	0.013*** (9.02)	0.035*** (11.66)	0.011*** (8.21)	0.006*** (8.97)	0.006*** (9.54)	0.006*** (10.26)	0.006*** (10.48)	0.008*** (10.51)	0.005*** (7.42)
FDI	-0.014*** (-6.25)	-0.013*** (-5.76)	-0.014*** (-5.62)	-0.010*** (-3.94)	-0.013*** (-4.49)	-0.013*** (-5.88)	-0.007*** (-3.04)	-0.007*** (-2.85)	-0.008*** (-3.54)	-0.007*** (-3.03)	-0.003 (-1.19)	-0.006*** (-2.67)
调整后的 R^2	0.191	0.183	0.180	0.179	0.301	0.224	0.194	0.186	0.183	0.172	0.303	0.223
样本量	478	478	478	478	275	478	809	809	809	806	467	809

注：**、*** 分别代表通过 5% 和 1% 的显著性检验。括号内为 t 值。

创新投入产出活动的影响结果来看，由于不同收入水平国家制度环境存在明显的差异，而且制度作用于不同类型国家的内在机制存在一定差异，使得制度环境影响不同收入国家的创新活动也会存在明显差异，主要表现在法律制度对投资者保护程度、对腐败的监管程度等正式制度环境对高收入国家的创新活动影响更加明显，而在发展中国家则表现不明显，甚至会出现对腐败的监管程度无法有效促进一些国家的创新活动的现象。同时，社会文化环境等非正式制度对创新活动的影响也主要发生在高收入的发达国家。而政府效能方面，无论在高收入的发达国家还是在中等收入的发展中国家，政府效能的提升都可以显著地促进创新活动。

从表10的实证结果来看，制度环境对不同收入国家的创业活动的影响差异性并不显著，主要表现在以下几个方面：①法律对投资者的保护无论是在高收入的发达国家还是在中等收入的发展中国家都显著提升了本国的创业活动。只是在发展中国家表现得更加显著，系数较大。这说明无论是何种类型的国家，法律的完善程度都可以有效保护投资者利益，稳定投资收益的预期，进而促进本地区的创业活动涌现。②对腐败的监管程度、政治上的稳定性都可以显著地促进创业活动，但在中等收入的发展中国家的效果会更加明显。这也在一定程度上说明对腐败的有力治理可以促进企业的创新创业，特别是可以有效促进民营企业创业。③包含民主自由权利在内的社会文化对创业的影响主要发生在中等收入的发展中国家。对于发展中国家而言，良好的社会文化环境、公平的经济政策可以激发全社会的创业热情。④包括企业注册成本、注册企业难易程度等指标对创业活动影响更加显著，这种显著性在高收入国家中表现得更加明显。这说明降低创业的门槛条件和行政审批的抑制效应可以有效地激发全社会的创新热情，可以更直观地影响一个国家和地区的创业活动。⑤政府效能无论是在高收入国家还是在中等收入国家都显著地促进了创业活动。但是在中等收入的发展中国家表现更加明显，其回归系数比高收入国家回归系数明显大。此外，对于中等收入的发展中国家而言，良好的基础设施可以有效地促进创业活动，在本文中一个国家良好的互联网基础设施可以有效地促进发展中国家的创业，但是在互联网较为成熟的发达国家效果不明显。

（二）中国跨越“中等收入陷阱”的经验启示

本文将影响创新创业的制度因素分为中等收入国家和高收入国家，并将之与中国的数据进行对比分析，继而寻找出不同类型国家在创新创业的制度环境上的差异性，从而为中国跨越“中等收入陷阱”提供一定的经验启示。

从表11的创新创业的制度环境差异来看，高收入国家在创新创业制度环境上明显优于中等收入国家。从数据来看，中等收入国家法律对投资者保护指数均值为-0.170，而高收入国家均值达到了1.209，差距相当明显。而中国在这方面的指数更是只有-0.425，尚低于中等收入国家的平均水平；中等收入国家腐败监管指数均值为-0.207，而高收入国家均值达到了1.308，差距也相当明显。而中国在这方面的指数更是只有-0.451，即使在2013年还是只有-0.357，低于中等收入国家的平均水平。中等收入国家政府效能指数均值为-0.155，而高收入国家均值达到了1.300，差距相当明显。而中国在这方面的指数虽然高于中等收入国家均值水

表 10　不同收入国家制度环境影响创业活动的差异表现

	高收入国家						中等收入国家					
	(1)	(2)	(3)	(4)	(5)	(6)	(1)	(2)	(3)	(4)	(5)	(6)
Legal	0.409*** (2.85)						0.639*** (8.11)					
Corruption		0.397*** (4.58)						0.642*** (8.21)				
Political			0.427*** (2.93)						0.523*** (9.45)			
Freedom				-0.183* (-1.75)						0.752*** (11.52)		
Registration					-0.040*** (-4.37)						-0.003*** (-6.16)	
Business					-0.333*** (-5.84)						0.046 (0.77)	
Efficiency						0.476*** (3.55)						0.814*** (9.19)
Industry	-0.021*** (-4.64)	-0.022*** (-4.97)	-0.028*** (-6.05)	-0.029*** (-5.47)	-0.025*** (-5.90)	-0.019*** (-4.21)	0.004 (0.91)	0.003 (0.65)	0.003 (0.66)	0.013*** (3.11)	-0.007 (-1.35)	-0.002 (-0.35)
Infrastructure	-0.005 (-1.34)	-0.007** (-2.12)	-0.002 (-0.57)	0.004 (1.23)	-0.005* (-1.77)	-0.006* (-1.68)	0.031*** (11.82)	0.033*** (12.72)	0.034*** (13.79)	0.028*** (11.24)	0.035*** (12.76)	0.027*** (9.56)
FDI	0.008*** (2.87)	0.008*** (2.93)	0.007*** (2.55)	0.008*** (3.03)	0.005* (1.74)	0.008*** (3.07)	0.061*** (5.99)	0.060*** (5.96)	0.051*** (5.05)	0.060*** (6.18)	0.060*** (5.85)	0.064*** (6.39)
调整后的 R^2	0.161	0.196	0.162	0.146	0.352	0.173	0.390	0.392	0.408	0.439	0.343	0.405
样本量	286	286	286	286	263	286	714	714	714	714	646	714

注：*、**、***分别代表通过 10%、5% 和 1% 的显著性检验。括号内为 t 值。

表 11　不同收入国家创新创业的制度环境差异

	每百万研发人员（人）	研发占GDP比重（%）	法律对投资者保护	腐败监管指数	合同履行天数（天）	民主自由权利指数	创办企业的天数（天）	纳税所需时间（小时）	政府效能指数
中等收入国家均值	962.6	0.510	-0.170	-0.207	625.7	-0.037	38.9	304.7	-0.155
高收入国家均值	3297.4	1.706	1.209	1.308	551.7	0.874	21.0	167.5	1.300
中国均值	766.8	1.249	-0.425	-0.451	452.8	-1.506	34.4	318.0	-0.014
中国2013年值	1089.0	2.015	-0.456	-0.357	—	-1.577	—	318.0	-0.029

平，为-0.014，但仍远远低于高收入国家的平均水平；在创新创业的社会环境方面，中等收入国家民主自由权利指数均值为-0.037，而高收入国家均值达到了0.874，差距相当明显。而中国在这方面的指数更是只有-1.577，目前还远低于中等收入国家的平均水平；此外，在合同履行天数、创办企业天数以及纳税所需时间等创新创业政府环境方面，中等收入国家的环境质量都明显低于高收入国家，中国在此方面也没有明显的优势。

从以上分析可以看出，成功跨越“中等收入陷阱”的高收入国家，无论是政府效能还是法律对投资者保护以及腐败监管等正式制度环境方面，抑或是社会文化环境等非正式制度环境方面，高收入国家的制度环境都明显高于中等收入国家水平。这也从一个层面反映了一个国家如果要跨越“中等收入陷阱”，就必须寻找经济增长的新动力，而经济增长新动力最重要的体现就在于创新创业动力，发达国家通过优化创新创业环境实现了经济增长的新动力，进而跨越了“中等收入陷阱”。

对于中国经济而言，中国经济已经进入“新常态”，正处于由中高收入国家向高收入国家迈进的关键时期。李克强总理在“十三五”规划中指出，到2020年我国人均国内生产总值将接近高收入国家水平，基本跨越“中等收入陷阱”。为了实现这个目标，我们要以创新增强发展动能，推进结构性改革，进一步解放和发展生产力，全面实施创新驱动发展战略，以“大众创业、万众创新”为抓手实现发展动力转化、结构优化。自李克强总理提出“大众创业、万众创新”战略以来，尤其是国家出台了《国务院关于大力推进大众创业万众创新若干政策措施的意见》之后，各地区都将“大众创业、万众创新”作为发展经济的不二法宝，并出台各种措施支持创业创新活动。按照国家定义的“大众创业、万众创新”的战略意义，推进大众创业、万众创新，是发展的动力之源，也是富民之道、公平之计、强国之策，对于推动经济结构调整、打造发展新引擎、增强发展新动力、走创新驱动发展道路具有重要意义，是稳增长、扩就业、激发亿万群众智慧和创造力，促进社会纵向流动、公平正义的重大举措。所以，“大众创业、万众创新”是中国经济跨越“中等收入陷阱”的重要战略举措。

众所周知，无论是创新活动还是创业活动，不确定性是影响创新创业活动最大的“绊脚石”。创业家行动（如为了捕获市场机遇而开展的研究及将成果商业化）内含高度不确定性，企业的创新行动也面临着沉没成本、高风险与高收益并存、知识产权保护等高度不确定性，创新与创业行动者在行动过程中持续承受不确定感的困扰，而制度减少了行动相关的不确定性，为创新创业提供了心理保证（即少了不确定感），缓解了不确定感带来的困扰，进而作用于其行动。不确定感使得创业家对行动的诱因、可行性和合意性产生疑虑，可能妨碍、延迟甚至阻止其创业行动。如何减少不确定性是激发创新创业活动的重要手段。而正式与非正式制度环境的完善是减少这种不确定性的重要“武器”。为此，激发全社会“大众创业、万众创新”的热情就必然需要完善国家和地区层面的制度环境。从以上中国在创新创业制度环境上与发达国家和一些新兴经济体上的差异来看，中国政府在优化“大众创业、万众创新”的制度环境上仍任重而道远。无论是正式制度的完善还是非正式制度的营造，都需要政府在完善法律法规、行政审批上简政放权以及提升政府效率上下功夫。

六、结论与政策启示

本文以世界银行 191 个国家和地区 1996～2014 年的非均衡面板数据，从政府治理环境、社会文化环境和政府效能三个维度研究了国家层面的制度环境对创新创业活动的影响。研究发现：①企业的创新行为与一个国家的法律环境、政治环境以及腐败治理等正式制度密切相关，一个国家法律对投资者保护越完善、政治环境越稳定以及对腐败监察力度越高越有利于企业的创新创业行为。这主要源于稳定而优良的正式制度环境可以稳定企业的创新创业活动预期，激发企业的创新行为。②社会文化氛围对创新创业活动有显著影响，以社会包容性与公平政策以及民主自由权利为代表的社会文化在一定程度上可以激发全社会的创新创业活动。容忍失败、敢于创新的社会文化是激发全社会创新创业的重要方面。③政府工作效能的提升可以显著改善企业的创新创业活动，企业审批与注册成本的降低可以有效地促进创业活动。降低企业注册成本、减少不必要的政府干预、缩短企业各项环节审批的时间将有利于促进企业的创新创业活动。④由于不同收入水平国家制度环境存在明显的差异，而且制度作用于不同类型国家的内在机制存在一定差异，使得制度环境影响不同收入国家的创新活动也会存在明显差异，主要表现在法律制度对投资者保护程度、对腐败的监管程度等正式制度环境对高收入国家的创新活动影响更加明显，而在发展中国家表现得不明显，甚至会出现对腐败的监管程度无法有效促进一些国家的创新活动的现象。同时，社会文化环境等非正式制度对创新活动的影响也主要发生在高收入的发达国家。而政府效能方面，无论在高收入的发达国家还是在中等收入的发展中国家，政府效能的提升都可以显著地促进创新活动。⑤成功跨越“中等收入陷阱”的高收入国家，无论是政府的效能还是法律对投资者保护以及腐败监管等正式制度环境方面，抑或是社会文化环境等非正式制度环境方面，高收入国家的制度环境都明显高于中等收入国家水平。中国在创新创业的制度环境上仍远低于发达国家水平。

以上经验结论对中国实施“大众创业、万众创新”战略的政策启示意义在于：①坚持深化改革，继续完善投资者保护的法律法规和腐败治理，稳定投资者和创业者的预期，营造创新创业的正式制度环境。通过结构性改革和创新，进一步简政放权、放管结合、优化服务，增强创业创新制度供给，完善相关法律法规、扶持政策和激励措施，营造均等普惠环境，推动社会纵向流动。依法反垄断和反不正当竞争，消除不利于创业创新发展的垄断协议和滥用市场支配地位以及其他不正当竞争行为。尤其是加强创业知识产权保护，对于“互联网＋”时代新的商业模式创新和技术创新成果的新形态进行研究，出台有针对性的知识产权保护办法。完善知识产权快速维权与维权援助机制，缩短确权审查、侵权处理周期。继续加强市场化改革，加强对民营企业的保护力度，让民营企业和国有企业享有公平的市场环境，激发民营企业的创新创业热情。②营造全社会容忍失败、鼓励创新的创新创业的社会文化，突出创新创业角色榜样的力量，让创新创业热情在全社会蓬发。目前，中国在创新创业文化建设上离创新型国家建设还有一段距离，创业创新理念还没有深入人心，创业教育培训体系还不健全，善于创造、勇于创业的能力不足，鼓励创新、宽容失败的良好环境尚未形成。所以，中国政府在推进“大众创业、万众创新”的过程中，要通过加强全社会以创新为核心的创业教育，弘扬“敢为人先、追求创新、百折不挠”的创业精神，厚植创新文化，不断增强创业创新意识，使创业创新成为全社会共同的价值追求和行为习惯。③政府在推进“大众创业、万众创新”的过程中要厘清政府和市场的边界。政府应加强对“大众创业、万众创新”的宏观引导、公共服务和市场监管，营造公平合理的市场竞争环境。凡是市场机制有效的领域，政府要顺势而为，充分发挥市场配置创业创新资源的决定性作用，坚持让市场选择创业创新的方向和路径，让价格机制和供求关系来调节大众创业创新的规模和形式。避免直接干预创业创新活动，更不能用已有的管理体系和工作手法去“引导”大众创业创新。④着力提升政府在“大众创业、万众创新”过程中的工作效能，缩短政府审批流程，为“大众创业、万众创新”提供流程上的便利。充分利用“互联网＋战略”，深化商事制度改革。加快实施工商营业执照、组织机构代码证、税务登记证“三证合一”，推进全程电子化登记和电子营业执照应用。放宽注册登记条件限制，为创业创新提供便利的工商登记服务。建立市场准入等负面清单，破除不合理的行业准入限制。

参考文献

［1］ Acemoglu D, Johnson S, Robinson J A. Institutions as a Fundamental Cause of Long - run growth［J］. Handbook of Economic Growth, 2005 (1): 385 - 472.

［2］ Acemoglu D, Johnson S. Unbundling Institutions ［R］. National Bureau of Economic Research, 2003.

［3］ Acemoglu D, Verdier T. Property Rights, Corruption and the Allocation of Talent: A General Equilibrium Approach ［J］. The Economic Journal, 1998, 108 (450): 1381 - 1403.

［4］ Aidis R, S Estrin, T Mickiewicz. Institutions and Entrepreneurship Development in Russia: A Comparative Perspective ［J］. Journal of Business Venturing, 2008, 23 (6): 656 - 672.

［5］ Aldrich H, Renzulli L A, Langton N. Passing on Privilege: Resources Provided by Self - employed Parents to Their Self - employed Children ［J］. Research in Social Stratification and Mobility, 1998 (16): 291 - 318.

［6］ Allred B B, Park W G. Patent Rights and Innovative Activity: Evidence from National and Firm - level Data ［J］. Journal of International Business Studies, 2007, 38 (6): 878 - 900.

［7］ Baumol W. Entrepreneurship: Productive, Unproductive and Destructive［J］. Journal of Political Economy, 1990, 98 (5): 893 - 921.

[8] Beck P J, Maher M W. A Comparison of Bribery and Bidding in Thin Markets [J]. Economics Letters, 1986, 20 (1): 1-5.

[9] Beugelsdijk S, Noorderhaven N. Entrepreneurial Attitude and Economic Growth: A Cross-section of 54 Regions [J]. Annals of Regional Science, 2004, 38 (2): 199-218.

[10] Bian Y. Bringing Strong Ties Back in: Indirect Ties, Network Bridges, and Job Searches in China [J]. American Sociological Review, 1997 (1): 366-385.

[11] De Clercq D S, K Lim, C Hoon. Individual-level Resources and New Business Activity: The Contingent Role of Institutional Context [J]. Entrepreneurship Theory and Practice, 2013, 37 (2): 303-330.

[12] Dreher A, Gassebner M. Greasing the Wheels? The Impact of Regulations and Corruption on Firm Entry [J]. Public Choice, 2013, 155 (3-4): 413-432.

[13] Frye T, Shleifer A. The Invisible Hand and the Grabbing Hand [J]. American Economic Review, 1997, 87 (2): 354-358.

[14] Hillman A J, W P Wan. The Determinants of MNE Subsidiaries Political Strategies: Evidence of Institutional Duality [J]. Journal of International Business Studies, 2005 (36): 322-340.

[15] Hoffman R C, Hegarty W H. Top Management Influence on Innovations: Effects of Executive Characteristics and Social Culture [J]. Journal of Management, 1993, 19 (3): 549-574.

[16] Hofstede G, Hofstede G J. Organisationeroch Kulturer [M]. Studentlitteratur, 2005.

[17] Hofstede G. Motivation, Leadership, and Organization: Do American Theories Apply Abroad? [J]. Organizational Dynamics, 1980, 9 (1): 42-63.

[18] Hoskisson R E, L Eden, C M Lau, M Wright. Strategy in Emerging Economies [J]. Academy of Management Journal, 2000, 43 (3): 249-267.

[19] Kim P H, M X Li. Seeking Assurances When Taking Action: Legal Systems, Social Trust, and Starting Businesses in Emerging Economies [J]. Organization Studies, 2014, 35 (3): 359-391.

[20] Krueger A O. The Political Economy of the Rent-seeking Society [J]. The American Economic Review, 1974, 64 (3): 291-303.

[21] Lau T, K F Chan, S H C Tai. Corporate Entrepreneurship of IJVs in China [J]. Management Research Review, 2010, 33 (1): 6-22.

[22] Leff N. Economic Development through Bureaucratic Corruption [J]. The American Behavioural Scientist, 1964, 8 (2): 8-14.

[23] Li H Y, Y Zhang. The Role of Managers' Political Networking and Functional Experience in New Venture Performance: Evidence From China's Transition Economy [J]. Strategic Management Journal, 2007, 28 (8): 791-804.

[24] Li Y, Y Zhao, J Tan, Y Liu. Moderating Effects of Entrepreneurial Orientation on Market Orientation-performance Linkage [J]. Journal of Small Business Management, 2008, 46 (1): 113-133.

[25] Lui F. An Equilibrium Queuing Model of Bribery [J]. Journal of Political Economy, 1985, 93 (4): 760-781.

[26] McMullen J S, Bagby D, Palich L E. Economic Freedom and the Motivation to Engage in Entrepreneurial Action [J]. Entrepreneurship Theory and Practice, 2008, 32 (5): 875-895.

[27] Murphy K M, Shleifer A, Vishny R W. Why is Rent-seeking so Costly to Growth? [J]. The American Economic Review, 1993, 83 (2): 409-414.

[28] Myrdal G. Corruption: Its Causes and Effects [M]. Asian drama: An Inquiry into the Poverty of Nations, 1968 (2): 937-958.

[29] Nelson J M, C Tilley, L Walker. Transforming Post-communist Political Economies: Task Force on Economies in Transition [M]. National Research Council, Washington, DC: National Academy Press, 1998.

[30] North D C. Institutions, Institutional

Change and Economic Performance [M]. Cambridge University Press, 1990.

[31] North D C. Understanding the Process of Economic Change [M]. Princeton University Press, 2005.

[32] Park S H, Y D Luo. Guanxi and Organizational Dynamics: Organizational Networking in Chinese Firms [J]. Strategic Management Journal, 2001, 22 (2): 455 -477.

[33] Park W G. International Patent Protection: 1960—2005 [J]. Research Policy, 2008, 37 (4): 761 -766.

[34] Scott W R. Institutions and Organizations Thousand Oaks [M]. CA: Sage, 1995.

[35] Sheng S, K Z Zhou, J Li. The Effects of Business and Political Ties on Firm Performance: Evidence from China [J]. Journal of Marketing, 2011 (75): 1 -15.

[36] Su Z. Successful Managers in International Joint Ventures in China [J]. The International Scope Review, 1999, 1 (1) .

[37] Sun P, Wright M, Mellahi K. Is Entrepreneur - Politician Alliance Sustainable during Transition? The Case of Management Buyouts in China [J]. Management and Organization Review, 2010, 6 (1): 101 -121.

[38] Tang Z, J Tang. Entrepreneurial Orientation and SME Performance in China's Changing Environment: The Moderating Effects of Strategies [J]. Asia Pacific Journal of Management, 2012, 29 (2): 409 -431.

[39] Tsui A S. From Homogenization to Pluralism: International Management Research in the Academy and Beyond [J]. Academy of Management Journal, 2007, 50 (6): 1353 -1364.

[40] Wang Y, You J. Corruption and Firm Growth: Evidence from China [J]. China Economic Review, 2012, 23 (2): 415 -433.

[41] Xin K R, J L Pearce. Guanxi: Connections as Substitutes for Formal Institutional Support [J]. Academy of Management Journal, 1996, 39 (6): 1641 -1658.

[42] Yang M M. Gifts, Favors and Banquets: The Art of Social Relationships in China [M]. New York: Cornell University Press, 1994.

[43] Zhang J, P K Wong. Networks vs. Market Methods in High - tech Venture Fundraising: The Impact of Institutional Environment [J]. Entrepreneurship and Regional Development, 2008, 20 (5): 409 -430.

[44] Zhou K Z, L Poppo. Exchange Hazards, Relational Reliability and Contracts in China: The Contingent Role of Legal Enforceability [J]. Journal of International Business Studies, 2010, 41 (5): 861 -881.

[45] 陈刚:《管制与创业——来自中国的微观证据》,《管理世界》2015 年第 5 期。

[46] 党力、杨瑞龙、杨继东:《反腐败与企业创新:基于政治关联的解释》,《中国工业经济》2015 年第 7 期。

[47] 黄玖立、李坤望:《吃喝、腐败与企业订单》,《经济研究》2013 年第 6 期。

[48] 姜翰、金占明、焦捷、马力:《不稳定环境下的创业企业社会资本与企业“原罪”——基于管理者社会资本视角的创业企业机会主义行为实证分析》,《管理世界》2009 年第 6 期。

[49] 黎常:《社会文化特征对区域创业活动影响差异研究》,《科学学研究》2014 年第 12 期。

[50] 李宏彬、李杏、姚先国、张海峰、张俊森:《企业家的创业与创新精神对中国经济增长的影响》,《经济研究》2009 年第 10 期。

[51] 李雪莲、马双、邓翔:《公务员家庭、创业与寻租动机》,《经济研究》2015 年第 5 期。

[52] 鲁桐、党印:《投资者保护、行政环境与技术创新:跨国经验证据》,《世界经济》2015 年第 10 期。

[53] 马光荣、杨恩艳:《社会网络、非正规金融与创业》,《经济研究》2011 年第 3 期。

[54] 施丽芳、廖飞、丁德明:《制度对创业家行动的影响机理——基于不确定管理的视角》,《中国工业经济》2014 年第 12 期。

[55] 魏下海、董志强、金钊:《腐败与企业生命力:寻租和抽租影响开工率的经验研究》,

《世界经济》2015 年第 1 期。

[56] 吴一平、王健：《制度环境、政治网络与创业：来自转型国家的证据》，《经济研究》2015 年第 8 期。

[57] 张龙鹏、蒋为、周立群：《行政审批对创业的影响研究——基于企业家才能视角》，《中国工业经济》2016 年第 4 期。

□ Institutional Environment and Activity of Entrepreneurship and Innovation: Evidence from Transnational Experience

Yu Yongze

Abstract: This paper analyzes the impact of institutional environment and government effectiveness on innovation and entrepreneurship by the non balanced panel data of 191 countries in 1996 - 2014. The result shows that: ①A national laws for the protection of investors more perfect, and government corruption supervision higher, the expectation of business is more stable, which can stimulate innovation and entrepreneurship for enterprise. ②The effectiveness of the government promotion can significantly improve the enterprise innovation and entrepreneurial activity. Reducing unnecessary government intervention and shorten the time of the approval of enterprises will be conducive to the promotion of innovation and entrepreneurial activity of the enterprise. ③Lnstitutional environment has more obvious impact on the innovation activities of high income countries. Government efficiency has more significant impact on the entrepreneurial activity in the middle income countries. ④Whether it is the government efficiency or the institutional environment, the success of the high income countries across the middle - income trap is significantly higher than the middle - income countries. China' s institutional environment for innovation and entrepreneurship is still far below the level of developed countries. This study enriches the impact of institutional environment and government efficiency on innovation and entrepreneurship from the national level. The conclusions can provide policy empirical evidence of implement innovation and entrepreneurship for China.

Key Words: Institutional Environment; Government Efficiency; Innovation; Entrepreneurship

□ 制度变迁、企业家精神与民营经济发展*

程俊杰

摘　要：发展民营经济是推进供给侧结构性改革的重要抓手。本文以苏南为例，分析了民营经济演变、发展的内在机制，提出制度变迁所产生的激励结构变化将诱使企业家精神的配置方向、释放程度发生演变，进而通过影响企业的创新行为、创业行为两个渠道来引导民营经济规模、结构、创新等的塑造与发展。进一步的实证研究发现：其一，制度质量的提高、市场化进程的推进对于企业家创新精神、创业精神以及企业家精神向生产性领域的配置程度具有显著的积极作用。其二，企业家创新精神、创业精神以及企业家精神向生产性领域的配置程度：①对于民营经济的规模壮大、创新驱动具有明显的促进作用；②对于民营经济盈利能力或价值链地位具有负面影响；③对于民营经济产业结构存在显著影响，但影响的方向决定于产业平均收益。

关键词：制度变迁；企业家精神；民营经济；苏南

一、问题提出

为适应和引领经济新常态，中央及时提出了推进供给侧结构性改革，主要解决两大现实问题：一是有效供给不足；二是产能过剩。从理论上讲，以上问题实际上是当前我国全要素生产率低下且不断下降的宏观表现。民营经济具有市场经济的天然基因，是整体经济中最活跃、最有效率、最具竞争力的重要部分。发展好民营经济，对于提高全要素生产率、解决供给侧问题、实现经济转型升级具有非常重要的现实意义。江苏特别是苏南是我国民营经济发展最发达的地区之一。与浙江、广东等地原生型属性不同，苏南民营经济基本是由乡镇企业及一部分国有中小型企业经过

基金项目：国家社会科学基金重大项目“苏南所有制结构协同发展实践研究”（15@ZH039）；国家社会科学基金重大项目“国有企业改革和制度创新研究”（15ZDA026）；江苏省社会科学基金项目“增创更具活力，更有效率的江苏改革开放新优势研究”（13WTB021）。

作者简介：程俊杰，江苏东台人，经济学博士，中国社会科学院工业经济研究所博士后、江苏省社会科学院区域现代化研究院助理研究员，研究方向为产业发展、长三角区域经济。

* 本文曾刊登于《经济管理》2016 年第 8 期。

改制而来，因此，它是次生型的（程俊杰、刘志彪，2012）。作为“苏南模式”的主要特色和内容，它具有一定的先进性且充分发挥了后发优势，研究其成长、演进的内在机制不但有利于其自身的转型升级，而且对于全国其他地区民营经济的发展也更具普适意义。

国内学术界对于民营经济的研究很多，主要有两条主线：一是分析民营经济的发展现状、困难、转型路径、方向及对策等（丁任重、孙根紧，2011；洪银兴，2012；包国宪、李毅，2012）；二是探讨民营经济发展的影响因素、宏观影响等（韩坚、钱濛，2012；才国伟等，2012；褚敏、靳涛，2015）。对民营经济发展内在机制的研究仍存在较大的讨论空间。目前，一个已达成广泛共识的观点就是，政府在驱动国内民营经济发展过程中发挥了重要作用。之所以会出现民营经济发展的地区差异，主要是与上下级政府官员之间的关系（Shih，2008；章奇、刘明兴，2012）、政府的干预能力（Barro，1996）、不同的地理环境（Sachs 等，2002）、文化（Weber，1930）、政治制度（Acemoglu 等，2015）等因素密切相关。这些前期研究成果提供了很好的启发，本文认为，企业家精神才是推动民营经济发展的根本动力。企业家精神的地区差异造成了各地民营经济在企业数量与规模、经营效率、产业结构、在全球价值链中地位等方面的不同。制度变迁则是导致企业家精神发生演变的关键因素。基于这一核心思想，本文试图构建制度变迁—企业家精神—民营经济发展的理论框架，以此厘清苏南次生型民营经济发展、演变的内在机制，并通过实证研究进行论证，进而为苏南民营经济提质增效、实现结构优化与创新驱动提出相应的政策建议。根据所掌握的文献，已有的研究大多是针对制度变迁与企业家精神、企业家精神与经济增长、制度变迁与经济增长等的单独研究，而本文则尝试将制度变迁、企业家精神与民营经济发展三个研究范畴纳入统一的分析框架中，故而亦具备一定的理论意义。

本文余下部分的结构安排如下：第二部分是苏南民营经济发展的典型事实与理论框架，第三部分是样本、变量与指标选择，第四部分是实证结果分析，第五部分是结论与建议。

二、典型事实与理论框架：基于苏南的分析

（一）苏南民营经济发展的典型事实

1. 发展阶段

到目前为止，苏南民营经济的发展大体可以分为孕育期、成长期以及成熟期三个阶段。

第一阶段孕育期（20 世纪 70 年代末～80 年代末）。苏南次生型民营经济的最主要母体之一就是乡镇企业。70 年代末，中央提出农村实行家庭联产承包责任制改革，并明确表示要大规模发展农村商品经济，江苏特别是苏南成功地把握住了这一机遇，实现了从社队企业到乡镇企业的升级，乡镇经济迅速崛起。这一时期主要有两大特点：一是乡镇企业集体所有制一统天下；二是产业结构以工业为主。

第二阶段成长期（20 世纪 90 年代初～90 年代末）。进入 90 年代，一方面，民营经济开始由“补充”地位升格为“并存”和“共同发展”地位，意识形态争议逐渐平息；另一方面，面对“落地”外资企业的竞争冲击，乡镇企业由于技术落后、管理混乱、布局零散、生产成本高等原因逐步陷入效率低、债务重和亏损增加的困

境，发展后劲明显不足。在地方政府的推动下，大批乡镇企业纷纷改制，成为了民营经济发展初期的骨干力量，并通过与国内资本市场的有机结合，发展出颇具活力的股份经济。

第三阶段成熟期（21 世纪初至今）。21 世纪以来，在各地政府的重视与扶持下，苏南民营经济进入发展的快车道，并在不少领域实现了对广东、浙江等原生型民营经济“前辈”的弯道超车。目前，苏南民营企业构成中已经形成包括民营科技企业、改制后的次生型民营企业、原生型民营企业以及股份制或股份合作制企业在内的多元结构，而不再是改制企业一家独大的一元结构。资料显示，苏南民营科技企业数量已占到民营企业总量的 10%；不少地区，如苏州，次生型与原生型民营企业的数量基本各占半壁江山。这一时期苏南民营经济呈现出园区经济和板块经济（如江阴板块、常熟板块、盛泽板块等）的主要特色。

纵观苏南民营经济发展历程可以发现：不论是乡镇企业的异军突起，还是民营化改制的华丽转身，抑或是园区经济、板块经济的横空崛起，都是在地方政府强有力的直接参与和支持下实现的，因此，具有浓厚的政府主导色彩。苏南民营经济主要表现出三大特点：一是次生形态；二是学习模仿；三是与政治保持同一节拍。也正因为如此，苏南民营经济发展充分发挥了后发优势，实现了短时间内、低成本追赶与超越。但这种带有粗放痕迹的发展也日益暴露出一些问题，如不少民营企业从事国际代工，面临着在全球价值链中被低端锁定的危险；造成了严重的环境污染；产能过剩等。为避免苏南民营经济发展陷入衰退，迫切需要及时转换发展动力，即由原先的依靠要素投入驱动转向创新驱动。

2. 基本特征

根据统计资料，进行横向比较可以发现，苏南民营经济主要体现出以下特征：

（1）民营经济整体规模较大。2014 年，江苏民营经济增加值达到 3.5 万亿元，其中绝大部分为苏南地区所创造，这一规模也超过了浙江，与广东基本持平，但增速超过了广东 0.8 个百分点。从民营经济占 GDP 的比重来看，江苏为 53.8%，高于广东（51.7%），低于浙江（70%）。可见，江苏展现出明显的赶超势头。但从企业规模来看，包括苏南在内的江苏民营企业规模仍有较大的提升空间。在 2015 年中国民营企业 500 强中，江苏入围 91 家，而浙江则有 138 家；在 A 股民营上市公司中，江苏有 1206 家，而浙江达到 1494 家。因此，苏南民营经济的体量特征可以基本概括为“总体规模较大，个体规模较小，大企业较少”。

（2）第二产业比重较高。从产业结构来看，2014 年，江苏民营经济中第二产业完成增加值 17878 亿元，占三次产业比重为 50.4%，超过第三产业 4.3 个百分点，产业结构仍处于由“二三一”向“三二一”演进的过程中，这一基本特征同样适用于苏南地区。而广东民营经济中第三产业比重已经超过第二产业，浙江民营经济中第三产业比重甚至已超过第一产业与第二产业之和。这一现实与江苏，特别是苏南近现代以来的工业传统、民营化改制前乡镇企业和国有中小型企业大多从事制造业以及独特的企业家精神等密切相关。

（3）社会创业活动比较活跃。主要表现在三个方面：①私营企业户数不断增加。截至 2014 年底，江苏工商部门注册私营企业户数累计达到 157.4 万户，多于浙江（111.2 万户）、上海（113 万户），位居全国第二。②私营企业注册资本明显扩大。

注册资本总额达5.6万亿元，仅次于广东；户均注册资本提高到355万元，增长8.2%。③民间投资平稳增长。2014年，民间投资2.8万亿元，同比增长14.8%；私营企业和个体工商户完成工业投资1.2万亿元，增幅比全省工业投资增幅高11.6个百分点。

（4）技术创新能力较强。从宏观环境来看，江苏R&D经费支出、专利申请量、授权量等均位于全国前列，区域创新能力连续六年位居全国第一。从微观企业来看，江苏民营科技企业发展迅猛，无论企业数量，还是技工贸总收入均跃居全国首位。高新技术产业产值、增速高于广东、浙江等地，这些企业主要分布在苏南地区。但江苏民营企业的管理创新能力相对较弱，在最新的中国品牌500强中，江苏民营品牌只有25个，远低于广东、浙江。

（二）苏南民营经济发展的内在机制

1. 基本理论

继熊彼特开创性的研究后，无论是制度经济学，还是内生经济增长理论，都普遍认为企业家精神对于一国经济的长期持续增长至关重要。结合以上回顾与概括，本文认为，企业家精神是苏南民营经济发展、演变及基本特征塑造的根本动力。虽然政府的有形之手几乎无时不在，但是有形之手也是需要通过影响无形的企业家精神来引导和推动民营经济发展的。从广义的角度来说，政府的有形之手实际上也属于制度的范畴。根据理论，制度变迁的动力主要有两点：一是相对价格的变化，如要素价格比率的变化、信息成本的变化、技术的变化等；二是偏好的变化。Boyd（1985）提出的影响制度变迁的三大因素——事故、学习、自然选择最终都可以归结为相对价格或偏好的变化。对比苏南和浙江民营经济发展过程中制度变迁的差异，可以发现：前者由于基层政权实力很强，地方政府提供了很好的政策和基础设施，并能组织起大量优质资源，故属于强制性制度变迁。例如，20世纪90年代中后期以来，苏南各地乡村都在规划工业园，开展招商引资。后者基层政权实力则相对较弱，属于诱致性制度变迁，其路径往往是自下而上的。例如，温州的民间金融非常发达，以家族纽带为基础的小作坊发展起来后纷纷“出走”，最后发展到投机盛行以及本地产业空心化。

正如诺斯（1994）所说，组织和企业家所从事的有目的的活动是制度及其变迁的代理实体。制度框架本质上提供了一个激励结构，这决定了企业家活动的方向和密度（Baumol，1990）。波特（2002）认为制度是指引创新活动和思想往适当方向发展的神经中枢，是企业家在技术和方法上快速创新的动力源。其中，企业家精神则是制度影响组织和企业家行为的关键变量。制度的地区差异及其变迁导致企业家精神会在空间和时间两个维度上产生差别。这一观点也得到一些实证研究的证实（Lu，2010；Garello，2014）。本文对江苏、浙江、广东三地的企业家精神进行了测度比较（见图1和图2），分别从创新精神和创业精神两个方面选择指标（Hebert，1989），即企业研发投入强度（企业R&D经费内部支出占GDP比重）、自我雇佣率（个体和私营企业主占就业人口比重）。2008年以来，江苏、浙江、广东的企业研发投入强度基本呈现为逐年提升的态势，虽然江苏全部门研发投入强度要高于浙江、广东，但企业研发投入强度明显低于浙江，说明江苏的创新投入更多的是一种政府行为。三地自我雇佣率的走势也大体相同，但江苏显著低于浙江，且近几年差距有扩大趋势。

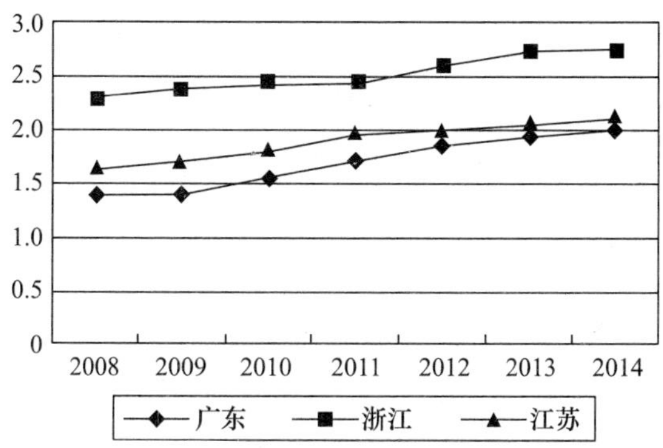

图 1　企业研发投入强度

资料来源：根据相关年份三省统计年鉴计算得出。

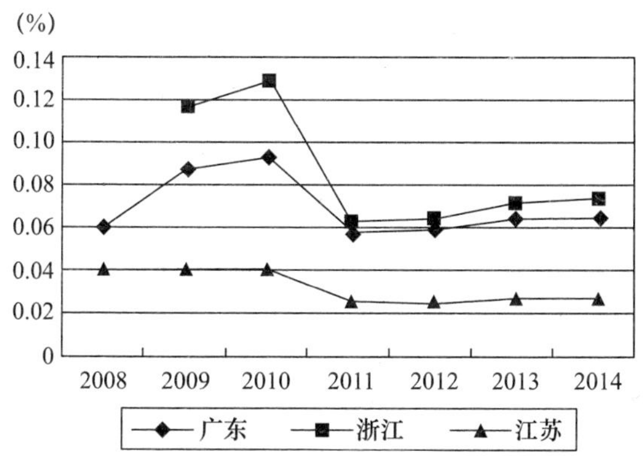

图 2　自我雇佣率

资料来源：根据相关年份三省统计年鉴计算得出。

一般来说，企业家精神影响民营经济发展主要有两大机制：一是创新机制，二是创业机制。具体包括：第一，创新与增长。创新影响民营经济增长大体有四种途径：①技术进步。其对民营经济增长的影响机制体现为：增长效应，即技术进步通过全要素生产率的提高促进产出的增加；冲击效应，即根据真实经济周期理论，技术进步还会引起经济波动。②产品多样化。产品多样化一方面可以通过消除产品需求波动来增强民营经济发展的稳定性，另一方面也可以增进分工专业化程度，从而提高民营企业生产效率。此外，还能创造出更多消费市场，激发有效需求，进而促进增长。③要素高级化。不少研究表明，创新有利于提高要素质量、促进要素积累，从而提升全要素生产率。④组织创新。一方面有利于优化资源配置，提高组织内部运行效率，进而提升民营经济增长效率。另一方面有利于减少结构性矛盾，保持民营经济增长的稳定性。

第二，创新与产业结构。创新对民营经济产业结构的影响主要有三条路径：①分配效应。创新带来总产出的增加，但是具体到不同产业、企业和个体其收益是不同的，创新打破了原先的分配格局，制造了新的垄断，因此，势必导致生产要素在产业间和企业间重新进行配置，从而促进产业结构演变。②创新投入结构。创新可以通过研发经费和研发人员的投入方向、规模等以及其产生的“乘数效应”来调整增量部门和存量部门在民营经济中的比重，进而影响产业结构。因此，不同地区创新投入的差异也部分解释了产业结构的差别。③要素结构。创新特别是技术创新改变了要素质量和结构，如提高了劳动和资本的生产率，这会诱使要素进行优化、整合，从而推动产业结构进化。

第三，创业与增长。无论是经济观察，还是理论研究，都表明创业活动对于一国经济增长具有促进作用。其促进机制基本包括：①企业成长。创业企业成立后很可能进入高速发展通道，从而助力就业创造和经济增长。例如，阿里巴巴成立于 1999 年，到 2001 年底就已经成为全球首个达到 100 万注册会员的 B2B 电子商务网站，2014 年成功在纽约证券交易所挂牌上市。Facebook 创立于 2004 年，2010 年就超过雅虎成为全球第三大网站，成长速度非常惊人。②知识溢出。创业机会的发现在很大程度上受知识的影响，创业实践则提供了知识溢出的可能，这恰恰是促进经济增长的重要机制。③促进竞争。创业通过增加企业数而增强了竞争程度，这会刺激创新（张杰等，2014）。一方面竞争比垄断更有助于知识扩散（Jacobs，1984）；另一方面竞争会产生创新的压力，降低创新的绝对收益。④企业多样化。企业种类的多样化除了增加知识的外部性外，还有助于市场发现，从而增加增长潜力。⑤提升资源配置效率。创业的过程很可能也是社会资源进行优化配置的过程，这就有利于生产效率的提升，从而促进增长。

第四，创业与产业结构。国际经验表明，创业对于全球经济的发展、产业结构的演进发挥了巨大的推动作用。创业特别是科技创业已经成为当今世界发展的一个趋势。例如，作为世界金融中心，伦敦提出要成为创业之都，并使之成为创业企业遍布的城市。国内的深圳提出要成为中国高科技创业圣地，上海也喊出了打造创业之都的口号。创业对产业结构的影响机制主要有两点：一是收入分配。根据企业生命周期理论，创业企业一般处于种子期、初创期或及成长期，相对于成熟期的企业具有较快的成长速度，加上其生产出的产品往往针对的是潜在市场需求，因而较易占领空白市场，并以此获取高额垄断利润。这会诱使生产要素发生部门间的转移，从而促进产业结构调整。二是新产业部门产生。创业创造了新的产业部门，其生产的新产品或服务替代原有的产品，一方面造成旧的产业部门的衰退，另一方面也带动了其上下游产品部门的发展。

进一步地，Baumol（1990）率先关注企业家精神的配置问题，并指出企业家精神在生产性活动和非生产性活动之间的差异化配置会对经济增长带来不同影响。受此启发，本文认为，苏南次生型民营经济发展、演进的内在机制可以概括为：强制性制度变迁所产生的激励结构变化诱使企业家精神的配置方向、释放程度发生演进，进而通过影响企业的创新行为、创业行为两个渠道来引导民营经济的发展（见图3）。需要特别指出的是，这里的企业家精神配置方向主要有两层含义：一是生产性活动和非生产性活动的区别；二是企业投资的具体产业、领域等。

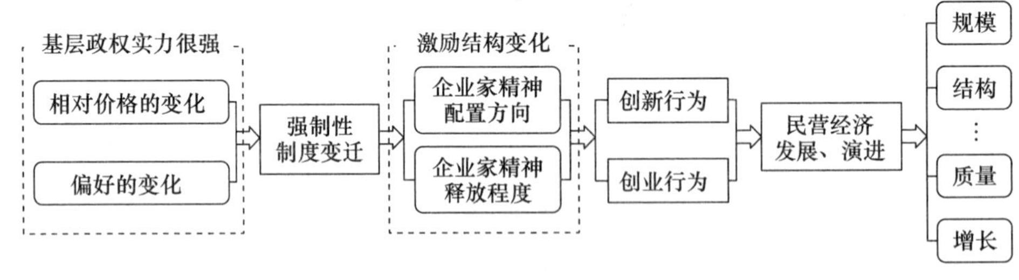

图3 苏南次生型民营经济发展内在机制

2. 演进机制

具体来说，苏南民营经济的发展、演进的内在机制可以从以下四个方面进行阐释：

（1）政治制度。改革开放以来，江苏的政治制度主要表现出两大特征：①强政府属性始终不变。江苏是强政府的典型地区，政府掌握了大量的关键生产要素和资源，如土地、环境、信贷等。虽然市场机制在资源配置过程中起着越来越重要的作用，但是政府主导发展的能力依然相当强。在地方竞争的背景下，这会诱使企业家精神向具有政府偏好的领域进行配置，加上很多苏南民营企业的老板都具有“红顶”背景，如不少人曾经就职于政府机关、担任过村干部等，能够有效调动和整合资源，从而使得苏南的民营经济虽然并非原创，但发展较快、规模较大。②政府效能不断改善。强政府滋生了腐败的土壤，这对生产性活动领域的企业家精神产生了负面影响，促使其向非生产性活动进行配置，如寻租。但随着近几年中央反腐败力度的加大，政府效能得到有效提升，苏南民营经济质、量均得以迅猛发展。

（2）经济制度。一句话概括江苏经济制度的演进内容和特征就是：放松经济性管制，推进市场化进程。2009 年，江苏的市场化指数就已从 20 世纪 90 年代末的落后于浙江、广东而跃居全国首位。这就可能产生两个变化：其一，民间资本的盈利机会增多；其二，企业家承担商业性风险的意愿增强。从而使得企业家精神得到激发和恢复，并引导其配置到生产性、盈利性领域，故可以看到，苏南地区社会创业活动非常活跃，民间资本投向正逐渐由第二产业转向第三产业。

（3）文化制度。文化是一种非正式的制度安排。江苏文化的特质大体包括这样几个关键词：规避政治风险、温和勤劳、尊师重教、善于变通、开放等。其影响民营经济发展主要体现在：①规避政治风险使得江苏，特别是苏南的企业家精神在民营经济体制“松绑”之后才逐渐由乡镇企业转移配置到民营经济。②江苏人温和勤劳，不激进、不冒进，这一方面使得企业家精神中创业精神较强，通过踏实苦干实现民营经济后发赶超；另一方面也导致企业家往往进入具有比较优势或熟悉的领域，如制造业。③江苏文化底蕴深厚，教育、科研资源丰富，这就给民营科技企业的迅猛发展提供了有利条件。④江苏人历来注重开放，善于变通和学习，这塑造出独特的企业家精神，体现在企业家创业和创新活动中，如民营企业家往往擅长与政府处理好关系，为企业发展寻求政府支持；擅长学习模仿，借鉴别人的发展经验进行“弯道超车”；擅长通过国际代工，迅速且低成本实现自身技术、资本的原始积累等。

（4）法律制度。到目前为止，可以说，法律制度的日益完善基本贯穿了苏南民营经济发展的整个历程。主要有三个方面的优化：①尊重契约精神。②保护私有财产。③保护知识产权。这些法律制度的建立和完善，从本质上讲是形成了各类市场主体公平竞争的环境，也成为影响企业家精神的重要因素。例如，契约精神的形成以及保护私有财产的法律确认降低了企业家创业行为的不确定性，激发了其将发现的盈利机会付诸实现的意愿。同样，严格的知识产权保护从法律角度确定了创新所获垄断收益的合法性，亦增强了企业家的创新意愿。这也成为苏南民间创业投资十分活跃、民营企业创新活动成绩斐然的重要原因。

三、样本、变量与指标选择

（一）样本说明

应该说，苏南次生型民营经济发展的内在机制同样适用于全国其他地区，区别仅仅在于制度及其变迁的不同以及由此所产生的企业家精神的差异。为了验证本文提出的民营经济发展机制，拟采用 2000 ~ 2014 年全国省级面板数据进行实证研究。之所以选择省级样本，主要基于三点考虑：

①同一省辖范围内的制度及其变迁、企业家精神基本是同质的，更微观的行政区划中可能会出现所有制、产业等结构单一的现象；②省作为我国政府体系中连接中央与地方的枢纽，往往是制度变迁的重要主体；③从数据收集的角度来看，省级层面的数据可得性比较完备。本文的数据来源主要是中经网统计数据库、国家及各省统计局网站、《中国科技统计年鉴》等。对原始数据进行了两方面处理：一是样本选择31个省市自治区，剔除香港、澳门两个特别行政区；二是对于缺省数据采用插值、外推、替代等方法进行补齐。

（二）变量与指标选择

本文对于相关变量选取了一系列指标，具体说明如下：

1. 制度变迁

制度变迁包含的内容非常丰富，实证研究对其的处理一般有两种方式：一是对于某项具体制度的执行，从时间、行业、地区等维度引入虚拟变量，或者基于制度执行前后、涉及范围等角度对样本进行分拆研究。二是通过建立指标体系，测算制度质量指数。受此启发，本文对制度变迁的衡量分两个层面：一是采用市场化指数和政府财政支出占GDP比重两个指标测度总体层面的制度质量；二是采用金融增加值占GDP比重、进出口总额占GDP比重以及城镇人口占总人口比重分别表示金融发展、开放程度以及城市化水平。

2. 企业家精神

经济学文献对企业家精神的讨论主要有三个经典流派：强调创新精神的德国学派、注重风险承担能力和冒险精神的新古典学派以及关注对市场机会识别能力的奥地利学派。基于此，实证研究一般将企业家精神划分为两个方面：创业精神和创新精神。遵循这一思路，结合Baumol提出的企业家精神配置问题，本文主要从三个方面对企业家精神进行衡量：一是企业家创新精神更多的指创新意愿，而非创新能力、创新绩效，故采用企业R&D经费内部支出占GDP比重进行测度。二是沿用多数文献对创业精神衡量所选用的自我雇佣率指标，即私营企业和个体户数占总就业人口的比重。三是用私营企业产值与国有企业产值之比来替代表示企业家精神的配置情况，国有企业是一种强制性的政策工具，故带有较强的非生产性属性。

3. 民营经济发展

多数文献对民营经济发展的度量仅仅停留在总量规模层面，本文拟从总量规模、产业结构、创新驱动能力以及价值链地位四个方面对此进行刻画，因此：①采用私营企业产值占GDP的比重来表示民营经济的发展规模；②用第二产业增加值与第三产业增加值之比来描述产业结构；③创新驱动能力在一定程度上反映在创新绩效上，不少文献选择用专利申请或授权量来进行衡量，本文更关注创新产业化后的绩效，故采用新产品销售收入占总产值的比重来度量；④价值链地位主要体现为盈利能力，故采用私营企业利润额占总产值比重进行衡量。

4. 控制变量

根据理论，某一地区的企业家精神、经济发展水平可能还会受到要素禀赋、区位条件、教育水平等因素的影响。基于此，同时借鉴相关文献的处理方法，选择以下控制变量：①用单位国土面积的煤炭、石油储量代表资源禀赋；②用单位GDP的资本存量来表示资本禀赋[①]；③用单位国土面积所拥有的人口数衡量劳动力禀赋；④用单位人

① 对于资本存量的估算采用永续盘存法，以1990年为基期。

口中高等学校在校生数来代表教育水平；⑤用单位国土面积所拥有的铁路和高速公路里程数来表示基础设施水平和区位条件。

5. 描述性统计

表1为相关变量的描述性统计，从各项指标的均值、最小值和最大值可以发现，我国各省在制度变迁、企业家精神以及民营经济发展等方面均存在明显差异，这也为本文提出的民营经济发展内在机制提供了一定的支撑。

表1 全样本描述性统计

变量	指标	符号	计算说明	样本数	均值	标准差	最小值	最大值
制度变迁	市场化指数	market	樊纲等（2011）	465	6.5341	2.3436	0	11.8000
	政府资源配置	expenditure	政府财政支出占 GDP 比重	465	0.2098	0.1613	0.0689	1.2914
	金融发展	finance	金融增加值占 GDP 比重	465	0.0442	0.0260	0.0064	0.1715
	开放程度	trade	进出口额占 GDP 比重	465	0.0437	0.0547	0.0044	0.2444
	城市化水平	urban	城镇人口占总人口比重	465	0.4612	0.1611	0.0046	0.8961
企业家精神	创新精神	R&D	企业 R&D 经费内部支出占 GDP 比重	465	0.0088	0.0051	0	0.0258
	创业精神	selfemployment	私营企业和个体户数占就业人口比重	465	0.2850	0.0944	0.0806	0.5826
	配置方向	state	私营企业产值与国有企业产值之比	465	0.4444	0.1767	0.0475	0.9427
民营经济发展	经济规模	private	私营企业产值占 GDP 比重	465	0.2364	0.2205	0.0026	1.0401
	产业结构	structure	第二产业增加值与第三产业增加值之比	465	1.2120	0.3304	0.2733	2.0228
	创新驱动	new	新产品销售收入占总产值比重	465	0.1113	0.1047	0.0015	1.7410
	价值链地位	profit	私营企业利润额占产值比重	465	0.0613	0.0506	-0.0293	0.4823
控制变量	资源禀赋	resource	单位国土面积煤炭、石油储量	465	0.4642	1.1258	0	6.7915
	资本	capital	单位 GDP 资本存量	465	0.5493	0.1525	0.2950	1.3040
	教育水平	education	单位人口高等学校在校生数	465	0.1360	0.0719	0.0212	0.3565
	基础设施	infrastructure	单位国土面积铁路、高速公路里程数	465	0.0361	0.0368	0	0.2063
	劳动力	population	单位国土面积人口数	465	0.0409	0.0590	0.0002	0.3851

四、实证分析

为了验证民营经济发展的内在机制，本文的实证研究拟分两个步骤进行：首先是检验制度变迁对企业家精神的影响；其次是检验企业家精神对民营经济发展的影响。

（一）制度变迁与企业家精神

1. 计量模型

考虑到企业家精神包括创新、创业以及配置二方面，为了验证制度变迁对其的影响，本文构建以下回归模型：

$$entrepreneurship_{it} = \alpha_0 + \alpha_1 institution_{it} + \psi Z_{it} + \varepsilon_{it} \quad (1)$$

式中，i 表示地区；t 表示时间；被解释变量 *entrepreneurship* 表示企业家精神，包括创新精神、创业精神以及配置三个方面；解释变量 *institution* 表示制度变迁，包括总体层面的市场化指数、政府财政支出占 GDP 比重以及具体层面的金融发展、开放程度以及城市化水平；Z 为控制变量的合集，包括资源禀赋、资本、劳动力、教育水平以及基础设施五个方面；ε 为随机误差项。

回归之前要检验方程是否存在多重共线性问题，否则可能导致变量系数的偏差和不稳定。本文计算了解释变量和控制变量的 Pearson 相关系数矩阵，发现相关系数基本都小于 0.4，并未出现严重的多重共线性问题。经过 Hausman 检验，本文采用固定效应模型进行估计（见表 2）。为了检验回归结果的稳健性，我们采取了两种方式：①逐个放入控制变量发现变量系数的符号没有发生变化且显著性检验情况一致；②考虑到制度变迁对企业家精神的影响可能存在滞后性，考察了滞后一期的制度变迁变量回归，结果依旧稳健。

2. 实证结论

根据回归结果，本文可以得出以下结论：

（1）制度变迁与企业家创新精神。

1）市场化指数与企业家创新精神之间的关系显著为正，说明市场化程度的提高有利于激发民营企业家的创新意愿。其作用机制主要包括：一是市场化减小了创新资源及要素的流动摩擦，促使其更能根据市场需求进行优化配置；二是市场化进程的推进在一定程度上伴随着知识产权保护制度以及执行的完善；三是市场化有利于企业和高校、科研院所等公共科研机构在应用研究和基础研究方面进行更好的分工、协作；四是市场化减少了企业与创新要素供给方之间的搜寻和匹配成本。

2）政府财政支出占 GDP 的比重与企业家创新精神之间存在着显著的负相关关系，这一指标反映政府配置资源的程度，说明政府支出越大，越不利于创新，这与不少文献的实证结论相符，也间接证明了以上结论的可靠性。

3）金融发展与企业家创新之间的系数为正，但遗憾的是并未通过显著性检验，说明当前阶段我国金融发展对企业家创新意愿的促进效应并不明确。而国外学者普遍认为，金融发展对于企业家创新具有积极作用，其作用途径包括项目选择、资金输送、风险转移分散以及潜在收益揭示（King 和 Levine，1993）。造成这一现实的原因可能在于：我国目前的金融体系仍然是银行主导型，信贷配给现象广泛存在，此外还会受到地方政府的潜在影响，而市场主导型金融则更有利于促进创新。

4）以贸易衡量的开放程度与企业家创新精神之间的关系同样不显著。一个较合理的解释是：以中间品进口为特征的贸易自由化有助于促进创新，而国际代工却会由于国内企业可以获得低成本的快速增长而减弱创新意愿。

5）城市化水平与企业家创新精神之间存在显著的正相关关系，城市制度的创新、高级要素的集聚、信息网络的形成、基础设施的提升等都有利于刺激企业家创新意愿的释放。

（3）制度变迁与企业家创业精神。

1）市场化指数与企业家创业精神之间的关系显著为正，说明市场化程度的提高有助于“大众创业”，因为市场化的关键是市场配置资源、主体的公平进入和竞争，这会刺激企业家将识别的市场机会付诸实现。

2）令人疑惑的是，政府财政支出占 GDP 的比重与企业家创业之间的关系亦显著为正，这说明我国地方政府的质量普遍较高，能够提供鼓励创业的政策导向和财政补贴，从而促进创业。这从一个侧面也表明，政府主导发展未见得不好，这与政府质量有关，如苏南民营经济发展模式、德国的政府主导模式等。

表 2　制度变迁与企业家精神关系检验

解释变量	被解释变量														
	企业家创新精神（R&D）					企业家创业精神（selfemployment）					企业家精神配置（state）				
	方程 1	方程 2	方程 3	方程 4	方程 5	方程 6	方程 7	方程 8	方程 9	方程 10	方程 11	方程 12	方程 13	方程 14	方程 15
market	0.0010***					0.0196***					0.3318***				
	(0.0002)					(0.0026)					(0.0214)				
expenditure		-0.0045*					0.0791***					-1.3256***			
		(0.0026)					(0.0218)					(0.223)			
finance			0.0218					0.2397***					5.1506***		
			(0.0133)					(0.0681)					(1.5318)		
trade				0.017					-0.289***					3.8219***	
				(0.011)					(0.0551)					(1.2737)	
urban					0.004**					0.0128					0.5389**
					(0.002)					(0.0093)					(0.2289)
resource	0.0042***	0.0044***	0.0045***	0.0044***	0.0047***	-0.0143***	-0.0169***	0.0293***	0.0248***	0.0205**	-0.0151	-0.0909***	0.4191***	0.4029***	0.4467***
	(0.001)	(0.0010)	(0.001)	(0.001)	(0.001)	(0.0021)	(0.0023)	(0.0068)	(0.0067)	(0.0085)	(0.0115)	(0.0133)	(0.1123)	(0.1127)	(0.1137)
capital	-0.0029*	-0.0029*	-0.0051***	-0.0039**	-0.0041***	0.2290***	0.0927***	0.0613***	0.072***	0.0756***	1.1136***	0.6515***	-0.1757	0.1093	0.0478
	(0.0015)	(0.0017)	(0.0016)	(0.0015)	(0.0015)	(0.0280)	(0.0329)	(0.0154)	(0.0168)	(0.0168)	(0.1684)	(0.2273)	(0.1812)	(0.1757)	(0.174)
education	0.0147**	0.0103*	0.0098*	0.0059	0.0054	-0.0555	0.3062***	0.2018***	0.2328***	0.1626***	2.5451***	2.7797***	3.4595***	2.5638***	2.7734***
	(0.0073)	(0.0053)	(0.0052)	(0.0056)	(0.0055)	(0.0965)	(0.1011)	(0.0348)	(0.038)	(0.0295)	(0.4899)	(0.7315)	(0.6031)	(0.6427)	(0.6361)
infrastructure	0.1053***	0.0973***	0.0901***	0.1061***	0.0937***	-1.1235***	-0.9217***	-0.5727***	-0.4817***	-0.3789***	-1.0741	-0.5094	26.1411***	29.8652***	27.7441***
	(0.0228)	(0.0233)	(0.0242)	(0.0235)	(0.0235)	(0.2770)	(0.3298)	(0.1099)	(0.0831)	(0.1394)	(1.4721)	(2.353)	(2.7872)	(2.7128)	(2.7288)
population	-0.1537***	-0.1179***	-0.1208***	-0.1396***	-0.1369***	-0.0196	0.0646	0.2317**	0.4426***	0.1097	-3.9023***	-1.0279	-32.4946***	-36.7654***	-35.0956***
	(0.0302)	(0.0304)	(0.0303)	(0.0316)	(0.0307)	(0.1416)	(0.1662)	(0.0947)	(0.0896)	(0.1334)	(0.6793)	(0.9932)	(3.4906)	(3.653)	(3.5659)
_cons	0.0065***	0.0092***	0.0089***	0.0092***	0.0085***	0.0864***	0.2143***	-0.0285***	-0.0225***	-0.022**	-1.5691***	0.3035***	0.2485*	0.3225**	0.2341
	(0.0013)	(0.0012)	(0.0012)	(0.0012)	(0.0013)	(0.0213)	(0.0164)	(0.0058)	(0.0054)	(0.0136)	(0.1385)	(0.0966)	(0.1422)	(0.1397)	(0.1483)
R^2	0.1806	0.1474	0.1469	0.1463	0.1498	0.4286	0.4554	0.4285	0.4297	0.4285	0.5608	0.1386	0.6370	0.6351	0.6322
观测值	465	465	465	465	465	465	465	465	465	465	465	465	465	465	465

注：括号内为标准误，***、**和*分别表示在1%、5%和10%水平上显著。

3）金融发展与企业家创业精神之间存在显著的正相关关系，主要有两方面作用：一是通过金融资源的增多、产品的多样缓解创业的融资约束；二是通过竞争打破金融行业的垄断结构，从而刺激创业活动的活跃。

4）开放程度与企业家创业精神显著负相关，原因可能有二：一是由于国内当前的技术、产品质量、食品安全等方面的欠缺，不少市场需求为进口产品所替代；二是长期的从事加工贸易产生了“锁定效应”，削弱了企业家发现市场机会的能力，也抑制了其承担创业风险的冲动。

5）城市化水平与企业家创业精神之间的关系不显著，因为这可能还会受到融资、技能等因素的约束。

（3）制度变迁与企业家精神配置。

1）市场化指数与企业家精神配置的关系显著为正，说明市场化程度的提高会诱使企业家精神向生产性领域配置。这很好理解，因为市场配置资源以及公平准入、平等竞争势必会减少企业家精神配置到非生产性领域而获利的可能，这也与 Sobel（2008）的观点一致。

2）政府财政支出占 GDP 的比重与企业家精神配置之间存在显著的负相关关系。政府财政支出在一定程度上反映了政府配置资源的情况，政府拥有和配置的资源越多，越会产生寻租、腐败以及由于信息不对称、知识缺失所产生的资源错配等现象，这将会鼓励企业家精神配置到非生产性领域。

3）金融发展对企业家精神配置的影响显著为正，其影响主要有两方面：一是金融资源在一定程度上是对政府所掌握的一些资源，如财政、土地等的替代，从而降低企业对政府的依赖；二是金融市场化使得通过政府协助获得金融资源的途径可能不再走得通了。

4）开放程度与企业家精神配置之间的关系显著为正。开放也是一种改革，为了参与全球分工、资源配置和国际竞争，我国政府已经或正在进行两项改革：一是简政放权，二是负面清单管理，这将极大地促使企业家精神更多地配置到生产性领域。

5）城市化水平与企业家精神配置之间存在显著的正相关关系。研究表明，城市等级与市场化程度往往表现出正相关关系。城市化水平、城市等级越高，市场化改革相对越彻底，从而寻租和腐败的空间越小。

（4）其他控制变量。

1）企业家创新精神。资源禀赋对企业家创新精神的影响显著为正。有一种观点认为，丰富的资源禀赋对于创新具有挤出效应。但事实上，资源禀赋作为一种比较优势或劣势与企业家是否愿意创新之间并没有必然联系，其影响方向主要取决于传导机制，即腐败程度、地方政府治理水平。资本存量以及劳动力与企业家创新精神之间的关系显著为负。在市场特别是要素市场分割的背景下，资本和劳动力是经济发展过程中相对于自然资源更为重要的生产要素，因为只能依靠本地提供。对于粗放型增长方式来说，富足的资本和劳动力势必会削弱企业家的创新意愿，类似“资源诅咒”。此外，教育水平以及基础设施条件对企业家创新精神的影响显著为正。

2）企业家创业精神。资源禀赋与劳动力对企业家创业精神的影响并不确定。一种可能的解释是，创业企业的类型差异会对要素的依赖程度有所不同（张维迎、盛斌，2004）。资本存量、教育水平与企业家创业精神之间的关系显著为正，这是影响创业最重要的两个因素：资本和知识。

基础设施对企业家创新精神的影响显著为负，原因可能在于：良好的基础设施和区位条件有利于吸引外来投资，从而促进本地“打工经济”的发展，相反，相对较差的区位条件更有助于激发企业家的创业潜能。

3）企业家精神配置。事实上，企业家精神的配置方向与要素禀赋并没有直接的联系，因此，资源禀赋、资本存量对企业家精神配置的影响并不确定。基础设施、教育水平与企业家精神配置之间的关系显著为正，因为良好的基础设施和教育水平可能会通过要素集聚以及要素高级化来推进市场化进程，从而鼓励企业家精神配置到生产性领域。劳动力与企业家精神配置之间存在显著的负相关关系，人均资源的稀缺性、竞争的激烈性可能会因为寻求博弈过程中的利益最大化诱使企业家精神配置到非生产性领域。

（二）企业家精神与民营经济发展

1. 计量模型

为了检验企业家精神对民营经济发展的影响，本文构建以下回归方程：

$$private-economy_{it}=\beta_0+\beta_1 entrepreneurship_{it}+\theta X_{it}+\xi_{it} \quad (2)$$

式中，i 表示地区；t 表示时间；被解释变量 *private - economy* 代表民营经济发展，具体包括总量规模、产业结构、创新驱动以及价值链地位四方面指标；解释变量 *entrepreneurship* 表示企业家精神，包括创新精神、创业精神以及精神配置三个方面；X 为控制变量的合集，包括资源禀赋、资本、劳动力、教育水平以及基础设施五个方面；ξ 为随机误差项。

首先，计算各主要解释变量的 Pearson 相关系数矩阵，发现相关系数均小于 0.4，没有出现严重的多重共线性问题。其次，考虑到企业家精神与民营经济发展之间可能存在相互作用以及方程也许遗漏的某些变量，这里选择采用面板工具变量（IV）法进行估计以规避内生性问题。本文将制度变迁作为企业家精神的工具变量，这一做法的好处在于：可以解释影响民营经济发展的企业家精神来自于制度变迁，而不是其他途径。为了得到合理的工具变量，本文逐个加入市场化指数（market）、政府财政支出占 GDP 比重（expenditure）、金融发展（finance）、开放程度（trade）以及城市化水平（urban）并结合 Hausman 内生性检验和 Sargan 过度识别检验来确定最终选择。最后，将市场化指数作为企业家精神的工具变量进行回归。

2. 实证结论

根据表 3 的结果，可以得出以下结论：

（1）企业家精神与民营经济规模。

1）企业家创新精神与民营经济规模显著正相关，这与理论相符。不论是新古典经济增长理论，还是内生增长理论，均认为创新是经济增长的源泉和决定性因素。

2）企业家创业精神与民营经济规模显著正相关。国际经验表明，创业，特别是科技创业已经成为推动经济增长的重要力量，主要有两条途径：一是创造就业，二是知识的产业化。以上两点结论与李宏彬等（2009）的实证结果完全一致。

3）企业家精神配置与民营经济规模显著正相关。根据 Baumol（1990）的观点，企业家精神越多地向生产性领域配置越会促进民营经济规模的扩张。

（2）企业家精神与民营经济产业结构。企业家创新精神、创业精神以及企业家精神配置均与民营经济产业结构之间存在显著的正相关关系。这似乎说明企业家精神越是配置到生产性领域、创新意愿越强烈、创业活动越活跃，民营经济中第二

表 3　企业家精神与民营经济发展关系检验

解释变量	被解释变量（面板 IV 估计）											
	private			structure			new			profit		
	方程 1	方程 2	方程 3	方程 4	方程 5	方程 6	方程 7	方程 8	方程 9	方程 10	方程 11	方程 12
R&D	88. 5758 ***			60. 9432 ***			7. 3634 ***			-7. 0073 ***		
	(9. 4909)			(10. 695)			(1. 5692)			(2. 0572)		
selfemployment		4. 5887 ***			3. 1572 ***			0. 3815 ***			-0. 363 ***	
		(0. 5584)			(0. 7072)			(0. 0937)			(0. 1279)	
state			0. 2717 ***			0. 187 ***			0. 0226 ***			-0. 0215 ***
			(0. 0092)			(0. 0332)			(0. 0048)			(0. 0066)
resource	-0. 0545 ***	0. 0743 ***	0. 0128 ***	0. 0361 **	0. 1247 ***	0. 0824 ***	-0. 0111 ***	-0. 0004	-0. 0055 ***	-0. 0016	-0. 0117 ***	-0. 0069 ***
	(0. 0176)	(0. 0132)	(0. 0023)	(0. 0152)	(0. 0188)	(0. 0103)	(0. 0021)	(0. 0021)	(0. 0011)	(0. 0018)	(0. 003)	(0. 0016)
capital	0. 7170 ***	-0. 6057 ***	0. 1424 ***	0. 4028 ***	-0. 5073 **	0. 0074	-0. 0813 ***	-0. 1912 ***	-0. 129 ***	0. 0896 ***	0. 1942 ***	0. 1351 ***
	(0. 1049)	(0. 1600)	(0. 0264)	(0. 1351)	(0. 2145)	(0. 1206)	(0. 019)	(0. 0238)	(0. 0158)	(0. 0238)	(0. 0514)	(0. 0322)
education	-0. 8840 **	-0. 2417	0. 195 ***	-0. 485	-0. 043	0. 2574	0. 1641 *	0. 2175 **	0. 2538 ***	0. 2037 ***	0. 1529 ***	0. 1183 ***
	(0. 3876)	(0. 3998)	(0. 0619)	(0. 4237)	(0. 472)	(0. 3449)	(0. 0853)	(0. 0924)	(0. 0831)	(0. 0555)	(0. 0597)	(0. 0423)
infrastructure	-0. 1239	5. 4563 ***	0. 5928 ***	-3. 5343 ***	0. 305	-3. 0413 ***	0. 1522	0. 616 **	0. 2117	-0. 1693	-0. 6108 ***	-0. 226 **
	(1. 4482)	(1. 3654)	(0. 1802)	(0. 9855)	(1. 5662)	(0. 9614)	(0. 2329)	(0. 2407)	(0. 2231)	(0. 1236)	(0. 2365)	(0. 105)
population	-3. 1390 ***	-1. 1982 *	-0. 2279 ***	-1. 8997 ***	-0. 5644	0. 1032	0. 0222	0. 1835 *	0. 2642 ***	0. 3161 ***	0. 1626 *	0. 0858 *
	(0. 7389)	(0. 6648)	(0. 0888)	(0. 6024)	(0. 6066)	(0. 3854)	(0. 0677)	(0. 0987)	(0. 0721)	(0. 1048)	(0. 0884)	(0. 0473)
_cons	-0. 6602 ***	-0. 8883 ***	-0. 0654 ***	0. 7077 ***	0. 5508 ***	1. 117 ***	0. 0674 ***	0. 0485 **	0. 1169 ***	0. 0401 ***	0. 0581 ***	-0. 007
	(0. 0871)	(0. 1292)	(0. 0114)	(0. 1056)	(0. 1713)	(0. 0661)	(0. 0154)	(0. 0212)	(0. 0099)	(0. 0135)	(0. 0221)	(0. 0126)
R^2	0. 5243	0. 2845	0. 8606	0. 2243	0. 2845	0. 2000	0. 1616	0. 1868	0. 1830	0. 1266	0. 2845	0. 1885
观测值	465	465	465	465	465	465	465	465	465	465	465	465

注：括号内为标准误，***、** 和 * 分别表示在 1%、5% 和 10% 水平上显著。

产业的比重就越高。然而，令人疑惑的是，经过基于动态面板 GMM 估计的稳健性检验后，发现结论却恰恰相反，即企业家创新精神、创业精神以及企业家精神配置均与民营经济产业结构之间的关系显著为负。这表明企业家精神对于产业结构的确存在影响，其影响的具体途径和机制在本文的第二部分有过详细的描述，但是企业家精神对产业结构的影响方向却是不确定的。例如，创新可以通过收入分配效应、创新投入结构、要素结构来影响产业结构；创业可以通过新部门的产生、收入分配影响产业结构；企业家精神配置可以通过配置的部门方向影响产业结构，但是企业家精神没法决定何种产业部门“消”，何种产业部门“长”。在追逐利益最大化的过程中，哪个产业部门能带来的利润更高，哪个产业部门就能吸引到企业家精神的配置、创新和创业。因此，决定民营经济产业结构演变方向的根本因素应该与经济发展阶段密切相关，企业家精神只是实现这一演变方向的重要力量。

（3）企业家精神与民营经济创新驱动。企业家创新精神、创业精神以及企业家精神配置与民营经济创新驱动之间的关系显著为正，其中，从系数比较来看，企业家创新精神对于民营经济创新驱动的积极影响最大。

1）企业家创新意愿对于创新绩效有正向作用，这一结论在国外已被广泛证实（Hewitl – Dundas 和 Roper，2009），然而对我国的实证往往得出相反的结论，原因大多被归结为：补贴方式的不完善、补贴分配的错配、项目设定的不科学、经费管理的不合理等。本文这一结论的较为合理的解释是：创新补贴不论是初始意愿，还是分配结果更多针对的是国有企业、高校及科研院所等机构，民营企业的创新由于主要使用了自有资金，效率相对更高，也更有针对性，从而有助于创新绩效的提高。

2）创业之所以对民营经济创新驱动具有正向作用，主要因为创业源自于三方面动力：一是发掘了空白市场；二是设计、生产了新产品；三是更低成本、更有效率地生产现有产品，而这些正是创新驱动的主要内容。

3）企业家精神配置对创新驱动的影响主要是通过竞争机制来实现。更多地专注于生产性领域，将迫使企业必须更多地进行创新以获得竞争优势；更多地专注于非生产性领域，一方面会因此而产生创新惰性，另一方面也会降低通过寻租获得的垄断收益的使用效率。

（4）企业家精神与民营经济价值链攀升。企业家创新精神、创业精神以及企业家精神配置与民营企业利润率之间存在显著的负相关关系，其中，创新精神对于企业盈利能力的伤害最大。

1）企业家创新精神之所以对民营企业盈利能力或价值链攀升具有负面作用，可能至少有以下几方面原因：一是要素，特别是创新要素价格的上涨，加上包括我国在内的全球经济不景气，需求结构发生重大变化，这些会导致企业的盈利能力下降。二是创新能力的制约使得创新投入的边际产出下降，从而降低企业盈利能力。三是不少民营企业从事加工贸易或 FDI 的配套生产，极可能被低端锁定，陷入“微利化”陷阱，即使创新意愿很强烈，但是盈利能力却在下滑。四是从产品生命周期的角度看，很多民营企业生产的产品已经进入成熟期或衰退期，非颠覆性的创新很难改变盈利能力下降的颓势。

2）企业家创业精神对民营企业盈利能力的消极作用主要源自过度进入和恶性

竞争。由于产业政策等原因，国内企业家容易对少数行业普遍看好，进而“潮涌”进入，造成产能过剩危机，拉低了行业平均利润率。此外，如果进入的是成熟期或衰退期行业，将进一步加剧盈利能力下降的态势。

3）企业家精神越多地配置到生产性领域反而会造成企业盈利能力的下降，一个合理的解释是：由于技术水平的低下，企业家精神配置到生产性领域可能会造成大量的同质化生产，加上国外竞争对手的冲击以及通过寻租获得的垄断收益的消失，势必造成企业至少在短期内出现盈利能力下降。这也是为什么很多地区的民营企业热衷于寻求政治关联的重要原因。

（5）其他控制变量。

1）民营经济规模。基础设施对民营经济规模具有显著的正向作用，这一观点也已被国内外学者从理论和经验两个层面进行证实，主要有两大促进机制：一是作为一种生产要素直接促进增长；二是通过降低交易成本间接促进增长。人口禀赋与民营经济规模之间的关系显著为负，其原因可能在于：一是人口老龄化，人口总数虽多，但劳动力减少；二是从生产理论来看，劳动力拥挤也是造成其贡献为负的重要原因；三是劳动力价格的大幅上涨，数量越多，成本越高。此外，资源禀赋、资本存量以及教育水平对民营经济规模的影响并不确定，这可能与民营企业的类型高度相关。

2）产业结构。资源禀赋对民营经济产业结构的影响显著为正，这说明自然资源富足的地区更有可能发挥比较优势从事与此相关的第二产业。基础设施、人口数与产业结构之间的关系显著为负，从理论上讲，制造业相对于服务业对地租、要素价格等生产成本更为敏感，而服务业则对交易成本更为敏感，因此，区位条件好的地区往往布局更多的服务业；服务业与制造业相比就业弹性更大，更能吸纳就业，故人口越多的地区产业结构中服务业的比重将越高。此外，资本存量对产业结构的影响不确定，教育水平则不显著。

3）创新驱动。资源禀赋、资本存量与民营经济创新驱动之间的关系显著为负，说明挤出效应明显。人口、教育、基础设施对民营经济创新驱动的影响显著为正。人口数量越多，竞争越激烈，从而越会刺激创新；知识是创新的核心要素，因此教育水平越高，创新驱动能力越强；基础设施和区位条件越好，交易成本越低，越能吸引高级生产要素集聚，从而促进创新驱动。

4）盈利能力。资源禀赋、基础设施对民营经济盈利能力的影响显著为负，富足的资源禀赋一方面会产生资源依赖症，降低创新意愿，另一方面会将产业选择锁定在比较优势行业，但比较优势会发生衰减，产业生命周期也会进入衰退；良好的基础设施也会对创新产生替代效应，从而降低盈利能力。资本存量、人口、教育水平与民营经济盈利能力之间的关系显著为正，较多的资本存量、人口数量会降低生产成本，提高利润率；教育水平越高，越是能发现市场机会，也越有创新能力，从而提升盈利能力。

（三）稳健性检验

为了检验企业家精神对民营经济发展影响的实证结论的可靠性，本文从以下三个方面进行稳健性检验。

1. 基于动态面板 GMM 的再估计

克服解释变量内生性的另一重要的回

表 4 基于动态面板估计的稳健性检验

解释变量	被解释变量（GMM 估计）											
	private			structure			new			profit		
	方程 1	方程 2	方程 3	方程 4	方程 5	方程 6	方程 7	方程 8	方程 9	方程 10	方程 11	方程 12
R&D	1.5068*** (0.0981)			-18.2591*** (1.2106)			2.4683*** (0.0738)			-1.8613*** (0.0903)		
selfemployment		0.1925*** (0.0217)			-0.6331*** (0.1001)			-0.0068 (0.0112)			0.0194 (0.0057)	
state			0.1628*** (0.0031)			-0.1586*** (0.0213)			0.0131*** (0.0020)			-0.0006*** (0.0013)
Wald 检验	386383.69 [0.0000]	1.12e+06 [0.0000]	166192.71 [0.0000]	2497.37 [0.0000]	1880.54 [0.0000]	1306.78 [0.0000]	3.86e+06 [0.0000]	1.51e+06 [0.0000]	1.50e+06 [0.0000]	101377.66 [0.0000]	754372.48 [0.0000]	452112.66 [0.0000]
AR（2）检验	0.6774 [0.4982]	1.2402 [0.2149]	2.4267 [0.0152]	-1.6598 [0.097]	0.2946 [0.7683]	0.3503 [0.7261]	-1.0196 [0.3079]	-1.0173 [0.3090]	-1.0169 [0.3092]	-1.0452 [0.2959]	-0.9373 [0.3486]	-0.9379 [0.3483]
Sargan 检验	25.4493 [0.4374]	25.9405 [0.4108]	26.5984 [0.2762]	29.4036 [0.2474]	30.1400 [0.2191]	29.9788 [0.2251]	28.4226 [0.2888]	28.9726 [0.2651]	28.6707 [0.2779]	30.1985 [0.2169]	29.3586 [0.2492]	29.5461 [0.2417]
观测值	434	434	434	434	434	434	434	434	434	434	434	434

注：括号内为标准误，***、**和*分别表示在1%、5%和10%水平上显著，由于篇幅限制，滞后项、控制变量和常数项的系数没有列出。

表 5　剔除直辖市样本的稳健性检验

解释变量	被解释变量（面板 IV 估计）											
	private			structure			new			profit		
	方程 1	方程 2	方程 3	方程 4	方程 5	方程 6	方程 7	方程 8	方程 9	方程 10	方程 11	方程 12
R&D	71. 4027*** (14. 9778)			25. 4246 (17. 7565)			16. 3308*** (3. 0089)			-18. 7013*** (5. 1615)		
selfemployment		10. 1529*** (6. 7810)			3. 6152 (4. 2175)			2. 3221 (1. 6168)			-2. 6592 (2. 1677)	
state			0. 2439*** (0. 0168)			0. 0868 (0. 0628)			0. 0558*** (0. 0083)			-0. 0639*** (0. 0191)
_cons	-0. 4940*** (0. 0806)	-1. 5758* (0. 9191)	-0. 0472** (0. 0225)	0. 8879*** (0. 1067)	0. 5027 (0. 5713)	1. 0470*** (0. 0959)	0. 0264 (0. 0196)	-0. 2210 (0. 2198)	0. 1286*** (0. 0124)	0. 0518 (0. 0197)	0. 3351 (0. 2857)	-0. 0652** (0. 0271)
R^2	0. 5122	0. 2728	0. 8838	0. 1012	0. 2728	0. 1487	0. 5122	0. 2618	0. 1730	0. 5049	0. 2166	0. 6804
观测值	405	405	405	405	405	405	405	405	405	405	405	405

注：括号内为标准误，***、** 和 * 分别表示在 1%、5% 和 10% 水平上显著，由于篇幅限制，滞后项、控制变量和常数项的系数没有列出。

归方法就是动态面板 GMM 估计，如果扰动项存在异方差或自相关，那么 GMM 将是比面板 IV（即 2SLS）更有效的估计方法。根据表 4，Wald 检验、AR（2）检验以及 Sargan 检验表明，几乎所有方程误差项都不存在二阶序列相关，且不存在过度识别问题，工具变量选择有效。考察企业家创新精神、创业精神以及企业家精神配置的变量符号，除了对民营经济产业结构的影响不一致外，其余符号均完全一致，主要结论并未发生改变。

2. 剔除直辖市样本

考虑到直辖市的政治等级高于其他省份，其民营经济发展的内在机制可能远比一般地区要复杂，包含直辖市的样本可能会导致研究结论的偏差，剔除这部分样本后的检验结果（见表 5）同样支持本文以上结论。此外，考虑到北京作为政治中心的独特地位以及地区差异，本文还分别对剔除北京后的样本、剔除西部地区后的样本以及东部样本、中部样本、西部样本进行检验，主要研究结论依然成立。

3. 制度变迁的重新度量

制度变迁是本文重要的工具变量，对其测度指标的不同选择是否会对研究结论造成影响？基于这一考量，本文重新选择了要素扭曲程度作为制度变迁的衡量指标。这里沿用 Dollar（2007）的方法来测算各地区投入要素的相对扭曲程度。即

$$\theta_{K_i}=\frac{\phi_{K_i}}{\sum_{i=1}^{n}\left[\frac{s_i\alpha_{K_i}}{\alpha_K}\right]\phi_{K_i}},\theta_{L_i}=\frac{\phi_{L_i}}{\sum_{i=1}^{n}\left[\frac{s_i\alpha_{L_i}}{\alpha_L}\right]\phi_{L_i}}$$

表示资本和劳动的相对扭曲指数，其中，s_i 为该地区在全国 GDP 中的比重，α_L 和 α_K 则为劳动和资本的产出弹性。相对扭曲指数反映了要素使用的相对成本情况，利用利润最大化条件可得：

$$\theta_{K_i}=\left[\frac{K_i}{K}\right]\Big/\left[\frac{s_i\alpha_{K_i}}{\alpha_K}\right] \tag{3}$$

$$\theta_{L_i}=\left[\frac{L_i}{L}\right]\Big/\left[\frac{s_i\alpha_{L_i}}{\alpha_L}\right] \tag{4}$$

式（3）和式（4）的含义就是要素实际投入占比与理论投入占比之比，最终检验结果与上文结论完全一致。

五、结论与建议

（一）基本结论

大力发展民营经济既是响应中央“大众创业、万众创新”号召的具体体现，也是推进供给侧结构性改革的重要抓手。本文以苏南为例，分析了民营经济演变、发展的内在机制，提出了制度变迁—企业家精神—民营经济发展的理论逻辑，即制度变迁所产生的激励结构变化将诱使企业家精神的配置方向、释放程度发生演变，进而通过影响企业的创新行为、创业行为两个渠道来引导民营经济规模、结构、创新等的塑造与发展。

进一步地，以 2000 ~ 2014 年中国省级面板数据为样本对此进行了实证检验。研究发现：一方面制度质量的提高、市场化进程的推进对于企业家创新精神、创业精神以及企业家精神向生产性领域的配置程度具有显著的积极作用。另一方面企业家创新精神、创业精神以及企业家精神向生产性领域的配置程度对于民营经济的规模壮大、创新驱动具有明显的促进作用；对于民营经济盈利能力或价值链地位具有负面影响，这可能与要素价格大幅上涨、过度进入与恶性竞争、技术水平低下、产业生命周期等因素密切相关；对于民营经济产业结构存在显著影响，但影响的方向决定于产业平均收益。

（二）政策建议

根据前面的现状判断、特征分析以及实证结论，本文认为，以苏南为典型代表

的民营经济应着力向三个方向提升：一是培育一批拥有自主品牌的大企业，尤其是充当国内价值链“链主”的跨国企业；二是提高民营经济中现代服务业比重，大力发展生产性服务业；三是实现民营经济发展的创新驱动。为此，需要在制度层面进行进一步的优化，重点包括以下几个方面：

1. 推行和完善负面清单管理

苏南民营经济的迅速发展离不开政府主导作用的发挥，通过集中有限资源实现了民营经济量的扩张，但同时也产生了产业结构同质、企业多而不强等问题。要提升民营经济的质必须发挥市场机制配置资源的决定性作用，进行优胜劣汰。与此对应的就是要实施负面清单管理。具体要制订政府权力清单、政府责任清单、企业项目投资负面清单以及政府部门专项资金管理清单，建立省市县三级联动的行政审批平台，增强部门协同，实现“一站式”办理和“全流程”监督。从而大幅度减少政府对资源的直接配置以及对微观事务的管理和干预。

2. 鼓励企业兼并重组

兼并重组是企业家精神的重要表现，也是提高市场集中度的主要手段。发达国家的经验表明，几乎所有的大企业、跨国公司在其成长过程中都经历过兼并重组。美国曾经发生过六次企业兼并重组浪潮，而我国到目前为止一次都没出现，这与地方竞争导致的政府干预密切相关，即使在省内的不同省辖市，跨市企业并购可能都存在制度性障碍。应尽快消除这种政府间的行政壁垒，并以推进企业兼并重组为目标，建设一批如产权、技术、金融资产、知识产权、环境等交易平台，完善治理结构，整合交易资源。

3. 建立和完善多层次的金融市场体系

金融的核心功能实际上是遴选出最优秀的企业家，研究表明，欠发达的金融体系会压抑一国的企业家精神。多层次的金融市场至少可以从三个方面促进苏南民营经济发展：一是缓解流动性约束；二是通过资本流动诱导产业结构优化；三是利用风险分担机制激发创新活力。目前，我国金融市场主要存在结构不合理（银行主导型），行政化、计划化、审批化色彩浓厚等问题。应加快构建、完善多层次金融市场体系，特别是重点发展新三板市场，将挂牌范围扩大到全国符合条件的中小微企业，主要看主营业务和盈利前景，建立和完善转板机制，实行注册制。

4. 形成吸纳高级人才的制度体系

吸收、利用高层次人才是苏南民营经济提档升级的核心变量，需要重点做好两方面的工作：一是消除人才自由流动的制度障碍。例如，完善户籍政策，取消落户限制；实施海外高层次人才居住证制度；健全配套保障机制，努力为高层次人才提供社保、医疗、住房、子女入学、配偶就业、出入境等综合服务等。二是虹吸海外高级要素为我所用。鼓励通过发展逆向外包，以及进行海外并购或投资新办企业，来吸收国外高级要素弥补技术缺口，实现产品创新和价值链升级。

参考文献

[1] Acemoglu, Egorov, Sonin. Political Economy in a Changing World [J]. Journal of Political Economy, 2015 (5): 1038 – 1086.

[2] Barro, Robert J. Democracy and Growth [J]. Journal of Economic Growth, 1996, 1 (1): 1 – 27.

[3] Baumol W. Entrepreneurship: Productive, Unproductive and Destructive [J]. Journal of Political Economy, 1990, 98 (5): 893 – 921.

[4] Boyd. Culture and the Evolutionary Process [M]. Chicago: University of Chicago Press, 1985.

[5] Dollar, W. Firm Ownership and Investment Efficiency in China [R]. NBER Working Paper

No. 13103, 2007.

[6] Garello. Tax Structure and Entrepreneurship [J]. Small Business Economics, 2014 (42): 165 - 190.

[7] Hebert L. In Search of the Meaning of Entrepreneurship [J]. Small Business Economics, 1989 (1): 39 - 49.

[8] Jacobs. Cities and the Wealth of Nations: Principles of Economic Life [M]. New York: Random House, 1984.

[9] King, Levine. Finance, Entrepreneurship and Growth: Theory and Evidence [J]. Journal of Monetary Economics, 1993 (32): 513 - 542.

[10] Lu Tao. Determinants of Entrepreneurial Activities in China [J]. Journal of Business Venturing, 2010 (25): 261 - 273.

[11] Hewitt - Dundas, N. Stephen Roper. Output Additionality of Public Support for Innovation: Evidence for Irish Manufacturing Plants [R]. ISSN 0964 - 9328 - CSME Working Papers No. 103, 2009.

[12] Sachs, Demurger, Woo and Bao. The Relative Contributions of Location and Preferential Policies in China's Regional Development: Being in the Right Place and Having the Right Incentives [J]. China Economic Review, 2002, 13: 444 - 465.

[13] Shih, V. Factions and Finance in China: Elite Conflicts and Inflation [M]. New York: Cambridge University Press, 2008.

[14] Sobel, S. Testing Baumol: Institutional Quality and the Productivity of Entrepreneurship [J]. Journal of Business Venturing, 2008 (23): 6411 - 6655.

[15] Weber, M. The Protestant Ethic and the Spirit of Capitalism [M]. New South Wales: Allen and Unwin Press, 1930.

[16] 包国宪，李毅．中国西部地区民营经济发展研究——基于负担贡献模型[J]．经济理论与经济管理，2012 (2): 104 - 112.

[17] 才国伟，钱金保，鲁晓东．外资竞争、行政效率与民营经济发展[J]．世界经济，2012 (7): 123 - 141.

[18] 程俊杰，刘志彪．中国工业化道路中的江苏模式：背景、特色及其演进[J]．江苏社会科学，2012 (1).

[19] [美] 道格拉斯·诺斯．制度、制度变迁与经济绩效[M]．上海：三联书店，1994.

[20] 丁任重，孙根紧．新时期我国民营经济的转型与发展[J]．经济理论与经济管理，2011 (12): 93 - 100.

[21] 樊纲，王小鲁，朱恒鹏．中国市场化指数：各地区市场化相对进程 2011 年报告[M]．北京：经济科学出版社，2011.

[22] 韩坚，钱濛．并购重组与民营经济绩效的实证研究——以江浙沪民营上市企业为例[J]．中国软科学，2012 (7): 148 - 158.

[23] 洪银兴．以改革支持实体经济领域民营经济的发展[J]．南京大学学报（哲学人文社科版），2012 (2): 5 - 7.

[24] 李宏彬，李杏，姚先国，张海峰，张俊森．企业家的创业与创新精神对中国经济增长的影响[J]．经济研究，2009 (10): 99 - 108.

[25] [美] 迈克尔·波特．国家竞争优势[M]．北京：华夏出版社，2002.

[26] 张杰，郑文平，翟福昕．竞争如何影响创新：中国情景的新检验[J]．中国工业经济，2014 (11): 56 - 68.

[27] 章奇，刘明兴．民营经济发展地区差距的政治经济学分析：来自浙江省的证据[J]．世界经济，2012 (7): 142 - 160.

[28] 张维迎，盛斌．论企业家：经济增长的国王[M]．上海：三联出版社，2004.

[29] 褚敏，靳涛．民营经济发展存在体制内阻力吗？——基于政府主导和国企垄断双重影响下的发展检验[J]．南京社会科学，2015 (8): 31 - 38.

Institution Evolution, Entrepreneurship and the Development of Private Economy

Cheng Junjie

Abstract: The development of private economy is an important aspect of promoting the reform of supply side. But the current situation of private economy in China is getting worse. Since January this year, the investment of private sector has declined dramatically. From January 2016 to May, private investment has only 3.9% year-on-year growth and the risk of recession is gradually increased.

This paper argues that entrepreneurship is the fundamental force to promote the development of private economy. The regional differences of entrepreneurship lead to the differences of private economy in number and scale, operating efficiency, industrial structure, status in the global value chain, etc. Institutional change is the key factor which causes entrepreneurship evolved. Taking southern part of Jiangsu Province as an example, this paper summarizes the basic characteristics of the development of private economy, including: The scale of private economy is large, the proportion of secondary industry is high, social entrepreneurship is active, the technical innovation ability is strong and so on. This paper analyzes the internal mechanism of the development of private economy, and proposed institution evolution will change the allocation direction and degree of entrepreneurship which will affect the scale, structure and innovation of private economy through innovation and entrepreneurial behavior. Internal mechanism of the development of private economy in the south of Jiangsu also applies in other areas, and the difference only lies in the entrepreneurship which caused by institution and its evolution.

In order to verify the development mechanism of private economy, this article uses provincial panel data from 2000 to 2014 for empirical research. Further empirical research found that: First, the improvement of institution quality has a significant positive effect on entrepreneurship and the degree of allocation to production areas. Second, entrepreneurship and the degree of allocation to production areas: ①have a significant positive effect on the scale of private economy and driven by innovation; ②have a for negative impact on the profitability of private economic; ③have a significant impact on industrial structure, but the direction decided by industry average return.

This paper suggests that private economy in our country represented by Jiangsu should strive to improve in three directions: One is to foster a batch of large enterprises with independent brands; two is to raise the proportion of modern service industry in the private economy and develop producer services; three is to use innovation to promote the development of private economy.

So we need to further optimize and improve the institution, mainly includes the following aspects: First, introduce and improve the negative inventory management. Greatly reduce the government's direct configuration of resources and the management and intervention of micro affairs. Second, encourage corporate merger and acquisitions. As soon as possible to eliminate administrative barriers between the local governments, and set up a number of trading platform such as property rights, technology, financial assets, intellectual property rights, environment and so on. We need to promote the improvement of the governance structure and resources integration. Third, establish and perfect the multi – level financial market system. Fourth, form systems of absorbing advanced talents. Eliminate barriers to the free flow of talents, and encourage absorbing foreign advanced elements to make up the technology gap by developing reverse outsourcing and overseas mergers and acquisitions or investment. The ultimate goal is to realize product innovation and value chain upgrade.

Key Words: Institution Evolution; Entrepreneurship; Private Economy; South of Jiangsu

□ 中美产业人才开发组织模式的比较与借鉴*

张延平

摘　要：我国产业发展与人才开发的结构性不协调问题越来越突出，这主要与我国的产业人才开发组织模式不合理有关。本文依据产业人才开发组织的四维分析框架环境—要素—结构—功能进行中美比较分析，综合判定美国的产业人才开发组织属于超三螺旋模式，我国的属于双螺旋模式。借鉴美国的发展经验并考虑我国的实际国情，提出改进建议：分两阶段推进产业人才开发组织模式的演进发展；坚持现行经济体制下的三螺旋组织模式复位及演进提升；行业协会及三螺旋接口组织的发展壮大；相关利益者积极参与并实现利益契合；基于高等教育地方分权的三级递阶协调控制。

关键词：产业人才开发；组织模式；市场经济体制；超三螺旋；AGIL功能分析

人才结构优化与产业转型升级是一种协同演化发展的关系。依据Castells和Aoyama（1994）研究所提供的1920～1970年及国际劳工组织（ILO）所提供的1970～2002年美国产业及就业数据，分析发现美国产业结构转型升级与人才结构优化基本上长期协同一致。而我国产业结构升级与人才结构优化协同性并不理想，存在的突出问题是就业的结构性矛盾（潘晨光，2009；王琴梅、张勇，2011），这将会直接阻碍我国经济结构的进一步转型。

美国的产业演进与人才培养开发实现了长期动态适配演化，而我国却不能，两国学者试图对此给予解释。Leydesdorff和Etzkowitz（1996）提出“官—产—学”三螺旋理论，认为美国政府、企业与大学形成三种力量交叉影响的三螺旋关系，从而推动了美国社会多领域协同创新。而关于我国的原因，一方面是我国的劳动就业结构明显滞后于产业结构的变化，产生

基金项目：广东省自然科学基金项目（S2012040007328）；广东省哲学社会科学“十二五”规划学科共建项目（GD14XGL53）。

作者简介：张延平，广州大学博士研究生，主要从事人力资源管理、创新创业管理和区域产业经济管理等方面的科学研究及教学工作。

* 本文增刊登于《广州大学学报》（自然科学版）2015年第14卷第3期。

结构性偏差且偏差的收敛速度慢于国际经验（余桂华、张春煜，2000）；另一方面是大学生教育体系与劳动力市场需求之间存在着严重脱节（袁霓，2011）。如追溯源头，则与产业人才开发有关。其中，产业人才开发组织能否科学合理的设置，又是关键性的前提基础。正如贝尔纳所言"不能认为任何种类的组织对于科学都会是适宜的。找到科学所必需的组织种类这个区区小任务本是一个科学问题"（邹波、孙垠，2012）；近年来，我国较多学者开始应用三螺旋理论研究人才开发组织模式的问题。例如，有学者应用三螺旋模型解决我国"用工荒"与"就业难"的困境；还有学者应用三螺旋模型解决我国拔尖人才、创业人才和高职人才培养的问题（宋菲等，2011；刘英娟，2013）。

我国学者高度认同政、产、学三螺旋协同创新组织模式，并竞相用来解决我国人才开发及与产业演进的协同匹配问题。但需进一步思考的是：美国的产业人才开发组织就是三螺旋模式吗？三螺旋组织模式是否适合我国，需不需要考虑中美的国情差异？在国情差异影响下，中美两国的产业人才开发组织各是什么类型？我国的产业人才开发组织模式需如何进一步演进与提升？截至目前，上述问题尚未有理论文献予以全面系统的解答。本文将以系统学为理论基础，依据环境—要素—结构—功能的四维度分析框架，辨析及判定中美产业人才开发组织模式的异同。上述研究将进一步丰富和拓展人才开发理论和产业转型升级理论。另外，对当前我国高等教育改革，尤其是对600多所本科高校将转向职教后如何进行应用型人才开发极具现实指导意义。

一、中美产业人才开发组织模式的四维比较分析

本文所研究的产业人才是指适应三大产业及各行各业发展所需的应用型人才和技能型人才，不含学术型人才（姜运生，2011）。而组织是指由诸多要素按照一定方式相互联系起来的具有特定功能的系统。综合上述两个定义，将产业人才开发组织界定为实现开发产业人才目标，进而支撑产业发展演化而形成特定的功能性社会经济系统。

本文遵照系统学理论观点，对中美产业人才开发组织模式的"环境、要素、结构、功能"四维度进行一一比对分析。其中，将市场经济体制作为外部环境的主导影响因素开展研究分析。

（一）市场经济体制的比较分析

政治经济学理论观点认为，现代市场经济体制是在国家干预下的一种经济体制。按国家干预程度的高低可分为两种经济体制类型，[①] 一是国家政策干预下的市场经济，即国家干预型市场经济；二是国家计划调控下的市场经济，即计划调控型市场经济。中美市场经济体制类型的判定及具体比较如表1所示。

那么，在不同的市场经济体制下，产业人才开发这一社会经济组织会受到什么样的影响与制约呢？下面，依照要素—结构—功能次序加以逐一分析。

（二）组织要素的比较分析

组织要素（成员）是构成组织系统的基本单元或组成部分。一国的市场经济体制会影响该国产业人才开发组织要素（成

① 现代市场经济体制类型划分参考了吉林大学经济学院的政治经济学课程的观点。

表1　中美市场经济体制类型的判定及具体比较

项目＼国别	美国	中国
经济体制类型	国家干预型市场经济	计划调控型市场经济
所有制类型	资本主义私有制	社会主义公有制
政府的作用	政府有限干预（弱势政府）	政府有力干预（强势政府）
市场的作用	市场自由运行（强势市场）	市场受控运行（弱势市场）

员）构成的多与少，以及各个要素（成员）的地位及参与程度。

1. 美国的实践分析

产业人才培养开发是个系统工程，是全社会的共同责任，跨界合作是产业人才开发的本质特征（张兄武，2010）。在美国，受国家干预型市场经济体制影响，致力于产业人才开发的力量呈现多元化的特点。参与的成员具体有政府、行业协会、个体企业、学校、培训机构、中介机构和社会团体组织等。其中，政府负责制定和完善相关法律法规，进行宏观协调。例如，其制定的法律有1862年的《莫雷尔法案》、1917的职业教育提案、1963年的《职业教育法案》和20世纪70年代的“生计教育”计划等；美国的高校（培训机构）发挥着人才开发的主体作用。无论是职业教育还是应用型人才开发，美国都十分强调合作教育。截至21世纪初，美国开办不同层次、类型和形式的合作教育高校达1100多所，参与全美高教合作教育的企事业单位达5万多家；美国的行业协会及个体企业也起着“不可或缺”的主体作用。美国有10万多个行业协会（刘爱成，2002），在产业人才开发方面的功能作用有：向立法和行政机构提出产业人才开发的各项建议；制定行业技能标准；响应行业中短板性的培训需求并开展相应培训，预测行业发展趋势并进行相应培训；调查及向各层次学校及培训机构传递行业培训需求，并与其共同开发培训课程等。众多的中介机构及社会团体组织也会参与其中，起着润滑和助推的作用。例如，美国的人力资源中介机构历史悠久，数量众多，约有15000余家，在政府与企业、政府与学校、学校与企业之间起着桥梁和纽带作用。

2. 我国的实践分析

在我国，受计划调控型市场经济体制影响，致力于产业人才开发的成员相对较少，具体有政府、学校（中职、高校和部分培训机构）和少数企业等。其中，政府起着“当仁不让”的主导作用。2003年明确了“党管人才”的原则，确定了政府是人才开发的主导者，这与我国计划调控型经济体制相辅相成。目前，我国政府对普通高校实施条块分割的三级管理体制；我国的学校（中职、高校和部分非学历教育培训机构）发挥着“当之无愧”的主体作用。截止到2011年5月，我国共有高校3152所（不含港澳台），这些高等学校几乎承担着第一产业人才开发的大部分重担。[①] 但是鉴于现行的高教管理体制，高校的办学自主权未曾得到充分的尊重（刘

① 中职院校在我国的数量较庞大，也起着第一产业人才开发的主体作用，实践中中职院校基本能坚持以市场需求为导向开发人才。

丽平，2007）。高校与企业及行业交流合作较少，即使有所合作也是短期合作和松散的合作（刁叔均，2004）；我国的少数个体企业发挥着参与性作用。与美国不同的是，我国企业较少参与论证高校人才培养方案，更较少有入主学校管理机构中去实施治理的；企业支持高校进行人才培养的程度低，大部分主要是提供实习机会而已，且实习活动流于形式；我国的行业协会、中介机构和社会团体组织在产业人才开发方面发挥着微不足道的作用。根本原因在于，上述组织在我国整体上发展相对滞后，且社会认可度较低。

（三）组织结构的比较分析

组织结构是组织系统内部各要素之间的一定联结形式及排列组合。一国的市场经济体制会影响该国产业人才开发组织要素（成员）之间的联结形式，进而影响组织要素（成员）间的排列组合。

1. 美国的实践分析

在美国，受国家干预型市场经济体制影响，产业人才开发组织系统中各成员间的相互联结呈现了主副结合的特点。其中，政府、产业（行业协会、个体企业）和高校（培训机构）是第一梯队的主体成员，三者相互联结属于主体结构联结。而其他的双边或三边中介及社会组织对主体成员的联结，是第二层次的联结，属于副体结构联结。

主体结构的联结形式含有政—产、政—学、学—产的双边互动联结，也含有政—产—学的三边互动联结，具体如图1所示。

首先来分析双边互动及实现的具体形式：①关于政—产的双边互动。由于特殊性及重要性，美国对人才培养开发的干预力度较大，实施联邦与州、地方政府的三级分权制管理模式。联邦层面主要负责宏观调控，具体使用立法和教育资助等手段进行调控（李静，2012）；而州与地方政府主要负责具体管理。各州及地方教育管理机构主要由负有决策职能的教育委员会和负有执行职能的教育部门组成。以州为例，州教育委员会一般成员有7～10人，成员有州长、教育部门官员，但主要成员还是本州关心教育事务的贤达，包括有较大比例的企业届人士（李涛，2007）；由此一来，企业界进入了州的教育决策部门，建立了常规的政—产的双边互动关系。再加之各行各业的协会组织亦会代表本行业的利益及时地与政府部门互动交流以及建议有关人才开发的具体事项，从而又建立起了政—产的非常规的双边互动关系。②关于政—学的双边互动。由于政府部门与高校在人才教育与开发方面天然存在着业务合作关系，故政—学间的双边互动也便天然存在着。③关于学—产的双边互动。美国较多的企业董事及经理直接担任高校董事会的董事。以美国芝加哥大学为例，早在1996年的39名董事中，就有工商企业董事23名（蒋桂仙，2007）。还有，美国众多企业会以合作教育项目方式间接参与及管理学校的教育工作。由此一来，学—产间的双边互动关系便自然而然地建立起来。其次来分析政—产—学三边互动及实现的具体形式：但凡涉及人才培养与教育的法案时，国家相关部门会邀请产业及学校等相关利益者对相关议案进行审议并发表建议。或者，但凡涉及区域经济发展且区域人才又相对短缺时，政府便会以资助项目的方式主动促进产业与学校合作开发人才。如从1995年开始，为了满足美国带顿地区企业对制造型技能人才的需要，美国国家科学基金会（NSF）投入资金约500万美元，在代顿地区的辛克莱社区大学设立了高级制造教育项目。在课程开发中，一些行业机构，如美国制造工程师协会（SME）对课程体系提出了具体的达标要求。由于政产学三方合作教育，该项目最终的实施效果极佳（甘春华，2010）。

副体结构联结形式含有双边和三边助推联结两种。无论是双边助推，还是三边助推，中介机构或社会团体组织都是在主体结构的基础上来发挥功效的（见图1）。以卡耐基基金会为例，20世纪60年代以前，卡耐基集团拨款100万美元给卡耐基教学促进基金会，成立了一个研究高等教育问题的全国性的组织，在15年内产生了23项重要报告和专题研究，对各大学的教育思想和政府关于教育的决策有重要影响（凌远宏，2007）。可见，卡耐基教学促进基金会在一定程度上代表了某一行业的利益，并通过提供研究报告的方式，与大学和政府进行了有效的互动与沟通，实现了政—产—学互动中的润滑及助推作用，属于典型的三边助推联结。

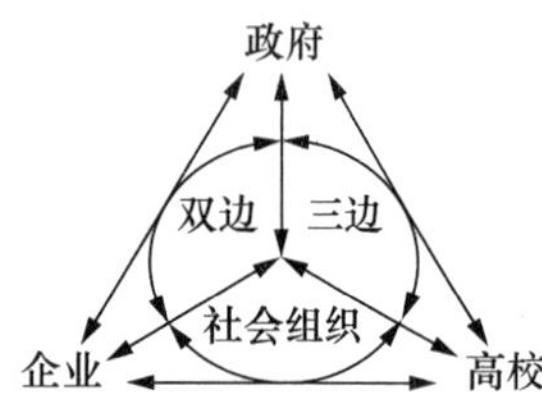

图1 美国产业人才开发组织的联结形式

2. 我国的实践分析

在我国，受计划调控型市场经济体制影响，产业人才开发组织各成员间联结呈现了简洁单一的特点，属于政府主导下的相互联结形式。具体联结形式含有政—企、政—学间的强双边互动和学—企间的弱双边互动，具体如图2所示。

首先分析政—企、政—学间的强双边互动及实现的具体形式。在实践中，我国

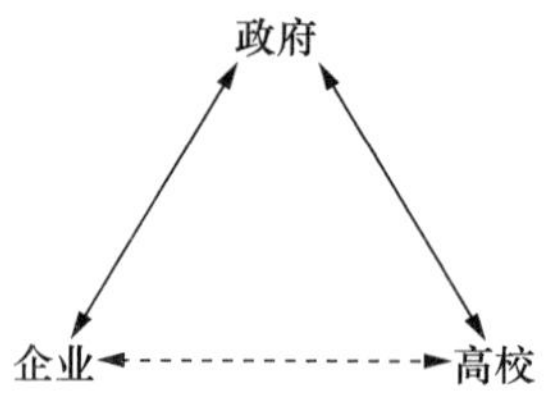

图2 我国产业人才开发组织的联结形式

政府处于主导地位，对口的政府管理部门分别对高校和产业进行指导和管理。在教育方面，我国政府对普通高校实施条块分割的三级管理体制。教育部代表中央具有最高的管理权限，可颁布法律规章和发布《普通高等学校本科专业目录》来统筹管理各层各类高校。另外，教育部和省市政府教育部门可通过拨付财政经费和核定招生指标等手段来具体管控各自所属高校。由此，政府与高校间形成了极强的政—学双边互动。在经济管理方面，中央政府实施宏观调控，地区政府对经济及产业发展进行具体指导和管理，以发布产业发展规划和产业扶持及限制性政策为指导和管理手段。由此，政府与企业间也形成了较强的双边互动。其次分析学—企弱双边互动及实现的具体形式。在实践中，高校与行业协会之间基本无任何互动关系，来源于底层的高校与企业间的直接互动较少且简单，而来源于顶层政府部门主导下的学—企互动也少之又少，这缘于负责产业及负责教育的主管政府部门间的协调合作也不是十分通畅。

（四）组织功能的比较分析

组织系统的功能是指系统与外部环境相互联系和相互作用中表现出来的互动属性及互动能力。Parsons 和 Smelser（1956）认为任何社会系统都面临一些大致的功能需求，即AGIL功能需求。中美产业人才开发组织功能的具体比较如表2所示。

表2 中美产业人才开发组织功能的比较

项目＼国别	美国（国家干预型市场经济）	中国（计划调控型市场经济）
适应（Adaptation）	在自由竞争的市场经济制度下，高校、行业及企业、中介以及其他社会团体组织的生存需以满足市场需求为前提，促使彼此相互合作，以适应生存和外界需求	在计划调控型市场经济制度下，高校无须相互激烈竞争及担负满足市场需求的压力。而各企业也无动力参与高校的人才培养开发。由此导致学—企间的契合度不高，高校的人才培养难以满足企业实际需要
达鹄（Goal Attainment）	美国的充分市场竞争体制，迫使互补性的社会成员间彼此协作，最终契合成一个整体组织去满足更大的外部环境需求	其他社会组织无权参与高校的人才培养及专业设置等事项，高校只能“孤军奋战”，人才开发目标很难有效完成
整合（Integration）	在全面而严格的法律法规系统下，产业人才开发组织成员虽然众多，但组织成员行为有序，合作积极并能契合成为一个有强大人才开发培养功能的整体	法律法规尚未系统全面，行业协会、中介机构、企业等参与合作开发人才无法可循，导致无序合作或无动力合作，各方无法契合成为一个有强大人才开发培养功能的整体
维模（Latent Patter－maintenance）	在“强调自身价值，追求民主自由，崇尚开拓和竞争”的社会文化熏陶下，组织成员间的正向价值观及行为得以顺利维系，协同式产业人才开发得以有效维持	在强调“和谐、平衡、中庸和本分”的传统社会价值观熏陶下，行业协会、企业、中介机构和社会团体都不愿主动参与人才开发工作，多方协同开发人才的模式较难展开与维系

二、中美产业人才开发组织模式的归纳及整体比较

（一）组织模式的归纳

美国产业人才开发组织系统中的各成员间的排列组合呈现出主副结合的特点。其中，政府、高校和产业（行业协会、个体企业）间的契合算作第一层次，属于主体排列组合。政府、高校和产业间的排列组合形式含双边有交集和三边有交集的两种情况。双边或三边中介及社会团体组织再与政—产—学的契合算作第二层次，属于副体排列组合。

对应政府主导下的联结形式，我国产业人才开发组织各成员间的排列组合也呈现出政府主导的特点。政府与企业、政府与高校具有全面的交集，而企业与高校间略有交集。

整体来看，美国的产业人才开发组织有着三螺旋模式的主体特征，且又纳入中介机构及社会团体组织这些三螺旋结构接口组织（Etzkowitz，2008）。所以，该组织模式已完全超越三螺旋模式，本文将其界定为超三螺旋的网络组织模式，具体如图3所示。而我国的产业人才开发明显呈现出了在政府主导下的双螺旋联结互动的特征，本文将其界定为双螺旋产业人才开发

组织模式，具体如图4所示。

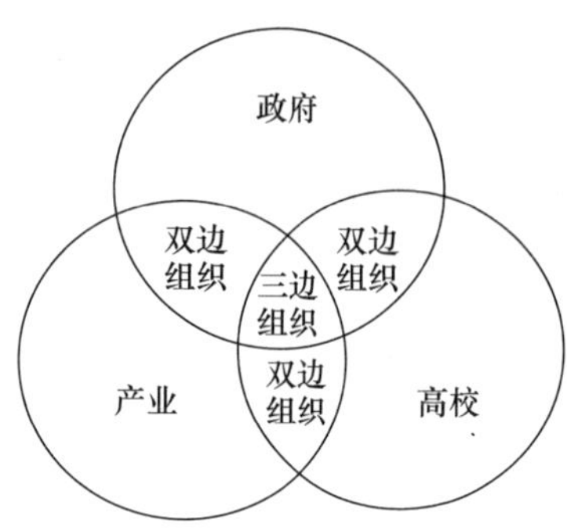

图3 超三螺旋产业人才开发组织模式

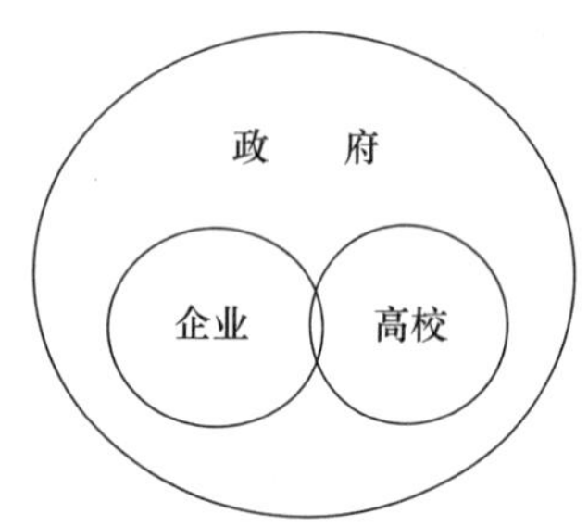

图4 双螺旋产业人才开发组织模式

（二）组织模式的整体比较

马克思指出“要想得到和各种不同的需要量相适应的产品量，就要付出各种不同的和一定数量的社会总劳动量。这种按比例分配社会劳动的必然性，决不可能被社会生产的一定形式所取消，而所能改变的只是它的表现形式。”① 据此推论，中美不同的经济体制下的产业人才开发组织目标应具有同一性，即实现产业人才开发并协同产业的演进发展。

表3对两种产业人才开发组织的要素、结构和功能方面予以比较。

三、完善我国产业人才开发组织模式的建议

美国人才开发与产业发展相互协同的成功经验，向我们展示了其产业人才开发组织的强大生命力，值得参考与借鉴。我国产业人才开发组织模式进一步需在如下几方面进行完善与改进提升。

表3 中美产业人才开发组织模式的整体比较

<table>
<tr><th rowspan="2">组织模式</th><th colspan="3">相同点</th><th colspan="4">不同点</th></tr>
<tr><th>组织目标</th><th>组织要素（成员）</th><th>组织结构</th><th>体制环境</th><th>组织要素（成员）</th><th>组织结构</th><th>组织功能</th></tr>
<tr><td>美国超三螺旋模式</td><td rowspan="2">目标具有同一性，即实现产业人才开发并协同产业的演进发展</td><td rowspan="2">都含有政府和高校两个成员，且二者都作为主体成员，且都发挥着重要作用</td><td rowspan="2">都含有政—企及政—学的双边联结结构及互动关系</td><td>国家干预型市场经济体制</td><td>（1）有行业协会、中介机构和社会团体组织参与
（2）政府起着积极的干预作用
（3）高校起着重要的作用，与其他成员（尤其是政产）的地位平等</td><td>组织结构复杂；以“政—产—学”为主体，以“中介机构+社会团体组织”为副体；主体及主副体各成员间有着较多的双边及三边互动联结</td><td>AGIL四项功能实现得较好</td></tr>
<tr><td>我国双螺旋模式</td><td>计划调控型市场经济体制</td><td>（1）无行业协会、中介机构和社会团体组织参与
（2）政府发挥着主导作用
（3）高校起着主体的作用，人才开发中“孤军奋战”</td><td>组织结构简单；政—企和政—学双边强势互动联结，学—企双边弱势互动。无三边互动联结</td><td>AGIL四项功能实现得不理想</td></tr>
</table>

① 引自《马克思恩格斯选集》第4卷。

（一）演进路径的选择

具体演进路径是：在坚持计划调控型市场经济体制前提下，分两阶段推进产业人才开发组织模式的演进发展，第一阶段先将双螺旋模式推进至三螺旋模式，第二阶段进一步优化演进至超三螺旋模式。

（二）坚持现行经济体制下的三螺旋组织模式复位及演进提升

我国产业发展与人才开发方面的结构性失调，根源问题不在于我国的经济体制类型。究其实质，根源问题在于产业人才开发组织模式不科学不合理，未能很好地匹配我国的经济体制类型。因此，调整优化现有的组织模式是当务之急。具体的调整优化，应以坚持我国的计划调控型市场经济体制为前提，承认政府的宏观调控角色，发挥政府的主导作用，撬动产、学积极参与并相互协同。我国政府主导作用的发挥，急需改进的方面有：①自身体系内的横纵向协调优化。首先，提升横向协调的水平。建立政府部门间横向协调机制，加强教育和产业主管部门间的合作，甚至可合署办公。其次，提升纵向协调的水平，即提升中央与地方的协调水平。在产业发展规划与人才建设方面可同时施行分权制，中央仅负责应用型人才的宏观调控，地方负责具体实施与管理。②促进竞争。一方面要大力促进高校间的竞争，可引入学生、社会及行业的综合性评价机制，以是否满足社会需求为导向和标准，对高校进行优胜劣汰；另一方面进一步促进行业企业间的竞争，尤其可进一步激活和支持民营企业发展。在竞争压力下，促进高校和行业企业积极主动的参与政—产—学三方合作。③促进合作。加速建设和完善相关合作开发人才的法律法规和奖惩机制，为政—产—学三方合作清晰界定责权利。可见，这种政府主导型三螺旋组织模式的复位并非偶像化和形而上学化，而是基于对我国经济体制从属于计划调控型的理性判断与理性选择。在三螺旋组织模式复位的基础上，可进一步发展壮大中介机构和社会团体组织，并引导这些相关利益者性质的机构融入产业人才开发组织中来，提升整体组织的活力和动力。

（三）行业协会及三螺旋接口组织的发展壮大

美国的经验表明，若想建成超三螺旋形产业人才开发组织模式，亟须行业协会、中介机构和社会团体组织的发展壮大。可分两步走：第一步，理顺政府与行业协会的关系，提升行业协会的政治和社会地位，使其实质性地成为行业发展的指导者与管理者。进而发挥行业协会在产业人才开发方面的政与企、学与企的双边对接作用，实现政府主导下的三方利益契合（潘东华、尹大为，2008）。第二步，正确认识中介机构和社会组织团体的三螺旋接口的功能作用，应规范和发展一批优秀的中介及社会组织，使其实质性地成为社会及经济发展的重要参与者及推动者，在产业人才开发方面给予有效的润滑及助推，最终形成产业人才开发组织网络化和服务社会化的良好局面。

（四）相关利益者积极参与并实现利益契合

美国的经验也表明，产业人才培养开发是项系统工程，是全社会的共同责任，需相关利益者的共同参与。而目前，我国参与产业人才开发的成员较少，主要是政府和高校。将产业人才开发的相关利益者全部纳入进来，并理顺合作关系及合理分配利益，这是当前我国产业人才开发组织建设的难点，也是必由之路。可分两步走，第一步由政府主导，出台法规、政策及奖惩措施，促进高校间、企业间的竞合（江华等，2011），进而推动政—产—学三方契合，并最大程度地实现政—产—学三方间的协同与共赢。第二步也是由政府主导，出台法规、政策及激励措施，将中介机构和社会组织纳入进来，发挥其“锦上添花”的功效。与此同时，让中介机构和社会组织依据贡献分享回报。最终，实现政—产—学—中介（社会组织）多赢的局面，撬动产业人才开发的自组织运行。

（五）基于高等教育地方分权的三级递阶协调控制

美国经验表明，实施地方分权更有利于实现区域产业发展与区域人才开发的协同。因此，建议实施高等教育地方分权改革，像区域经济管理分权一样，中央对应用型人才及技能型人才的高等教育保留宏观调控权①，而将具体的规划及管理权限下放至省市地方政府。这样一来，省市地方政府将“区域经济发展规划”与“区域产业人才培养开发”双权合一，更有利于统筹协调本地区的产业发展与人才开发。在上述分权的基础上，逐渐实现对地方经济发展与产业人才开发的中央—省—市三级递阶管控。其中，中央相关教育及产业政府主管部门负责综合评估全国的产业发展与人才开发的协同状况，并制定相应的法律法规及奖惩措施进行调控与引导；而省市两级教育及产业政府主管部门负责联系本地区层面的行业协会、个体企业、相关中介机构及社会组织，引导及激励彼此合作且契合成超三螺旋组织，具体以专家委员会的形式评估及优化本地区的产业人才开发。如此一来，政府主导下的超三螺旋组织模式横向实现了对政—产—学—中介等组织的融合，纵向实现了中央—省—市的三级递阶管控与推进。由此一来，产业人才开发自组织的初始架构及运行模式将会初步显现。

参考文献

[1] Castells M, Aoyama Y. Towards the Informational Society: Employment Structure in G - 7 Countries 1920 - 1990 [J]. International Labor Review, 1994, 133 (1): 67 - 73.

[2] 潘晨光. 中国人才发展 60 年 [M]. 北京：社会科学文献出版社, 2009.

[3] 王琴梅, 张勇. 中国“用工荒”和“就业难”矛盾探索——基于三螺旋模式的分析[J]. 经济与管理, 2011 (8): 83 - 87.

[4] Leydesdorff L., H. Etzkowitz. Emergence of a Triple Helix of University - industry - government Relations [J]. Science and Public Policy, 1996 (23): 102 - 115.

[5] 喻桂华, 张春煜. 中国的产业结构与就业问题[J]. 当代经济科学, 2004 (26): 9 - 13.

[6] 袁霓. 中国就业结构现状及其调整[J]. 改革与战略, 2011 (12): 180 - 183.

[7] 邹波, 孙根. 三螺旋视阈下的科学知识生产[J]. 哈尔滨工业大学学报（社会科学版）, 2012, 14 (5): 102 - 105.

[8] 宋菲, 李俊龙, 潘磊庆. 基于三螺旋理论的研究型大学培养体系的构建[J]. 高等农业教育, 2011 (9): 59 - 62.

[9] 刘英娟. “三螺旋”理论视角下地方高校创业人才培养模式研究[J]. 教育与职业, 2013 (33): 39 - 41.

[10] 姜运生. 地方院校本科应用型人才培养模式研究与实践[D]. 哈尔滨师范大学论文, 2011: 80 - 110.

[11] 张兄武. 责任共担、四方联动：构建新型工科应用型创新人才培养模式[J]. 高等工程教育研究, 2010 (5): 127 - 131.

[12] 刘爱成. 红红火火的美国行业协会 [N]. 人民日报, 2002 - 10 - 23.

[13] 刘丽平. 21 世纪美国高等教育改革发展的特点及启示[J]. 西北成人教育学报, 2007 (4): 38 - 41.

[14] 刁叔均. 美国高校产学合作教育的兴起与发展[J]. 五邑大学学报（社会科学版）, 2004 (3): 92 - 95.

[15] 李静. 美国联邦政府教育角色变化分

① 目前我国高等教育面临改革，600 多所本科高校将转向职教。鉴于应用型人才和技能型人才的培养具有明显的区域特性，而学术型人才培养具有全国的共性，故本文建议对应用型人才和技能型人才的高等教育应进行地方分权，而对学术型人才的培养可继续实行中央集权。

析[D]. 华东师范大学论文，2012：55 - 67.

[16] 李涛．试分析美国成人教育的分权制管理[D]. 四川师范大学论文，2007：81 - 90.

[17] 蒋桂仙．美国大学董事会的运作及特点——以芝加哥大学为例[J]. 董事会，2007(8)：51 - 54.

[18] 甘春华．产业升级与制造业技能人才培养的经验借鉴——以梅州和美国为例[J]. 成人教育，2010 (8)：95 - 96.

[19] 凌远宏．基金会：美国教育发展的促进力量[J]. 世界教育信息，2007 (9)：63 - 67.

[20] Parsons and Neil J. Smelser. Economy and Society [M]. New York: Free Press, 1956: 98 - 107.

[21] Henry Etzkowitz. The Triple Helix: University - industry - government Innovation in Action [M]. London: Routledge Press, 2008: 92 - 96.

[22] 潘东华，尹大为．三螺旋接口组织与创新中的知识转移[J]. 科学学研究，2008，26(5)：1073 - 1079.

[23] 江华，张建民，周莹．利益契合：转型期中国国家与社会关系的一个分析框架——以行业组织政策参与为案例[J]. 社会学研究，2011(3)：136 - 152.

□ The Reference and Enlightenment of Comparison on Organization Pattern of Industry Talent development between China and America

Zhang Yanping

Abstract: At present, industrial development and structural incoordination of the talent development in china is becoming more and more prominent, which is mainly concerned with the unreasonable organization model of industrial talent development in our country. According to a four - dimensional analysis framework of industry talent development organization: Environment - elements - structure - function, the paper makes comparative analysis between China and America, and judge comprehensively the industry talent development organization in America belongs to super triple helix, while the industry talent development organization in China is double spiral model. Finally, drawing on the experience from American development and considering the actual situation of our country, the paper proposes improvable proposals: Boost the evolution of Industry personnel development organization mode in two stages, adhere to the reset and promotion of super triple helix mode under current economic system; the development of industry association and triple helix interface organization; stakeholders actively participate in and implement the interests fit; three – level hierarchical coordination control based on decentralization of the higher education.

Key Words: Industry Talent Development; Organization Mode; Market Economy System; Super Triple Helix; AGIL Function Analysis

□ 集团控制特征、董事会治理与管理层代理成本

谭玥宁

摘　要： 集团控制特征、董事会治理与代理成本之间的关系可以归结为三种效应：一是直接效应，集团控制和两权分离度均有利于降低管理层代理成本；二是中介效应，集团控制特征会对董事会治理水平产生影响，同时董事会治理水平又影响代理成本，董事会治理在集团控制特征与管理层代理成本之间发挥了中介效应；三是间接效应，董事会治理水平影响管理层代理成本的高低，集团控制特征会加重或减弱这种影响。本文利用2012年上市公司的截面数据检验了上述三种效应是否存在。研究发现，集团控制特征对管理层代理成本的直接效应和间接效应都是存在的，董事会治理的中介效应也是存在的。另外，国有控股上市公司的董事会治理水平显著高于非国有控股上市公司，在总体样本中，董事会治理水平的提高也能很好地抑制管理层代理成本的增加，但是国有控股上市公司的代理成本却高于非国有控股上市公司，这说明，国有控股上市公司的董事会在降低代理成本的方面并没有发挥应有的作用。

关键词： 集团控制特征；董事会治理；管理层代理成本；中介效应

一、问题提出

董事会治理是公司治理的核心之一。董事会代表股东行使权力，良好的董事会治理能有效抑制管理层的败德行为、降低管理层代理成本。同时，集团作为实际控制人或控股股东能更有动力和能力监督管理层的经营行为，所以管理层代理成本低于非集团控制的上市公司。

然而，集团公司特别是国有集团公司具有的一个显著特点就是双层董事会，如何处理集团董事会和上市子公司董事会之间的关系，使上市公司董事会在不被架空的前提下最大限度地发挥作用，是本文关注的问题。集团控制特征是否会通过董事会治理间接影响管理层代理成本；董事会治理

作者简介：谭玥宁，中国社会科学院工业经济研究所，研究方向为公司治理、企业理论等。

在集团控制特征与管理层代理成本的关系中是否能够起到中介效应，正是本文想要解决的问题。

论文从理论角度将集团控制特征、董事会治理与管理层代理成本之间的关系归结为直接效应、中介效应和间接效应三个途径，并从实证角度予以检验。论文其余部分安排如下：第二部分为理论分析与研究假设，从集团控制特征与董事会治理、董事会治理与管理层代理成本、集团控制特征与管理层代理成本等方面分析三者之间的理论关系；第三部分为研究设计，设定实证模型、定义研究变量、说明数据来源；第四部分为实证检验，利用中国 A 股上市公司数据检验直接效应、中介效应和间接效应存在与否；第五部分为结论与启示，总结全文。

二、理论分析与研究假设

（一）集团控制特征与董事会治理

母公司对子公司的控制，更多地体现为以资本为纽带，以股权控制为基础，通过对子公司的治理结构产生影响，达到控制的目的。母公司对子公司的控制具体可以体现为战略、人事、财务等方面。但这些控制手段的实施必须依赖董事会、经营层等。

集团控制下子公司的董事会治理具有以下特征：①母公司对子公司的绝对控股比例很高，这说明，在中国母公司对子公司具有强有力的控制，在法律意义上母公司拥有对子公司进行支配的合法权益，因此母公司有权利选举子公司董事和经营管理层。②董事会作为一个重要的公司内部控制工具，其构成与公司决策和股东利益的实现有很大的关系。在上市子公司中，大部分董事均在母公司任职，这说明母公司已将子公司的董事会作为其实施控制的重要组织机构。母公司通过董事会实现自己的战略意图，满足集团的利益需要。因此，集团控制并不利于其子公司的董事会治理水平的提高。

集团的另一个特征就是控制权与现金流权的分离，两权分离致使股权结构更加复杂，为控股股东关联交易、淘空上市公司和利润转移等行为提供了便利（邹平和付莹，2007）。同时，随着控制权与现金流权的分离，集团对其控制的上市公司的控制力相对减弱，董事会受集团母公司的干预变少，从而使子公司董事会得到更好的发展。

（二）董事会治理与管理层代理成本

公司治理机制的目标就是要降低代理成本，而董事会和监事会同为监督经理人、降低代理成本的公司治理机制的重要方面。从董事会的职责可以看出，董事会是现代公司股东对经理层实施监控、降低代理成本的重要途径（高明华等，2013；高雷等，2007；高雷和何少华，2006）。现有研究主要从董事会规模、董事会独立性以及董事持股等角度对董事会治理进行研究。Rosenstein 和 Wyatt（1990）、Byrd 和 Hickman（1992）的研究都证明董事会中独立董事的比例与公司绩效呈正相关，高雷等（2007）的研究发现，董事会规模、独立董事比例和持有公司股份的董事比例与代理成本显著负相关。薛祖云和黄彤（2004）发现，持有股份的董事比例越高，董事们的监督越有效。

（三）集团控制特征与管理层代理成本

研究集团控制特征对管理层代理成本的影响涉及对集团控制特征的划分。以往文献对集团的研究往往只针对集团的单一特征进行分析，不能完全涵盖集团的所有方面。本文综合相关文献，将集团控制特征分为：是否为集团控制、两权分离度、金字塔层级以及金字塔控制链条数四个方面。

1. 集团控制与管理层代理成本

根据代理理论，由于企业管理层与企业股东的目标不一致，且存在管理层与股东之间的信息不对称，管理层会做出渎职、怠慢、在职消费、权力膨胀等偏离股东财富最大化目标的行为（Jensen & Meckling，1976；Eisenhardt，1989；Ang et al.，2000）。而集团控制能够部分改变原有治理模式在解决管理层代理问题方面的失效。首先，在集团控制模式下，集团公司更有动力去监督管理层。集团公司作为控股股东使得股东与管理层之间的产权关系更加明确，而控股股东地位的确立将增加集团公司对管理层进行监督的激励。其次，在集团控制模式下，集团公司更有能力去监督管理层。相对于一般的个人或资产投资公司，集团公司具备更多的经营管理知识，因此其对于所控制企业的管理层的监督成本更低。最后，集团公司的内部行政控制程序进一步减少了集团母公司与所控制上市子公司的管理层之间的信息不对称。集团控制的上市公司与非集团控制的上市公司相比，上市子公司的管理层拥有更大的晋升空间，集团母公司为所控制的上市公司的管理层提供了内部的人才市场，弥补了中国国有企业管理层外部人才市场的缺失（Khanna & Palepu，1997）和经理人市场不健全的缺陷。对国有企业管理层来说，内部人才市场的存在使得内部晋升成为目前最主要的激励模式（张维迎，2005）。内部人才市场的确立使得集团母公司与所控制企业管理层的目标函数趋于一致，从而进一步减少代理成本。综合以上三点，集团公司作为上市公司的控股股东能有效缓解管理层的代理问题。

2. 两权分离度与管理层代理成本

对绝大部分国家而言，处于控股地位的股东是普遍存在的，多数上市公司都存在终极控制人（Lopez De Silanes et al.，1999；Claessens et al.，2000；Faccio & Lang，2002），作为新兴经济体的中国也不例外，而且更严重。Almeida 和 Wolfenzon（2006）深入分析了金字塔股权结构下控股股东投票权与现金流权的分离，研究发现终极控制人能够按照自己的意愿进行公司决策，同时不会占有全部的收益或承担全部成本。终极控制人控制权与现金流权的分离可以使股东利用较少的现金流权获取超额控制权。

通过上述文献回顾可以发现，学术界对终极控制人的研究主要聚焦于终极控股股东通过控制权与现金流权的分离侵占中小股东利益的负向影响。本文认为，两权分离度越高，说明集团通过较少的资金获得了对上市公司较大的控制权，所以作为控股股东的集团在付出单位资金时所获得的上市公司的控制权变大，对公司管理层的监督和约束能力变强，管理层代理成本降低。

（四）集团控制特征、董事会治理与管理层代理成本

集团控制特征对管理层代理成本的作用途径包括三条（见图1）：一是直接效应，集团控制上市公司的管理层代理成本更低；两权分离度越高，管理成代理成本越低。二是中介效应，集团控制上市公司的董事会治理水平越差，两权分离度越高董事会治理水平越高。三是间接效应，集团控制特征在董事会治理与管理层代理成本的影响中会产生间接效应，如果董事会治理水平的提高会引起管理层代理成本的降低，在集团控制的上市公司中，集团控制可能在一定程度上加强了董事会治理对管理层代理成本的抑制作用；在两权分离度较高的情况下，两权分离在一定程度上加强了董事会治理对管理层代理成本的抑制作用。其中直接效应通过研究假设 1 验证，中介效应通过研究假设 2 验证，间接效应通过研究假设 3 验证。

假设 1：集团控制特征会对管理层代理成本产生影响。

假设 2：董事会治理在集团控制特征对管理层代理成本的影响中会产生“中介效应”。

假设 3：集团控制特征会加强董事会治理对管理层代理成本的作用效果。

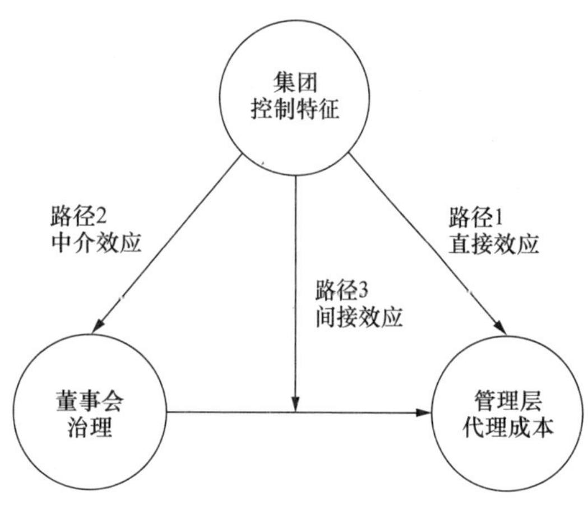

图 1　集团控制特征、董事会治理与管理层代理成本的作用路径

三、研究设计

（一）模型设定

集团控制特征通过直接效应作用于管理层代理成本，能有效抑制代理成本的增加；通过中介效应作用于董事会治理，进一步影响管理层代理成本；通过间接效应，在董事会治理对管理层代理成本的直接作用中发挥影响。为了验证集团控制特征、董事会治理与管理层代理成本之间的关系，基于 Baron 和 Kenny（1986）的中介效应模型原理，构建集团控制特征、董事会治理与管理层代理成本的中介效应模型。模型设定如下：

首先，构建集团控制特征对管理层代理成本的影响模型，检验集团控制特征对管理层代理成本的直接效应。

$$Agencycost = \alpha_0 + \alpha_1 Group + \alpha_2 C\_O + X\alpha + \varepsilon \quad (1)$$

式（1）中，被解释变量是管理层代理成本（*Agencycost*），自变量是代表集团控制特征的两个变量，分别为：是否为集团控制（*Group*）和两权分离度（*C_O*）。*X* 是一系列控制变量，包括产权性质（*SOE*）、公司规模（*Size*）、财务杠杆（*Lev*）、总资产收益率（*ROA*）、上市年限（*Listage*）和含 *B* 股标识（*B*），同时还控制行业和地区因素的影响。根据本文的研究假设，本文关心的是集团控制特征各个变量的估计系数。如果 $\alpha_1 < 0$，则表明集团控制的上市公司的管理层代理成本更低；如果 $\alpha_2 < 0$，则表明两权分离度越高，管理层代理成本越低。

其次，构建集团控制特征对董事会治理的影响模型。

$$CCBI^{BNU} = \beta_0 + \beta_1 Group + \beta_2 C\_O + X\beta + \varepsilon \quad (2)$$

其中，被解释变量是董事会治理指数（$CCBI^{BNU}$），其他变量定义同上。该模型分析集团控制特征对董事治理水平的影响。如果 $\beta_1 > 0$，则表明集团控制的上市公司董事会治理水平更高，如果 $\beta_2 > 0$，则表明两权分离度越高，管理层代理成本越高。

最后，在模型（1）的基础上加入中介变量（董事会治理指数），检验董事会治理的中介作用程度，变量定义同上。

$$Agencycost = \gamma_0 + \gamma_1 Group + \gamma_2 C\_O + \gamma_3 CCBI^{BNU} + X\gamma + \varepsilon \quad (3)$$

根据Baron和Kenny等（1986）模型原理，若 $\alpha_n > \gamma_n > 0$（$n=1$，2），在统计上显著，且 $\gamma_3 > 0$，在统计上显著，则董事会治理在集团控制特征对管理层代理成本的影响中起到了部分中介的作用；若 $\gamma_n > 0$（$n=1$，2），在统计上不显著，且 $\gamma_3 > 0$，在统计上显著，则董事会治理起到完全中介的作用；若 $\gamma_3 > 0$，在统计上不显著，则董事会治理无中介作用。对于中介效应的统计检验，通常采用Sobel - Z检验（Preacher & Hayes，2004）。

另外，构建董事会治理对管理层代理成本的影响模型，同时在模型中加入交叉变量（集团控制特征），检验集团控制特征的间接效应，变量定义同上。

$$Agencycost = \varphi_0 + \varphi_1 CCBI^{BNU} + \varphi_2 Group \times CCBI^{BNU} + \varphi_3 C\_O \times CCBI^{BNU} + X\varphi + \varepsilon \quad (4)$$

其中，交叉项 $Group \times CCBI^{BNU}$ 和 $C\_O \times CCBI^{BNU}$ 用来检验集团控制特征的间接效应，如果 $\varphi_2 < 0$，表示集团控制在董事会治理对管理层代理成本的影响中发挥积极作用，反之则为消极作用；如果 $\varphi_3 < 0$，表示两权分离度对管理层代理成本的影响中发挥积极作用，反之则为消极作用。

（二）变量定义

本文使用的变量主要包括：

管理层代理成本（*Agencycost*）：在对中国公司治理的研究中，管理层代理成本常常用企业的管理费用与销售收入的比值来衡量（Ang et al.，2000；宋立和韩亮亮，2005；李寿喜，2007；张兆国等，2008）。对于上市公司而言，管理费用的支出是体现管理层代理问题的重要指标。因此本文采用了这一指标。

集团控制（*Group*）：借鉴已有文献的研究，本文判断上市公司是属于企业集团控制的公司，还是独立的上市公司，依据如下：如果终极控制人或控股股东为集团公司或者终极控制人通过集团控制上市公司的，则认为上市公司为集团控制的公司；对国有控股公司来说，如果控股股东为国有资产经营公司、各级国务院国有资产监督管理委员会、财政局、财政所或其他政府机构，则认为上市公司是非集团控制的企业；对非国有控股公司来说，如果控股股东为自身不从事任何实业经营、只从事投资控股业务的公司或个人，则认为上市公司是非集团控制的企业。进一步地，结合上市公司终极控制人性质，本文将上市公司分为国有控股上市公司和非国有控股上市公司两类。

两权分离度（*C_O*）：采用与Lopez De Silanes等（1999）类似的方法，通过层层追溯上市公司股权控制链（Control Chain）的方式找出最终控制人。两权分离度是终极控制人对上市公司的投票权比例与现金流权的差值。

董事会治理指数（$CCBI^{BNU}$）：采用北京师范大学公司治理与企业发展研究中心的董事会治理指数。该指数包括：一个总指数和四个分项指数。具体指标体系如表1所示。

回归模型控制变量还包括：产权性质（*SOE*），结合上市公司终极控制人性质，本文将上市公司分为国有控股上市公司（*SOE* = 1）和非国有（民营）上市公司（*SOE* = 0）；公司规模（*Size*），用年末资产总额的自然对数来表示；财务杠杆（*Lev*），用年末负债总额除以年末资产总额来表示；盈利能力，用总资产收益率（*ROA*）来表示。根据代理成本的相关文献，本文还控制了上市年限（*Listage*）和含*B*股标识（*B*）。

此外，本文还控制了行业（*Industry*）和地区（*Area*）因素的影响，其中行业因素根据证监会行业分类，剔除了金融保险业和教育行业（因教育行业只有 1 家上市公司），剩下 16 个行业采取 15 个虚拟变量来控制行业特征；地区因素以东部为基准，定义了中部、西部和东北三个虚拟变量。为了避免异常值的影响，本文对所有连续变量都进行了上下 5% 分位的缩尾调整（Winsorize）。

表 1　董事会治理指数指标体系

一级指标	二级指标	评价标准
董事会结构（1～11）	1. 外部董事比例	A. 独立董事比例≥2/3，1 分 B. 独立董事比例<2/3，外部董事比例≥2/3，0.7 分 C. 1/2≤外部董事比例<2/3，0.35 分 D. 外部董事比例<1/2，0 分
	2. 有无外部非独立董事	有，1 分；无，0 分
	3. 两职合一	是，0 分；否，1 分
	4. 董事长是否来自大股东单位	是，0 分；否，1 分
	5. 有无小股东代表（是否实行累积投票制）	是，1 分；否，0 分
	6. 有无职工董事	有，1 分；无，0 分
	7. 董事学历	A. 高中及以下或未披露，0 分 B. 专科，0.35 分 C. 本科，0.7 分 D. MBA，1 分 E. EMBA，1 分 F. 其他类型硕士，1 分 G. 博士，1 分
	8. 年龄超过 60 岁（包括 60 岁）的董事比例	≥1/3，0 分；<1/3，1 分
	9. 是否设置审计委员会	是，1 分；否，0 分
	10. 是否设置薪酬委员会	是，1 分；否，0 分
	11. 是否设置提名委员会	是，1 分；否，0 分
独立董事独立性（12～21）	12. 审计委员会主席是否由独立董事担任	是，1 分；否，0 分；未披露，0 分
	13. 独立董事中有无财务专家	有，1 分；无，0 分
	14. 独立董事中有无法律专家	有，1 分；无，0 分
	15. 独立董事中有无其他企业高管	有，1 分；无，0 分
	16. 独立董事中是否有人曾就职于政府部门或人大政协（人大、政协可以是现任）	是，0 分；否，1 分
	17. 独立董事是否担任本公司董事长	是，1 分；否，0 分
	18. 在多家公司担任独立董事情况（包括本公司）	A. 只有 1 家，1 分 B. 2～3 家，0.5 分 C. 4 家及以上，0 分
	19. 独立董事董事会实际出席率	按实际出席率直接赋值

续表

一级指标	二级指标	评价标准
独立董事独立性（12~21）	20. 独立董事津贴是否超过10万元（税前，不包括10万元）	是，0分；否，1分
	21. 是否详细披露独立董事过去3年的任职经历	A. 详细披露，1分 B. 笼统披露，0.5分 C. 未披露，0分
董事会行为（22~28）	22. 内部董事与外部董事是否有明确的沟通制度	是，1分；否，0分
	23. 投资者关系建设情况	A. 关于投资者关系建设没有任何说明，0分 B. 只说明有《投资者关系管理制度》，但没有具体内容，0.5分 C. 详细披露投资者关系沟通细节或接待措施，1分
	24. 是否存在董事会提交的决议事项或草案被股东大会撤销或者否决的情况	是，0分；否，1分
	25. 是否有规范的《董事会议事规则》	是，1分；否，0分
	26. 财务控制	“财务治理指数”中“财务控制分项指数”（FC）①得分转化为［0，1］的得分区间，即FC/100
	27. 董事会是否有明确的高管考评和激励制度	是，1分；否，0分
	28. 是否披露股东大会股东出席率	是，1分；否，0分
董事激励与约束（29~37）	29. 执行董事薪酬是否与其业绩相吻合	根据“高管薪酬指数”②中“激励区间”进行判断，如激励适中，则得1分；过度或不足，则得0分
	30. 股东诉讼及赔偿情况	A. 有股东诉讼且有赔偿，0分 B. 有股东诉讼但无赔偿，0.5分 C. 无股东诉讼，1分
	31. 董事会成员是否遭到监管机构处罚或谴责	是，0分；否，1分
	32. 是否有明确的董事考核或薪酬制度	是，1分；否，0分
	33. 是否公布董事考评/考核结果	是，1分；否，0分
	34. 是否披露董事薪酬情况	A. 逐一披露，1分 B. 笼统披露，0.5分 C. 无披露，0分
	35. 是否有董事会会议记录或者董事会备忘录	是，1分；否，0分
	36. 是否有董事行为准则相关的规章制度	是，1分；否，0分
	37. 独立董事是否明确保证年报内容的真实性、准确性和完整性或不存在异议	是，1分；否，0分

注：①《中国上市公司财务治理指数报告2013》从财权配置、财务控制、财务监督和财务激励四个方面来评价上市公司财务治理水平，其中财务控制包括8个二级指标，主要考察企业的财务权力执行过程，包括企业是否有一个健全的内部控制体系和风险控制体系等。②《中国上市公司高管薪酬指数报告2013》以调整后的高管薪酬与营业收入的比值作为高管薪酬合理性评价标准，并按照1/4分位数法将所有上市公司分为激励不足、激励适中和激励过度三类。由于执行董事均为公司高管，高管薪酬与执行董事薪酬基本上是等价的。

资料来源：高明华等．中国上市公司董事会治理指数报告[M]．北京：经济科学出版社，2013.

（三）研究样本和数据来源

本文样本来自2012年沪、深两地上市公司，其中剔除了所有金融类上市公司、无法判断是否为集团控制的公司、因股权高度分散而不存在实际控制人的公司、存在两名及两名以上实际控制人的公司、年报中未披露公司与实际控制人之间的产权及控制关系方的公司，最后得到1851个观测值。董事会治理指数（$CCBI^{BNU}$）及公司治理相关数据来自北京师范大学公司治理与企业发展研究中心“中国公司治理分类指数数据库”。终极控制人性质数据通过查阅沪深交易所披露的上市公司年报“股本变动及其股东情况”部分，手工整理而得。财务数据均来自国泰君安（CSMAR）数据库，本文手动查找并补充了数据库的缺失值。

四、实证检验

（一）描述性统计

表2是主要变量的描述性统计结果。

表2　主要变量的描述性统计

变量名称	样本量	平均值	中位值	最大值	最小值	标准差
管理层代理成本（*Agencycost*）	1851	0.094	0.079	0.313	0.014	0.066
董事会治理指数（$CCBI^{BNU}$）	1851	52.100	52.472	64.443	37.735	6.386
集团控制（*Group*）	1851	0.610	1	1	0	0.488
两权分离度（*C_O*）	1851	4.909	8.857	24.849	0	7.600
产权性质（*SOE*）	1851	0.468	0	1	0	0.499
总资产收益率（*ROA*）	1851	0.037	0.033	0.145	-0.092	0.046
财务杠杆（*Lev*）	1851	0.448	0.451	0.885	0.057	0.229
公司规模（*Size*）	1851	21.86	21.728	24.909	19.729	1.222
上市年限（*Listage*）	1851	8.954	9	22	1	6.297
含*B*股标识（*B*）	1851	0.035	0	1	0	0.184

资料来源：利用STATA软件计算。

由表2可以看出，总体上，2012年中国A股上市公司的董事会治理指数（$CCBI^{BNU}$）的平均值小于及格水平（以60分作为及格线）。另外，在总体样本中集团控制的上市公司占总样本的61%，国有控股上市公司占总样本的46.8%。

表3　主要变量的描述性统计（不同所有制性质比较）

变量名称	样本量	平均值	中位值	最大值	最小值	标准差
国有控股样本						
管理层代理成本（*Agencycost*）	866	0.084	0.068	0.313	0.014	0.062
董事会治理指数（$CCBI^{BNU}$）	866	52.382	52.728	64.443	37.735	6.273

续表

变量名称	样本量	平均值	中位值	最大值	最小值	标准差
集团控制（*Group*）	866	0.859	1	1	0	0.348
两权分离度（*C_O*）	866	4.073	0	24.849	0	7.387
总资产收益率（*ROA*）	866	0.030	0.027	0.145	-0.092	0.046
财务杠杆（*Lev*）	866	0.536	0.552	0.885	0.057	0.205
公司规模（*Size*）	866	22.382	22.224	24.909	19.729	1.264
上市年限（*Listage*）	866	12.239	13	22	1	5.157
含 *B* 股标识（*B*）	866	0.060	0	1	0	0.238
非国有控股样本						
管理层代理成本（*Agencycost*）	985	0.103	0.087	0.313	0.014	0.069
董事会治理指数（$CCBI^{BNU}$）	985	51.852	52.171	64.443	37.735	6.477
集团控制（*Group*）	985	0.392	0	1	0	0.488
两权分离度（*C_O*）	985	5.644	0	24.849	0	7.713
总资产收益率（*ROA*）	985	0.043	0.039	0.145	-0.092	0.044
财务杠杆（*Lev*）	985	0.370	0.341	0.885	0.057	0.221
公司规模（*Size*）	985	21.410	21.293	24.909	19.729	0.981
上市年限（*Listage*）	985	6.066	3	22	1	5.772
含 *B* 股标识（*B*）	985	0.013	0	1	0	0.114

资料来源：利用 STATA 软件计算。

由表 3 可以看出，总体上，2012 年国有控股上市公司的管理层代理成本略低于非国有控股上市公司。在国有控股上市公司中有 85.9% 的公司附属于集团公司，而在非国有控股上市公司中仅有 39.2% 的公司附属于集团公司。国有控股上市公司的代理成本较低，可能是由于存在大量附属于集团的上市公司。非国有控股上市公司两权分离度远高于国有控股上市公司。这是由于国有控股上市公司的整体两权分离度较低，同时存在大量两权分离度为零的公司。

从董事会治理指数来看，2012 年中国 A 股上市公司的董事会治理水平较低。无论是国有控股上市公司还是非国有控股上市公司，董事会治理指数（$CCBI^{BNU}$）的平均值都小于及格水平（60 分）。其中，国有控股上市公司董事会治理水平高于非国有控股上市公司。从其他基本面情况来看，资产规模、负债水平、盈利能力等方面均存在一定的差异。这些基本面的差异在一定程度上决定着上市公司管理层代理成本的差异。

（二）相关性分析

表 4 列出了各变量之间的 Pearson 相关性系数。

表 4　Pearson 相关系数矩阵

	Agencycost	$CCBI^{BNU}$	*Group*	*C_O*	*SOE*
Agencycost	1				
$CCBI^{BNU}$	-0.090***	1			
Group	-0.197***	-0.015	1		
C_O	-0.138***	0.031	0.294***	1	
SOE	-0.140***	0.041*	0.478***	-0.103***	1
ROA	-0.060***	0.035	-0.125***	0.006	-0.132***
Lev	-0.299***	-0.039*	0.358***	0.094***	0.361***
Size	-0.425***	-0.015	0.340***	0.110***	0.397***
Listage	-0.088***	-0.019	0.490***	0.119***	0.489***
B	-0.008	-0.029	0.092***	0.039*	0.127***
	ROA	*Lev*	*Size*	*Listage*	*B*
ROA	1				
Lev	-0.418***	1			
Size	-0.016	0.469***	1		
Listage	-0.193***	0.480***	0.259***	1	
B	-0.031	0.069***	0.069***	0.2797***	1

注：***、**、*分别表示在1%、5%和10%的显著性水平上显著。

资料来源：利用 STATA 软件计算。

由表 4 可以看出，管理层代理成本与六个控制变量中的五个变量都呈现出显著的相关性，同时，代表集团控制特征的两个变量和董事会治理指数（$CCBI^{BNU}$）也与管理层代理成本显著相关。从相关系数可以初步判断董事会治理水平越高，代理成本越低；两权分离度越高，代理成本越低；集团控制上市公司的代理成本低于非集团控制的上市公司。国有控股公司的董事会治理水平高于非国有控股公司。另外，自变量之间的相关系数大部分都很小。董事会治理指数（$CCBI^{BNU}$）与各个控制变量之间绝对值最大的相关系数只有 0.041，说明各个变量之间的信息重叠较小，模型中的自变量选择较为恰当，在后面的回归分析中可以不考虑多重共线性的影响。

（三）回归分析

以 2012 年 A 股上市公司的截面数据为样本，以管理费用率表征管理层代理成本检验集团控制特征、董事会治理与管理层代理成本的关系，结果如表 5 所示。

表5　集团特征、董事会治理与管理层代理成本的回归结果

自变量	模型1	模型2	模型3	模型4
	直接效应	集团与董事会	中介效应	间接效应
集团控制（*Group*）	-0.067** (-2.52)	-0.051* (-1.69)	-0.072*** (-2.72)	
两权分离度（*C_O*）	-0.072*** (-3.18)	0.071*** (2.76)	-0.065*** (-2.88)	
董事会治理指数（$CCBI^{BNU}$）			-0.097*** (-4.72)	-0.083*** (-4.00)
集团控制×董事会治理指数（$Group \times CCBI^{BNU}$）				-0.066*** (-2.50)
两权分离度×董事会治理指数（$C\_O \times CCBI^{BNU}$）				-0.063*** (-2.78)
产权性质（*SOE*）	0.020 (0.74)	0.112*** (3.66)	0.031 (1.14)	0.031 (1.15)
总资产收益率（*ROA*）	-0.147*** (-6.33)	0.020 (0.76)	-0.145*** (-6.28)	-0.145*** (-6.27)
财务杠杆（*Lev*）	-0.246*** (-8.60)	-0.036 (-1.12)	-0.249*** (-8.77)	-0.250*** (-8.79)
公司规模（*Size*）	-0.313*** (-12.19)	-0.038 (-1.29)	-0.317*** (-12.40)	-0.320*** (-12.54)
上市年限（*Listage*）	0.107*** (3.86)	-0.025 (-0.79)	0.105*** (3.79)	0.101*** (3.67)
含B股标识（*B*）	0.008 (0.35)	-0.031 (-1.27)	0.005 (0.21)	0.004 (0.20)
行业（*Industry*）	控制	控制	控制	控制
地区（*Area*）	控制	控制	控制	控制
$Adj-R^2$	0.226	0.008	0.235	0.234
F-值	54.99***	2.47***	52.59***	52.29***
样本数	1851	1851	1851	1851

注：系数为标准化系数，括号中的数字为T值，*、**、***分别表示估计系数在10%、5%和1%的水平上显著。

资料来源：利用STATA软件计算。

由表5可以看出，在模型1中，集团控制（*Group*）的估计系数在5%的水平上显著为负，表明集团控制的上市公司管理层代理成本更低，说明集团控制能有效降低管理层代理成本；两权分离度（*C_O*）的估计系数在1%的水平上显著为负，两权分离度越高，管理层代理成本越低，表明控制权与现金流权的分离能有效降低管理层代理成本，集团控制特征的直接效应得到验证，研究假设1成立。另外，总资产收益率（*ROA*）、财务杠杆（*Lev*）和公司规模（*Size*）的估计系数在1%的水平上显著为负，说明盈利能力越强、负债率越高和公司规模越大的公司，管理层代理成本越低。上市年限（*Listage*）和含*B*股标识（*B*）的估计系数在1%的水平上显著为正，说明当其他变量保持不变时，公司上市的时间越长且同时在*B*股上市的公司，管理层代理成本越高。产权性质（*SOE*）的估计系数并不显著。

在模型2中，集团控制（*Group*）的估计系数在10%的水平上显著为负，表明集团控制的上市公司董事会治理水平更低；两权分离度（C_O）的估计系数在1%的水平上显著为正，两权分离度越高，公司董事会治理水平越高，说明控制权与现金流权的分离能有效提高董事会治理水平。这与研究假设2是相同的，集团控制会抑制董事会治理水平的提高，但两权分离却又提高了董事会治理水平。这是一个独特的结论，首先，集团控制的上市公司，由于决策权上移使得上市子公司层面的董事会形同虚设；其次，两权分离一方面增加了大股东对小股东的利益侵占动机，另一方面抑制了管理层对股东特别是大股东的利益侵占，而这两方面综合起来，实现了作为实际控制人的集团母公司的利益最大化。产权性质（*SOE*）的估计系数在1%的水平上显著为正，说明国有控股的上市公司的董事会治理水平更高。

在模型3中，董事会治理指数（$CCBI^{BNU}$）的估计系数在1%的水平上显著为负，表明董事会治理水平越高，管理层代理成本越低，意味着提高董事会治理水平对降低管理层代理成本起到正面的作用。集团控制（*Group*）的估计系数在1%的水平上显著为负，同时集团控制的系数比模型1的系数有所上升。上升的原因在于：首先，集团控制能有效降低管理层代理成本；其次，集团控制会使其控制的上市公司的董事会治理水平降低，董事会治理水平的降低又会增加管理层代理成本。因此董事会治理水平在集团控制与管理层代理成本之间起到了负向的中介效应。在表6中列出了变量中介效应的检验结果，集团控制的Sobel - Z为1.589，在10%的水平上显著，从而可以判断董事会治理水平所产生的部分“中介效应”在统计上显著。

两权分离度（C_O）的估计系数在1%的水平上显著为负，与模型1的结果是一致的，同时，两权分离度的系数比模型1的系数有所下降。这说明，在加入董事会治理水平对管理层代理成本的影响后，两权分离度对管理层代理成本的影响程度有所下降，董事会治理水平在两权分离度对管理层代理成本的影响中产生了部分中介效应。并且，两权分离度的Sobel - Z为-2.382，在1%的水平上显著，从而可以判断董事会治理水平所产生的部分中介效应在统计上显著。因此假设2得到验证。

在模型4中，董事会治理指数（$CCBI^{BNU}$）的估计系数在1%的水平上显著为负，进一步证明董事治理水平的提高对管理层代理成本的抑制作用。集团控制×董事会治理指数（$Group \times CCBI^{BNU}$）的估计系数在1%的水平上显著为负，集团控制的上市公司，董事会治理水平的提高引起的管理层代理成本越低。两权分离度×董事会治理指数（$C\_O \times CCBI^{BNU}$）的估计系数在1%的水平上显著为负，表明两权分离度越高，董事会治理水平的提高引起的管理层代理成本越低，两权分离度越低，董事会治理水平的提高引起的管理层代理成本降低的程度越小。可见集团控制与两权分离在董事会治理对管理层代理成本的抑制作用中均发挥了积极作用。集团控制特征通过董事会治理对管理层代理成本的间接效应，即研究假设3得到验证。其余控制变量的回归结果与模型1和模型3基本一致。

表6 集团控制特征的 Sobel - Z 列表

	Z值	显著性
两权分离度（C_O）	-2.382	***
集团控制（*Group*）	1.589	*

注：* 和 *** 分别表示在10%和1%的水平上显著。

资料来源：利用 STATA 软件计算。

接下来本文进一步分析在区分不同所有制样本，即国有样本和非国有样本后，结论会发生哪些不同。结果如表7所示。

通过上述的样本分析本文发现，无论在国有样本还是非国有样本，集团控制的上市公司代理成本都低于非集团控制的上市公司。同时，在非国有样本中，实际控制人的两权分离度越高，管理层代理成本越低。在国有样本中董事会治理并没有发挥对管理层监督的作用，即董事会治理水平的提高并未带来管理层代理成本的降低。而在非国有样本中，董事会治理指数得分与管理层代理成本显著负相关，在非国有企业中，董事会治理发挥了很好的监督作用。但是，对于国有样本来说，在加入集团控制与董事会治理的交互项之后，本文发现情况发生了逆转，这说明在国有样本中，集团控制的上市公司的董事会在抑制代理成本方面发挥了很好的作用，起到了监督管理层的作用。这说明，对于国有企业来说，集团控制的上市公司，其董事会治理更有效率。

（四）稳健性检验

为了保证研究结论的可靠性，本文进

表7 集团特征、董事会治理与管理层代理成本的回归结果

自变量	国有样本		非国有样本	
	直接效应	间接效应	直接效应	间接效应
集团控制（*Group*）	-0.0597* (-1.90)		-0.0854** (-2.30)	
两权分离度（C_O）	-0.0385 (-1.23)		-0.0871** (-2.56)	
董事会治理指数（$CCBI^{BNU}$）		-0.0145 (-0.45)		-0.1145*** (-4.08)
集团控制×董事会治理指数（$Group \times CCBI^{BNU}$）		-0.0641** (-2.00)		-0.0872** (-2.40)
两权分离度×董事会治理指数（$C\_O \times CCBI^{BNU}$）		-0.0357 (-1.14)		-0.0759** (-2.26)
总资产收益率（*ROA*）	-0.1336*** (-3.76)	-0.1330*** (-3.74)	-0.1532*** (-4.99)	-0.1534*** (-5.04)
财务杠杆（*Lev*）	-0.2096*** (-5.47)	-0.2136*** (-5.55)	-0.2532*** (-6.60)	-0.2531*** (-6.66)
公司规模（*Size*）	-0.2910*** (-8.24)	-0.2973*** (-8.32)	-0.3080*** (-9.40)	-0.2928*** (-8.98)

续表

自变量	国有样本		非国有样本	
	直接效应	间接效应	直接效应	间接效应
上市年限（*Listage*）	0.0133 (0.40)	0.0121 (0.37)	0.1924 *** (5.03)	0.1794 *** (4.76)
含 *B* 股标识（*B*）	0.0277 (0.85)	0.0259 (0.80)	-0.0102 (-0.35)	-0.0109 (-0.38)
行业（*Industry*）	控制	控制	控制	控制
地区（*Area*）	控制	控制	控制	控制
Adj - R^2	0.187	0.187	0.241	0.255
F - 值	23.04 ***	20.88 ***	35.69 ***	34.61 ***
样本数	866	866	985	985

注：系数为标准化系数，括号中的数字为 T 值，*、**、*** 分别表示估计系数在 10%、5% 和 1% 的水平上显著。

资料来源：利用 STATA 软件计算。

行了如下稳健性检验：分别使用改进后的销售管理费用率、资产周转率作为管理层代理成本的替代变量。上述回归分析的结果与前文研究无实质性差异。因此，基于稳健性检验，本文的研究结论是稳健的。限于篇幅，结果不予赘述。

五、结论与启示

在世界范围内，国与国之间的竞争主要体现在各国经济实力的竞争，而企业的实力是国家经济实力的最好体现，主要通过大企业集团的经济实力来体现。通过发展关键领域的大企业集团可以增强中国整体的经济实力，然而，中国的企业集团在发展的同时还存在诸多问题，这些问题归根结底还是公司治理，特别是董事会治理的问题。与此同时，上市公司的管理层代理问题日趋严重。集团控制特征、董事会治理和管理层代理成本三者之间的关系到底是怎样的呢？

通过集团控制特征将三者之间的关系归结为三种效应：一是直接效应，集团控制特征在抑制管理层代理成本上起到了积极作用；二是中介效应，即集团控制特征影响董事会治理水平，同时董事会治理水平又影响管理层代理成本，董事会治理在集团控制特征与管理层代理成本之间发挥了中介效应；三是间接效应，董事会治理的好坏影响管理层代理成本的高低，而集团控制特征又作用于这种影响中。本文利用 2012 年 A 股上市公司的截面数据检验了上述三种效应是否存在。研究发现，集团控制特征对管理层代理成本的直接效应、中介效应和间接效应都是存在的。

具体来说，主要研究结论如下：

第一，引入集团控制能有效缓解控股股东与管理层之间的代理问题，降低管理层代理成本；两权分离度越高，代理成本越低。

第二，集团控制特征对上市公司的董事会治理水平也产生了显著影响。集团控制的上市公司的董事会治理水平更低；两权分离度越高，董事会治理水平越高。

第三，董事会治理在集团控制和两权分离度对管理层代理成本的影响中产生了部分中介效应，一方面，虽然集团控制可以抑制管理层代理成本，但是集团控制同时会使其控制的上市公司的董事被架空，导致董事会治理水平降低，董事会治理水平的降低又会增加管理层代理成本。因此，董事会治理水平在集团控制对管理层代理成本的影响中产生了负向的中介效应。另一方面，两权分离度还通过影响董事会治理水平进一步影响管理层代理成本，即两权分离度越高，董事会治理水平越高，代理成本越低。董事会治理水平在两权分离度对管理层代理成本的影响中起到了积极的中介效应。

第四，集团控制与两权分离在董事会治理对管理层代理成本的抑制作用中均发挥了积极作用。

参考文献

[1] 邹平，付莹．我国上市公司控制权与现金流权分离——理论研究与实证检验[J].财经研究，2007（9）.

[2] 高明华等．中国上市公司董事会治理指数报告[M].北京：经济科学出版社，2013.

[3] 高雷，罗洋，张杰．独立董事制度特征与公司绩效——基于中国上市公司的实证研究[J].经济与管理研究，2007（3）.

[4] 高雷，何少华．中国股票市场及上市公司治理研究[M].上海：上海三联出版社，2006.

[5] Rosenstein S，Wyatt J C. Outside Directors，Board Effectiveness and Shareholder Wealth [J]. Journal of Financial Economies，1990（26）.

[6] Byrd J，Hickman K. Do Outside Directors Monitor Managers：Evidence from Takeover Bids? [J]. Journal of Financial Economies，1992（32）.

[7] 薛祖云，黄彤．董事会、监事会制度特征与会计信息质量——来自中国资本市场的经验分析[J].财经理论与实践，2004（7）.

[8] Jensen M C，Meckling W H. Theory of the Firm：Managerial Behavior，Agency Costs and Ownership Structure [J]. Journal of Financial Economics，1976（4）：305－360.

[9] Eisenhardt K M. Agency Theory：An Assessment and Review [J]. The Academy of Management Review，1989，14（1）：57－74.

[10] Ang J S，Cole R A，Lin J W. Agency Costs and Ownership Structure [J]. Journal of Finance，2000（1）：81－106.

[11] Khanna T and Palepu K. Why Focused Strategies May Be Wrong for Emerging Markets [J]. Harvard Business Review，1997，75（4）：41－51.

[12] 张维迎．产权、激励与公司治理[M].北京：经济科学出版社，2005.

[13] Lopez De Silanes F，La Porta R，Shleifer A. Corporate Ownership Around the World [J]. Journal of Finance，1999（2）：471－517.

[14] Claessens S，Djankov S，Lang L H P. The Separation of Ownership and Control in East Asian Corporations [J]. Journal of Financial Economics，2000（58）：81－112.

[15] Faccio M，Lang L H P. The Ultimate Ownership of Western European Corporations [J]. Journal of Financial Economics，2002（3）：365－395.

[16] Almeida H V，Wolfenzon D. A theory of Pyramidal Ownership and Family Business Groups [J]. The Journal of Finance，2006（6）：2637－2680.

[17] Baron R M，Kenny D A. The Moderator－mediator Variable Distinction in Social Psychological Research：Conceptual，Strategic，and Statistical Considerations [J]. Journal of Personality and Social Psychology，1986，51（6）：1173－1182.

[18] Preacher K J，Hayes A F. SPSS and SAS Procedures for Estimating Indirect Effects in Simple Mediation Models [J]. Behavior Research Methods，Instruments，and Computers，2004（36）：717－731.

[19] Ang J S，Cole R A，Lin J W. Agency Costs and Ownership Structure [J]. Journal of Fi-

nance, 2000 (1): 81 - 106.

[20] 宋力，韩亮亮．大股东持股比例对代理成本影响的实证分析[J]. 南开管理评论，2005 (1).

[21] 李寿喜．产权、代理成本和代理效率[J]. 经济研究，2007 (1).

[22] 张兆国、何威风、闫炳乾．资本结构与代理成本——来自中国国有控股上市公司和民营上市公司的经验证据[J]. 南开管理评论，2008 (1).

□ Group Control Features, Corporate Governance and Management of Agency Costs

Tan Yuening

Abstract: The relationship between the group control features, board governance and agency costs can be attributed to three effects: The first effect is the direct effect. Group control and separation of control rights and cash flow rights are conducive to reducing agency costs; the second effect is the mediating effect. The group control features will have an impact on board governance, at the same time the board governance will affect agency costs, board governance plays a mediating effect between group control features and agency costs; the third effect is the indirect effect, the level of board governance affect agency costs, group control features will increase or reduce this effect. This article uses data of listed companies in 2012; we examined the existence of the three effects. The study found that the direct and indirect effects of group control features on agency costs are exist. Mediating effect of board governance also exist. In addition, the board governance of state - controlled listed companies is significantly higher than the non - state - owned holding companies, the overall sample, improve governance of the board can be a good proxy suppressing an increase in agency costs, but state - controlled listed agency cost is higher than the non - state - owned holding companies, this shows that the board of directors of state - owned holding listed companies did not play its due role in reducing agency costs.

Key Words: Group Control Features; Board Governance; Agency Costs; Mediating Effect